U0524503

天下,在乎正义和你

天下
Borderless
国学

韓非子評註

[战国] 韩非 著
李平 评注

法律出版社
北京

图书在版编目（CIP）数据

韩非子评注 / (战国) 韩非著 ; 李平评注. -- 北京：法律出版社, 2025. -- ISBN 978-7-5244-0154-4

I. B226.5

中国国家版本馆CIP数据核字第20254GX182号

韩非子评注
HANFEIZI PINGZHU

作　　者：[战国] 韩　非　著　李　平　评注
责任编辑：韩满春
装帧设计：贾丹丹
出版发行：法律出版社
编辑统筹：学术·对外出版分社
责任校对：王　丰　李景美　王晓萍
责任印制：胡晓雅　宋万春
经　　销：新华书店
开　　本：A5
印　　张：19.75
字　　数：430千
版　　本：2025年6月第1版
印　　次：2025年6月第1次印刷
印　　刷：三河市龙大印装有限公司
书　　号：ISBN 978-7-5244-0154-4
定　　价：98.00元
版权所有·侵权必究

销售电话：010-83938349　客服电话：010-83938350　咨询电话：010-63939796
地　　址：北京市丰台区莲花池西里7号(100073)
网　　址：www.lawpress.com.cn
投稿邮箱：info@lawpress.com.cn
举报盗版邮箱：jbwq@lawpress.com.cn
凡购买本社图书，如有印装错误，我社负责退换。电话：010-83938349

作者简介

李 平

清华大学法学院副教授,博士生导师,清华大学法学院法律与文化研究中心主任,历史学博士。长期从事中国法理学、中国法律史、先秦思想史和经学史研究。

凡 例

一、( )内,替换原文。

二、〈 〉内,原文当删。

三、〔 〕内,当增加的文字。

四、仿宋体为《韩非子》原文。

五、宋体为随文注解音义和评注。

六、《韩非子》原文底本据陈奇猷校注:《韩非子新校注》,上海古籍出版社 2000 年版。

七、参校本主要包括:国家图书馆出版社"国学基本典籍丛刊"收《影钞宋本韩非子》("乾道本");浙江大学出版社《四部要籍选刊·子部》影印上海图书馆藏清吴鼒刻本("吴鼒本");日本宽政七年(1795 年)大阪书林柏原屋与左衞门刊《韩非子全书》(底本为元"何犿本");中国国家图书馆藏钱曾述古堂影宋钞本《韩非子》("述古堂本");新编诸子集成王先慎《韩非子集解》

本;张觉《韩非子校疏析论》本;周勋初《韩非子校注》;以及《文选注》《艺文类聚》《太平御览》征引。

八、书中《说林》《内储说》《外储说》《难》诸篇内容主要为故事汇编,故不作评注,未收录。

绪　说

近代以后有关韩非和《韩非子》的论著极多，几乎涵盖了注、译、述、论等所有模式。用一句话来概括，可说是极尽研究者所能，做了全方位、多模式、多视角、多样化的研讨。借助这些成果，读者眼前的韩非越来越立体，也愈加淋漓尽致。不过其中的问题仍旧不少：倾向于做历史还原者，往往失之俗；精于考据校雠者，每每失之浅；长于义理阐发者，常常失之真；急于古为今用者，难免失之浮；以特定学科视角介入者，又不免失之偏颇。遑论近代以后很长一段时间内，以西释中、反向格义之风大盛，径以西方学理、价值为标准遴选、品评乃至批判国故，至今积弊仍在。于是，对初入门径者而言，一个现代式的韩非似乎不难理解，却总难免失真；对研究者来说，通说共识多有不确，但不免发现越是深入精研，越难以"浅出"。因此要真正做到深入浅出、准确全面、去繁就简地呈现韩非的思想，平易近人的同时又具有义理深度和理论价值，对学者的功力和笔力有着极高的要求。而返回经典本身，对于学者而言始终是准确把握韩非思想的最可靠方案，也是校验各种阐发言之成理与否的最可靠途径。

　　人们阅读经典，诠解经典，总有一种站在巨人肩膀上的期许。可是圣贤无不仰之弥高，如何能上得巨人肩头，又如何能将一己之见通过著述化成后学渐进于道理的公器，却是历代读书人共同面对的难题。至少早自战国便已形成解经的传统，例如《墨子》中保留的《经说》是对《墨经》的解释，《管子》中《版法解》句解《版法》篇，《韩非子》中的《解老》《喻老》两篇句解《老子》，另外还有《文子》全书几乎都可以看作为《老子》作解。西汉以后逐渐显学化的经学，更是典型的经典解读之学，并且逐渐形成基于训诂的今文经学和基于古文字的古文经学两大传统，可分别以何休的《公羊解诂》和杜预的《春秋左传集解》为代表。魏晋以后玄风大兴，寄玄理于经注，为经典注疏在汉代今古文经学之外另辟一径。此中王弼的《老子》《周易》注和向秀、郭象的《庄子》注最为佳作。同时，汉传佛典的注释以及仿自"论"藏的经论、义论，为经典研究带来新的理论资源和论说范式，例如《大智度论》和《肇论》等。唐承隋制行科举取士，开明经一科，以孔颖达《五经正义》为官方定本，经学地位隆盛至极。但经典的义理阐发反受制于科考。诸子典籍注释诠解，除了与道教有渊源关系的《老子》《庄子》《列子》《文子》外亦多被边缘化。宋明以后解经风格迎来一大转折，要者有二：一是理学家的"六经注我"模式兴起，二是大量融会儒释道三家理论资源。但对诸子经典的注疏阐发仍旧非常有限。随着金石学和受佛教影响迅速发展的版本、目录学日益成熟，考据、疑古之风渐盛。清人之学，功在校雠。这一点只需看清人校勘本典籍，如阮刻十三经注疏、新编诸子集成中清人注本在当下被当作善本引用的普遍性便可知悉。很多典籍有赖于清人反复考校方始可读,最典型者莫过于孤本存于《道藏》的《墨子》。可是清人多长于考据而疏于义理,虽后期今文经学和居士佛学略有改观,但仍不可与宋学同日而语。

总括来说,传统时代义理阐发多依赖经注模式,也不乏散文、语录式的专论。问题在于,注疏模式容易紧扣经典文本,但是给读者带来了很大难度:一是由于观点难以系统化表述,二是难以分辨何为原生,何为注家创化,例如《庄子》文本、郭象注和成玄英疏。而传统的专论往往又显得过于粗略,虽每有提纲挈领或画龙点睛之效,却难以提供全面细致的解说。

近代以后,随着西学强势东渐,研究和著述的范式也随之变化,最突出者有三:一是"论文"式研究成果占据主导;二是西学成为新的理论资源,甚至在很多时候被当作标准;三是著述形式渐趋多样化。冯友兰曾经区分研究哲学的两种方式,他称为"照着讲"和"接着讲"。以之为借鉴,古今依托经典阐发义理的作品,大抵可分如下模式:其一,"照着说"。我们首先来看两个例子,一是史家的"重述"。最典型的代表莫过于《史记·五帝本纪》中大篇幅重述《尚书》相关篇目的部分。二是传统经学有个说法叫作"疏不破注",所以理论上最典型的"疏"理应是"照着说"的典范。当然绝大多数情况下,毫不夹杂"私货"的纯说明性"疏"并不存在。还有像多数"评传""今注今译"类作品中的译注评述,这类作品的优劣前文已述。其二,"接着说"。其中又可分两大类型:一者以孟子之于孔子、子思,庄子之于老子为典型;二者可以王弼注《老子》,朱子注"四书"为例。这种模式既需要对原典有着极为精深的理解把握,又要求作者具有天才式的创化能力。对于人类智慧和哲理思考的推进而言,这无疑是最有价值的形式。不过这类作品对读者,尤其是尚未吃透原典的读者来说可谓极不友好。其三,"挑着说"。近代以来人们最熟悉的莫过于专论、论文体例,就经典文本或思想中的某一个或一些问题展开专门且深入的论说。这更像是一种专家式的研究,或许针对特定领域、人群而言能够产生价值,但终究受制于过于专业化的"学术"规范和形式,难以获得广泛受众,也难以产生广泛影响。

其实上列三种模式中,看似最易,实则最难,也最为基础,同时受众最广的是第一种。其中涉及两方面困难:一是如何精准地把握原典;二是怎样还原圣贤的思想体系,把零散出现的观点系统化。像《韩非子》这种由零散篇章聚合成书的情况,乃是早期典籍的常态。现当代作品中常见的做法是将原典中的观点逐个析出,然后适配到一个西方化、现代式的理论或解释框架中去。这种做法带来很多问题,最典型的例子就是冯友兰的《中国哲学史》中难以妥当地安顿《周易》经传和"易学"。冯氏晚年对此亦多有反思。

对于韩非和《韩非子》,本书面对的困难其实与前贤不二,本书所要做的仍是前述第一种模式,也就是"照着说"的工作,尝试将《韩非子》作为韩非其人的思想总集,带入战国中晚期的政治社会情景和思想环境中,围绕韩非的问题、困境和所作出的理论创化,对《韩非子》文本作出尽可能准确和有深度的评注。为了便于读者把握,有必要先将韩非其人、其书以及思想渊源和主要学理作一概括性介绍。

韩非其人

韩非生于约韩釐王十五年(前280年),是釐王之子、韩桓惠王之弟、韩王安之叔。[1]故史迁曰:"韩非者,韩之诸公子也。"[2]在他生前和青年时代,韩国思想界以申不害之学为尚。《史记·老子韩非列传》称,韩非"喜刑名法术之学",这应该是韩非少年时代接受的学术思想熏陶所致。所谓"刑名法术之学",特别是关于"术"的学问,正是韩国固有的本土学问,称为韩国的"国学"亦未尝不可。[3]

青中年的韩非由于贵族身份,接近韩国的政治核心圈,但始终不被重用,他的思想也未能在韩国的政治实践中得到应用。《史记·老子韩非列传》载"非见韩之削弱,数以书谏韩王,韩王不能用。于是韩非疾治国不务修明其法制,执势以御其臣下,富国强兵而以求人任贤,反举浮淫之蠹而加之于功实之上。以为儒者用文乱法,而侠者以武犯禁。宽则宠名誉之人,急则用介胄之士。今者所养非所用,所用非所养。悲廉直不容于邪枉之臣,观往者得失之变,故作《孤愤》《五蠹》《内外储》《说林》《说难》十余万言"。由此可知,韩非的多数著作写成于这个时期。三十岁左右,韩非曾短暂师从当时的学界巨擘荀子。曾在齐国稷下学宫"三为祭酒"的荀子此时业已在兰陵闲居(前253年),门下有众多弟子,包括后为秦相的李斯和经学泰斗申培公。

晚年韩非入秦源于秦谋伐韩(前235年)。此前秦国"大索,逐客。李斯上书说,乃止逐客令。李斯因说秦王,请先取韩以恐他国,于是使斯下韩。韩王患之。与韩非谋弱秦"[4]。据史迁所记,嬴政此时已经读过韩非的《五蠹》和《孤愤》,并且毫不吝啬地表

---

[1] 参见杨义:《韩非子还原》,中华书局2011年版,第102页。
[2] 《史记·老子韩非列传》。
[3] 参见喻中:《法与术:喻中读韩非》,中国法制出版社2018年版。
[4] 《史记·秦始皇本纪》。

达了溢美之词。此后嬴政非常希望得到韩非，不少论家提到当时秦国急于攻韩的原因之一，便是希望韩国将韩非派遣到秦国来。

入秦以后，韩非未得秦始皇信用，思想亦未直接影响秦国政治。后据史传所载，韩非被同门李斯和姚贾构陷下狱，于是就有了秦王政十四年（前233年），"韩非使秦，秦用李斯谋，留非，非死云阳。韩王请为臣"。[1] 司马迁在韩非本传中这段非常有故事性的记述后来受到诸多质疑，毕竟韩非心系韩国始终如一，而且对于秦国政权并无实质性参与，遑论损害，嬴政求之切而杀之急迫，后又追悔莫及，其间曲折碍于史料阙如，终成千古谜案。

《韩非子》其书

今本《韩非子》共五十五篇，总计十余万字，是韩非身后编集而成。若按史迁的记载，除去《初见秦》《存韩》等明确针对秦王政的篇目，并且考虑到入秦以后为时不长便遭囹圄进而身死，明代陈深推断"非著书当在未入秦之先，年未壮也"[2]，于理可通。另外，今人杨义对各篇写成时间有非常独到的推断，大多可从。[3]

后世对《韩非子》的编、注、论始于汉代。据《汉书·艺文志》著录《韩子》五十五篇，《隋书·经籍志》著录二十卷，张守节《史记正义》引阮孝绪《七录》（或是刘向《七录》）亦言"《韩非子》二十卷"，篇数、卷数皆与今本相符，可知今所见本与之相同。尽管流传不

---

[1] 《史记·秦始皇本纪》。《史记·韩世家》记作："使韩非使秦，秦留非，因杀之。"

[2] 陈深：《韩子迂评序》，载陈奇猷校注：《韩非子新校注》，上海古籍出版社2000年版，第1231页。

[3] 参见杨义：《韩非子还原》，中华书局2011年版。

绝,但其书却鲜有注疏。直至清代方有卢文弨、顾广圻、王念孙、俞樾、孙诒让等精为校勘整理,清末王先慎所著《韩非子集解》可算是清代考据成果的总结,亦是当下研读《韩非子》的善本之一。20世纪之后随着法家研究勃兴,《韩非子》的受重视程度日益提升,陈启天《韩非子校释》、梁启雄《韩子浅解》等著作影响广泛;后有陈奇猷《韩非子集释》(增改为《韩非子新校注》),进一步汇集了前人考据、注疏成果;另有张觉所著《韩非子校疏析论》,可谓文献、考据、训释的集大成之作。这些校注本基本廓清了《韩非子》文字、文献上的阅读障碍,为理解韩非的思想提供了文本基础。

《韩非子》书中部分篇目的"真伪"问题存在争议,主要集中在《初见秦》篇,《战国策·秦策一》以为是张仪所言。《饬令》篇自"宜其能"至"故莫争"一段与《用人》篇重出,其余文字与《商君书·靳令》篇大致相同。因此该篇究竟是韩非袭自商君,还是《商君书》错收韩子作品,抑或后学所作又分别错入《商君书》与《韩非子》,历来聚讼纷纭。考虑到《韩非子》书中多收先贤之作,韩子本人又对"商君之法"屡有称道,该篇是韩子摘录商君作品的可能性较大。此外,《存韩》篇后附有李斯驳韩非书和李斯上韩王书两篇,或是刘向编录时采入以为补充。《说林》上下篇、《内储说》两篇、《外储说》四篇、"难"四篇等中以"或曰"开头的诸章,据考或是魏晋南北朝时藏书家搜罗、摭采相关异说以为补充。《人主》《制分》两篇,注家亦多以为非韩非本人的作品,或是刘向误编入。关于文献学上的疑议,将在各篇评注中再行详论。不过总的来说,以上这些问题并不妨碍《韩非子》其书真实地反映韩非的思想。当然也可以反过来认为,当下除了《韩非子》一书,再无系统性记录韩非思想主张的早期材料。

韩非思想的渊源

韩非师从在稷下学宫三为祭酒的大儒荀子,又"喜刑名法术之学,而其归本于黄老"。[1] 可见其思想背景与基础之丰厚。在韩非的论说中,可以看到儒家、商鞅、慎到、申不害等思想的印记。故可说,他的思想是战国治道与治术理论发展过程中的一次大融会、甄选与整合。

前人或因为"法家"学派归属,默认韩非对社会图景的期许理应与商鞅相同,但至少从文本上没有反映出来。这其实牵扯到另一个根本性的问题:韩非如此庞大的论述,到底希望把世界指向何方?顺着这个问题想下去,韩非主张加强君主"集权",强化对臣下运用公权力的控制;无论是明法、重势还是尚术,都是在治术层面为之提供支撑。可是为什么要把君主集权推至无以复加的程度呢?是为了满足"君主"的欲望吗?或者像不少人怀着小人之心蠡测的,是为了投君主所好?显然都不是,因为他同时还在强调"虚君",要求君主自我克制,甚至虚化"自我"。因此强调尊君、集权也只是手段,那么目的是什么?是"天下"。接着再追问:韩非想成就的是怎样的"天下"?是西周式的天下?还是秦始皇式的天下?抑或是儒生口中尧舜式的天下?又或是老子理想中"小国寡民,鸡犬之声相闻,老死不相往来"的天下?再或是墨家心目中"兼爱""尚同"的天下?为此,不得不首先厘清韩非的思想渊源,尤其是那些对他产生直接影响的思想家和思潮。

---

[1]《史记·老子韩非列传》。

先说老子。《韩非子》书中有著名的《解老》《喻老》两篇，都是对《老子》文本作注解。后世有很多人说韩非是怀着自己的小心思曲解《老子》，实则不尽然。反倒是读者大多受到魏晋以后被"玄风"浸染的注疏、解释影响，对老子其人其书产生了先入为主的玄学化印象。我们姑且不去揣测老子更愿意后人把他看作哲学家、玄学家、政治思想家，抑或太上老君，只说韩非把《老子》当作一本政治书来读，仅就文本本身来说毫无问题。汉代的"河上公注""严遵注"大致也是这个思路。

韩非为什么要注《老子》呢？是因为老子思想在当时具有权威性，所以借来为自己的学说张本，就好像引名人名言来佐证自己的观点吗？尽管不少人都持这种看法，也无法完全否定，但至少不全是，或者说主因不在于此。通观全书不难注意到韩子喜言"道"，除了散在各篇的零星用例，还有像《主道》《扬权》这种集中阐发的专论，当然也包括《解老》《喻老》因《老子》道论而作申发。和"道"相关的两个问题，对理解韩非与老子思想的关系至关重要：一是他们所说的是不是同一个"道"，或者说他们对"道"的理解是否同一；二是两人对如何成"道"的看法是否一致。

前一个问题相对而言比较好回答。因为老子是中国思想史上把对世界本质、本根、本原、法则（或曰规律）和真理的理解从经验知识中抽象出来，作形而上层面学理阐释的第一人。他通过"强名之"的方式创造了"道"这个概念。相比较于早期天官（史官）知识支撑起来的"天道"、政治语境中的"先王之道"等，老子的"道"可谓具有空前的包容力和普遍性。换句话说，无论是之前还是之后各家所论之"道"，其实都可以看作老子之"道"，只不过有的偏于一隅，有的直接袭用，有的殊途同归。而整个早期思想界对世界本质、本根、本原、法则（或曰规律）和真理的体认其实基本上都一致，所以老子"道"论一出,迅速得到广泛认同。即便是依托不同的知识和话语的表达有别,如孔子的"仁"、子思的"诚"、孟子的"心",还有一般话语中的"天"等。所以就所指而言,韩非的"道"与老子的"道"别无二致。不过《韩非子》中的"道"却并不一定完全同于《老子》,[1]而是复合了早期政治话语、儒家、黄老学等的不同用法,这在当时可算是常见的做法。也可以换一个角度来看:当韩非以"道"为对象专门论述时,与老子"道"论有承袭关系;但一般论说中用"道"则更契合当时人较为随意的使用方式。总的来说,韩非的"道"大体上看得出受老子影响,且对老子"道论"有认同。

　　后一个成道方式的问题比较复杂,也是先秦各家思想的主要分野所在。最典型的分别来自老子和孔子。简单地说,老子认为世界原本有道,可是由于人妄作妄为(其中包含政治行为)而失道。因此人必须基于对"道"本身和失道原因的准确把握,通过"为无为"来"返"回合道的状态。这代表了一条"退"而成道的复归路径。我们可以概括为"阴本"式的因循、退守、复归。但是在如何"退",也就是如何"为无为"的问题上,老子的选择却又具有强烈的政治性,甚至集权的意味。他并不寄希望于人人都有对"道"和成道的觉悟,而选择了一种自上而下的方式来为民氓提供"法象"天道自然的行为法则,甚至不惜采用兵刑的方式。这就是为什么《老子》书中会出现与政治谋略和战争相关的论述。

　　孔子的思路恰好和老子相反,他认为自然的世界本就因存在者本身的有限性而不完美,会出现各自以为在的分隔、竞争等。只有通过人的主动作为,才能克服有限而臻于完善。同时,人也囿于存在者的有限性而不合道,最典型的表现是基于"自我"的私欲。

---

〔1〕　其实,《老子》书中的"道"严格说来用法也不统一。

更有甚者,人还会运用人所特有的主观能动性(智慧)来谋求"自我"成就,满足私欲。这让本就不完善的世界乱上加乱。所以需要依托人的智慧,自觉地克制"自我",进而寻求消弭世界有限性而臻于完善的方案,一言以蔽之即"人文化成",也可概括为"阳动"式的阳德健动。所以孔子特重尚"阳"的《周易》,且力主"天行健,君子以自强不息"。至于成道的方式,孔子的基本思路是通过"先觉觉后觉"的"德教"来实现。这可以由政治来完成,也可以由师、友、父、兄来完成,但总归是要让每个人都获得向善的自觉,而非迫于外部的强制力来参与某种他们内心本不认同的秩序和生活方式。这一点和老子思路的差异巨大。

回到韩非,他的集权化思路、虚君退守的主张似乎更接近老子,但很难说他的愿景是"小国寡民,鸡犬之声相闻,老死不相往来"的"静"态社会。所以就成道方式而言,韩非受老子影响的同时又不全与之同。另外,韩非有意识地切断了血亲、宗亲与政治的联系,明显与儒家的思路相左。

第二个是荀子。据《史记》可知,韩非曾经和李斯一道师事荀子。甚至有的记载认为两人都是荀子的入室弟子。不过略显尴尬的是,韩非和李斯到了汉代以后都被归入法家之流,而荀子无论是学脉渊源,还是他本人的自我表达,也包括他的作品集《荀子》,都毫无争议地属于儒家一派。是韩非入师门而不受其教,或与荀子立场、观点相左而致分道扬镳;还是韩非仅是因荀子在当时负有盛名而攀龙附凤,实无求学受教之意?毕竟荀子能在当时精英思想家的聚集地稷下学宫"三为祭酒",名望地位之高可谓无以复加。又或者如杨义在《韩非子还原》中考证的,韩非入荀子师门时已年过四十,思想观念已然定型,虽受荀子影响但前后并无根本性转变。

以上一众说法,都受限于一个前提:韩非和荀子的思想不属于一个"学派",因而在立场、观念、旨归等方面必然大相径庭。可是今人常论的所谓学派归属,大体上是以西汉司马谈"论六家要旨"[1]和东汉班固采刘歆《七略》而在《汉书·艺文志》中对诸子学作出的分类为基础。实际上先秦时有着明确"归宗"意识的,严格说来只有儒家和墨家。所谓黄老家、法家、名家,甚至道家,更像是一种思想风尚或意趣。例如,庄子和老子都被后人归入道家学派,可是庄子从来不曾以"道家"或老子后学自居,这和孟子处处尊孔,且自言"私淑子思"差异非常明显。"法家"之名也是如此。通常被归入先秦法家的商鞅、慎到、申不害、韩非、李斯,还有往前追溯的邓析、子产等,充其量只是一批看重"法"在政治治理中的作用,于义理上有所发明的思想家,看不出有什么共同的理论渊源、学脉,更不用说共同的旨归。以这些为前提再来思考,荀子和韩非的关系显得更加复杂了。韩非究竟从荀子那里学到了什么?接受了多少?两人究竟是形异实同、殊途同归,还是形有似而实相悖,或者是形神俱离?

荀子对"道"与成道方式的基本理解与孔子相同,这也是他为什么会自诩且被认同为儒者的最主要原因。只不过荀子对人性的信任程度比孔、孟要低得多,甚至把人性中的"恶"拿到了台面上来讨论。这并不意味着他否定人性有良知、善端,而是提点人们要充分关注到"恶"引发的现实问题,以及会给德教、治理造成的困扰。既不能完全寄希望所有人都能因为道德典范的教化而自觉向善,也不能仅仅依靠德教来止恶,所以荀子开始重视强势的规范化社会治理的作为,提出了"隆礼重法",即德法共治的命题。有不少人

---

[1] 参见《史记·太史公自序》。

都说正是因为荀子有"法家化"的倾向,韩非乘着这个端绪做了极致化发展而有了一套更加纯粹且极端化的法家思想。这个判断点出两人之间有共性,但是并不完全准确。

尽管荀子说人性之恶,但他始终把治世成善的希望寄托在"人"的身上,所以才有"有治人,无治法"[1]之说。这意味着他归根结底还是坚信世界的完善是"道德人"而非"理性人"所致。只不过他不认为道德君子个人的感化力量足够为治,所以才转而寻求制度方案和法治机制。我们再来看《韩非子》里隐含的一个矛盾:通常认为韩非主张人性"恶",而恶源于人有欲有私。同时,人有理性,且行为受理性支配。理性地作出于"己"有"利"的功利性判断,是所有人行为的常态。以赏罚(书中的刑德"二柄")为内容的法律之所以能形塑、规制、矫正人的行为,基础正在于此。说得更直接一些,人理性地谋私利是基于人性的当然态,也是政治治理理论得以成立的基础。

可是,《韩非子》书中对于圣、贤始终抱有希望。例如,在讲君主用人时,会强调要用"能法之士"、正直之人而远离奸邪小人。如果所有人都是理性的谋私者,如何会有圣贤?又凭什么能寄希望于圣贤?通俗地说,在巨大的利益诱惑之下,为什么会有道德高尚而不受诱惑的人?韩非本人一直回避这个问题,但不代表他没有意识到。更应该理解为韩非小心地把这个深层的、足以影响他理论走向的要义隐藏了起来,就像他不直言那个终极的社会图景一样。其实从韩非把谋私定性为"恶"时开始,他已经表明对儒家道德之善的认同。一个和谐且人人相亲的道德化社会,人人都是正直、能法之士,想必韩非也会称颂有加。可是他看到的现实,以及

---

[1] 《荀子·君道》。

所了解的儒家学理,让他无法相信这样的愿景能够基于既有的理论方案实现。

说到这里,不难看出韩非和荀子并不存在后世渲染的那种儒、法判然两分的对立。反倒是他们对人性的理解具有一致性,只不过在治理理论展开时侧重的层面不完全相同。韩非更不愿把治"乱"的希望寄托在人性那非常易被各种"恶"念和"恶"行遮蔽的善端上。立足于对恶人设计出一套止恶方案,至少在当时的情景下,基于时人的道德水准是最行之有效的。如果说荀子相较于之前的子思、孟子更加现实,企图通过政治治理来实现理想,那么韩非也是相同的思路,但他更加现实,也更清楚地把握到"有欲有私"能对人的观念和行为造成何其巨大的影响。

汉代以后,商、韩并称已成定说。法家之中前后相续,旨归相同,都以尚法重刑为秦制张本,这是人们对商鞅、韩非思想的一般印象。事实上韩非完全无意"继承"商鞅的思想和政治思路。用现在的话来说,韩非更像是批判性地使用了商鞅的某些论断,或者也可认为商鞅为韩非提供了理论体系和参考对象。两人最大的相同点在于"尚法",或曰推崇规范化的权力运行和社会治理,并以赏罚(德刑"二柄")作为实现治理实效的驱策手段。由此亦可知,两人都看重理性、功利和人的私性在治理中起到的重要作用,并加以利用。可是两人不同大致有三:一是韩非的重心不在社会治理,而在权力控制。二是韩非并不把"治"的希望完全寄托在"法"和"法治"上,而是将"法"当作诸多治术之一,来考虑如何综合运用以期获得实效。三是韩非为"道"而非"用"立说。他的终极关怀在于天下合道,而非富强以致力取天下。

战国中后期盛极一时的黄老思潮对韩非的影响可谓跃然纸上。不过黄老家和法家一样,其实都是思潮。黄老学对韩非的影响,更多是提供了一套"主流"话语和理论范式。像《韩非子》书中直接提到的慎到,就被认为是黄老家的代表人物。韩非对他的态度和商鞅相似,以批判性对待、使用其说为主。

另一个容易被忽视的影响来自庄子。事实上绝大部分关于韩非思想的讨论都没有关注到这一点。若非王叔岷细致地爬梳,[1]两者的关联确实很难直接从《韩非子》的文本上把握到。不过即便可以窥见韩非与庄子之间确有某种联系,但现在仍然很难准确地把握韩非究竟哪些方面、哪些主张确系受庄子影响所致。

韩非的思想概说

后人对韩非政治理论的评价,其实自始就受到意识形态和特定价值标准的制约。自最早期说,在反思秦过的思想风气下成长起来的西汉学术,对韩非尚法之学心存忌惮,大有将之与秦政的严刑峻法等量齐观之势。尽管汉人政治亦承秦制,甚至阳儒阴法,但韩非之学始终未得到允当的反思。至儒学意识形态化以后,明确反对儒学礼治的《韩非子》更成为边缘化的思想资源。近代以来,随着对西方式法治、民主的推崇,韩非之学中的尚法理论也随即被打上了"进步"的标签;而他力推君主专制集权的君权主道之学则被视为"反动"。这些具有明确立场前提的反思、评述式研究,使人们在审视韩非思想时,皆是在今人的问题领域或理论范畴中对《韩非子》的思想内涵进行再分割。所差异者,仅在于观察视角、分割方式和作为评价标准或比照对象的参考系有所不同而已。故从胡

---

[1] 参见王叔岷:《先秦道法思想讲稿》,中华书局2007年版,第242页。

适、梁启超以至当下,对《韩非子》的研究成果,尤其是在对其思想内涵本身的理解上,呈现出严重的同质化倾向。只要谈韩非,大抵不出"法术势""法治""君权""人性""历史观"这些范畴,且更多是从细处着眼地甄别、判分。这些研究确实有助于进一步澄清韩非思想的面貌,但不足以累积出质的突破。

要实现此一突破,须自大处着眼,且摆脱意识形态和"常识"造成的评价机制的掣肘。作为理解的前提,首先要作两个还原:一是将韩非的思想置于中国思想传统的脉络中,对之进行重新定位;二是把韩非思想置于历史场景中,理解其理论基础、思想背景、问题意识以及直接和深层的目的。

韩非的思想很明显受到战国后期社会思想和学术风气的影响,在《韩非子》中表现出的知识背景、问题意识、切入点和论证路数中皆可觅得其迹。概言之,韩非的思想表达受到两大制约:首先是当时的学风,其次是论说对象(如韩王、秦王们)的需求。因此在书中表达出融会诸家、切于时情的风格就很好理解了。

学者们关注到《韩非子》中对"法术势"、人性论、历史观、"道""理"等问题的表述,其实有很大一部分并非韩非的创见,而是他对当时以及之前思想资源的整合运用。以"法术势"之论为例来看,之前不少学者都认为这是韩非的理论创见。不过近年来随着认识的深化,这个共识开始动摇。正如胡可涛指出:在韩非之前,法、术、势并非孤立,这在先秦典籍中多有反映。通过对比荀子与韩非关于法、术、势的思想发现:荀子以"法"为"治之用",韩非以"法"为"治之体";荀子突出"术"之价值理性,韩非彰显"术"之工具理性;荀子重"人设之势",韩非则重"自然之势"。荀子将"法""术""势"进行了道德化的改造,而韩非则整合"法""术""势",完成了法家学说的系统化。[1]

据小野泽精一之说:关于形成韩非思想核心的问题,有人认为是由商鞅的法、申不害的术、慎到的势形成的;也有人认为是汇集了申不害和商鞅的法术,还有人认为是由申、商的法术和《老子》思想形成的。但总的来看,形成韩非思想的基础,是术的思想。[2]这可谓是看清了《韩非子》的文面。由此推出韩非的政治目的在于"巩固和提高君主的地位和富国强兵"[3],"增强君主尊严,安定国家,建立牢固的统治体制"[4]。我们有必要进一步思考,韩非之学除了上述内容外,是否具有更为深层的"大义"?换句话说,韩非的思想是否仅仅止于治术之学的范畴?特别是,韩非作为一个受硕儒荀况之传的行将覆亡的韩国贵族,为何要急切地提出一套尊君、强国、称霸以至于兼天下的技术方案?从他对"公"的反复强调及对私欲、私权的打压可知,他与苏秦、张仪之流将知识技术化以谋求私利的俗士大相径庭。

在我看来,韩非之学,可目之为一套"以术求道"的理论。这是在当时知识、技术以致政治堕入极端私化的大环境下,力图顺此时势以图返道的理论创建。简单地说,其思路大致是通过将政治权力彻底集中到君主手中,由君主之至私(对天下统治权的希冀)来防限天下林林总总的私欲、私权,并为之提供一套技术性方案。在此基础上,再通过制度设计和思想震慑来实现"虚君"。这两个阶段均完成之后,天下便是基于制度(法)规范运行的有序状态,而此

---

[1] 参见胡可涛:《"法、术、势":从荀子到韩非》,载《华南农业大学学报(社会科学版)》2008年第3期。
[2] 参见[日]小野泽精一:《全释汉文大系〈韩非子〉上卷》,集英社1975年版。
[3] [日]木村英一:《法家思想研究》,弘文堂1944年版。
[4] [日]金谷治:《秦汉思想史研究》,日本学术振兴会1960年版。

制度本身又合于道。至此,即实现了天下整体性的返道。

道与理

韩非认为,道是宇宙万物的本体和本原,世界上的万物莫不由道产生;[1]且道是万物所具有的各种特性和道理的总汇和抽象,即万物运动变化的总规律。[2] 林光华归纳说:"道"在《解老》中多处出现,主要有四个用法:道理、有道、体道与大道。"道理"是韩非子诠释《老子》时使用最多的词汇,其重心偏于"理",指的是万事万物的根本特性;"有道"与"无道"相对,指的是治国或修身之"术";"体道"与"得道"类似,主要用来描述人对"道"的体悟;"大道"又叫"端道""正道",与"邪道"相对,指的是朴实、自然的性质或状态。[3] 这四个类型基本涵盖了整部《韩非子》中"道"的用法,按今人的类观念分属于不同的层次、类别;但若是还原到韩非的语境中,其实只是对同一对象置于不同侧面、情景中的描述而已,所指的始终是同一之"道"。例如,"赏罚之为道"[4]的"道"与作为"万物之始,是非之纪"[5]的"道"为一,万事万物的存在、演化、存灭都是此"道"的具象表现。故曰"万物得之以死,得之以生;万事得之以败,得之以成"。[6] 此"道"非物、非在,非有、非无。今人常以之

---

[1] 张立文主编:《中国哲学范畴精粹丛书·道》,中国人民大学出版社1989年版,第60页。
[2] 张立文主编:《中国哲学范畴精粹丛书·道》,中国人民大学出版社1989年版,第61页。
[3] 林光华:《由"道"而"理":从〈解老〉看韩非子与老子之异同》,载《人文杂志》2014年第4期。
[4] 《韩非子·内储说上》。
[5] 《韩非子·主道》。
[6] 《韩非子·解老》。

为"总体性概念",[1]或"万物所具有的各种特性和道理的总汇和抽象"[2],或如冯友兰所言的"总原理"[3]。整个世界都是此"道"的显化,同理具体存在者的存灭也是"道"的显化,这是韩非从老子处承继的理论前提。可是问题在于,存在者的存在不是"道"的完整显化,而只是有限显化。有限、不完整源于存在者本身的有限性。正是因为有限性,所以万物万事是否"得"道才会有差异化表现。"万物各异理而道尽"[4]是韩非对"道""理"关系的基本判断。

就思想渊源而论,韩非的"理"观念由老子之道演化而来,又与黄老家思想一脉相承。有学者指出:"韩非援道以入法,其形而上学之见地亦犹是道家的。"[5]而"在黄老思想中,'理'的提出却有着特殊的意义。……'理'在黄老思想中,是特就'道'落实在人事层面,特别是政治作为上取法天道而有的行事原则。在理论上,'理'这一概念具有连接抽象的形上之道与具体人事作为的关键意义"[6]。

"理",本义是纹理,韩非用以指事物的具体特性和道理。"道"是"万理之理",即对具体事物之纹理特征的抽象统会,可以用来沟通万物。与老子相同的是,韩非注重"理"的变动性,强调因物之

---

[1] 参见林光华:《由"道"而"理":从〈解老〉看韩非子与老子之异同》,载《人文杂志》2014年第4期。
[2] 张立文主编:《中国哲学范畴精粹丛书·道》,中国人民大学出版社1989年版,第61页。
[3] 参见冯友兰:《中国哲学史》,台湾商务印书馆2007年版,第218—219页。
[4] 《韩非子·解老》。
[5] 熊十力:《韩非子评论 与友人论张江陵》,上海书店出版社2007年版,第17页。
[6] 陈鼓应注译:《管子四篇诠释——稷下道家代表作解析》,商务印书馆2006年版,第135页。

性、因时而变。不同的是,韩非淡化了老子之道更为重要的"自然"义、"朴"义与"无为"义,在实施赏罚上忽略了真实自然的人情人性,绝对去"私"而显得僵硬。归根结底源自他们在人性论上的差异,韩非子看到的是人性"重利",而老子看到的是人性"本朴"。[1]

在当代论家的视域中,韩非的"理"解决了形而上之"道"与形而下层次的"物""事"之间的关联问题,使理论结构更为完整。但是对于包括韩非在内的先秦思想家而言,他们的本意或许并非因为认识到"体—用"结构不够圆融而加意为之弥补,而是为了解决更加"真实"且迫切的理论问题:既然"道"遍在、尽制万事万物,为什么人会"失道",甚至背"道"而驰? 当然这指向的终极问题仍旧是现实且实践性的,即人应当如何"知道"且致天下合道。

所以,韩非提出的"理"不仅在生成、存在的角度,将"道"与"物"衔接起来,而且在认识、实践的层次上强化了"道"的经验特性。[2] "理定而后可得道也"[3] 是韩非对"理"在以"得道"为旨归的实践论中的功能、角色的基本判断。对万物而言,韩非子使用的"理"乃"成物之文",即"纹理",引申为具体事物各自的规定性。他认为不同的物有不同的理,其思考方法类似郭象注《庄子》时提出的"性分"论,[4] 认为不同的事物有不同的"性"。[5] "从万事万

---

[1] 参见林光华:《由"道"而"理":从〈解老〉看韩非子与老子之异同》,载《人文杂志》2014年第4期。
[2] 参见冯达文、郭齐勇主编:《新编中国哲学史》(上册),人民出版社2004年版,第203页。
[3] 《韩非子·解老》。
[4] (晋)郭象注、成玄英疏:《南华真经注疏》,中华书局1998年版,第4—5页。郭象曰,"苟足于其性,则虽大鹏无以自贵于小鸟""物各有性,性各有极"等。其与韩非子的不同在于:郭象的"性分"主要是指人的秉性各不相同,这是"命";韩非子的"理"则并非特指人,而是笼统指万物各有各的"理"。
[5] 参见林光华:《由"道"而"理":从〈解老〉看韩非子与老子之异同》,载《人文杂志》2014年第4期。

物的角度来看'物有理不可以相薄,故理之为物之制'[1],'制,裁也'(《说文》)。因为有'理'作为限定,具体的物与物之间有了分别,所以物与物才'不可以相薄'。在这个层次上,'理'成为万物自身外在的直接限定。"[2]

人

韩非的思想,就理论资源而言兼收并蓄,但若就其内在理路而言则是非常彻底的一以贯之。这个"一"就是他对"人"的把握。通常认为,韩非对于政治治理问题的理解,建立在他对人心、人性、人情的判断和把握的基础上。这个判断虽说不误,但不够准确。

要看到,韩非对政治的基本判断,源自他对天人关系(或曰神人关系)的理解。如《饰邪》篇所示,一切神性因素对人事的影响都被否定了,由此政治治理纯粹被当作人事来看待。换句话说,政治状况完全依赖于人的作为,王、霸亦是人为治理的实效,而非时、运、命、神等外部因素所致。这在当时的观念环境下堪为具有颠覆性的主张。由此政治社会中只有君、臣、民关系,而曾被视为立国之本,曰"国之大事在祀与戎",其中的祭祀都可被完全忽略。

在这个前提下,人成为唯一需要考虑的问题。政治不用处理天人关系,只需要以人的性情为基础,基于对人的作为的历史经验的反思和总结,获得有序、富强、王霸的治理术。仅就这一点而论,韩非学说的基础和旨归,与包括儒、道、黄老在内的当时主流学理都不合辙。

---

[1] 《韩非子·解老》。
[2] 李玉诚:《韩非"道理论"的哲学含义》,载《信阳师范学院学报(哲学社会科学版)》2016年第1期。

韩非对人的性情的基本把握，可以概括为有欲有私和趋利避害。此两者决定了人的基本行为模式。也可以说，韩非基于历史和现实产生的对人的不信任，左右了他理论建构的方向。简言之，人是以自我之"私"的成就为目的，能够理性地权衡利益以趋利避害而追求私欲与私利的存在者。这种自为的能力既是人能以独特的方式主动地寻求道体，认识道相，并找寻向道还原、和合的基础，或曰成圣的基础；亦是人域失序、堕落、混乱和纷争的导源。

另外，《韩非子·解老》首章针对《老子》第三十八章"失道而后失德，失德而后失仁，失仁而后失义，失义而后失礼"〔1〕作解，恰好表明他思考的起点在于人的"失道"。〔2〕这个关乎"人"与"失道"现实的问题，其实正是《老子》中语焉不详而遗留下来的重要理论问题。我们也可将此转化为另一种表述：有鉴于"道"遍在与尽制这两个前提，那么人作为存在者理应也是"道"的显化。同理，人的各种作为也应是"道"的显化。如果否认，那么"道"就不能遍在、尽制了。可是一旦承认，那么人何以会有"失道"的行为呢？

如果说人能"失道"，是因为人为万物之灵秀，较之其他存在者具有特殊的禀赋，人有智慧、主观能动性等；那么这种禀赋本身是不是"道"的显化呢？按之前的道论前提，答案只能为"是"。按此则不能推导出这个禀赋是人"失道"的原因。似乎包括韩非在内的战国诸子都没有纠结这个问题。仅就韩非而论，他更倾向于认为人的私欲是"失道"的诱因。这个判断中，欲望只是"失道"的表现，

---

〔1〕 韩非所引《老子》文本与传世本有别，若有影响义理处，后文将随文作出说明。
〔2〕 按照马王堆帛书《老子》先"德经"后"道经"的排序，传世本第三十八章乃是首章，有的学者认为这是《解老》篇首论此章的原因。不过考虑到《解老》《喻老》篇并不依照《老子》文本顺序作解，而存在明显的自主选择，因此首解本章更应理解为源于韩非立论之需，而非囿于《老子》文本。

因为"私"而过度放纵欲望和基于欲望的行为才是人"失道"的根本原因。简而言之：人的特殊禀赋+私+欲望+主动作为→"失道"。

政治权力需要面对的是"常"态，即绝大多数人都以满足私欲、私利为务，以趋利避害为行为的根本原则。而这种人性恰是政权得以引导、调动、制约臣民的基础。政权要提供一套基于人的性情，使人的私欲能够得到满足，同时又有利于公利的治理方案。

韩非不否定存在能够自觉克制私欲的圣贤之人，但是他并不认为塑造这种"无私"的品质是政治的任务；同时，他认为，不能把政权运作和政治治理完全寄托于君、臣俱是圣贤。可如果没有能法之士在先，君主何以自我约束而行"圣人之术"？设若有能法之士在先，则预设了有能自我克制"人之情"的臣下存在，那么这些臣下应当怎样看待？他们为什么能如此？当然韩非的治理方案，从来没有寄希望于这些自发的"能法之士"，但是寄希望于君主能自我约束而行"圣人之术"，按照上面的逻辑，其实也有赖于自发的"能法之士"。就像管仲之于齐，商鞅之于秦。当然君主的自我约束来源于君主对什么是真正的利的把握，即国家、天下之公利而非一己之私利才是大利。也就是说，君主同样是基于好利而非道德觉悟建构并遵行一套利用臣、民私欲和私利引导、塑造、调动其忠君、为公的法律制度和治理机制。再按此可推知，法和术对于韩非来说都不是致治的充分条件，而只是必要条件，且要以君主自我约束以行"圣人之术"为前提。而君主自我约束得以实现的基础，在于君主对于何为真正的"利"的理解与把握。也就是说，整个政治社会的运作统统基于人性之私欲与私利，以及人能理性地分辨利之大小。这可以看作《老子》第七章"是以圣人后其身而身先，外其身而身存，以其无私，故能成其私"的韩非式实践方案。

政治

理解韩非的政治主张和思想,需要从一个看似不那么直接相关的话题入手:嬴政为何倾慕韩非之学,又为何在韩非入秦后不加重用?作为一个心志、智识、见识超凡的君王,秦始皇一面是"见《孤愤》《五蠹》之书,曰:'嗟乎,寡人得见此人与之游,死不恨矣'";一面自韩非入秦后始终"未信用"。[1] 这看似矛盾的现象足以表明,嬴政对韩非是赏识其思想而不信任其人。相较于《资治通鉴》中"王悦之,未任用"[2]的事实性描述,史迁的把握显然更加精到。那么嬴政将韩非留在秦国的目的是什么?他希望韩非能为秦国,或者说为他的统一大业贡献些什么?这个问题的答案让人不免扼腕,因为韩非的思想对于秦国政治发展几乎没有任何直接影响。既然不是为了用之以为治,那究竟是什么吸引了秦始皇呢?是韩非精巧的论说,还是他给出的破六国以得天下的战略方案?是他对秦国自身问题的敏锐洞察,还是他作为一个"忠臣"(对韩国而言)的表现,抑或是其他?首先,就论说本身观之,韩非的"论文"确实称得上是先秦"极辩"的典范,但要说嬴政完全是被这种文风、辞气折服,显得有些勉强。其次,韩非对天下大势的判断,即秦鲸吞六国、一并海内,在当时算不上独到。如果是商鞅给出这个判断,倒还算得上先见之明。而韩非在《存韩》篇中给出的先灭赵而后服韩的用兵方案,秦王并未信用。这说明秦王并不看重韩非的战略选择和决策能力。最后,韩非是韩国公族,李斯说:"韩非,韩

---

[1] 引文出自《史记·老子韩非列传》。
[2] 《资治通鉴·秦纪一》。

之诸公子也。今王欲并诸侯,非终为韩不为秦,此人之情也。"[1] 可见韩非尽忠于韩国,在当时也不算特出。于是,能够引起秦王格外关注的,只会是韩非对包括秦国在内的当时诸侯国政治问题的洞见,以及对于"天下"政治治理当如何运作的理解。

另外,与韩非的论说策略有关,简而言之可谓因循秦国之制,切中秦政之弊,暗合秦王之所图。其一,所谓因循秦国之制者,考《韩非子》所论,多不违商鞅变法以来秦之常制常法。韩非多只于其上作细化讨论。故其书中涉及制度层面的内容,与《商君书》风貌相似。如《显学》篇云:"今上急耕田垦草以厚民产也,而以上为酷;修刑重罚以为禁邪也,而以上为严;征赋钱粟以实仓库,且以救饥馑、备军旅也,而以上为贪;境内必知介而无私解,并力疾斗,所以禽虏也,而以上为暴。此四者,所以治安也,而民不知悦也。"论中所及四点,俱是商君之法所尚。

其二,切中秦政之弊者,莫过于君主权威、君臣关系问题和地方秩序整顿。当韩非之世,秦之君主集权体制已具雏形。如何保障君主身安、位固和权柄可行,三者常见于战国诸强而无彻底性解决方案,此点对君主而言可谓性命攸关。《韩非子》中屡言自春秋以来的弑君、篡位和权臣当道,可说是在反复刺激秦王政的神经。

其三,暗合秦王之所图者,即契合秦王政得天下、成帝道的用心。仅据一统之后自加"皇帝"头衔,可知嬴政以超越"三皇五帝"为念。而其心非足于有天下,更有深层的成就帝道之欲。其新帝道,既非宗周式的王道,也非黄帝、尧、舜之帝道。故黄老家宗祖黄帝、儒家大谈尧舜汤武,无一与嬴政之心相契。倒是墨家推崇大禹颇合秦人心思,然而墨家醉心基层教团而弱于帝王道术理论,故难

---

[1]《史记·老子韩非列传》。

堪大用。韩非洞察秦王此意,倒反尧、舜,[1]为禹正名,推"超五帝侔三王"(《五蠹》篇)之术。

与之相应的另一个问题是,韩非希望实现什么？前文业已谈到,韩非的政治理论,根基和旨归都是"天下",而非一国的富强或有序。和曾经师事过的荀子不同,韩非的论著中从来没有表达过对当时秦国政治的称许。除了那些直接以秦王为对象不得不说的"客套话"之外,绝大部分关于"今"的论说,韩非都在谈乱象、弊病以及相应的问题。他希冀的是"物者有所宜,材者有所施,各处其宜,故上下无为"[2]的政治图景。"天下"之中的所有人、物、事,都以成就"天下"秩序和公利为最终目的,包括天子在内。任何"私"性的利益、欲求,都只在满足、增益"公利"的前提下被有限地认同。这颇有些类似于老子所言"天地不仁,以万物为刍狗"[3]。同时要理解到,韩非的危机意识在于:当秦式天下已成不可逆之势,如何因之而求得天下合道？基于这个危机意识和责任感的驱使,韩非入秦实为必然。所以就入秦而言,策略上韩非首先将秦王政和秦国作为其理论实现的平台。虽说有主动选择的成分,也有出于不得已的考虑。毕竟韩非之世,秦国渐显一家独大之势。欲承儒家思路,借由制度建构整饬天下秩序,并以之作为人类整体性返道的基础,利用强秦远胜于在行将崩颓的积弱之韩重建制度和秩序。且秦王的天下之图,亦已昭然。自商鞅变法以来,秦国业已形成相

---

[1] 曰"尧、舜、汤、武或反君臣之义,乱后世之教者也"(《忠孝》)。
[2] 《韩非子·扬权》。
[3] 《老子》第五章。

对完备的政治构架、法律体系和法治传统。荀子对此表达了赞许。[1]

韩非针对时势、时弊而作出的理论反思与政治理论重构是根本性的,他以前述道论和人性论为基础,从政治的必要性和正当性开始建构。其中最根本的问题莫过于:在一个所有人都以满足私欲、私利为目标,以好利恶害为行为方式的社会中,为什么需要政治治理?凭什么去治理?治理的目的是什么?怎样治理?可以说《韩非子》全书始终在围绕这几个问题展开论说。对于这些问题,至少在韩非自己看来,之前的思想家们要么是理论深度不足,导致对天下、人等根本问题的基本判断有误;要么不合时宜,例如孟子;要么对政治运作的实态并不把握,例如置身事外的隐者;要么对历史经验的认识和反思不足;最重要者在于立论者虽智识过人,但有私心。韩非针对政治的几个基本问题作出新的解答:其一,为什么需要政权;其二,君主应当扮演怎样的角色;其三,西周以来的政治到底出现了什么问题,导致天下大乱;其四,天下究竟应当是怎样一种政治图景。政权,特别是作为政权掌握者的天子是实现天下至公的主导者,因此参与其中受到的约束相较于民众而言更多。另外关于治理,总的来说韩非的思想深刻但不复杂,细致却无枝蔓。所有的论说几乎都围绕一个主题展开,即君如何为治。在这个主题之下,又可析分出一系列子论题:由于《韩非子》各篇并不是

---

[1]《荀子·强国》载:"应侯问孙卿子曰:入秦何见?孙卿子曰:其固塞险,形势便,山林川谷美,天材之利多,是形胜也。入境,观其风俗,其百姓朴,其声乐不流污,其服不佻,甚畏有司而顺,古之民也。及都邑官府,其百吏肃然,莫不恭俭、敦敬、忠信而不楛,古之吏也。入其国,观其士大夫,出于其门,入于公门;出于公门,归于其家,无有私事也;不比周,不朋党,倜然莫不明通而公也,古之士大夫也。观其朝廷,其朝闲,听决百事不留,恬然如无治者,古之朝也。故四世有胜,非幸也,数也。是所见也。故曰:佚而治,约而详,不烦而功,治之至也,秦类之矣。"

严格的"论文",因此关于上述问题的表达或分散,或重复地散见在各章之中;再加上篇章众多,给后学把握造成了一定难度。因此先行概述如下:

韩非认为,政治权力和政治社会是人能整体性地实现向道还原的唯一通途。这一点在前节中已经说明。但是,无论是政权的掌握者君主,还是治权的掌握者官吏,俱有为私的倾向。集权式的制度设计和权力分配安排,就是源于韩非对人性中自私、自利、自为之"私"化属性的深刻认识。且战国时代诸侯国国君的君权,与韩非所说的"公"之间并不存在直接的对应关系。更可以认为,君权本身因为与君的恣意妄为相连而成为另一种形态的"私",虽与臣、民之"私"在表现形态上相异,但其本质相同。也恰是由于形态上的差异,因此需要通过不同的方式来约束、规制。

韩非很明确地认识到,上古以来直至战国后期的政治社会中,始终存在着政权(君)与治权(官吏)之间的紧张博弈,可以利用之来解决政治中"私"化的困境。行使治权的官吏若不受"法"的约束,则势必为私以害公,造成国家、社会的败落并威胁君的地位。而仅仅有完备的法律体系亦不足以在事实上实现对治权的控制,故须利用有绝对之"势"的君掌握"术"来保障"法"的落实。所以韩非的理论中,关注最多的是君臣关系的处理,或者说,是君权如何通过法、术、势等来管理、规制官吏的治权的行使。今本《韩非子》中有过半的篇幅涉及此。以往的学者将韩非之学视作维系君主专制集权的治术之学,[1]与此不无关系。但《韩非子》中所谓的君主集权,并非将政治中的所有权能(包括政权与治权)都集中于

---

[1] 其代表者如姚宝元、王锡三:《浅析韩非的极端专制独裁论》,载《天津师大学报》1982年第6期。

君主,而是试图将政权(君权)的边界扩大到监管、处分治权的掌管者,并赋予之绝对的权威。[1] 与此同时,治权仍旧通过官僚制和相应的法令保持在其权责范围内的相对独立性。《外储说右下》说"人主者,守法责成以立功者也。闻有吏虽乱而有独善之民,不闻有乱民而有独治之吏,故明主治吏不治民"。这清楚地表明君权的行使仅针对治权的掌握者而非治理本身。简单地说,君持势依法用术以控制、治理官吏和治权;官吏按法守职以行事,做到"群臣守职,百官有常"[2]。可以说,韩非试图对君主的"权力"作重新的诠释,让本就掌握权力的君主相信,一种虚化的、不作为的权力行使方式上合于"道",下有利于君权的巩固和权威的最大化。

在韩非的理论体系中可见,通过制度性设计,让君主以"合法"的方式参与分享"治权"是难以落实的。这就要求政权与治权彻底分化。君主以合"道"的无为的方式独享政权的同时,将所有的治权以严格的制度框架为基础赋予群臣。在韩非的理念中,只要维系了这一套制度的稳定和精密运转,同时保证君权与之隔离,则可以保障治理的秩序化和"公"义的实现。

作为"法术"的刑赏"二柄"[3]之所以能屡试不爽,亦在于人性,即《心度》篇所说"夫民之性,恶劳而乐佚"。韩非甚至认为,这种基于此种性、情、欲而呈现的私欲、私利,官吏、百姓无法通过道

---

[1] 对《韩非子》研究中"专制"定义的反思,宋洪兵《韩非子政治思想再研究》(中国人民大学出版社 2010 年版)第二章"晚清'专制'概念的引入与 20 世纪的法家思想研究"已经做了深入分析,可参考。
[2] 《韩非子·主道》。
[3] 法、术之"二柄",是韩非思想中最核心的政治工具。《定法》篇给予了明确定义:"术者,因任而授官,循名而责实,操杀生之柄,课群臣之能者也,此人主之所执也。法者,宪令著于官府,刑罚必于民心,赏存乎慎法,而罚加乎奸令者也,此臣之所师也。君无术则弊于上,臣无法则乱于下,此不可一无,皆帝王之具也。"《说疑》篇进一步阐释道:"凡术也者,主之所以执也;法也者,官之所以师也。"以往有关此的研究甚多,在此不详论。

德教化与自我约束有效克制。唯有通过标准化的,严格惩罚与利导的法律制度的建构与实施方能予以规制。反过来看,韩非反反复复谈到有关君主之术的问题,其实不外是提供一套政权如何维持其对于治权的绝对威势并以此保障法的实现的政治方案。这里引出一个问题:韩非为什么试图通过政权来实现其深远的政治目的。

第一,韩非认识到,无论是法、术、势还是爵禄、刑赏,对于政治而言俱是"器"。有如孟子所谓"徒法不足以自行",器不能自足,它依赖人为使用。法仅可以通过严整的设计和明晰的规定,包括对世事的明确判分与刑赏,成为社会秩序的基础;但它的运行、落实仍不出官僚系统中掌握治权的官吏之手。既如此,则难免"为之斗斛以量之,则并与斗斛而窃之;为之权衡以称之,则并与权衡而窃之;为之符玺以信之,则并与符玺而窃之;为之仁义以矫之,则并与仁义而窃之"[1]的命运。以此,韩非将政治理论的中心置于对身处其中、掌握权力的人的控制之上,便不难理解。第二,相对于官吏分散,官僚系统的各个层级、部门各自掌握治权的情况,君主所掌握的政权更加集中。既然从人性层面来看,君主与官吏均具有私化与物化倾向,那么寄希望于说服并控制单个个体要易于施之于一个庞大的群体。

以"法"为基础的官僚建构、权力运行体制和社会秩序模式,是韩非政治理论实现的基础。所有的权力掌管者,均被设定、安放在这个严整的法律体系之中,通过职责、权分、考课、奖惩,他们的一切所为和所不为都是确定的。这种体制在韩非看来可以最大限度地遏制官吏将其权力私化的可能。因此,韩非潜在的思路呈现为

---

[1]《庄子·胠箧》。

以君之政权的权力集中来维系法的实施,通过这个缜密的制度来控制治权并成为民之言行的唯一标准。其中包含三个方面:(1)将政权与治权彻底隔断;(2)通过法、术、势来实现君权对治权的绝对优势;(3)分化治权并使之受到法的严格规制。

为了具有上述基础,须着手解决君权与证道的关系。韩非对此的理论包括:(1)使君主认可上述法术之学有利于其身且可富国强兵乃至一统天下;(2)使君主将至公同于君之私利的观念内化;(3)使君主明确意识到治官吏而非治世是其唯一要务。

君主是防限权力私化的唯一可能。《南面》篇中说道"人主释法而以臣备臣,则相爱者比周而相誉,相憎者朋党而相非,非誉交争,则主惑乱矣",表明韩非对官僚系统本身并不信任,不认为纯粹依靠臣下(或官僚机构)之间的互相制约足以防限权力私化。这与当今习见的政法理论中的分权制衡学说存在明显差异。相反,只有存在超越于官僚系统之上且能以公利为念的掌控和制约,方能彻底解决臣下以权谋私的问题,而这正是君主应当发挥的作用。

在韩非看来,"诡使"之术理应是专属于君主的治术之一,而且只应被用于以治理为目的的政治行为中,这是君主应当履行的职责之一。韩非主要的注意力都集中在讨论权力运行上,尤其是君主如何防限臣下以权谋私。而君主发挥作用的基本依托,一言以蔽之可谓"以术用法",即"凡术也者,主之所以执也;法也者,官之所以师也"。[1] "术者,因任而授官,循名而责实,操杀生之柄,课群臣之能者也,此人主之所执也。法者,宪令著于官府,刑罚必于民心,赏存乎慎法,而罚加乎奸令者也,此臣之所师也。君无术则

---

[1]《韩非子·说疑》。

弊于上，臣无法则乱于下，此不可一无，皆帝王之具也。"[1]具体说来，君的治理行为包括三个方面：一是立法，二是考课、督查臣下，三是作出赏罚。此即《难一》篇所言明主之道应："设民所欲以求其功，故为爵禄以劝之；设民所恶以禁其奸，故为刑罚以威之。庆赏信而刑罚必，故君举功于臣，而奸不用于上，虽有竖刁，其奈君何？"

正是因此，有很多人认为《韩非子》中充满了权术谋略，甚至认为韩非还用这种思路"歪解"了《老子》。可是，如果从文本本身来看，韩非更多是在对他所察知的，已行于世的包括权谋在内的各种治术做了描述和总结。对读者而言，书中确实有大量可称为权谋术的内容，但这并不意味着韩非其人对此大加推崇。他将这些当时官吏游士阴行以牟利的权术昭然若揭地书于竹帛，无疑使自己暴露在巨大的危险之中。例如，面对嬴政，他公然揭露秦国官僚以术谋私。所以史迁确信，韩非下狱身死的主因在于李斯、姚贾的嫉恨。再结合韩非其人的行状，他本人既没有推崇也没有使用过阴谋诈伪行事。这与苏秦、张仪、公孙衍之流泾渭分明。哪怕是入秦之后，他对自己以韩国为念毫不隐讳，更可见得韩非称得上"介士"。《问田》篇中亦师亦友的堂谿公曾经提示韩非，也预见到过于耿直的言行将会遭致灾祸，而从韩非的回答中，可以体会到韩非明知艰险却毅然向"道"的执着。

---

[1]《韩非子·定法》。

目录

凡　例

绪　说

初见秦第一 / 001

存韩第二 / 014

难言第三 / 025

爱臣第四 / 036

主道第五 / 044

有度第六 / 061

二柄第七 / 082

扬权第八 / 096

八奸第九 / 116

十过第十 / 126

孤愤第十一 / 153

说难第十二 / 165

和氏第十三 / 178

奸劫弑臣第十四 / 185

亡征第十五 / 207

三守第十六 / 217

备内第十七 / 222

南面第十八 / 230

饰邪第十九 / 239

解老第二十 / 254

喻老第二十一 / 308

说林上第二十二 / 330

说林下第二十三 / 331

观行第二十四 / 332

安危第二十五 / 336

守道第二十六 / 345

用人第二十七 / 352

功名第二十八 / 363

大体第二十九 / 368

内储说上七术第三十 / 374

内储说下六微第三十一 / 375

外储说左上第三十二 / 376

外储说左下第三十三 / 377

外储说右上第三十四 / 378

外储说右下第三十五 / 379

难一第三十六 / 380

难二第三十七 / 381

难三第三十八 / 382

难四第三十九 / 383

难势第四十 / 384

问辩第四十一 / 396

问田第四十二 / 402

定法第四十三 / 408

说疑第四十四 / 420

诡使第四十五 / 439

六反第四十六 / 449

八说第四十七 / 466

八经第四十八 / 479

五蠹第四十九 / 500

显学第五十 / 522

忠孝第五十一 / 540

人主第五十二 / 553

饬令第五十三 / 559

心度第五十四 / 566

制分第五十五 / 573

附录1 《史记·韩非列传》 / 581

附录2 先秦两汉有关韩非的评论 / 585

参考文献 / 589

初见秦第一

【导读】

"初见秦"之名非本篇本有,应是整理者所加。据篇题可知,这当是韩王安六年(前233年)[1]韩非初入秦时呈给嬴政的一篇说(shuì)文,意在让秦王相信他能够为秦国提供成就霸业的方案。而韩非之所以能一见秦王而得青睐,最直接的原因在于他准确地洞悉了嬴政的雄心,即兼并六国、一统天下。不过陈奇猷认为这是韩非下狱后针对李斯"非,韩之诸公子,终为韩不为秦"之说,自陈全心为秦王画策之作。[2]考诸文义似乎也有道理。另外《战国策》录此文,但以为

---

[1] 一说在韩王安五年,辨正见陈奇猷校注:《韩非子新校注》,上海古籍出版社2000年版,第1页。
[2] 参见陈奇猷校注:《韩非子新校注》,上海古籍出版社2000年版,第2页。

是张仪说秦王之文。[1] 这造成历代论家对本篇是否为韩非所撰聚讼纷纭。[2] 杨义主张，应当充分"考虑韩非当时处境之艰险。李斯、姚贾陷害韩非，认为他作为韩之诸公子'终为韩不为秦'，'不如以过法诛之'，此时韩非再说'存韩'而不说'亡韩'，是会招来杀身之祸的。《初见秦》开头说：'臣闻："不知而言，不智；知而不言，不忠。"为人臣不忠，当死；言而不当，亦当死。虽然，臣愿悉言所闻，唯大王裁其罪。'只有韩非而不是张仪，此时才会以死生担保，有诚惶诚恐的戴罪感，因而针对李斯、姚贾的诽谤而转换话题。更为关键的是，此篇引用的历史事件多发生在张仪死后，为张仪所不及见"[3]。

篇中的主要内容是铺陈秦国的历史经验、教训，并加以分析。全篇大致可分三个部分：一是针对秦国分析了当时的战略形势和六国的处境。二是针对六国方面，主要分析了同样具有争霸可能的楚、齐两国如何功亏一篑。三是回顾秦国之前战争以图霸的历程，借此总结出错失的三次良机，并给出了原因。总的来说，韩非一方面分析秦国足以称霸的基础和可能性，另一方面陈说秦国之历经数代而不成霸业的原因，在凸显两者反差的同时，将主要原因归结于"谋臣皆不尽其忠"。言下之意，秦王只要用对谋臣，策略得当，则"大王垂拱以须之，天下编随而服矣"。

韩非明确察知，嬴政之所欲在天下，而苦于六国合纵。而他巧妙地将秦王的注意力由战争引向谋臣不力导致战略选择失误。且

---

[1] 王先慎引顾广圻曰：《战国策》作张仪说。吴师道补注云：张仪，误，当作韩非。非以韩王安五年使秦，始皇十三年也。今案：吴依此也。先慎曰：《史记·秦本纪》《六国表》并以韩非使秦在始皇十四年，《韩世家》属之王安五年。参见（清）王先慎：《韩非子集解》，上海书店1986年版，第1页。

[2] 参见陈奇猷校注：《韩非子新校注》，上海古籍出版社2000年版，第1—2页。

[3] 杨义：《韩非子还原》，中华书局2011年版，第57页。

谋臣不力的原因，非谋臣智能不济，而是私心使然。其实此论一出，再结合他在韩国时写的那些篇章，得罪秦国权臣毋庸置疑。之后韩非下狱被刑，史传以为出自李斯、姚贾妒忌构陷，于理可通。还要注意到，"臣"或曰官吏在政治治理中的问题，尤其是如何控制官吏的私心，乃是韩非所有政治思想中最核心的论题。

【原文·评注】

臣闻："**不知而言，不智**；智，明智。**知而不言，不忠。**"**为人臣不忠，当死；言而不当，**当（dàng），妥当、合宜。**亦当死。虽然，臣愿悉言所闻，**悉，全部。**唯大王裁其罪。**裁，裁断、判断。

这一章粗看起来是个程式化的开场白，意在表明自己的态度，并且引发读者（嬴政）的阅读兴趣。大意是：臣（韩非）听说："如果一个人不知情却仍然妄言，是不明智；明知情况却选择保持沉默，是不忠。"作为臣子，不忠应被处死；言论不当也应受到处罚。尽管如此，我愿意将我所知和盘托出，请大王（嬴政）决裁定罪。借助看似两难的境地，韩非展现出贯穿全篇的基本判断，即秦国的"人臣不忠"。

臣闻：**天下阴燕阳魏，**阴，此指北方。阳，此指南方。**连荆固齐，**荆，即楚国。**收韩而成从，**从，通"纵"，南北方向，与"横"相对。**将西面以与强秦为难。**难（nàn），仇怨。**臣窃笑之。世有三亡，而天下得之，其此之谓乎！臣闻之曰："以乱攻治者亡，以邪攻正者亡，以逆攻顺者亡。"今天下之府库不盈，**盈，满。**囷仓

空虚,囷(qūn),圆形谷仓。**悉其士民**,悉,尽、全。**张军数十百万**,张,扩大。**其顿首戴羽为将军**,顿首,整理头发。戴羽,将羽毛(饰物)戴于头上。[1] **断死于前不至千人**,断死,趋难而誓必死。至,通"止"。**皆以言死。白刃在前**,白刃,利刃。**斧锧在后**,锧(zhì),古代腰斩用的垫座。**而却走不能死也。**却走,退却逃跑。**非其士民不能死也,上不能故也。言赏则不与**,与(yù),给。**言罚则不行,赏罚不信,故士民不死也。今秦出号令而行赏罚,有功无功相事也。**相事,即"相视",指视事而论。**出其父母怀衽之中**,衽(rèn),衣襟。怀衽,怀抱。**生未尝见寇耳。闻战,顿足徒裼**,顿足,以脚跺地,形容情绪激昂。徒裼(xī),脱去上衣露出上身。**犯白刃,蹈炉炭**,蹈,踩。**断死于前者,皆是也。夫断死与断生者不同**,断生,临危难而求必生。**而民为之者,是贵奋死也。**奋死,拼死。**夫一人奋死可以对十,十可以对百,百可以对千,千可以对万,万可以克天下矣。今秦地折长补短,方数千里,名师数十百万。秦之号令赏罚,地形利害,天下莫若也。若**,如。**以此与天下**,与(yù),通"举",对抗。**天下〈不〉足兼而有也。是故秦战未尝不克,攻未尝不取,所当未尝不破**,当(dāng),面对。**开地数千里,此其大功也。然而兵甲顿**,顿,疲乏。**士民病,蓄积索**,索,尽。**田畴荒**,田畴(chóu),田地。**囷仓虚,四邻诸侯不服,霸王之名不成。此无异故,其谋臣皆不尽其忠也。**

这一章是对当时形势的判断和分析。韩非在本章中表明的三个主要观点是合纵不足惧、秦有兼并天下的条件与可能、秦的治理

---

[1] 参见罗小华:《"戴羽"、"被羽"与"戴毦"》,载《中原文物》2014年第2期。

有严重问题,其中最后一个,即"谋臣皆不尽其忠"又是重中之重。

文中的内容包括四层:一是六国合纵的局面,文中概括为"天下阴燕阳魏,连荆固齐,收韩而成从,将西面以与强秦为难",可与《战国策·秦策三》记载的"天下之士合纵,相聚于赵,而欲攻秦"相印证。

二是分析各国的实力、战力,以明确六国何以本不足惧。六国存在的问题有三:其一,物资匮乏,"天下之府库不盈,囷仓空虚",加之"悉其士民,张军数十百万",显然军队的后勤供给不足。其二,军队战斗力孱弱。包括缺乏将领("其顿首戴羽为将军,断死于前不至千人,皆以言死")和军士战意不强("白刃在前,斧锧在后,而却走不能死也")两方面。其三,政权的治理能力低下。韩非认为这是造成战力不强的主要原因,故曰"非其士民不能死也,上不能故也"。具体表现为文中说到的"言赏则不与,言罚则不行,赏罚不信"。信赏必罚的观点早在商鞅时就格外强调,并以之为政权意志和法律制度获得实效的关键,并通过变法落实到了秦国的治理实践中。尽管商鞅其人被刑身死,但他的治理思路和制度方案在秦惠王之后持续下来。韩非作为一个初入秦的"外国人",理应非常直接且真切地感受到秦国政治治理环境的特殊性。并且通过对于信赏必罚的肯定,也隐晦地表现出韩非对秦国基本政治制度、治理机制方面的肯定态度。换言之,韩非认为秦国尚未取天下的问题并不出在这两个方面。

三是分析秦国的实力与战力,形成与六国形势的对比。其中也包括三方面:其一,秦国基于赏罚的政令有良好的社会调动能力,即"秦出号令而行赏罚,有功无功相事也"。其二,秦地民众高亢的战斗意愿,即所谓"出其父母怀衽之中,生未尝见寇耳。闻战,顿足徒裼,犯白刃,蹈炉炭,断死于前者,皆是也。夫断死与断生者不同,而民为之者,是贵奋死也。夫一人奋死可以对十,十可以对百,百可以对千,千可以对万,万可以克天下矣"。意思是即便是在襁褓间从未见过战争的孩子,面对战斗都能积极主动且奋不顾身。奋勇杀敌已然成为秦地的文化风尚。这与前一点相配套,正是商鞅曾经致力于营造,并借由变法实现的特殊状态。[1] 其三,秦国地广军众,有足够的势力,即"今秦地折长补短,方数千里,名师数十百万"。这三者结合在一起,"秦之号令赏罚,地形利害,天下莫若也"。

四是分析并总结出秦尚未兼有天下的原因。秦国当时的形势,包括三方面:其一,秦国"战未尝不克,攻未尝不取,所当未尝不破,开地数千里,此其大功也",这印证了前文六国与秦的对比,可以很直观地看出秦国有足够的势力并吞天下。其二,"兵甲顿,士民病,蓄积索,田畴荒,囷仓虚",即连年征战消耗国力,以致内政出现问题。其三,"四邻诸侯不服,霸王之名不成",即周边诸侯国与秦国之间保持着紧张关系,秦国军事压力巨大。

既然对手的策略、实力皆不足虑,秦国之所以尚未有天下,即"以此与天下,天下不足兼而有也",便值得反思,而且其中的问题肯定出在决策层,由此引出下文的核心论题:秦国的"谋臣皆不尽其忠"。

臣敢言之:往者齐南破荆,《史记·六国年表》:齐湣王二十二年,齐与秦击败楚于重丘。**东破宋,**《史记·田敬仲完世家》:湣王三十八年伐宋,宋王出亡,死于温。**西服秦,**《史记·田敬仲完世家》:湣

---

[1] 参见《商君书·农战》:"君修赏罚以辅壹教,是以其教有所常,而政有成也。王者得治民之至要,故不待赏赐而民亲上,不待爵禄而民从事,不待刑罚而民致死。"

王二十六年,"齐与韩、魏共攻秦,至函谷军焉"。"二十八年,秦与韩河外以和,兵罢。"**北破燕**,据《史记·六国年表》齐湣王十年破燕。**中使韩、魏**,使,令、号令。齐湣王二十六年与韩、魏攻秦。**土地广而兵强,战克攻取,诏令天下。齐之清济浊河**,浊,通"浊"。蜀(浊)河即黄河。**足以为限**;限,险阻。**长城巨防,足以为塞。齐,五战之国也,一战不克而无齐**。指乐毅破齐于济西。**由此观之,夫战者,万乘之存亡也。且臣闻之曰:"削株无遗根**,削株,砍树。无,不要。遗,遗留。**无与祸邻,祸乃不存。"秦与荆人战,大破荆,袭郢**,郢(yǐng),楚国都城。**取洞庭、五湖**、五湖,据《史记河渠书集解》,湖名耳,实一湖,今太湖是也。**江南,荆王君臣亡走,东服于陈。当此时也,随荆以兵,则荆可举;荆可举,则其民足贪也**,贪,贪得、得到。**地足利也,东以弱齐、燕,中以凌三晋**。凌,欺压、迫近。**然则是一举而霸王之名可成也,四邻诸侯可朝也;而谋臣不为,引军而退,复与荆人为和。令荆人得收亡国,聚散民,立社稷主,置宗庙;令率天下西面以与秦为难。此固以失霸王之道一矣。天下又比周而军华下**,华下,即华阳。时属韩国,在今河南新郑东。**大王以诏破之,兵至梁郭下**。郭,城外围着城的墙。**围梁数旬,则梁可拔;拔梁,则魏可举**;举,攻克。**举魏,则荆、赵之意绝;荆、赵之意绝,则赵危;赵危而荆狐疑;东以弱齐、燕,中以凌三晋。然则是一举而霸王之名可成也,四邻诸侯可朝也;而谋臣不为,引军而退,复与魏氏为和。令魏氏反收亡国,聚散民,立社稷主,置宗庙,令率天下西面以与秦为难。此固以失霸王之道二矣。前者穰侯之治秦也**,穰(ráng)侯,秦国大臣魏冉(?—约前264年),亦作魏厓、魏焻,因食邑在穰(战国韩邑,今河南省邓州市),号曰穰侯。**用一国之兵而欲以成两国之功,是故兵终身暴露于外,士民疲病于内,霸王之名不成。此固以失霸王之道三矣。**

这一章先谈到齐国的征战历程与教训,彰明"夫战者,万乘之存亡也",将战争之于国家的重要性推到极致。齐湣王时"南破荆,东破宋,西服秦,北破燕,中使韩、魏",经过五次战争大有称霸之势。至齐湣王三十八年"齐南割楚之淮北,西侵三晋,欲以并周室,为天子。泗上诸侯邹鲁之君皆称臣,诸侯恐惧"(《史记·田敬仲完世家》)。当时齐国屡战屡胜,且南北有济水、黄河天险,西面有长城为屏障,可是经历乐毅破齐于济西一战几乎亡国。

再由秦国与楚国之战、华下破诸国联军、穰侯治秦三例,既证明"削株无遗根,无与祸邻,祸乃不存",也就是对待敌国需斩草除根;也通过秦军"反常"地不斩草除根推出"失霸王之道"出在"谋臣"身上。

秦楚之战,是秦昭王二十九年(前278年)"大良造白起攻楚,取郢为南郡,楚王走。周君来。王与楚王会襄陵。白起为武安君。三十年,蜀守若伐楚,取巫郡,及江南为黔中郡"(《史记·秦本纪》)。华下破诸国联军,即秦昭王"三十三年,客卿胡阳攻魏卷、蔡阳、长社,取之。击芒卯华阳,破之,斩首十五万。魏入南阳以和"(《史记·秦本纪》)。[1]

穰侯即魏冉,秦昭王母宣太后异父弟,秦昭王时四登相位。

---

[1] 陈奇猷云:据《史记》等参之,秦昭王九年,魏、齐、韩共败秦军函谷,十一年,齐、韩、魏、赵、宋、中山攻秦。参见陈奇猷校注:《韩非子新校注》,上海古籍出版社2000年版,第13页。

《史记》有《穰侯列传》详载其事。本篇所称"用一国之兵而欲以成两国之功",与司马迁"而秦所以东益地,弱诸侯,尝称帝于天下,天下皆西乡稽首者,穰侯之功也"的评论相契。韩非认为作为臣子,穰侯之举"兵终身暴露于外,士民疲病于内,霸王之名不成",则与对外用兵时有私心,阴行张大自己的势力,且"贵极富溢"(《史记·穰侯列传》)有关。

赵氏,中央之国也,杂民所居也。其民轻而难用也。轻,轻率、不稳重。用,为上所用。号令不治,赏罚不信,地形不便,下不能尽其民力。彼固亡国之形也,而不忧民萌,民萌,通"民氓",民众。悉其士民军于长平之下,以争韩上党。上党,在今山西省东南部。大王以诏破之,拔武安。当是时也,赵氏上下不相亲也,贵贱不相信也。相信,互相信任。然则邯郸不守。邯郸,赵国都城。拔邯郸,筦山东河间,筦(guǎn),通"管",管束、控制。山东,指太行山以东。引军而去,西攻修武,逾是羊肠,逾,越过。降上党。代四十六县,代,诸侯国,为赵襄子所灭,故址约在今河北省蔚县东北。上党七十县,不用一领甲,不苦一士民,此皆秦有也。代、上党不战而毕为秦矣,东阳、河外不战而毕反为齐矣,毕,完全。中山、呼沱以北不战而毕为燕矣。呼沱(tuó),即滹沱河。然则是赵举,赵举则韩亡,韩亡则荆、魏不能独立,荆、魏不能独立,则是一举而坏韩、蠹魏、拔荆,蠹(dù),蛀蚀。东以弱齐弱燕,决白马之口以沃魏氏,是一举而三晋亡,从者败也。大王垂拱以须之,垂拱,垂衣拱手,形容不费力气。须,待。天下编随而服矣,编随,排列相随。霸王之名成。而谋臣不为,引军而退,复与赵氏为和。夫以大王之明,秦兵之强,弃霸王之业,地曾不可得,曾,竟、还。乃取欺于亡国,是谋臣之拙也。且夫赵当亡而不亡,秦当霸而不霸,天下固以量秦之谋臣一矣。量(liàng),估量、揣度。乃复悉士卒以攻邯郸,不能拔也,弃甲兵弩,战竦而却,竦(sǒng),通"悚",恐惧。却,退。天下固已量秦力二矣。军乃引而退复,并于李下,大王又并军而至,与战不能克之也,又不能反运,罢而去,罢(pí),通"疲"。天下固量秦力三矣。内者量吾谋臣,外者极吾兵力。极,尽。由是观之,臣以为天下之从,几不难矣。内者,吾甲兵顿,士民病,蓄积索,田畴荒,囷仓虚。外者,天下皆比意甚固。愿大王有以虑之也。

这一章陈说的是秦昭王四十四年以后的征战事迹,进一步论证"夫以大王之明,秦兵之强,弃霸王之业,地曾不可得,乃取欺于亡国,是谋臣之拙也"。文中从秦破赵开始追述。韩非对此前赵国形势的判断是有"亡国之形也",且政治治理("号令不治,赏罚不信,地形不便,下不能尽其民力"和"不忧民萌")和战略决策("悉其士民军于长平之下,以争韩上党")都存在问题。

秦昭王四十七年(前260年)取上党,至四十八年(前259年)围邯郸。当时赵国的形势是长平之战以后元气大伤,按照韩非给出的方案,当"代、上党不战而毕为秦矣,东阳、河外不战而毕反为齐矣,中山、呼沲以北不战而毕为燕矣。然则是赵举,赵举则韩亡,韩亡则荆、魏不能独立,荆、魏不能独立,则是一举而坏韩、蠹魏、拔荆,东以弱齐弱燕,决白马之口以沃魏氏,是一举而三晋亡,从者败也"。

若果然如此,则"大王垂拱以须之,天下编随而服矣,霸王之名成"。但事实上却"谋臣不为,引军而退,复与赵氏为和"。韩非此处直接将退军谋和的原因归诸谋臣,是非常具有策略性的论说。作为韩国人,韩非对于当时政治实况的了解显然不及秦人,遑论秦王。但是,可以推想决策者只可能是秦王或者重要谋臣。在秦王面前直接将失败的原因归诸谋臣,显然比归咎于秦国先王更容易被接受,又正好契合全篇的主旨。接着进一步说"夫以大王之明,秦兵之强,弃霸王之业,地曾不可得,乃取欺于亡国,是谋臣之拙也"。由此引出"天下固已量秦力",即天下之人已经可以把握秦国政治能力和动向的三个方面,分别是:其一,可知秦国谋臣的能力不济,即"赵当亡而不亡,秦当霸而不霸,天下固以量秦之谋臣"。其二,"乃复悉士卒以攻邯郸,不能拔也,弃甲兵弩,战竦而却"。其三,"军乃引而退复,并于李下,大王又并军而至,与战不能克之也,又不能反,军罢而去"。这三者共同表明当时诸侯国"内者量吾谋臣,外者极吾兵力",也就是既掌握了秦国政治谋略的动势,又消耗了秦国的兵力,如此一来六国合纵抗秦成功可期。

且臣闻之曰:"战战栗栗,日慎一日,苟慎其道,天下可有。"[1]**何以知其然也?昔者纣为天子,将率天下甲兵百万,左饮于淇溪,右饮于洹豀**,豀,通"峪",山谷。**淇水竭而洹水不流,以与周武王为难。武王将素甲三千**,素甲,用绢素制的铠甲,比喻不坚固的铠甲。**战一日而破纣之国,禽其身**,禽,通"擒"。**据其地而有其民,天下莫伤。知伯率三国之众以攻赵襄主于晋阳**,知(智)伯(?—前453年),姬姓,智氏,讳瑶,谥襄,名瑶,荀跞之

---

〔1〕《淮南子》引作"尧借曰……"杨树达认为是《六韬》里的文字。参见杨树达:《积微居读书记》,上海古籍出版社2013年版。

孙,荀申之子。赵襄主(?—公元前425年),即赵襄子,名无恤。**决水而灌之三月,城且拔矣,襄主钻龟筮占兆**,钻龟,龟甲占卜的方法。筮(shì),用蓍草占算的方法。这里龟筮并称,泛指龟甲占卜。占,占卜。兆,龟甲的裂纹。**以视利害**,视,查看。**何国可降。乃使其臣张孟谈**,张孟谈,赵襄子的家臣。**于是乃潜行而出,反知伯之约,得两国之众,以攻知伯,禽其身,以复襄主之初。今秦地折长补短,方数千里,名师数十百万。秦国之号令赏罚,地形利害,天下莫如也。以此与天下,天下可兼而有也。**

臣昧死愿望见大王,言所以破天下之从,举赵,亡韩,臣荆、魏,亲齐、燕,以成霸王之名,朝四邻诸侯之道。大王诚听其说,一举而天下之从不破,赵不举,韩不亡,荆、魏不臣,齐、燕不亲,霸王之名不成,四邻诸侯不朝,大王斩臣以徇国,徇(xùn),通"殉",陪葬。**以为王谋不忠者戒也。**

这一章借纣与武王、三家灭知伯,再结合秦国形势,进一步证成己说。殷周代际的武王伐纣,是战国时人耳熟能详的历史典故。其中各家之间的叙事存在差异。后人熟知的儒家述说侧重文王、武王因德政、保民而得天命、有天下,有意弱化政治谋略和战争起到的作用。韩非在此处则将商亡的主因归结到纣王不能"战战栗栗,日慎一日,苟慎其道",亦即天子其人出了问题。

为此,他先对比商周之间的形势、力量的巨大反差。若是与前章有"亡国之形"的赵国相比,韩非显然是要表明商亡与国力、环境、处境无关。特别是"武王将素甲三千,战一日而破纣之国,禽其身,据其地而有其民,天下莫伤",一则可见兵力差异之大,二则表明克商之易,三则由"天下莫伤"彰明纣王的统治不得人心,言下之意纣王不能"苟慎其道"方致亡国。

作为三家分晋之始的"知伯率三国之众以攻赵襄主于晋阳"的故事,在战国也应是家喻户晓。故事梗概是:前455年,荀瑶(知伯或智伯)索地于韩魏,韩康子、魏桓子恐不敌智氏,皆赠万户之地。荀瑶又索皋狼等地于赵,赵毋恤不允。荀瑶纠合韩魏攻赵氏。赵氏不敌,退守晋阳。三家兵围晋阳两年,仍然不克,荀瑶乃决汾水灌晋阳。赵氏之城不日将破,其家臣张孟谈说韩魏反智氏,韩魏皆附议。智果等贤臣多次言及韩魏将反,劝荀瑶防备,荀瑶不以为然。后韩魏引汾水淹智军,赵氏从城中杀出,内外同举,灭智军,杀荀瑶。知氏家族覆亡。

"破天下之从,举赵,亡韩,臣荆、魏,亲齐、燕,以成霸王之名,朝四邻诸侯之道",这个主张和具体的称霸方案,在上章中已有具体论说,此处重复为的是进一步强调,以引起论说对象也就是秦王政的重视。并且文末以类似立军令状的方式再次向秦王政确保自己的方案必将行之有效,还谈到若所谋不可成,则"大王斩臣以徇国,以为王谋不忠者戒也"。这句话有双关之效,一是为自己论说向秦王下保证,二是在影射秦国那些谋而无功之臣理应被刑。

存韩第二

【导读】

今《存韩》篇实收录三篇文章,分别是韩非上秦王言存韩书、李斯上秦王驳议韩非书、李斯上韩王书。

韩非所作《存韩》篇,是他在韩王安六年(前233年)出使秦国时,向秦王政的上书陈词。篇中强调秦国应当先解决赵国之患,而后再图其他,与《初见秦》中的策略可相印证。

韩非真的希望凭借一己之力让韩国不至于为秦所灭吗?以韩非的智识和判断力,他必定预见到秦有吞并六国、一统天下之心,也能预见到韩国在此期间难免覆亡。毕竟对于韩国的内政、国力,以及所面对的国际形势,作为置身事内的韩国贵族,韩非无疑了然于心。这些在《初见秦》中已有印证。或许韩非的"存韩"之念,只是希望韩国能够获得齐国那般的结局,即举国降秦,不致罹受兵祸,且韩氏得保血祭。篇中谈到"韩可以移书定也",应是韩非真实想法的表达。

韩非认为秦国应首先出兵赵国,究竟是站在秦国立场上作出的战略研判,还是纯粹为了存韩而巧言诡辩?在其他的众多论作中,韩非一直批评臣下怀揣私心参与政事,甚至认为这是对政治治理最严重的危害。也正是因此,君主的首要任务在于治臣而非治民、治事。按此,我们可以推断韩非在本篇中所论一以贯之,不曾夹杂私心私虑吗?

李斯说韩非"盗心",是"韩之用事者以事秦为计",也就是认为韩非阳为秦出计而阴为存韩,这究竟是出于经常被人们说到的妒忌,还是他本自"公心"的判断,抑或兼而有之?至少从韩非《存韩》之文以及与李斯上书的对比可见,韩非确有私韩之心。所以李斯对秦王说"非终为韩不为秦"[1]不虚。

要知道,秦王廷当时对韩非身份的认定本就是"韩客"。而且韩非自己坦然安于这种身份。我们从韩非的论说中,丝毫见不到任何效忠秦王而决绝于韩的表述。韩非所论理当以存韩为念,这想必是所有人都有的预判。因此,以韩非的身份和他理应具备的立场作为反驳的理据,显然不会有太强的说服力。而《初见秦》篇评注中说到的,韩非入秦之后始终未被信用,已然说明秦王对韩非其人并不信任,这和他对韩非论著的欣赏判然有分。

而李斯在他的上书中却用了三成左右的篇幅来渲染这个背景,显然用心不在揭示韩非的"阴谋",或许是要以此动摇秦王对韩非所说之理的认同,而非破除秦王对韩非其人的信任,进而釜底抽

---

[1] 《史记·老子韩非列传》。

薪式地推翻韩非所论。这恰恰表明韩非对局势的理解和战略选择确有合理性。

就事论事,韩非与李斯的分歧,其实是秦国先灭赵还是先灭韩的目标选择不同而已。不过对于秦始皇而言,这却可能关系到他的天下理想是否能够实现,甚至秦国是否会在六国合纵的形势下亡国的重大战略选择。据后续的史事可知,嬴政并没有采纳韩非的意见,而是用了李斯的计策,派遣李斯去诓骗韩王入秦。韩王显然也察知了李斯的真实用意,采取了避而不见的方式以拖延。《史记·秦始皇本纪》中记秦始皇十四年:"韩非使秦,秦用李斯谋,留非,非死云阳。韩王请为臣。"《史记·韩世家》记曰:"王安五年,秦攻韩,韩急,使韩非使秦,秦留非,因杀之。九年,秦虏王安,尽入其地,为颍州郡。韩遂亡。"

对读本篇中的三篇文章,可以很直观地感受到战国时代纵横家何以能"纵横"。人们以往经常用阴谋家来描述当时的游士说客,可是诸国的实力、形势,各国的底线与最终意图,对于政局的参与者和观察者而言几乎可以说都是"明牌"。所谓的阴谋、权谋,充其量只能在具体的战术层面起作用。韩非的论说,李斯的论说,以及秦始皇最后的决断,既表现出对于相同局势的不同判断,也表现出不同的判断力。

【原文·评注】

韩事秦三十余年,出则为扞蔽, 扞(hàn),保护;保卫。蔽,遮挡。**入则为席荐。** 席荐,席子和草荐,泛指铺垫物。**秦特出锐师取地而韩随之,怨悬于天下,** 悬,遍布。**功归于强秦。且夫韩入**

贡职,与郡县无异也。今臣窃闻贵臣之计,举兵将伐韩。夫赵氏聚士卒,养从徒,从,通"纵",指合纵。欲赘天下之兵,赘(zhuì),会聚。明秦不弱,秦不弱,指不削弱秦国。则诸侯必灭宗庙。欲西面行其意,非一日之计也。今释赵之患,而坏内臣之韩,则天下明赵氏之计矣。

本篇前三章乃韩非上秦王言存韩书。

本章主旨在于论明,韩国不足以为秦之患。文中分了三层来说:一是韩国长久服事于秦,甚至"韩入贡职,与郡县无异",对秦并无威胁。二是秦意图并兼天下,所患当在赵而非韩,是故理应攻赵为先。三是秦所以有攻韩之心,乃是"赵氏之计",甚至是合纵以反秦的一部分,毕竟"赵氏聚士卒,养从徒,欲赘天下之兵"。

夫韩,小国也,而以应天下四击,主辱臣苦,上下相与同忧久矣。修守备,戒强敌,有蓄积,筑城池以守固。今伐韩,未可一年而灭。拔一城而退,则权轻于天下,天下摧我兵矣。韩叛,则魏应之,赵据齐以为原,原,通"援"。如此,则以韩、魏资赵假齐,假,借重。以固其从,从,通"纵"。而以与争强,赵之福而秦之祸也。夫进而击赵不能取,退而攻韩弗能拔,则陷锐之卒勤于野战,勤(qín),通"勤"。负任之旅罢于内攻;负任,背负、承担责任。罢,通"疲"。攻,通"供",供给。则合群苦弱以敌而共二万乘,万乘,万乘之国。非所以亡赵之心也。均如贵人之计,则秦必为天下兵质矣。质,攻击目标。陛下虽以金石相弊,金石相弊,金石败坏,此喻寿命长久。则兼天下之日未也。未,无。

本章意在让秦王相信，秦攻韩势必得不偿失。文中给出的理由有二：其一，韩国乃一小国，四面受敌，君臣上下长期保持忧患意识且能同心同德。"夫韩，小国也，而以应天下四击，主辱臣苦，上下相与同忧久矣。"并且已有完备的防守准备，即"修守备，戒强敌，有蓄积，筑城池以守固"。言下之意，攻打韩国所得甚少而耗费势必巨大。"今伐韩，未可一年而灭。拔一城而退，则权轻于天下，天下摧我兵矣。"万一不能灭韩而止于攻城略地，则不免被其他诸侯国轻蔑。其二，秦攻韩会造成的不利于秦的后果，要远超可预期的获利。这需要结合当时的形势方可明了。文中给出的论说大致是：韩国一旦背叛秦国，魏国就会响应韩国，赵国背靠齐国以之为后援，这样一来，实际上便是拿韩国、魏国去资助赵国，而赵国又凭借齐国来巩固合纵联盟，从而能与秦国决一胜负，这是赵国之利、秦国之害。攻打赵国不能取胜，返回头来攻打韩国不能攻下，深入敌阵攻坚的士兵在野外的战斗非常辛苦，背负着军用物资的运输队伍在国内疲于供给，这无异于纠合一群劳苦疲弱之人对抗赵、齐两个拥有万辆兵车的大国，这不是用以灭赵国的方案。由此可见，秦攻韩的实际获利者是赵国、齐国而非秦国。

今贱臣之愚计：使人使荆，重币用事之臣，重币，厚加贿赂。**明赵之所以欺秦者；与魏质以安其心，从韩而伐赵，赵虽与齐为一，不足患也。二国事毕，则韩可以移书定也。**以移书定，指一封书信即可平定。**是我一举二国有亡形，则荆、魏又必自服矣。故曰：兵者，凶器也。不可不审用也。以秦与赵敌，衡加以齐，**衡，连横。**今又背韩，而未有以坚荆、魏之心。夫一战而不胜，则祸构矣。**构，形成。**计者，所以定事也，不可不察也。**

韩、秦强弱,在今年耳。且赵与诸侯阴谋久矣。夫一动而弱于诸侯,弱,示弱。危事也;为计而使诸侯有意我之心,意我之心,指攻秦之心。至殆也;见二疏,见,通"现"。疏,疏漏。非所以强于诸侯也。臣窃愿陛下之幸熟图之！熟,仔细。攻伐而使从者间焉,间,疏远。不可悔也。

本章中韩非提供的方案是,联合楚国,通过交质安抚魏国,率领韩国攻打赵国。赵、齐逐个击破之后,韩国"可以移书定",即以一封书信便可收服。通过一次战争而使赵、齐两国降服,楚、魏两国也必将降服。另外,强调"兵者,凶器也。不可不审用也",以此为据提出,需要更审慎地考虑当时整体局势以选择战略。

诏以韩客之所上书,书言"韩之未可举",举,攻。下臣斯。臣斯甚以为不然。秦之有韩,若人之有腹心之病也。虚处则㾜然,㾜(hài),愁苦。若居湿地,著而不去,著(zhuó),通"着",附着。以极走则发矣。极,通"亟",急。夫韩虽臣于秦,未尝不为秦病,病,隐患。今若有卒报之事,卒(cù),通"猝"。卒报之事,指突发变故。韩不可信也。秦与赵为难,荆苏使齐,荆苏,秦臣。未知何如。以臣观之,则齐、赵之交未必以荆苏绝也;若不绝,是悉赵(秦)而应二万乘也。赵,据文义当作"秦"。夫韩不服秦之义而服于强也,今专于齐、赵,则韩必为腹心之病而发矣。韩与荆有谋,诸侯应之,则秦必复见崤塞之患。崤塞,指函谷关。

本章和下两章是李斯上秦王驳议韩非书。

李斯将韩国定性为秦国的"腹心之病",与韩非以之为秦国"腹心"恰好相反。最主要的理由是"韩不可信"。不过李斯所论并非证明韩国如何不可信,而是反驳韩非给出的先行征伐赵、齐的战略方案。他的基本判断是"秦与赵为难,荆苏使齐,未知何如"。理由包括:其一,赵国和齐国的关系很难因为荆苏的游说而破裂。因此秦国攻赵很可能会面对以一敌二的局面。其二,韩国对秦国的臣服非是心服,而是屈服于秦国的强大实力。一旦秦国尽力与齐、赵为战,韩国势必乘虚发难。其三,一旦韩国与楚国联合,秦国很可能陷入当年秦晋崤之战的退败局面。

非之来也,未必不以其能存韩也,为重于韩也。为,求。**辩说属辞**,属(zhǔ),连缀。**饰非诈谋,以钓利于秦**,钓,谋取。**而以韩阚规陛下。**阚,通"窥"。**夫秦、韩之交亲,则非重矣,此自便之计也。**

文中强调韩非此来的目的是保护韩国,并且彰显韩国之于秦国的重要性。更有甚者,李斯强调韩非所论俱是站在韩国而非秦国的立场上,所有说辞归根结底是在为韩国而非秦国谋利。

臣视非之言文,其淫说靡辩,靡,奢华。**才甚,臣恐陛下淫非之辩而听其盗心**,淫,惑。**因不详察事情。**情,实情。**今以臣愚议:秦发兵而未名所伐,则韩之用事者以事秦为计矣。臣斯请往见韩王**,韩王,即韩王安。**使来入见;大王见,因内其身而勿遣**,内,通"纳"。**稍召其社稷之臣**,稍,接着、之后。**以与韩人为市**,市,交易。**则韩可深割也。因令象武发东郡之卒**,象武，秦将。阅兵于境上而未名所之，则齐人惧而从苏之计。苏，即荆苏。是我兵未出而劲韩以威擒，强齐以义从矣。闻于诸侯也，赵氏破胆，荆人狐疑，必有忠计。忠计，指忠于秦国的计策。荆人不动，魏不足患也，则诸侯可蚕食而尽，赵氏可得与敌矣。愿陛下幸察愚臣之计，无忽。

  李斯指出韩非的论说极富文采，具有巨大的迷惑性，使事态的实情被遮蔽。这显然是对韩非文辞的感染力心存芥蒂。
  李斯提出的方案是，他以使臣身份出使韩国，诏韩王安入秦。秦王顺势扣押韩王，再招来韩国的重臣，以此与韩国交易，便可使韩国大量割地。同时让蒙武率领东郡的军队在国境陈兵却不示明用兵意图，齐国会感到惧怕而采纳荆苏之计，与赵国绝交。这样一来无须出兵便可得到韩国，且使齐国臣服。以上状态被其他诸侯国知晓后，赵国势必被震慑住，楚人会对合纵之事产生狐疑，进而必定会忠于秦国之计。楚人不出兵参与，魏国便不足为忧患，各个诸侯国可以渐次被蚕食，进而就可以与赵国一较高下了。

  秦遂遣斯使韩也。李斯往诏韩王，未得见，因上书曰："昔秦、韩戮力一意，以不相侵，天下莫敢犯，如此者数世矣。前时五诸侯尝相与共伐韩，秦发兵以救之。韩居中国，地不能满千里，而所以得与诸侯班位于天下，班位，同列。**君臣相保者，以世世相教事秦之力也。先时五诸侯共伐秦，韩反与诸侯先为雁行为以向秦军于关下矣。**雁行，指为首、领头。**诸侯兵困力极，无奈何，诸侯兵罢。**罢，通'疲'。**杜仓相秦，起兵发将以报天下之怨而先攻荆。荆令尹患之，曰：'夫韩以秦为不**

义,而与秦兄弟共苦天下。已又背秦,先为雁行以攻关。韩则居中国,殿转不可知。'殿,臀部。殿转,指立场。天下共割韩上地十城以谢秦,解其兵。夫韩尝一背秦而国迫地侵,兵弱至今,所以然者,听奸臣之浮说,不权事实,故虽杀戮奸臣,不能使韩复强。

这一章至篇末,是李斯因上章所陈之计,前往韩国诏韩王安入秦时所作。文中说到"李斯往诏韩王,未得见,因上书",可推知韩王安当时已经识破秦国之计,故避而不见。李斯上书,意在劝说韩王安放弃联赵抗秦的念头。

文中首先追述了秦、韩交好的历史,彰显韩背秦必危,为后文所论张本。其中包括:其一,秦曾以兵救韩,对抗五国。"昔秦、韩戮力一意,以不相侵,天下莫敢犯,如此者数世矣。前时五诸侯尝相与共伐韩,秦发兵以救之"。其二,韩国地小力弱,没有秦国为倚仗不足以自立于当世。"韩居中国,地不能满千里,而所以得与诸侯班位于天下,君臣相保者,以世世相教事秦之力也"。其三,韩国曾背叛秦国,甚至与其他诸侯国联合攻秦,但结果是"天下共割韩上地十城以谢秦,解其兵",可见秦国不可背,而其他诸侯国不足以仰仗。

今赵欲聚兵士,卒以秦为事,使人来借道,言欲伐秦,其势必先韩而后秦。且臣闻之:"唇亡则齿寒。"夫秦、韩不得无同忧,其形可见。魏欲发兵以攻韩,秦使人将使者于韩。今秦王使臣斯来而不得见,恐左右袭曩奸臣之计, 袭,遵照,照做。曩(nǎng),以往。**使韩复有亡地之患。臣斯不得见,请归报,**

秦、韩之交必绝矣。斯之来使,以奉秦王之欢心,愿效便计,岂陛下所以逆贱臣者邪?臣斯愿得一见,前进道愚计,退就菹戮,菹(zū),剁成肉酱,切碎。愿陛下有意焉。今杀臣于韩,则大王不足以强,若有听臣之计,则祸必构矣。秦发兵不留行,而韩之社稷忧矣。臣斯暴身于韩之市,则虽欲察贱臣愚患之计,不可得已。边鄙残,边鄙,边境地区。国固守,鼓铎之声于耳,鼓铎(duó),古代军中所用的乐器。而乃用臣斯之计,晚矣。且夫韩之兵于天下可知也,今又背强秦。夫弃城而败军,则反掖之寇必袭矣。反掖(yè),谓在肘腋之下谋反,指内部叛变。城尽则聚散,聚散则无军矣。城固守,则秦必兴兵而围王一都,道不能,则难必谋,其势不救,左右计之者不用,愿陛下熟悉图之。熟,程度深。若臣斯之所言有不应事实者,愿大王幸使得毕辞于前,乃就吏诛不晚也。秦王饮食不甘,游观不乐,意专在图赵,使臣斯来言,顺得身见,因急与陛下有计也。今使臣不通,则韩之信未可知也,夫秦必释赵之患而移兵于韩,愿陛下幸复察图之,而赐臣报决。"

这一章中李斯试图让韩王安认识到:其一,赵国强大对韩国而言不是好事。其二,韩王不见使者(李斯),会造成严重后果,鉴于以往历史,甚至有失地的可能。此即"魏欲发兵以攻韩,秦使人将使者于韩。今秦王使臣斯来而不得见,恐左右袭曩奸臣之计,使韩复有亡地之患。臣斯不得见,请归报,秦、韩之交必绝矣"。其三,若杀死使者,对韩国而言非但不利,反而会开罪于秦国,乃至受到秦国征伐,也不免会被魏国趁机偷袭。其四,秦王当下的目的在于对抗赵国,但前提是韩王让秦王相信韩国确实服膺于秦,否则韩国将成为被打击的目标。

　　从文辞表达可以看出,李斯对韩王是一面恐吓,一面说理,尽管已有克制,但咄咄逼人之势依然溢于言表。

难言第三

【导读】

本篇以"难言"为题,取自首句,亦合于全篇主题。所谓"难言",指的既是难以进言,也是言论难以为人(尤其是君主)所理解、信用。据篇中表述可知,这是一篇韩非向国君的上书。张觉判断,这"可能就是他早年屡次上书而不被韩王所用,感到进说困难时向韩王的上书",[1]在诸论断中显得最为合理。[2]

为什么韩非要写《难言》呢?显然不是因为他在言说、著述的时候感到了遣词造句、选择文风的困难,尽管这也是"难"的原因之一。给韩非

---

[1] 张觉撰:《韩非子校疏析论》,知识产权出版社2011年版,第39页。

[2] 也有论者认为这是韩非在公元前233年下狱之后的作品,亦可成一说。参见杨义:《韩非子还原》,中华书局2011年版,第59—60页。

造成困扰的是"度量虽正,未必听也;义理虽全,未必用也",也就是当时的听者而非说者出了大问题。这乃是韩非极为看重的问题,所以就相似的主题又做了《说难》篇。《说难》的开篇有一句相似且更加清晰的表达:"凡说之难:非吾知之有以说之之难也,又非吾辩之能明吾意之难也,又非吾敢横失而能尽之难也。凡说之难,在知所说之心,可以吾说当之。"而对韩非思想把握极其精到的司马迁在"韩非列传"本就不长的篇幅中全文收录了《说难》,可见在他看来这个话题,以及相关论述对于理解韩非的思想何其重要。《韩非子》一书的编者把《难言》编在具有历史背景铺垫意味的《初见秦》和《存韩》之后,作为韩非亲撰之"论"的首篇,想必也是在编纂时有着和史迁相似的体认。

颇有讽刺意味的是,韩非用论说打动秦始皇,让一位自诩功盖"三皇五帝"的帝王发出了"寡人得见此人与之游,死不恨矣"[1]的感叹,却终究没有因言说而获得始皇帝的信用,也没有对他所主导的秦国并兼天下的战略方案造成影响。这在之前两篇的评注中已经谈过了。

本篇首章揭示出的状态,概括起来可谓是无论说者使用何种技法和表达方式,总不免遭到相反的否定评断。究竟是哪里出了问题?是没有找到尽善尽美的表达方式;还是由于语言的表达本身就存在局限性,无法尽表真义;抑或听者,以及听者所处的文化环境出了问题?其实类似的问题,老子、孔子也曾面对。"质胜文则野,文胜质则史。文质彬彬,然后君子"[2]是孔子给出的判断和方案。这表明孔子认为是表达者的问题,进而需要找到"致中和"

---

[1]《史记·老子韩非列传》。
[2]《论语·雍也》。

的"文质彬彬"的状态。老子则说"道可道,非常道","吾不知其名,字之曰道,强为之名曰大"〔1〕。这和"易传"中"书不尽言,言不尽意"〔2〕之说很像,都是在强调语言表达本身的局限性。如此一来,言说不能尽表其义,所言不能尽为听者所知便是很正常而且无法完全避免的问题。

而照《难言》篇第二章的论说,韩非的基本判断有别于先圣,他的论说似乎兼孔老而有之,更倾向于认为是听者和听者所处的文化环境出了问题。这个话题很重要,会直接影响韩非接下来关于"道""理""名""参验"等命题的理解。为此,篇中首章枚举了多种表述方式,以及被误解、否弃的原因。表面上看,是无论怎样表述都有被挑剔甚至被质疑的可能;实质上是在暗示,"难言"的原因不在于如何"言",而在于听者不善于"听"。所以这也是一篇以就事论事的形式针砭君王的作品。其次通过列举历史上著名贤人进善言而不见用的故事,印证"故度量虽正,未必听也;义理虽全,未必用也"的判断。而全文最终的旨归在于申明"至言忤于耳而倒于心,非贤圣莫能听,愿大王熟察之也"。

【原文·评注】

臣非非难言也,所以难言者:言顺比滑泽,顺比(bì),亲近、亲附。滑泽,(言语)流畅而有文饰。**洋洋纚纚然,**洋洋,众多美好之貌。纚(sǎ),飘舞飞扬。**则见以为华而不实;敦祗恭厚,**敦(dūn)祗(zhī),诚笃恭敬。**鲠固慎完,**鲠(gěng)固,刚直坚定。慎,谨慎。

---

〔1〕《老子》第一章、第二十五章。
〔2〕《周易·系辞上》。

完,坚定。**则见以为拙而不伦**;拙,笨拙。伦,伦次。**多言繁称**,繁称,多所称引。**连类比物**,列举同类事物。**则见以为虚而无用;揔微说约**,揔(zǒng),通"总",总括。揔微,撷取精义。约,要。**径省而不饰**,径省,简略。饰,文饰。**则见以为刿而不辩**;刿(guì),刺伤,划伤。刿而不辩,指言辞直接生硬,不讲技巧。**激急亲近**,指刺激(君主)亲近之人。**探知人情,则见以为谮而不让**;谮(zèn),谗毁;诬陷。让,不争。**闳大广博**,闳(hóng),宏大。**妙远不测**,妙,通"渺",远。**则见以为夸而无用**;夸,华而不实之言。**家计小谈**,家常琐碎之言。**以具数言**,斤斤计较之言。**则见以为陋**;陋,粗陋、浅薄。**言而近世**,世,指世俗之论。**辞不悖逆,则见以为贪生而谀上**;谀,谄媚,奉承。**言而远俗,诡躁人间**,诡,变。躁,诈。**则见以为诞**;诞,欺诈,虚妄。**捷敏辩给**,给,通"急",利口。**繁于文采,则见以为史**;史,此指文多而质少。**殊释文学**,殊,断绝。释,放弃。文学,文辞,知识。**以质信言**,质,本质。信,真实。**则见以为鄙**;鄙,粗俗。**时称《诗》《书》,道法往古**,道,论说。法,效法。**则见以为诵**。诵,怨谤,此指以古讽今。**此臣非之所以难言而重患也。**

本章中罗列了一系列当时存在的"难言"的情况,用白话可以表达为:言辞和顺流畅,洋洋洒洒,会被认为华而不实;恭敬诚恳,耿直坚定,会被认为笨拙且缺乏条理;旁征博引,比类旁推,会被认为虚空无用;义微言约,直率简略而不加文饰,会被认为言辞伤人而缺乏论说技巧;言论激烈且触及他人,会被认为在诋毁他人;宏大广博,玄远难测,会被认为华而不实;论及日常琐碎之事,会被认为浅薄;所论切近世俗,不违常识,会被认为贪生怕死、阿谀君主;言辞异于世俗,不合常识,会被认为荒谬;思路敏捷,富有文采,会被认为不质朴;断绝、弃用文献,陈说质朴,会被认为粗鄙;援引《诗》《书》,称道古代,会被认为以古讽今。

　　以上诸种情况凸显出,无论采取哪种论说形式都会遭遇"难言"。表面上看,韩非在这一章中罗列了难于言说的种种情况,实际上他更在意的,也就是所重之"患"在于时人逢说必反,甚至为反对而反对的状况。进一步说,没有人在意论说、文辞蕴含的内容是否合理、正确,而总是将注意力集中在表现方式上,并于其中寻求批评、反对的空间。

　　更深层次者在于,表面上看是无论怎样表述都有被挑剔甚至被质疑的可能;实质上是在暗示,"难言"的原因不在于如何"言",而在于听者不善于"听"。

　　故度量虽正, 度量,标准。**未必听也;** 听,被听取。**义理虽全,** 义理,指文辞的含义和观点。**未必用也。大王若以此不信,则小者以为毁訾诽谤,** 毁訾(zī),毁谤、非议。**大者患祸灾害死亡及其身。故子胥善谋而吴戮之,** 子胥,即伍子胥(前559年—前484年),名员(一作芸),字子胥,楚人,以封于申,也称申胥。**仲尼善说而匡围之,管夷吾实贤而鲁囚之。** 管夷吾,即管仲。**故此三大夫岂不贤哉?而三君不明也。上古有汤,至圣也;伊尹,至智也。夫至智说至圣,然且七十说而不受,身执鼎俎为庖宰,** 俎(zǔ),砧板。包,通"庖",屠夫。包宰,掌管庖厨的小吏。**昵近习亲,** 昵,亲近。**而汤乃仅知其贤而用之。** 仅,才。**故曰:以至智说至圣,未必至而见受,伊尹说汤是也;以智说愚必不听,文王说纣是也。** 文王,周文王。**故文王说纣而纣囚之;翼侯炙;** 翼侯,即鄂侯,商纣王的三公之一。炙,烤。**鬼侯腊,** 鬼侯,又称九侯,纣的三公之一。腊,肉干。**比干剖心,**比干,商王文丁之子,商王帝乙之弟,纣王之叔(一说是纣王之弟)。**梅伯醢;**梅伯,纣王之诸侯。醢(hǎi),肉酱。**夷吾束缚;**束缚,被捆绑。**而曹羁奔陈;**曹羁,春秋时曹国公子。**伯里子道乞;**伯里子,即百里奚。**傅说转鬻;**傅说,商王武丁之相。转,转手。鬻(yù),卖。**孙子膑脚于魏;**孙子,即孙膑,战国时齐国人,孙武的后代。膑脚,挖去膝盖骨之刑。**吴起收泣于岸门,痛西河之为秦,卒枝解于楚;**卒,最终。**公叔痤言国器反为悖,**公叔痤(cuó),战国时魏臣。国器,指可以治国的人才。悖,违反。**公孙鞅奔秦;关龙逢斩;**关龙逢,夏桀时大臣。**苌弘分胣;**苌(cháng)弘,亦作"苌宏",字叔,又称苌叔。周景王、敬王的大臣刘文公所属大夫。胣(chǐ),剖腹。**尹子穽于棘;**尹子,春秋时尹文公固,曾拥立王子朝。穽(jǐng),通"阱",陷阱、圈套。棘(jí),针形的刺,引申为牢狱。**司马子期死而浮于江;**司马子期,楚令尹子西之弟公子结。**田明辜射;**田明,即齐明,亦曰田光。辜,王先慎曰:非罪为"辜",射而杀之。**宓子贱、**宓(fú)子贱,名不齐,字子贱,春秋末年鲁国人(一说宋国人),孔子门生,曾任单父宰。**西门豹不斗而死人手;**西门豹,战国时魏国人,魏文侯时为邺令。**董安于死而陈于市;**董安于(?—前496年),字阏于,平阳翼城人,春秋时晋国赵简子家臣。陈,陈列,此指暴尸。**宰予不免于田常;**宰予,(前522年—前458年),姬姓,宰氏,名予,字子我,春秋末期鲁国人,孔子弟子。田常,即田恒(田成子),因出自陈国,也称为陈恒,汉朝为汉文帝刘恒避讳,改称田常。齐国田氏家族第八任首领。**范雎折胁于魏。**范雎,字叔,魏国芮城(今山西省芮城县)人,为秦相,佐秦昭襄王。胁,肋骨。**此十数人者,**皆世之仁贤忠良有道术之士也,不幸而遇悖乱暗惑之主而死。然则虽贤圣不能逃死亡避戮辱者,何也?则愚者难说也,说

(shuì)，说服。**故君子难言也。且至言忤于耳而倒于心**，忤（wǔ），不顺从。倒，反。**非贤圣莫能听，愿大王熟察之也**。熟，精审，仔细。

文中罗列古代圣贤论说不见用而反遭危难乃至身死的实例，意在彰明解决"难言"的关键在于作为听者的君王是否能够抛开各种表象甄别出贤言与贤人。"度量虽正，未必听也；义理虽全，未必用也"，文面意思是尽管合于标准之言，或所蕴含的内容义理周全，也未必会被听取、采纳。随之而来的结果是"大王若以此不信，则小者以为毁訾诽谤，大者患祸灾害死亡及其身"，大意为君主若是认定这些言论不可靠，轻则会认定进言者妄议诽谤，重则让他们遭受灾祸甚至身死。

"以至智说至圣，未必至而见受，伊尹说汤是也"，和老子、《易传》的观点一致。"以智说愚必不听，文王说纣是也"，这才是韩非要论说的重点，要在作为听者的君王每每不能辨识良言、贤智。换句话说，韩非的重点在于强调君主不"明"是难言的最主要原因，故曰"然则虽贤圣不能逃死亡避戮辱者，何也？则愚者难说也，故君子难言也。且至言忤于耳而倒于心，非贤圣莫能听"。

要注意，这里似乎与前章之间存在断裂和转折。前章一直通过铺陈展现"难言"的主要原因在恶劣的文化环境。种种言论不被理解和接受，并不是因为表达形式给理解和接受带来困扰，而是无论采取哪种形式都会受到抨击。这些抨击更像是为了反对而反对。本章则将话题引向了君主不能识别、听用正确的言论，并对言说者施加惩罚。当然这也可以理解为言说的环境恶劣，正确的言论反会遭致灾祸。可是究竟君主的这种表现与前章谈到的文化环境之间是否有关系，文中并未明示。如果只把前后两章看作罗列相对独立、并列的两种"难言"情景,似乎又与行文表现出的脉理不甚契合。

"此十数人者,皆世之仁贤忠良有道术之士也,不幸而遇悖乱暗惑之主而死。"其中所举诸例,都采取了极简的述说方式,说明这些故事在当时广为人知,故无须详加说解。为了便于今人理解,下面略加说明。

"子胥善谋而吴戮之",即伍子胥辅佐吴王阖闾败楚后,受太宰嚭构陷而被夫差赐剑自杀。《史记·伍子胥列传》中有详细记载。

"仲尼善说而匡围之":鲁定公六年(前504年),季氏家臣阳虎专权,侵郑取匡,并施暴政。定公十三年(前497年)孔子由卫至陈时途经匡地,因相貌相似被匡人误认为是阳虎而遭围困。详见《史记·孔子世家》。

"管夷吾实贤而鲁囚之","夷吾束缚":公子纠与公子小白争夺君位失败后,桓公因鲍叔牙之计,命鲁国杀公子纠,囚管仲以献于齐。事见《左传》《史记·管晏列传》等。

伊尹说商汤的故事,见《史记·殷本纪》,文曰:"伊尹名阿衡。阿衡欲奸汤而无由,乃为有莘氏媵臣,负鼎俎,以滋味说汤,致于王道。或曰,伊尹处士,汤使人聘迎之,五反然后肯往从汤,言素王及九主之事。汤举任以国政。"不过未见韩非谈到的"且七十说而不受"等细节。

"文王说纣而纣囚之",指的是文王被纣囚于羑里的故事。常见的记载并不认为文王被囚的原因是他向纣谏言,而是因为纣王对崛起的周人心有忌惮而刻意打压。事见《史记·周本纪》。

"翼侯炙;鬼侯腊,比干剖心,梅伯醢",并见于《吕氏春秋·恃君览·行论》,与《史记·殷本纪》记载有出入。要在以贤人遭到虐杀彰显纣王残暴。

"曹羁奔陈",大意是春秋时曹国公子曹羁三次进谏而曹伯不从,曹羁遂离开曹国逃奔至陈国。事见《左传·庄公二十三年》。

"伯里子道乞":百里奚本是春秋时虞国大夫。晋献公假途伐虢后,灭亡了虞国,俘获百里奚。百里奚作为秦穆公夫人(穆姬)的陪嫁奴隶被送到秦国,其逃离秦国跑到楚国宛邑。秦穆公用五张黑羊皮从市井之中换回百里奚,其进入秦国成为大夫,人称"五羖大夫"。

"傅说转鬻":《史记·殷本纪》记载此事:"帝武丁即位,思复兴殷,而未得其佐。三年不言,政事决定于冢宰,以观国风。武丁夜梦得圣人,名曰说。以梦所见视群臣百吏,皆非也。于是乃使百工营求之野,得说于傅险中。是时说为胥靡,筑于傅险。见于武丁,武丁曰是也。得而与之语,果圣人,举以为相,殷国大治。故遂以傅险姓之,号曰傅说。"

"孙子膑脚于魏":孙膑曾与庞涓同窗学习兵法,后庞涓为魏惠王将军,恐孙膑贤于己,诳之入魏后处以刖刑而黥之,意在使他不得用于世。事见《史记·孙子吴起列传》。

"吴起收泣于岸门,痛西河之为秦,卒枝解于楚":吴起受魏惠王重用,败秦军得西河而为西河守。魏武王时受构陷被罢官召回。行至岸门时流泪,叹西河之地将复丧于秦。旋即奔楚,受楚悼王倚重主政改革,大有所成。悼王死后被楚旧贵族肢解。事见《史记·孙子吴起列传》。

"公叔痤言国器,反为悖,公孙鞅奔秦":魏国重臣公叔痤向魏惠王举荐门客公孙鞅(商鞅),被驳斥;进而建议惠王不能用则杀之,惠王亦不从。后公孙鞅奔秦见用,终致秦强魏弱且屡败魏军。事见《史记·商君列传》。

"关龙逄斩":关龙逄是夏桀之臣,因夏桀昏庸残暴,进谏直言而被杀。见《韩诗外传》《潜夫论》等书所记。

"苌弘分肔":刘氏与晋范氏世为婚姻。晋卿内乱时由于帮助了范氏,晋卿赵鞅为此声讨,苌弘被周人杀死。传说死后三年,其血化为碧玉。事见《左传·哀公三年》。[1]

"尹子穽于棘":通说认为尹子是《春秋·昭公二十三年》"尹氏立王子朝"事中的周世卿尹文公固。现可知公元前520年爆发的王子朝之乱,尹文公支持王子朝,与刘文公、单穆公支持的周悼王、敬王对抗。公元前516年,在晋国的强力干预下,尹文公随王子朝逃往楚国。《左传·昭公二十九年》记有"京师杀尹氏固"。[2]

"司马子期死而浮于江":白公作乱,杀子西和子期,并且劫持了楚惠王。事见《左传·哀公十六年》、《国语·楚语》和《史记·楚世家》。

"田明辜射":田明或是战国时东周官吏齐明,因田为齐姓又曰田明,曾仕秦、楚、齐等国,事迹不详。

"宓子贱、西门豹不斗而死人手":具体事迹不详。

"董安于死而陈于市":董安于为赵简子家臣。范氏、中行氏之乱时,安于劝赵简子先发制人,赵简子不从。范、中行逃亡后,智跞的嬖臣梁婴父与董安于关系不好,要挟赵简子杀死董安于以安众。后安于自缢而死。赵鞅强忍悲恸,将安于的尸体陈街示众,并告知

―――――――

〔1〕 参见《庄子·外物》:"人主莫不欲其臣之忠,而忠未必信,故伍员流于江,苌弘死于蜀,藏其血三年,而化为碧。"

〔2〕 除了尹文公外,先秦时被称作"尹子",且与"尹子穽于棘"呼应的,应该还有三个人:一是西周时尹国国君尹吉甫。他曾辅佐宣王南征淮夷、北伐猃狁。宣王去世后,周幽王荒废朝政、沉迷酒色,尹吉甫屡屡进谏规劝却不得采纳,只得去职,最后郁郁而终。二是赵氏的家臣尹铎。赵简子曾任命尹铎治理晋阳,临行前让他务必毁坏城墙。但尹铎到任后反让人高加固城防工事。赵简子至晋阳视察,见状大怒,必杀尹铎方肯进城。后为邮无正劝阻作罢。三是战国时期名家人物尹文子,著书立说有儒、墨、道、名、法融会之风,但具体事迹无从考证。

智踱,赵氏才得以真正安宁。事见《国语·晋语九》、《说苑·臣术》、《史记·晋世家》及《韩非子·内储说上七术》、《韩非子·观行》等。

"宰予不免于田常":前481年田常发动政变,杀死了阚止和齐简公,拥立齐简公的弟弟为国君,就是齐平公。宰予时为齐国大夫,因田常之乱受难。

"范雎折胁于魏":范雎为魏国人,曾被魏国宰相公子魏齐用板子、荆条严刑拷打,遍体鳞伤,血肉模糊,肋骨被打折、牙齿被打掉,后装死逃脱。事见《史记·范雎蔡泽列传》。

爱臣第四

【导读】

本篇题名"爱臣",取自篇首二字。杨义认为"属于韩非'上韩王书'的篇章,有《爱臣》《有度》《饰邪》《忠孝》四篇","当以《饰邪》《有度》较早,其次为《爱臣》,最晚为《忠孝》"。《饰邪》《忠孝》二篇,作于韩王安朝。[1] "臣闻千乘之君无备"等句似乎脱生于《孟子》,故有些论者据此怀疑本篇非出于韩非之手,略显武断。但或可认为韩非曾研读并受孟子作品的影响。

由"此君人者之所识也""此明君之所以备不虞者也"等表述可知,本篇写作时明确地预设了读者是国君。因此整篇文章的论说方式都有

---

[1] 参见杨义:《韩非子还原》,中华书局2011年版,第44页。

意识地针对更好地说服君主进行了设计。全篇可分作两章,分别从理论和历史经验两个向度展开论说。

全篇主旨在首句中即已彰明,概言之意在表达君主不可与臣子等私下关系过分密切,而应始终加以防备,否则必将危及君位和政权。和《韩非子》全书中关于治术层次的绝大部分讨论一样,本篇关注的重点也在于君臣关系。韩非要回答以下问题:其一,为什么君臣关系是造成当时治理问题,包括国削兵弱的最主要原因?与之相比较,之前商鞅将主因归于国家无法抟力于农战,孔子、孟子认为政治参与者的道德典范作用和政治运作中的德化机制瓦解是主因,而老、庄则认为整个政治的方向而非手段出了问题。其二,为什么君臣关系会出问题?其三,君臣关系应当如何调整、规制?其四,怎样的君臣关系接近理想的状态?

《爱臣》篇的两章分别回应了上述四问中的第一、三项。按照篇中所论,君臣关系之所以很紧要,最主要是因为臣失去约束必将对君的身、位造成危险,而身与位又理应是君主最可宝贵者。"位"质言之就是权力与势位。按照这个思路,既然"位"如此可贵,除了君主之外的一切人想必都会对它有想法,甚至有贪欲。因而,不严加防限势必会出现臣下小者分享、分有君主的权势,大者窃夺君位的情况。当然,这在更深层次上源于韩非理解的人性。

对于可能造成危害的臣子,韩非将他们分成了四类:内朝近臣("爱臣")、外朝大臣、妻妾、兄弟。要注意,其中没有包括与社会治理有最广泛影响,且最易造成治理问题的下层官员和吏。这或是因为本篇关注的重心在安守君权,而非政治治理。如何防止下层官吏滥用权力谋私属于官僚制下按法而治的问题。

论说中隐含了一些预设,为了便于理解需要先行揭示出来:首先,君和臣本质上是一样的人,他们对权力、势位有着同样的欲望。

换句话说,所有政治权力的参与者都会有无限扩大自己的权力的欲望,甚至僭越之心。其次,君主之所以为君主,从根本上说不是因为其获得且能保有天命,而是因为其具备掌握权势的才能。这就意味着在传统的德、才两路评价体系中,韩非只取其一,认为现实中的政治运作是由"才"主导的模式。一人可以通过政治才能和智慧获得君位;也需要基于才能和智慧,借助恰当的治术维持君位。同时,有君位还要能控制臣下,使他们不敢也不能将才能和智慧用于以权谋私和谋夺君位。

由于韩非既不相信血统的先天优越性,也不敢寄希望于道德自觉,因此权力欲只能通过外部力量来限制、约束。相较而言,儒家的思路是君主之所以为君主,最主要的理据是君主为天下最有德者,相应地君主起到的最主要作用是道德典范。道德修养并不像才智那样受制于天赋,而可以通过涵持修养形成。因此必须给君主最好的教育,对他施加最严格的道德要求,用最严格、烦琐的准则约束。基于这样的理解,儒家会在人性善之论的基础上立说,如孟子的性善论。而韩非看重的则是有天然等次之分的才性,以及支配、调用才性的同一化的自我意识和私欲。

既然无法保证君主定是普天之下最有才智者,那么只能借助法律制度形成的制度性优势,使得只有君主一人能够充分发挥才智。这里隐含了一个很重要的问题:既然无法保障君主是才智最为卓绝者,而事实上政权运作的有效性又系诸才智,那么为什么不让才智最卓越的人来做君主呢?为什么要为了君位传续的稳定性而付出巨大的代价?包括明面上建立一套法律制度,以及潜在地压制其他更有才智者发挥。韩非对这个问题的判断来自历史经验,在文中表达得很间接,但也足够清晰。要言之,不确定的君位归属造成的代价更大。没有任何一种外部标准、规则、法律,足以约束人的私心和贪欲，尤其是针对那些才智过人者。因此除了制度之外，还需要超制度的约束力量，这正是君主存在的意义。换句话说，君主是超越政治制度和治权之上的凌驾性约束力量，是防止公权力私化的根本性保障。接下来的各个篇章中讨论的几乎所有政治论题，其实都建立在上面说到的前提之上。

【原文·评注】

爱臣太亲，爱臣，指君主亲近之臣。**必危其身；人臣太贵，必易主位；**易，改易。**主妾无等，**主，指正妻。**必危嫡子；**嫡子，正妻之子。**兄弟不服，必危社稷。臣闻千乘之君无备，**乘（shèng），四马一车。千乘，指小国。备，戒备。**必有百乘之臣在其侧，以徙其民而倾其国；**徙，迁走。倾，倾覆。**万乘之君无备，必有千乘之家在其侧，以徙其威而倾其国。**威，权威。**是以奸臣蕃息，**蕃（fán）息，滋生、滋长。**主道衰亡。**主道，君主治国之道。**是故诸侯之博大，**博大，指势力宽广。**天子之害也；群臣之太富，君主之败也。将相之管（菅）主而隆家，**管，乃"菅"之误，荧惑。隆，使兴盛。**此君人者所外也。**外，被疏远、被排斥。**万物莫如身之至贵也，位之至尊也，主威之重，主势之隆也。此四美者，不求诸外，不请于人，议之而得之矣。**议，通"义"，适宜。[1] **故曰：人主不能用其富，**富，此指上列"四美"。**则终于外也。此君人者之所识也。**

---

〔1〕 王先慎曰："议"当作"义"，"义"者事之宜也。人君合其宜则得之矣。参见（清）王先慎：《韩非子集解》，上海书店1986年版，第16页。

这一章以说理彰明臣子势力过大可能对国君造成的危害,其中受侵害的对象主要是"君"而非"国"(或"天下")。所以也可认为,这是聚焦君臣关系,讨论君王审慎对待臣子的必要性。内容围绕两个论点:君主须当防备四种人,具备"四美"(身贵、位尊、威重、势隆)。

四美	威胁	后果	对策
身	爱臣太亲	千乘之君无备,必有百乘之臣在其侧,以徙其民而倾其国;万乘之君无备,必有千乘之家在其侧,以徙其威而倾其国。是以奸臣蕃息,主道衰亡。是故诸侯之博大,天子之害也;群臣之太富,君主之败也。将相之管主而隆家,此君人者所外也	四美者不求诸外,不请于人,议之而得之矣
位	人臣太贵		
嫡子	主妾无等		
社稷	兄弟不服		

"爱臣太亲,必危其身;人臣太贵,必易主位;主妾无等,必危嫡子;兄弟不服,必危社稷"涉及四方面问题:一是君臣太过亲昵,会危及君王的人身安全。二是臣子地位、财富太甚,很可能造成君主之位被窃夺。这个论断被反复强调,还见于《孤愤》篇"万乘之患,大臣太重;千乘之患,左右太信";《人主》篇"人主之所以身危国亡者,大臣太贵,左右太威也"。《说疑》篇"无尊大臣以拟其主"表达的是同样的意思。三是妻妾等级不明,会对储君造成危害。四是君主的兄弟不顺服,会危害君主的政权。这正是《亡征》篇所说"父兄众强,内党外援以争事势者,可亡也"。四个方面的内容不难理解,历史上也多有相应的经验、教训。对于当时的君主而言,只要粗通春秋以来的历史、政治演化便会以之为当然。

当然我们还需要理解到,韩非通过罗列这些具有自明性的论题,营造出君主与所有人隔离、对抗的关系,因此君主需要对一切人保有警惕和戒备,并始终保持相疏离的状态。这对于理解韩非思想中对"君"的定位和相关制度设计非常重要。不过他在本章中并没有顺着这个方向展开,转而去说"臣闻千乘之君无备,必有百乘之臣在其侧,以徙其民而倾其国;万乘之君无备,必有千乘之家在其侧,以徙其威而倾其国",并由此推出"是以奸臣蕃息,主道衰亡",进一步展开,"诸侯之博大,天子之害也;群臣之太富,君主之败也。将相之管主而隆家,此君人者所外也"。这些论说的核心意旨都在于君必须限制、约束臣下,将之保持在不过分富贵、权力不过于膨胀和不掌管政治命脉的状态。其中隐含了两层意涵:一是认为君必须主动对臣下进行控制,否则臣下必定会谋求富贵、权势并对君造成危害。二是君必须始终掌握能够控制臣下,并对政治事务进行最终决策的权力。

接下来论说转向了君主,曰"万物莫如身之至贵也,位之至尊也,主威之重,主势之隆也,此四美者,不求诸外,不请于人,议之而得之矣",并以"人主不能用其富,则终于外也"作为相应的行为模式。表面上是在为国君考虑,但是理解这种表述背后的深义,必须结合《韩非子》全书其他篇章共同呈现的状况,而不可仅以一篇为据。要者韩非表面上推崇尊君,看似时时处处都在替君主考虑,但事实上这只是他借君权以防限官吏私化、滥用治权的策略而已。这个话题在之后还会结合各篇评注反复谈及,在此暂不展开。

昔者纣之亡,周之卑,卑,衰微、衰弱。**皆从诸侯之博大也;晋之分也,**即三家分晋。**齐之夺也,**指田氏代齐。**皆以群臣之太富也。夫燕、宋之所以弑其君者,皆以(此)类也。**以,当作"此"。**故上比之殷、周,中比之燕、宋,莫不从此术也。是故明君之蓄其臣也,**蓄,聚、养。**尽之以法,**尽,全部。**质之以备。**质,正。备,防备、戒备。**故不赦死,不宥刑**;宥(yòu),宽容、饶恕。**赦死宥刑,是谓威淫**。威,权威、威信。淫,散佚。**社稷将危,国家偏威**。偏威,指权威偏居大臣之手。**是故大臣之禄虽大,不得籍〈威〉城市**;籍,征税。威,据俞樾《诸子平议》说为衍文,当删去。**党与虽众**,党与,同党之人。**不得臣士卒**。臣,以……为私家之臣。**故人臣处国无私朝,居军无私交,其府库不得私贷于家**。贷,借给、给予。**此明君之所以禁其邪**。**是故不得四从**,四,通"驷"。四从,以驷马之车为随从。**不载奇兵**。奇兵,精良的兵器。**非传非遽**,传、遽(jù),报信的快马或驿车。**载奇兵革,罪死不赦**。**此明君之所以备不虞者也**。不虞,出乎意料的事。

这一章先是以事说理,既彰明上章所论,也为之后的论说张本。事例包括:商纣灭亡、周朝衰微都是因为诸侯过于强大;晋国一分为三,齐国政权被田氏篡夺,俱因群臣太富贵。燕国、宋国君主被弑也都缘于此。[1] 所以上比照商、周,中对照燕、宋,都是此理。文中用典非常简略,没有展开论说,可见这些都是当时人尽皆知的历史故事。

由上述诸教训引出"明君之所以禁其邪"的四个原则:第一个原则是"明君之蓄其臣也,尽之以法,质之以备"。其中包含君待臣的两个基本原则:一是要让臣严格依法行使治权,二是要求君主始终对臣保持防备,这直接照应了首章之论。问题是,为什么韩非会认为"禁之以法"足以避免臣下、诸侯擅权致过于强大呢?如果联系之后的其他篇章来看,这个要求主要是针对"君"而非"臣"。正

---

[1] 此即子罕劫宋、子之夺燕,详见《二柄》篇。

是因为君缺乏约束，往往依凭个人的好恶对人、对事作出判断；而这种以君王个人才智水平和性格、喜好为基础的行为模式，往往易于被有心计的臣下利用，进而造成与君主私人关系亲密而受宠信之人能上蔽君主，下擅大权。按照这个思路，要解决臣下擅权的问题，首先是约束君主，使之不以私意、私好、私欲为据为政。

第二个原则是君对臣"不赦死，不宥刑"，理由是"赦死宥刑，是谓威淫，社稷将危，国家偏威"。这与全书中反复出现的按法而治、一准于法的主张相合，一方面严格要求依法施用刑赏，另一方面也以此来保证刑赏的决定权事实上与立法权合一而专属于君王。格外强调不能随意赦罪，从一个侧面反映出西周以来广泛且普遍化的宽宥赦罪风气至战国仍然存在。

第三个原则是"大臣之禄虽大，不得籍〈威〉城市；党与虽众，不得臣士卒"，意思是大臣无论身份，都不能在城中、市场征税，不能蓄养私家之臣。并且还要做到"人臣处国无私朝，居军无私交，其府库不得私贷于家"，意思是臣子不能私设"小朝廷"，统帅军队不能私自与外国结交，不能以私人府库所藏用于赈贷。

第四个原则是"不得四从，不载奇兵。非传非遽，载奇兵革，罪死不赦"，大意是臣子出行不得以驷马之车随从，不能携带精良的兵器。若非报信的马车而携带利器者，罪死不赦。这一方面是对臣子出行的仪制做了限制，另一方面也意在杜绝兵变、弑君的隐患。

主道第五

【导读】

多数论家认为这是一篇战国黄老学色彩浓厚的论作,意在借黄老学的理论资源,阐明君主如何以虚君之形成政治治理之实。题名"主道",概括了全篇要旨,或取自文中"人主之道"一语。表面上看全篇内容重在言"术",以明何种治术得以致"道";实际上文中通过君主应象"道"而为,提供了一种与西周以来主流思路完全不同的对政治社会运作和君主功能、行为模式的理解。

篇中表述明显可见《老子》的影响,如"去好去恶,臣乃见素",本自《老子》"见素抱朴"。又如"寂乎其无位而处,漻乎莫得其所",引申自《老子》"寂兮廖兮"。另外间接可见者,如"去智""去其智,绝其能"。由于使用了大量黄老、道家术语,诸如"参同""固握"等,这篇文章的文辞非常不易疏通,尤其是对于缺乏相关知识背景的读者而言。再加上是用韵之文,语文风格与《老子》《荀子·成相》等比较相近,而不似散文形式的议论,带来的后果是:一则文章不乏为了迁就表达工整而在表义上作出妥协者;二则会出现部分纯修辞性的表述。这些都不免给今人理解带来阻碍。

就内容而论,韩非思想中的君主和整个政治社会的关系,就是老子的"道"与万物关系的复刻。相应地,君的定位是人间之"道",是超制度的角色。韩非思想的特殊性在于,如果把政治社会运作看作"一阴一阳之谓道"的"阳"面,那么"君"则被设定为"阴"面。所以要理解韩非思想中的"君",必须首先理解韩非的"道";而理解韩非的"道",又必须把握老子的"道"。我们可以把《主道》这一篇看作韩非关于"君"的理论铺垫,那么《解老》《喻老》两篇就是韩非本人为这个特殊的"君"论提供的理论基础。所以,如果读者觉得理解《主道》有困难,或者担心把握不够准确、深入,不妨结合《解老》《喻老》参比着读。

全篇的理论起点建立在"道者,万物之始,是非之纪也"这句论述上,进而看似理所当然地导出了"是以明君守始以知万物之源,治纪以知善败之端"。言下之意,"明君"就要像"道"一样,在人世间扮演"道"的角色,并且发挥"道"的功能。要注意,这是前所未见的对于"君"的理解和理论设定;尽管能够明显看出受到了老子和黄老家的影响,但仍不失为重大的理论创见。其中包括了两个层次:一是君主要像"道"一样在人间扮演"道"的角色。此中又有两层问题:首先是君主怎么才算"像道一样"。其次是"道"究竟是个什么角色。二是君主要在人间依托政治权力发挥"道"的功能。此中也至少包含两个问题:首先是君主具体要在政治社会中实现哪些功能。其次是如何实现。此处不妨参比《定法》篇所论:"术者,因任而授官，循名而责实，操杀生之柄，课群臣之能者也，此人主之所执也。"《难三》篇亦曰："术者，藏之于胸中，以偶众端而潜御群臣者也。"

整体而言，全篇内容蕴含着一个非常清晰的渐进式结构：首先由脱生于道家的"道论"引出并论说君主必须保持虚静、无为，同时具有洞见、审视的能力并掌握最终的评价标准。其次在现实层面论说君主为何要虚静无为、如何虚静无为。最后是讨论君主虚静无为必需的两重治术要求，即独掌赏罚二柄和按法而治。因此，所谓"主道"，在治术的层面可以概括为：君主虚静无为、洞察、评价、依法赏罚，也可说包含了无为和作为两个阶段，各自对应前述两项。

【原文·评注】

道者，万物之始，是非之纪也。 纪，法度、纲纪。**是以明君守始以知万物之源，治纪以知善败之端。** 端，事由、原委。**故虚静以待〈令〉，** 蒲阪圆认为"令"是衍文。[1] **令名自命也，** 令，使得。**令事自定也。虚则知实之情，** 情，状况、本性。**静则知动者正。** 知，按俞樾说或当作"为"。**有言者自为名，有事者自为形，形名参同，** 参同，验证合同。**君乃无事焉，归之其情。** 情，实情。**故曰：君无见其所欲，** 见（xiàn），通"现"，表现出。**君见其所欲，臣自将雕琢；** 雕琢，过分地文饰。**君无见其意，君见其意，臣将自表异。** 表异，指表现得各不相同。**故曰：去好去恶，臣乃见素；** 见

---

[1] 参见陈奇猷校注：《韩非子新校注》，上海古籍出版社2000年版，第68页。

(xiàn)素，表现出质朴的本性。素，本真状态。**去旧去智**，旧，指经验知识、成见。**臣乃自备。**备，戒慎。**故有智而不以虑**，以，用。虑，思虑。**使万物知其处**；处，处所。**有贤而不以行，观臣下之所因**；因，依靠、承袭。**有勇而不以怒，使群臣尽其武。**尽，全部用出，竭力做到。**是故去智而有明**，明，明察。**去贤而有功，去勇而有强。群臣守职，百官有常，因能而使之**，因，依据。能，才能。**是谓习常。**习常，因循常道。**故曰：寂乎其无位而处，漻乎莫得其所。**漻（liáo），通"寥"，空虚。**明君无为于上，群臣竦惧乎下。**竦（sǒng），同"悚"，害怕、恐惧。**明君之道，使智者尽其虑，而君因以断事，故君不穷于智；贤者敕其材**，敕，通"饬"，整治、整饬。**君因而任之，故君不穷于能；有功则君有其贤，有过则臣任其罪，故君不穷于名。是故不贤而为贤者师，不智而为智者正。**正，长。**臣有其劳**，劳，辛苦。**君有其成功，此之谓贤主之经也。**经，标准、常道。

这一章中韩非给君主提出了三个原则：第一个原则是"（君）虚静以待，令（臣）名自命也，令（臣）事自定也"。意思是君主在政治治理中要"虚静"，不主动表达、言说、作为，而以等待、接受者的姿态示人。同时让臣下主动地展现出名、事，让其言、行和实效都展露出来，就可以很容易地进行"形名参同"。而所谓的"形名参同"是《韩非子》中很重要的表述，后续篇章中还会反复出现，大意是实际表现（形）与言论（名）相参验以考察是否一致。第二个原则关乎君主如何观察、审视展现出来的上述现象，做到"形名参同"。第三个原则是"群臣守职，百官有常，因能而使之"，即群臣百官各安于其职分，君主依其才能而选任。

从文中表述还可看出，君主最重要的任务不是治事，而是治人，尤其是调动、支配、管理臣下，让他们在充分发挥才能的同时又一心为公。这其实是任何时代执政者都欲实现的状态，也被韩非认为是政治治理中最大的难题。

防限臣下以权谋私的方案中，一方面要适当限制臣下滥用他们的才智，例如要求官员"守职"且不得兼官，不能做任何超越职分的行为。韩非之所以在之后的篇章中反复强调这一点，意味着在他看来防限官吏以权谋私，比完全充分地发挥臣下的才智，对于政治社会的安全更加重要。这里的关键在于"君无见其所欲"，否则必定会被臣下利用。另一方面又要求既有的制度设置和权力运行模式致臣下"尽其武""尽其虑"，即竭尽所能地为"公"服务。

在韩非看来，所谓的社会整体利益、效益最大化并不是政治的目标，也不是衡量政治治理优劣的标准。这和格外强调以富强为标准的商鞅有显著区别，也明显不同于西方流行的自由主义和功利主义思路。

上述论说实际上关涉并回应了政治理论（或曰政治哲学）中的根本问题：为什么要有政治？推衍一步，君主制之下的问题便是为什么要有君主，君主究竟应当扮演什么角色，发挥什么作用。为此，韩非首先从"道论"开始谈起。

道论由上古"天道"知识和理论提炼、创化而成，自老子首作义理化阐述，之后代有贤者为之发明。至韩非所处的战国晚期，基本上整个知识界都已认同了此"道"为形而上理论的制高点，是整个世界的本始（本原）、本质、归宿，也构成世界开显、演化的总的规定性。在老子的道论提出之后，归纳起来思想界至少存在四种解释路径，也可以说有四类理论资源为理解、阐释此"道"提供了支撑：一是与隐修传统和技术相结合形成的路径，今人判之属于道家、神仙家，但又不完全相合，其代表作品是战国的《列子》和汉代的《老子想尔注》。二是孔子及之后的儒生，他们认同此"道"而选择了与老子几乎完全相反的认识、实践方向，可谓是同源、殊途、同归的路径。三是以庄子为代表的融合、超越路径。不过这种依赖于庄子独特个人智慧的解释路径至少在战国、秦汉时代没有获得进一步展开。这从有理论价值的《庄子》注疏晚至魏晋以后方始出现可见一斑。四是融会早期技术传统和复杂的知识传统（如形名学等），具有强烈政治倾向的黄老路径，其代表作品是《管子》、《文子》和帛书《黄帝四经》等。这个路径到了战国中后期已然成为最主流的知识和话语，影响力遍及各个阶层和思想流派，也是韩非不得不借助、应对的理论。

对于韩非而言，老子的道论已是讨论政道、治术理论不容置疑的理论前提；因为存在多重解释路径，道论乃至整个老子思想又不得不被专门解释，以为韩非自己的学说建立理论基础，这就是为什么《韩非子》中会出现《解老》《喻老》篇。整体而言，韩非论"道"，理论前提本自老子，解释话语和理论资源多取自黄老思潮，理论旨趣和侧重与黄老家也多有契合，但对道术关系的把握、对老子的理解则有独特的理论创见。

以"道者，万物之始，是非之纪也"开始，是在给全篇定下前提和基调。这是强调老子道论中的"道"为世界本原和规定性两层义。《解老》篇"道者，万物之所以成"和"道者，万物之所然"，对应"万物之始"。《解老》篇"万物莫不有规矩"，对应"是非之纪"。

很明显，韩非著述不是为了论明"道"本身，而是重在讨论如何以政治治理之"术"实现和合于"道"，即"以术证道"的问题。在本章也是如此，"道"论提供前提和基础，文中围绕的中心观点则是"虚君"，所论亦可印证《扬权》篇之"虚而待之，彼自以之"。

"明君守始以知万物之源,治纪以知善败之端",首先表明君主理应是"执道"者。其中包含四重义:一是君主理应理解、把握、认同"道"义。二是君主应把握"道"如何"用"。三是君主的行为要自觉地合"道"。"守始"与"治纪"所指难以具言,需要结合后文方可把握。四是由道论层面的描述可以推知,掌握"始"与"纪"就可以把握全局,这就为虚君理论尤其是君主无为提供了理论基础。

| 守始—虚—待令—名自命—知实之情—有言者自为名—形名参同—无事 |
| 治纪—静—待令—事自定—知动者正—有事者自为形—形名参同—无事 |

"有言者自为名,有事者自为形",这句话针对的是治术层面,"有言者"和"有事者"指的都是臣而非君。陈奇猷认为:"有其言则必有其名以定其事,有其事必有其形以定其功,故人主不必名其事,使有言者名其事,人主不必定其功,使有事者形其功。"[1]在这个过程中,君看似与臣的作为相反,保持虚静无为之态,实际上却是掌握终极评价标准的审查者。由此,君只要"形名参同"就足以令臣下"归之其情"。

上述推论从理论上阐明了:君必须"虚静",即"君无见其所欲""君无见其意"。接下来,韩非从反面论说,若君王不虚静,将会造成何种不利后果。再以实践中的知识辅证,即"君见其所欲,臣自将雕琢""君见其意,臣将自表异"。因此,君王必须"去好去恶,臣乃见素;去旧去智,臣乃自备",这讲的是虚君带来的效果。类似表述还见于《二柄》篇"去好去恶,群臣见素";相反表述,则如《难三》篇曰"好恶在所见,臣下之饰奸物以愚其君,必也"。

虚君要求之下,君主的行为原则应是"有智而不以虑,使万物

---

[1] 陈奇猷校注:《韩非子新校注》,上海古籍出版社2000年版,第70页。

知其处;有行而不以贤,观臣下之所因;有勇而不以怒,使群臣尽其武",对应的效果是"去智而有明,去贤而有功,去勇而有强。群臣守职,百官有常;因能而使之,是谓习常"。王先慎指出,去贤、去智均是指君而言。[1] 这一点与《商君书》中表达的观念有很大差异。[2] 这句的大意是君主应该舍弃使用智谋,但应具备洞见;不应尚贤,但同时能有功业;不该好勇,但不可仅靠嗔怒。群臣各司其职,百官各尽其责,君主依据他们各自的才能而用之,此为习常状态。由此可见,虚君的具体要求反映出来的是更深层次的问题:君主在政治治理中究竟扮演什么角色?是完全不作为的政权象征,还是以"无为"而"无不为"的统摄者?很显然韩非认同的是后者,所以说到"寂乎其无位而处,漻乎莫得其所。明君无为于上,群臣竦惧乎下"。这一句中的"寂乎""漻乎"明显承自《老子》第二十五章:"有物混成,先天地生。寂兮寥兮,独立不改,周行而不殆,可以为天下母。"理论上,君主必须要掌握臣下的一切,但又不能采取"有为"的方式。

文中的"君无为于上",其实是要求君主在位行使职权时不表露自我。其中的深层逻辑是,个体之人的"自我"具有有限性,既表现为能力上的不足,也表现为有偏私之心。这些不足一旦表露,便会被臣下利用,进而使臣下因之而遮蔽自己的缺陷、真实意图,甚至反过来控制君主。而君主这个"职位"的要求又近乎是全知全能,无论如何个体自我实际上都匹配不了君主之位带来的要求,即能力上无法做到完善,也无法保证能够尽制臣民。因此只能反过来采取消极、被动的"无我"方案,让臣下充分表现,再以有限的智

---

[1] 参见(清)王先慎:《韩非子集解》,上海书店1986年版,第27页。
[2] 《商君书》:"不言愚君,只言愚民。"

能去寻求察知他们的缺陷,而非以一己之力凌驾式地统摄。韩非认为这样即可达成"明君之道:使智者尽其虑,而君因以断事,故君不穷于智;贤者敕其材,君因而任之,故君不穷于能;有功则君有其贤,有过则臣任其罪,故君不穷于名"和"不贤而为贤者师,不智而为智者正。臣有其劳,君有其成功"的效果。

为什么韩非要格外强调君主虚静无为,并要求君主尽可能地保持不可知、不可测的状态呢?这需要从"术"与"道"两个层次来理解。"术",也就是治理术的层次。韩非对于政治治理的基本判断是:权力私化是一切问题的根源,既包括君的权力私化,也包括臣的权力私化。在当时的政治体制和权力格局下,需要有两个不同方案来分别解决君、臣的权力私化问题。针对臣的问题,最主要的方法是让臣不得不严格依法行使权力。为此,就有两个方面需要考虑:一是如何督促、保障臣下完全不夹杂私意、私利地依法行使权力;二是如何避免臣下利用君主之私以谋私。这里又涉及两个方面的问题:其一,君主主动谋私为臣下所利用。其二,君主被动地被臣下利用。以上两方面共同的前提:一是君主在理论上、制度设计层面具有凌驾性的至高权力。本质上臣下对君主的利用是企图分有、使用君权。二是家天下,君主的权力从根本上说是私权。这使得权力私化具有了"先天"的可能性和倾向性。若此,则无法保证君主必然有过人的才智和德行,君主又势必会有私心、私欲。在韩非看来,这两者都反"道",且会对天下秩序和政治治理效果产生极其不利的影响。因此,政治治理首先需要君主自我克制以至近乎"无我"的状态。

另外,"君因而任之,故君不穷于能;有功则君有其贤,有过则臣任其罪,故君不穷于名",韩非的本义显然不在于让君主个人拥有所有的功名,而旨在让政治治理中产生的所有功绩都作为政权极致化运作的结果,而不使作出功绩的个人通过功绩获得权势和名望。所以这句表述实际上把"君"虚化为了政权的象征。

道在不可见,用在不可知;虚静无事,以闇见疵。闇(àn),通"暗"。疵(cī),缺点或过失。**见而不见,闻而不闻,知而不知。知其言以往,**其,指臣。**勿变勿更,以参合阅焉。**参合,即"参同形名"。阅,察看。**官有(置)一人,**有,当作"置"。**勿令通言,**通言,沟通。**则万物皆尽。函〈掩〉其迹,**函,掩藏。"掩"字或是旧注误入正文。**匿其端,**其,指君。**下不能原;**原,推究。**去其智,绝其能,下不能意。**意,意料、猜测。**保吾所以往而稽同之,**吾,指君。稽同,考校、验证。**谨执其柄而固握之。**固握,道家术语,此指抓紧。**绝其望,**其,指臣,下同。望,欲求。**破其意,**意,愿望。**毋使人欲之。不谨其闭,**谨,谨慎。闭,门闩的孔。**不固其门,虎乃将存。**虎,此指危险、威胁。**不慎其事,不掩其情,**掩,遮蔽。**贼乃将生。弑其主,代其所,**所,此指君位。**人莫不与,故谓之虎。处其主之侧为奸臣,闻(閒)其主之忒,**闻,当作"閒(xián)",伺察。忒(tè),差错。**故谓之贼。散其党,收其余,闭其门,夺其辅,国乃无虎。大不可量,深不可测,同合刑名,审验法式,**审验,审查核实。式,法律程式。**擅为者诛,**擅,擅自。**国乃无贼。是故人主有五壅:**壅,堵塞、障碍。**臣闭其主曰壅,**闭,堵塞、不通。**臣制财利曰壅,**制,管束。**臣擅行令曰壅,臣得行义曰壅,**行义,私下施行仁义。**臣得树人曰壅。臣闭其主,则主失位;臣制财利,则主失德;臣擅行令,则主失制;**制,掌控。**臣得行义,则主失明(萌);**明,即"萌",通氓,民氓。**臣得树人,则主失党。此人主之所以独擅也,非人臣之所以得操也。

　　第二章重在解说君主如何自处,如何用人;特别指出君主必须"虚静无事",理据在于"道在不可见,用在不可知",这样能够实现"以闇见疵"。文中分别从两个方面展开论说:一方面是君如何"虚静无事"以消除被臣下利用的可能性。另一方面是君主如何"以闇见疵"以实现对臣下为奸邪的察知和控制。之所以必须如此,是因为始终存在两类人,文中名之为"虎"和"贼"。

　　需要注意到,韩非对君主的这些要求,更像是对作为"国家机构"的"君"和"任职"的君的要求;而不是对适合为君者提出。这一点很重要。可以作一个简单的比较:按照西周以来的主流思路,君主应该立身修德,并成为天下之人的道德表率。这种表率作用能够为天下之人形成向善、修德的价值取向和行为模式提供指引。这个模式成立的基础,一是上行而下必效之,即"君子之德风也,小人之德草也,草上之风必偃"(《论语·颜渊》)。二是道德的影响力可以借由身、家、国、天下的路径渐次推广。

　　孟子反复强调"人皆可以为尧、舜",文王百里而终可以有天下,关键在于其人能否持之以恒地涵持修养。换句话说,对所有人的要求都是"反身而诚""致良知"的修身,都是"养浩然之气"。涵养得好,自然可以扩充推展出去。小者可以齐家,极致可以平天下。这样一来,涵养最好的人就可以也应该是天子。再来看韩非,不在君主之位的人,可以像君主一样行事吗?《主道》篇已经告诉人们,答案当然是否定的。"主道"也好,"主术"也好,相应的行为模式都只专属于居于君主之位者。除此之外,再没有人可以像君主一样行事,否则就是僭越。

　　相较而言,韩非提供的是完全不同的理解,因而君主的功能、行为模式等与上述存在巨大反差。其中君主其人不是天下秩序的引领者,也不起到典范作用,而是权力运行和所有权力掌握、执行的控制者。在这个意义上,君主之于整个政治社会运作所起到的作用,类似于作为"万物之始,是非之纪"的"道"。为此,君主应该像"道"一样以不可见、不可知、不可测、无为而无不为的状态实现控制,即"道在不可见,用在不可知;虚静无事,以闇见疵"。

顺带谈谈另一个现代人关心,但对于韩非以及其他先秦论家而言不甚重要的问题:为什么这种超制度角色必须是一个人(君主)承担,而不能是一个集体(例如贵族制、议会制)。从理论上说,这个问题对韩非,甚至对当时的思想界来说都不是问题,回答可以一言以蔽之,那就是"道"为"一"。既然超制度性角色是在政治社会复现此"道",那么当然只能由唯一的君主来充任这个角色。不过从治理实效的角度来看,君主制的必要性是否也有理有据呢?对于这个问题,韩非没有西方文化作为参照系,自然不会在君主制、贵族制、民主制之间作比较。他的经验知识中只有专制的君主制和封建的君主制,以及天子的君主制和无天子的君主制。如果君主即"道",那么无天子的君主制,如战国时期各个诸侯国的君主制就没有合理性了。

本章中谈的"道",实为君主"所以得操","用"是用臣的"术",但又确实是从"体"的层次的"道"衍生而来。"道在不可见,用在不可知",侧重于"用",要求君主的实践像"道"一样不可见、不可知,不能为他人所把握,即"虚静无事,以闇见疵"。这个状态就好像"居暗室者,内能见外,而使彼不可见我也"[1]。韩非认为这种

---

[1] 松皋圆之语。转引自陈奇猷校注:《韩非子新校注》,上海古籍出版社2000年版,第75页。

"术"有三重功能:一是防止臣下侵夺君的权柄,二是防限臣下之"私",三是能致臣倾尽所能为国家效力。这里包含着一组后世政治实践中经常面对的矛盾:考课纠察过于严苛,则官吏往往懒政而求自保;过度放权则臣下极易擅权谋私乃至有不臣之心。如何实现上述三重功能,又避免这组矛盾中两方面的问题,是韩非之"术"的关键。

具体来说,君主的"术"有自为和对臣两个方面:君主自为的状态,包括:"见而不见,闻而不闻,知而不知。""知其言以往,勿变勿更,以参合阅焉。""函其迹,匿有端,下不能原;去其智,绝其能,下不能意。"这明显是之前"虚静无事,以闇见疵"的更具体化要求。总的来说是要君主不主动显露、表达自己的行为倾向、意图、欲望、智识、能力等,让臣下无从判断、无法估量,更无法因之而迎奉或自我文饰。

要注意,本章无论在文义还是表述上都看得出与老子思想的关联。尤其是《老子》第十九章:"绝圣弃智,民利百倍;绝仁弃义,民复孝慈;绝巧弃利,盗贼无有。此三者,以为文不足,故令有所属,见素抱朴,少私寡欲。"不过韩非的理解与常见解说存在重大差异,他将所应绝、去的智与能都看作对君主其人的要求,而非一般认为是用于治理民众的原则。

"保吾所以往而稽同之,谨执其柄而固握之",意思是君主应该保有、固守自己认定的目标,审慎地独掌权柄行事。所谓"柄"即《二柄》篇所说的德、刑两大治术。此外,"固握"是个用于修身的道家术语,后世被道教袭用。

君主对臣的方式,包括其一,"官有一人,勿令通言,则万物皆尽"。即上节谈到的不兼官。其二,"绝其望,破其意,毋使人欲之",意思是要决绝臣下窥测君王意图与智识的希望和意图。反之,作为后果,便是"不谨其闭,不固其门,虎乃将存。不慎其事,不掩其情,贼乃将生"。文中提到的"虎"与"贼",接下来给出了详细解释:"弑其主,代其所,人莫不与,故谓之虎。处其主之侧为奸臣,闻其主之忒,故谓之贼。"这两种情况,产生的危害都针对君主其人,显然是韩非论说技巧的体现。另外,两者产生的危害当不止于针对君主。韩非希望借此来震慑,以至规劝、说服君主,使之在自觉"虚静"的同时排除干扰而纯以至公之治为念。"散其党,收其余,闭其门,夺其辅,国乃无虎。大不可量,深不可测,同合刑名,审验法式,擅为者诛,国乃无贼",即消除臣下结党营私的可能,通过"参验"保持君主对臣子的绝对控制。其中"刑名"是韩非思想中的重要观念,除本篇"同合刑名"外还见于《二柄》"审合刑名"、《扬权》"周合刑名"、《难二》"以刑名参之"和"以刑名收臣,以度量准下"。[1]

  作为总结,文中谈到"人主有五壅:臣闭其主曰壅,臣制财利曰壅,臣擅行令曰壅,臣得行义曰壅,臣得树人曰壅。臣闭其主,则主失位;臣制财利,则主失德;臣擅行令,则主失制;臣得行义,则主失明;臣得树人,则主失党"。

状态	后果
臣闭其主	主失位
臣制财利	主失德
臣擅行令	主失制
臣得行义	主失明
臣得树人	主失党

---

[1] "刑名"问题后文还会详述。

被臣子壅闭,是君主虚静最易伴随的不利后果。韩非在这里主动将五种臣"壅"君的情况罗列出来,意在向君主示明,他所提供的虚君理论既考虑到了上述可能的不利后果,也具备应对、解决的能力。文中"此人主之所以独擅也,非人臣之所以得操也"是上句的总结,其中的"此"指的是上述"位""德""制""明""党"。

人主之道,静退以为宝。不自操事而知拙与巧,不自计虑而知福与咎。咎,灾祸。**是以不言而善应,不约而善增。**约,拘束、限制。增,增益。**言已应,则执其契**;契,证明文书。先秦常以符契并称。**事已增,则操其符。符契之所合,赏罚之所生也。故群臣陈其言,君以其言授其事,事以责其功。**责,责令、要求。**功当其事,**当(dàng),抵得上,等于。**事当其言,则赏;功不当其事,事不当其言,则诛。明君之道,臣不得陈言而不当。是故明君之行赏也,暧乎如时雨,**暧(ài),通"薆",和气、和善。**百姓利其泽**;泽,恩泽。**其行罚也,畏乎如雷霆,神圣不能解也。故明君无偷赏,**偷,指悖法私行。**无赦罚。赏偷,则功臣堕其业;**堕,懈怠、懒散。**赦罚,则奸臣易为非。是故诚有功,则虽疏贱必赏;**诚,确实。疏,疏远。**诚有过,则虽近爱必诛。疏贱必赏,近爱必诛,则疏贱者不怠,而近爱者不骄也。**

这一章的重心在讲虚静如何为治之"术",质言之可谓如何使用赏罚二柄。韩非找到的理论基础是"人主之道,静退以为宝",要在"静"与"退"。此时的"术"即君如何以赏罚统御、约制臣下。类似一准于法、信赏必罚等观点,尽管使用了不同的表达方式,但韩非与之前的商鞅和黄老道法诸家基本上保持了一致。他的特殊之处在于，建立了一套基于"名"的校准机制。简单地说是基于对"名"和"言"的控制，实现对臣下行为（行）和实效（实、情）的掌控，再基于名、言、行、实的一致性来决定赏罚，进而实现对臣下行为方向、模式的调控。

以往的论家大多看重名、实关系，讲究名实相符。所以需要做的主要是对预设的标准与臣下行为效果进行比对校验。而在韩非设计的机制中，臣下自陈之"言"格外重要。有了这一层，臣在整个审合参验的过程中需要表现为积极的姿态，主动将自己的行为、效果通过言说的方式呈现出来。相对应地，君主则可以表现出被动的姿态，但事实上又是真正的控制者。这与韩非对"君"类似于主宰而不显现的"道"的要求相适应。并且，让臣以"言"主动自我展现，意味着对臣的多重考察：一是考察臣下的工作实效，二是考察臣是否诚实，三是考察臣对于自己言、行、实关系的理解和把握是否准确。

"不自操事而知拙与巧，不自计虑而知福与咎"，这是以不为而获得作为之效的描述，结果是"不言而善应，不约而善增"。不过韩非在此并没有提供如何以不为而"知"的具体操作方案。有了"应"与"增"，进一步应该"事已增，则操其符。符契之所合，赏罚之所生也"，也就是通过掌握事情之"实"，进而对臣下的行为进行与其"实"相应的赏罚。"故群臣陈其言，君以其言授其事，事以责其功。功当其事，事当其言，则赏；功不当其事，事不当其言，则诛"，这就是前文没有谈到的"知"的操作方案。

由此可知，韩非通过阐明虚君论，将虚君与形名参同、依法赏罚联系在一起。而且，三者构成缺一不可的完整行为逻辑链条。

接下来说到三重更具体的行为原则：一是"明君之道，臣不得陈言而不当"，这是说君在虚静中应当察知者。二是"明君之行赏也,暖乎如时雨,百姓利其泽;其行罚也,畏乎如雷霆,神圣不能解也"。这看似是在描述赏罚的效果,实则意在强调君主当独掌赏罚二柄。三是"明君无偷赏,无赦罚",这是在强调赏罚必须依法且无私,即不得据私欲、私好而行。因为"赏偷,则功臣堕其业;赦罚,则奸臣易为非"。反过来说,"诚有功,则虽疏贱必赏;诚有过,则虽近爱必诛。疏贱必赏,近爱必诛,则疏贱者不怠,而近爱者不骄也"。

从韩非对"术"的运用和效果的描述看,他是在为君主提供一套治臣以实现君权至上的方案。不过,这套方案事实上造成的两方面效果值得注意:一是君权实际上的作用范围被限制在立法和被动的纠察、赏罚上。二是君主事实上会被动地以虚、静为原则参与政治事务。

有度第六

【导读】

这一篇旗帜鲜明地提出法治的主张,但所论的宗旨却不在于法治本身,而在于君主如何治臣。有的学者认为这是《史记·老子韩非列传》所云"数以书谏韩王"之上韩王(韩桓惠王)书,[1]且是"上韩王书"四篇中较早的一篇,有可能作于公元前240年。题名"有度",即"有法度",是对全篇内容和主张的概括。

绝大多数论家都认为韩非推崇"法治",将他归入"法家"也是源于此。确实,《韩非子》中关于"奉法""按法"的论说比比皆是,看起来韩非确实很重视法治。但我们需要思考:韩非真的信

---

[1] 参见陈奇猷校注:《韩非子新校注》,上海古籍出版社2000年版,第85页。

任法治吗？如果他真的相信"奉法者强,则国强",那么将整个政治权力、社会治理的方方面面都法治化、标准化,然后交由官吏按法而治不就足够了吗？担心官吏擅权谋私,那就让他们互相制约、相互监督,就像西方政治哲学中最常见的分权制约理论那样。这种分权和相互制约同样也可以制度化、法律化。可如果是这样,还要超制度的君主何为呢？说得具体一些,之前《主道》篇中描述的"寂乎其无位而处,漻乎莫得其所",看起来无为而无不为,和规范化权力运行这个法治的基本要求格格不入的君主还有什么存在的必要呢？

所以理解韩非的法治,也包括《有度》这一篇,必须以理解《主道》等篇所示的"君"的特殊角色安排和功能属性为前提。君和法究竟是什么关系？这是理解韩非法与法治思想的关键。通常人们说韩非是君主专制集权的推崇者,而对君主专制集权的基本判断是君主超越于法律制度之上。人们又认为韩非力主法治。这两个认识本身就存在矛盾。试想,怎么要求一个专制的君主事事遵守法律呢？对此,在韩非的政治理论中,法治只是诸多治术的一种,尽管不可或缺,但它终归还是治理之"术"而非治"道"本身。甚至严格说来韩非并不推崇法治优先,更不会把它置于某种至上的位置,而始终视之为有用但同时有局限性的治理技术之一。另外,韩非讲的"奉法"之"法",以及"法治"究竟如何"治",也就是如何用"法",和西学东渐以后的认识存在明显且重要的区别。

本篇的第一章谈到楚庄王、齐桓公、燕襄王、魏安釐王在位时国强,身后则国弱,传达出来的直观信息是国家的强弱盛衰的关键在于明君。可是篇首明明是以"国无常强,无常弱。奉法者强,则国强;奉法者弱,则国弱"引出,之后的内容也是在论说奉法而治的必要性、重要性和主要原则等。以其他篇章展现出来的论说技巧对观,这里出现的看似水准有些"失常"的论证就需要格外重视。显然不能简单地视之为韩非的"失误"或不慎,而应以"正常"为前提来理解。注意这章最后一句表述:"今皆亡国者,其群臣官吏皆务所以乱而不务所以治也。其国乱弱矣,又皆释国法而私其外,则是负薪而救火也,乱弱甚矣!"之前四位君王领导下"可以霸""可以强"的阶段,只字不提"奉法"的问题;而待到强盛乃至可以图霸称王的境况下,涉及可遇不可求的明君不再,如何维系强盛的时候,官吏为私、不按法而治、私通外国等问题才显露出来。

我们不妨反着来看,楚庄王、齐桓公们在位的时候就完全没有这些问题吗?顺着这个问题,可以得知理解韩非所论的"法治"有两个前提:一是"奉法"而治是个治理层次的问题,它指向的是"治"的局面。二是"奉法"是国家富强、兴盛乃至霸、王以及盛世得以维系的必要条件,但不是致富致强的充要条件。换句话说,想要仅仅依靠奉法、按法实现称霸和王天下毫无可能。

第二章开头韩非给出的基本判断是:"当今之时,能去私曲就公法者,民安而国治;能去私行行公法者,则兵强而敌弱。"这似乎又和之前说到的治国而非强国之术的判断不相符。那么是这个认识有误,还是韩非前后矛盾呢?其实都不是。注意这里的前提是"当今之时",强调行用的是"公法"。韩非对"当今之时"的基本认识可以概括为:诸侯国"竞于气力"(《五蠹》篇),民智已开(言下之意是人人都有了利用知识、智能谋私之心),社会混乱。而"公法"则特指具有"公"的内容和价值指向的特定法律。"公"与"法",有些类似内容与形式的关系。两者相较,"公"居于上位。而且"公"既是对法律制度的规定,也是对君主尤其是作为君主的个人的规定。也可以认为,作为"名"的"君"本应是"公"在政治社会中的最集中表现。君主的个人行为只有在合于"公"的时候才配得上

"君",也就是韩非说的名实相符。而君主为"私"的行为意味着君的名实不相符,这些行为本身理论上也就不能被看作"君"的作为。

这样一来,就形成了"君"和"公"的对应关系。理论上"君"就是"公",之前说到"法"也是"公",那么"君"和"法"之间便不会存在矛盾、悖逆的情况。再结合之前《主道》篇对"君"的定位和描述,"君"和"法"可谓在政治社会中各表"公"之一端,各有不同的功能。在这个前提下需要论说者转变为:其一,作为君主的个人怎样才算是"公";其二,如何保障君主其人去私为公;其三,"君"和"法"如何协同发挥作用。

要注意,既然"名"的意义上的"君""公""法"与现实之间(类似于今人常说的理想与现实之间)做不到完全同一,所以还要处理所有人都有"私"(这与自我意识和生命体的生存需求的限制有关),既成事实的私欲、私利如何以及在何种程度上被容忍、安顿甚至利用等需要细加讨论的问题,否则便无法形成一套面向实践的理论方案。既然是"公法",那么对应"民安而国治""兵强而敌弱"就没有问题了。其中需要申说的有两个方面,一是什么是"公"的"法",二是"法"究竟如何用于"治"。

接下来谈到的就是后一个方面,并且被集中到一个《韩非子》全书反复谈到的论题——君主如何依法治臣。文中更多是借助反面,即君主不依法治臣的危害彰显依法的必要性。不依法治臣的直接后果是"以誉进能"和"以党举官"。这两种情况造成的危害极其严重:上可以造成君主被佞臣蒙蔽而致君权被架空、窃夺;中会造成朝中无贤臣能人而充斥"行私术,比周以相为"者,且群臣"废法而行私",以权谋私且相互掩饰过错;下会造成"民务交而不求用于法"且"官之失能者其国乱"。而根本性的解决方案,一言以蔽之就是"明主使法择人,不自举也;使法量功,不自度也。能者不可弊,败者不可饰,誉者不能进,非者弗能退"。

第三章谈的是据"公法"而治,应该塑造出怎样的臣。章末给出了一句非常精到的概括:"奉公法,废私术,专意一行,具以待任。"展开一些说就是"贤者之为人臣,北面委质,无有二心。朝廷不敢辞贱,军旅不敢辞难;顺上之为,从主之法,虚心以待令,而无是非也。故有口不以私言,有目不以私视,而上尽制之。为人臣者,譬之若手,上以修头,下以修足;清暖寒热,不得不救;镆铘傅体,不敢弗搏"。用现在的话来说,也即为臣者应当一心为公,对君(注意这个"君"是之前说的"公"的表现意义上的君)尽忠尽尊,对职事尽心竭力,按法而行。进一步,有了这样的臣,就会"无私贤哲之臣,无私事能之士。故民不越乡而交,无百里之感。贵贱不相逾,愚智提衡而立",这便是"治之至"。与上章一样,臣是治理的枢纽。与之相对的是不廉、不仁、不义、不智之臣。

不过,这里隐含了一个很重要的问题尚未展开:既然预设人性是"恶",且都有私性、私欲,不可避免,那么凭什么可以预期会有"贤者"?这些贤者是法治规训所致,还是先天的,或者是教化而成?如果是依托法治规训所致,即"以法为教,以吏为师"的成果,那么韩非反复谈到的未行法治的"当今之世"为什么会有贤者呢?如果不需要依赖法治,那就只能是先天有贤不贤之分,或者其他途径的教化所致。再进一步:如果先天有贤不贤之分,是不是与人性恶和当然为私的判断相左?若是其他途径的教化可致贤者,那么为什么政治治理不保留这些方式,而必须一准于法呢?

第四章谈的是"君"为什么必须按法而治。理据归总起来是:"独制四海之内"的君主,一方面"身察百官,则日不足,力不给";另一方面君主依靠自己的智识为治,难免会被臣下运用智谋蒙蔽。这段论说隐含了两个前提:一是作为"君"的个体之人和臣、民一样都是才智、能力有限的人。除了占有君位，拥有君权之外，君主其人并没有（也不期许或要求有）超绝常人之上的品性、才智、能力等。二是君和臣之间自始是对抗、合作、互相利用的关系，既不是儒家经常说的相亲，也不是类似"有机体"的状态。

第五章讲严刑峻法在君治臣过程中的必要性和作用。其中有两点要特别注意：一是严刑峻法的主要对象是"臣"，也就是官吏，而非民。二是所谓的"严""峻"，当然包含轻罪用重刑的意思，但这并不是最重要的。更紧要的是用法行刑的"信"与"必"。所以严刑峻法更准确地说是严格、冷峻（不在法外讲究人情）地执法用刑。

【原文·评注】

国无常强，无常弱。奉法者强，奉，持、崇奉。强，强力。**则国强；奉法者弱，则国弱。荆庄王并国二十六，**荆，即楚，全书同。**开地三千里；庄王之氓社稷也，**氓（máng），当作"泯"，灭、尽。下同。**而荆以亡。齐桓公并国三十，启地三千里；桓公之氓社稷也，而齐以亡。燕襄王以河为境，以蓟为国，**蓟（jì），在今北京城西南。**袭涿、**袭，环绕在外。**方城，残齐，平中山，有燕者重，无燕者轻，襄王之氓社稷也，而燕以亡。魏安釐王攻燕救赵，取地河东；攻尽陶、魏之地；加兵于齐，私平陆之都；**私，占为己有。**攻韩拔管，胜于淇下；睢阳之事，荆军老而走；**老，疲敝。走，退逃。**蔡、召陵之事，荆军破；兵四布于天下，威行于冠带之国；**冠带，帽子和衣带，此引申为礼仪、教化。**安釐王死而魏以亡。故有荆庄、齐桓公，则荆、齐可以霸；有燕襄、魏安釐，则燕、魏可以强。今皆亡国者，其群臣官吏皆务所以乱而不务所以治也。其国乱弱矣,又皆释国法而私其外,释,放弃。私,私下、私自(结交)。外,外国。则是负薪而救火也,负,背。乱弱甚矣!

本章首句即阐明了全篇主旨"国无常强,无常弱。奉法者强,则国强;奉法者弱,则国弱"。之所以要强调"国无常强,无常弱",应该是与本篇预设的读者是韩王有关。因为当时韩国在六国中弱势明显,如此论说意在为文中所论能被采信作铺垫。其中"奉法者强"是理解的难点。仅就文面而论,至少存在以下几种解读:一是将"奉"解作奉持,"奉法者强"解作执法者有能力。二是理解为官员能够严格依法行事。三是解作包括君臣在内的所有人都能够严格依法行事。

文中谈到了荆庄王(楚庄王)、齐桓公、燕襄王、魏安釐王开疆辟土以成霸业,却不免身死国削的历史故事,这些事例给人的直观印象是有了楚庄王、齐桓公,楚、齐就可以称霸;有了燕襄王、魏安釐王,燕、魏就可以强盛。换句话说,春秋战国的历史经验似乎表明,国家强盛的关键在于是否有贤君。但这显然不是韩非想要传递给读者的信息。事实上,他倾向于把这种状况看作教训而非经验。毕竟贤君可遇不可求,尤其是在奉行嫡长制、世袭制的家天下时代。将治理、强盛系诸出现存在偶然性的君主个人,便不可能实现国之"常强"。而本章起首韩非就表明,意在寻求一种足以实现"常强"的方案;一则不能寄希望于君主,二则过去霸政提供的经验因非常依赖贤君而变得不足取法。

除此之外,文中还进一步谈到不能依赖贤君的另一个原因,即在缺少贤君的情况下,这种政治体制甚至无法维持正常的政治秩序和社会治理,而必然陷入混乱和衰落。此即"今皆亡国者,其群臣官吏皆务所以乱而不务所以治也"，其中反映出的主要问题是官僚系统的运作无法维持。文中虽未明言，但可以推知是官吏的私欲无法得到限制，因此出现"其国乱弱矣，又皆释国法而私其外"。大意是在国已乱弱的情势下，"群臣官吏"非但不致力于救乱，反倒是一面不遵守法律，一面还悖法行私，私通外国。其中悖法和行私尽管相关，但细分起来实是两个问题。

这段论说中，已经表达出需将国家治理的基础建立在法律和依法为治上，并且于其中排斥包括君在内的个人性、私性的作用。如果按照这个思路，则"奉法者强"当理解为包括君臣在内的所有人都能够严格依法行事。

故当今之时，指前文所谓"乱弱"的情景。**能去私曲就公法者，**私曲，偏私阿曲。就，归于。**民安而国治；能去私行行公法者，则兵强而敌弱。故审得失有法度之制者，**制，规定、制约。**加以群臣之上，**加，施加。**则主不可欺以诈伪；审得失有权衡之称者，**权衡，指标准、法度。称（chèng），通"秤"。**以听远事，则主不可欺以天下之轻重。今若以誉进能，**誉，名声。进，选任。能，能力，此指有才能者。**则臣离上而下比周；**比周，结党营私。**若以党举官，**党，朋党。**则民务交而不求用于法。**务，追求。交，私交。**故官之失能者其国乱。**能，才能。**以誉为赏，以毁为罚也，**毁，诽谤。**则好赏恶罚之人，释公行，行私术，比周以相为也。**为，施予。**忘主外交，**外交，结交外国。**以进其与，**与，党羽。**则其下所以为上者薄也。**薄，轻微。**交众，**交，外交、结交外国。**与多，**与，党羽。**外内朋党，虽有大过，其蔽多矣。**蔽，遮蔽、遮掩。**故忠臣危死于非罪，奸邪之臣安利于无功。忠臣之所以危死而不以其罪,则良臣伏矣;奸邪之臣安利不以功,则奸臣进矣。此亡之本也。若是,则群臣废法而行私重,私重,私权。轻公法矣。数至能人之门,能人,私人。不壹至主之廷;不壹,无一、没有。廷,朝廷。百虑私家之便,便,便利。不壹图主之国。属数虽多,属,下属。非所[以]尊君也;"以",据王先谦说补。百官虽具,具,具备。非所以任国也。然则主有人主之名,而实托于群臣之家也。托,依赖。故臣曰:亡国之廷无人焉。廷无人者,非朝廷之衰也,家务相益,家,私家。不务厚国;大臣务相尊,而不务尊君;小臣奉禄养交,交,私交。不以官为事。此其所以然者,由主之不上断于法,而信下为之也。故明主使法择人,使,用。不自举也;使法量功,不自度也。能者不可弊,弊,通"蔽",遮蔽。败者不可饰,败,败坏。饰,粉饰。誉者不能进,非者弗能退,非,非议,被否定。则君臣之间明辨而易治,故主雠法则可也。雠(chóu),即"譬(chóu)",用。

前章似明确表达出,国之强弱系诸国君,即"有荆庄、齐桓公,则荆、齐可以霸;有燕襄、魏安釐,则燕、魏可以强"。可是进一步推导出的却是"今皆亡国者,其群臣官吏皆务所以乱而不务所以治也。其国乱弱矣,又皆释国法而私其外,则是负薪而救火也,乱弱甚矣"。从文面上看,这不免有些跳跃。或可理解为,韩非旨在指出一种避免国之强弱、存亡系诸君主个人能力的"无常强"的情况。为此,用法、用人以去私成公就显得理所当然。这实际上否定了人君在治理中应当主动扮演主导者、引领者的常识性观点,与《主道》篇中强调君主应当象"道"而为,而非身体力行地作为仪表、典范的思路相同。

本章意在提出君主的理想型。为此首先阐明基本观点："故当今之时，能去私曲就公法者，民安而国治；能去私行行公法者，则兵强而敌弱。"这看似是在陈说当时既有的良好治理状态，即排斥私曲、私行而严格依法行事，可致民安、国治、兵强、敌弱。但结合战国中后期的政治状况来看，这仍是一种具有强烈倾向性的判断而非陈述。顺着这个判断可以看出，"就公法"乃是政治治理获得成功的关键，于是进一步引出："故审得失有法度之制者，加以群臣之上，则主不可欺以诈伪；审得失有权衡之称者，以听远事，则主不可欺以天下之轻重。"可见以法律为标准行事，乃是君主在处理君臣关系中能够占据优势，或曰君能够"治臣""治官吏"的关键。可以说，这个表达一方面契合了君之所欲，即提供了君权控制力扩大并获得实效的方案；另一方面又符合韩非最大限度限制私权的本旨。按文中所示，依照标准化、量化的法律，是避免君主被臣下欺枉的最有效方案。在这个意义上，法律扮演的角色是臣的行为准则和君"制臣"的判断准则。

综合韩非在全书中的表述可知，他认为权力私化是政治社会治理中存在的最需要解决的问题，其中包括政权私化和治权私化。治权私化就是本章中提到的种种情况，政权私化则更加复杂，最极端的状况是以天下为私产。而西周至战国前中期出现的另一个普遍化的倾向是权力下行，要者如孔子所言，由"礼乐征伐自天子出"到"礼乐征伐自诸侯出"，再到"礼乐征伐自陪臣出"。战国时，思想界普遍意识到这是造成政治权力私化和滥用的主因，与之相伴者还有君主与官僚系统，即政权掌握者与治权掌握者之间矛盾加剧。韩非明显希望利用这个矛盾，借君权防限官吏以权谋私，并随之扭转权力下行的局面。

当然，秦始皇之后的中国政治似乎转向了另一个极端，即政治权力向上集中,也就是后世论家经常批判的天子专制集权。也有不少学者顺着这个结果向前追溯,认为至少在战国后期已然出现君主集权化的倾向,秦汉以后的政治状况只是这种倾向的进一步落实、发展而已。事实上,战国时的实态远比这些归纳来得复杂。仅从韩非的描述中可以看出,当时权力下行、分散带来的危害更加严重,这也是促成思想界谋求以崇君权作为扭转乱局的方法的主要原因。与此同时还要把握,这种尊君更多是策略意义上的,而非目的所在。包括韩非在内的大部分思想家的深层目的是建立一种能够为"公"的政治秩序和权力运行机制。

阐明观点之后,本章接着再从反面论说废法行私将会造成的不良后果。要注意,接下来所有问题的起点都被设定在君悖法行私上。这很清晰地表明韩非对待君权的态度以反私为第一原则,将君主的私欲、私利与国家之"公"做了明确判分。当然,相较于之后对官吏行私的直接批判,针对君的批评表达上要婉转得多,如言"今若以誉进能,则臣离上而下比周;若以党举官,则民务交而不求用于法。故官之失能者其国乱"。"以党举官"与君主权力和控制力下降有关;"以誉进能"侧重于表现君主依据私好、私爱而非按法用人。这两者都会导致人们结党、比周、互相吹捧以求见用。"以誉为赏,以毁为罚"将会造成的不良后果,以及韩非的理论推演思路大致如下:

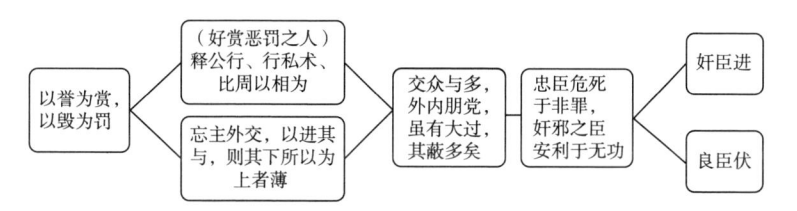

```
                (好赏恶罚之人)
               释公行、行私术、      
               比周以相为           交众与多,    忠臣危死        奸臣进
以誉为赏,  ┌─────────────────┐   外内朋党,   于非罪,    ┌─────────
以毁为罚   │                 │─→ 虽有大过,→ 奸邪之臣   │
           └─────────────────┘   其蔽多矣    安利于无功     良臣伏
               忘主外交,以进其
               与,则其下所以为
               上者薄
```

韩非把上述推演的结果直接认定为"亡之本",进一步还推出

两重后果：一是"群臣废法而行私重，轻公法矣"，即法律名存实亡，丧失了实效。二是"数至能人之门，不壹至主之廷；百虑私家之便，不壹图主之国"。大意是群臣不为君主所用，不以国家为念而只为私家效命。现实中战国时各国盛行的养士之风就是印证。再进一步，"属数虽多，非所以尊君也；百官虽具，非所以任国也"，对于君主而言，是"主有人主之名，而实托于群臣之家也"。这便是之前说到的权力下行，乃是当时很多诸侯国的政治实态。上述状况对于国君而言想必感同身受，而韩非目的在于以此彰明反私、尊君、依法、用人的重要性。细绎起来，这四者的重要程度又有差别：反私直接指向为公，乃是韩非政治思想的核心要旨，也是他所欲的王政、天下合"道"的基本内涵，故既属于"治术"层次，又属于"治道""政道"层次。尊君、依法、用人，如前所述仅是基于治术层次的考量。三者之中，用人又以尊君和依法为前提，并且实现过程中又与前两者密切相关，因此韩非将之作为下文论说的重点。所以接下来便说"亡国之廷无人焉"，意思是王廷无人可用，人才选拔进用的途径不复存在。

根据上论，韩非给出的方案是"君臣之间明辨而易治，故主雠法则可也"，也就是君主通过制度性安排和清晰的标准彰明君臣关系，并且以之维系政治运行。其间君主的最主要工作被设定为"雠法"，即"使法择人""使法量功"。

贤者之为人臣，北面委质，北面，君主面朝南坐，臣下见君主面朝北。质，通"贽"，见面礼。委质，臣服、归附。**无有二心。朝廷不敢辞贱，**辞，因……而推辞。贱，地位低下。**军旅不敢辞难；顺上之为，从主之法，虚心以待令，**待，等候。令，命令、法令。**而无**

是非也。是非，口舌争论、怨言。**故有口不以私言**，以，用来。私言，私人言论。**有目不以私视**，私视，凭一己之见看待事物。**而上尽制之**。制，限定、约束、管束。**为人臣者，譬之若手，上以修头**，修，整治、修整。**下以修足；清暖寒热**，清，清凉。**不得不救(入)**；"入"字当为衍文。**镆铘傅体**，镆铘(mò yé)，古代宝剑名。傅，附着。**不敢弗搏**。搏，搏斗。**无私贤哲之臣**，私，偏私。**无私事能之士。故民不越乡而交，无百里之感**。感(qī)，通"戚"，指亲属和宠爱的人。**贵贱不相逾**，逾，越过。**愚智提衡而立**，提衡，亦作"提珩(héng)"，用秤称物以平轻重。**治之至也**。至，极致。**今夫轻爵禄，易去亡**，易，轻易。亡，逃走。**以择其主，臣不谓廉；诈说逆法，倍主强谏**，倍，通"背"，背弃、背叛。**臣不谓忠；行惠施利，收下为名，臣不谓仁；离俗隐居，而以诈非上**，诈，假装。非，责怪、反对。**臣不谓义；外使诸侯，内耗其国，伺其危亡险陂以恐其主**，伺，伺察。险陂(bēi)，义为危险、危机。恐，恐吓。**曰："交非我不亲，怨非我不解。"**解，解决。**而主乃信之，以国听之，卑主之名以显其身**，卑，贬低。**毁国之厚以利其家，臣不谓智。此数物者，险世之说也**，险世，乱世。**而先王之法所简也**。简，轻贱。**先王之法曰："臣毋或作威**，毋或，不要、不可。作，造作。威，威势。**毋或作利**，利，私利。**从王之指**；指，通'旨'，意旨。**无或作恶，从王之路。"**路，路径。**古者世治之民，奉公法，废私术，专意一行，具以待任**。具，通"俱"，都、完全。任，任命、任务。

这一章重在论述按法而治中"臣"所应表现出的状态。最理想者当是"贤者之为人臣，北面委质，无有二心。朝廷不敢辞贱，军旅不敢辞难；顺上之为，从主之法，虚心以待令，而无是非也。故有口不以私言，有目不以私视，而上尽制之"。粗看起来，这表现出对君主完全服从。但事实上却非如此，其中包括两重含义：一是臣无条件服从的是"主之法"，而非君主其人。二是必须能致臣"虚心"，即无"私"。且大多官吏无私并不源于道德觉悟，而是"上尽制之"，即制度性力量对人形成了约束。进而设了一个譬喻来彰明无私守法之臣与国的关系，即"为人臣者，譬之若手，上以修头，下以修足；清暖寒热，不得不救；镆铘傅体，不敢弗搏"。这并不意味着君主和臣下一体，只是在描述君臣在政治权力治理中的有机运作模式。韩非并不认为君臣双方所追求的根本利益相同，君臣更像是"相互利用"的关系。

由理想化的"臣"，进而引出臣在理想化的"治"中应有的状态，曰"无私贤哲之臣，无私事能之士。故民不越乡而交，无百里之感。贵贱不相逾，愚智提衡而立，治之至也"。简而言之，即官吏除了公事之外无私交，所治之民不肆意流动，且根据才智和身份各有相应且妥当的安顿。

当时的政治情况被韩非当作反面典型，即"今夫轻爵禄，易去亡，以择其主，臣不谓廉；诈说逆法，倍主强谏，臣不谓忠；行惠施利，收下为名，臣不谓仁；离俗隐居，而以诈非上，臣不谓义；外使诸侯，内耗其国，伺其危亡之陂以恐其主，曰：'交非我不亲，怨非我不解'，而主乃信之，以国听之，卑主之名以显其身，毁国之厚以利其家，臣不谓智"。其中包括不廉、不忠、不仁、不义、不智五种类型。这与儒家强调的忠、孝、仁、义、礼、智、信、廉、耻等名同而内涵存在差异。并且所列举的五类都是当时普遍存在，还往往被人称道的具有迷惑性的情形。下文的《诡使》《六反》《八说》等篇，集中批判了当时世俗的价值标准，可与此对读。

"今夫轻爵禄,易去亡,以择其主",看起来不看重爵禄有廉之形,但是以良禽择木而栖的名义游走于各国以求仕宦,韩非以之为不"廉"。"诈说逆法,倍主强谏"被认为不忠,明显与孔子"忠焉,能勿诲乎"(《论语·宪问》)的教诲有别。韩非之所谓"忠"的核心是忠于国法而非道德本心。"行惠施利,收下为名",最典型者莫过于田氏代齐之前私施仁恩于民的作为。"离俗隐居,而以诈非上"针对的是不愿出仕却以批评政事闻名的隐士、游士等。以之为不义,则"义"明显是以国为本位。再就是文中以为"不智"的情形,多见于苏秦、张仪之类依托学识、权谋术谋求权力、地位、声望的游士。这些被批判者的共同之处在于,他们俱是以自我之私为中心,以成就私欲、私利为目标行事。

这同时反映出两方面值得注意的信息:一是韩非不排斥,也不完全接受、照搬儒家的学理。正如前文说到的,韩非对各家学说和各种理论资源保持着开放、包容的态度,并且尽可能地将以往制度文明和思想文化的精要融入自己的思想体系。在他那里既看不到门户之见,也没有对某种原教旨、师法等的固执。所以,一方面相对他的老师荀子而言,韩非像是个离经叛道的学生;另一方面置于先秦思想界观之,他确实堪称集大成者。二是他并不因为强调依"法"而认为忠、仁、义、智等难以量化的价值标准和判断必须否弃。这一点与同样推崇法治的商鞅完全不同。[1] 这也表明虽俱尚法治,但商、韩对"法"的认识、定位和各自具体的治

---

[1] 例如,《商君书·农战》云,"诗、书、礼、乐、善、修、仁、廉、辩、慧,国有十者,上无使守战。国以十者治,敌至必削,不至必贫。国去此十者,敌不敢至;虽至,必却;兴兵而伐,必取;按兵不伐,必富"。《商君书·去强》云,"国用诗、书、礼、乐、孝、弟、善、修治者,敌至必削国,不至必贫国。不用八者治,敌不敢至,虽至,必却;兴兵而伐,必取,取必能有之;按兵而不攻,必富"。

术思想存在显著差异。

要注意,文中首先示明了"贤臣"应有的状态,但这并不意味着韩非欲选"贤"以任官,而是要形成足以让为官者不得不"贤"的法律制度和权力运行方案。因此本章首明"贤臣",意在表明需要塑造怎样的官吏,同时为辨识不贤之臣提供参照。韩非认为上述情况是"险世之说也,而先王之法所简也"。下文直言"先王之法曰:'臣毋或作威,毋或作利,从王之指;无或作恶,从王之路'",本自《尚书·洪范》,今本作"无有作好,遵王之道;无有作恶,遵王之路"。韩非所引文字有出入,是因为记忆偏差还是底本不同已不可知,但大义略同。

总结起来:"古者世治之民,奉公法,废私术,专意一行,具以待任。"这与前文表达的观点相合。其中需要注意的是,之前一直在讨论"臣"当如何,而此处则说"民",且谈到"具以待任"。言下之意,"民"与"臣"之间存在转换、流动的途径,实际上否定了长期以来庶人、贵族之间严格的阶级分判,与商鞅通过二十等军功爵制重建身份等级的思路一致。这样一来,古代的"君、贵族—臣、民"关系转化为"君、臣—民"关系。

夫为人主而身察百官,身,亲自。**则日不足,**意指时间不够。**力不给。**给(jǐ),供给。**且上用目则下饰观,**饰,粉饰。观,指外貌。**上用耳则下饰声,上用虑则下繁辞。**虑,思虑。繁辞,烦琐的言辞。**先王以三者为不足,故舍己能而因法数、**因,依靠、因循。法数,法律标准。**审赏罚。**审,审查。**先王之所守要,**要,关键,此指"因法数、审赏罚"。**故法省而不侵。**侵,被侵害。**独制四海之内,聪智不得用其诈,险躁不得关其佞,**险,通"憸(xiān)",利口。

譟,通"噪(zào)",多言。关,通。佞,口才。**奸邪无所依。远在千里外,不敢易其辞**;易,改易。**势在郎中**,势,通"暬(xiè)",近。郎中,即"廊中",指帝王的内宫。**不敢蔽善饰非**;蔽,隐匿。**朝廷群下直凑单微**,直凑(còu),即辐辏,此指围绕君主。单,通"殚"。单微,指不越职行事。**不敢相逾越。故治不足而日有余,上之任势使然之**。任,任用。势,指"舍己能而因法数、审赏罚"造就的形势。

本章重在阐明君当如何"尽制"臣下,与上章论臣形成互补。首先断言君主个人亲力亲为地处理、决断所有事务的不足,一是个人的能力、精力不足以支撑君主亲力亲为地执掌一切人、事,即"人主而身察百官,则日不足,力不给"。《荀子·王霸》篇也说,"一人兼听天下,日有余而治不足"〔1〕。二是臣下会利用君主个人喜好谋求私利,具体说来就是,"上用目则下饰观,上用耳则下饰声,上用虑则下繁辞"。这两个方面早在《商君书》中就给予了充分的关注,〔2〕可是至韩非时似乎在诸侯国的政治实践中并没有得到很好的解决。

总而言之,这两者都源于个体之人固有的局限性,包括能力和私欲。韩非借此凸显法律制度和按法而治在政治治理中的必要性和重要性,进而引出"先王以三者为不足,故舍己能而因法数、审赏

---

〔1〕《淮南子·诠言训》亦有此文。
〔2〕例如,《商君书·禁使》载:"故先王不恃其强,而恃其势;不恃其信,而恃其数。今夫飞蓬,遇飘风而行千里,乘风之势也。探渊者知千仞之深,县绳之数也。故托其势者,虽远必至;守其数者,虽深必得。今夫幽夜,山陵之大,而离娄不见;清朝日撤,则上别飞鸟,下察秋毫。故目之见也,托日之势也。得势之至,不参官而洁,陈数而物当。今恃多官众吏,官立丞监。夫置丞立监者,且以禁人之为利也;而丞监亦欲为利,则以何相禁?故恃丞监而治者,仅存之治也。"《商君书·农战》载:"上论材能知慧而任之,则知慧之人希主好恶使官制物,以适主心。是以官无常,国乱而不壹,辩说之人而无法也。如此,则民务焉得无多,而地焉得无荒?"

罚"的观点。"因法数"就是依法行事,"审赏罚"即掌握赏罚的权柄。[1] 更值得注意的是,作为二者前提的"舍己能",意为君主放弃依赖自己的才智和能力。这看起来和前文说到的个人能力存在局限相呼应,但其实从承认并试图解决个人能力局限到放弃依赖个人能力的推论并不顺理成章。可以说,试图说服君主"舍己能"乃是韩非的旨归。结合《韩非子》全书可知,"虚君"是韩非一以贯之坚持的主张,其中蕴含的最主要目的在于将君主的私欲、私利排除到政治权力和政治治理之外,以此保证政权和政治为"公"。"因法数"和"审赏罚"都只是辅成这个目的的治术。不过囿于当时的政治环境,直接要求君主动放弃私欲、私利毫无实现可能,因而需要借助论说技巧和治术方案将之巧妙地包装得看似尊君,为君主的"大利""大欲"着想。《商君书》已经将君主的私利、私欲与国家的利益进行了严格分判,[2] 甚至表达出作为国家机构的"国君"需与充任国君的个人分别而论的观点。[3] 韩非强调虚君,尽可能地排除君主其人个体性在常态化政治治理中的作用,可以看作商鞅所论的承续和发展。

问题是,为什么"先王以三者为不足,故舍己能"呢?或问:为什么意识到君王以一己之力无法察制百官,便要"舍己能而因法数",而不选择扩充"己能"?当然可以理解为韩非先预设了理应"因法数""审赏罚",而后再寻找原因。结合下文可知,这种"舍己

---

〔1〕 这个论题在下篇《二柄》中会有详细论述,可参见。
〔2〕 如《商君书·错法》:"人君有爵行而兵弱者,有禄行而国贫者,有法立而治乱者,此三者,国之患也。故人君者先便请谒,而后功力,则爵行而兵弱矣。民不死犯难而利禄可致也,则禄行而国贫矣。法无度数而事日烦,则法立而治乱矣。是以明君之使其民也,使必尽力以规其功,功立而富贵随之,无私德也,故教化成。如此,则臣忠君明,治著而兵强矣。"
〔3〕 参见李平撰:《商君书评注》中《禁使》篇第二章评注。

能而因法数、审赏罚"是"守要""任势"的表现。

　　以上三方面概括说来就是君主"守要"和"任势",具体展开的状态和效果表述为:"先王之所守要,故法省而不侵。独制四海之内,聪智不得用其诈,险躁不得关其佞,奸邪无所依。远在千里外,不敢易其辞;势在郎中,不敢蔽善饰非;朝廷群下直凑单微,不敢相逾越。故治不足而日有余,上之任势使然也。"这段论说中"守要"是前提,"法省而不侵",即法律清楚明晰且运行中不被侵害是君"守要"的结果,也是后文的"独制四海之内"至"不敢相逾越"的基础。总的来说,君主"守要""任势",按法而治,足以避免臣、民欺上罔下、作奸犯科和不安于既有的政治社会秩序。

　　夫人臣之侵其主也,如地形焉,积渐以往,积渐,积累渐进。**使人主失端,**端,本,此指本旨。**东西易面而不自知。**易,改易。**故先王立司南以端朝夕。**司南,指南针。端,正。朝夕,此指东西。**故明主使其群臣不游意于法之外,**游意,按私意而行。**不为惠于法之内,**为惠,谋利。**动无非法。峻法,所以凌过〈游〉外私也;**峻法,严厉的法律。凌,驾驭。凌过,即治过。游,当为衍文。外私,去私。**严刑,所以遂令惩下也。**遂令,成就法令。**威不贷(贰)错,**威,权威。贷,当作"贰"。错,通"措",放置。贰错,置于两处。**制不共门。**制,即立法权。共门,指君臣共有。**威、制共,则众邪彰矣;法不信,则君行危矣;**信,有威信。**刑不断,则邪不胜矣。**断,决断、果断。**故曰:巧匠目意中绳,**意,同"臆",估计。中(zhòng),合。绳,绳墨,木工打直线的墨线。**然必先以规矩为度;**规矩,校正圆形、方形的两种工具,引申为标准、法度。度,标准。**上智捷举中事,**上智,极智之人。捷举,迅速行动。中(zhòng)事,合于事势。**必以先王**

之法为比。比,比照、参考。**故绳直而枉木斫**,枉木,曲木。斫(zhuó),砍、削。**准夷而高科削**,准,定平直的东西。夷,平。科,砍。**权衡县而重益轻**,权衡,称量物体轻重的器具。县(xuán),通"悬"。重益轻,指损重加轻以求均平。**斗石设而多益少**。斗石(dàn),称量单位。多益少,义为多退少补以求均平。**故以法治国,举措而已矣**。举措,行止,此指依法行止。**法不阿贵**,阿(ē),迎合。**绳不挠曲**。绳,准绳。挠,弯。**法之所加**,加,施加。**智者弗能辞**,辞,以言辞辩解。**勇者弗敢争**。争,抗争。**刑过不辟大臣**,刑,用刑。过,罪过。辟,通"避"。**赏善不遗匹夫**。遗,漏掉。**故矫上之失**,矫,矫正。**诘下之邪**,诘,诘责。**治乱决缪**,决,断。缪(miù),错误。**绌羡齐非**,绌,通"黜",贬退。羡,有余。齐非,补齐不足。**一民之轨莫如法**。一,划一。轨,规则。**厉官威民**,厉,勉励。威,威慑。**退淫殆**,退,减少、消除。淫,淫佚。殆,通"怠",懈怠。**止诈伪,莫如刑**。**刑重则不敢以贵易贱**,易,轻慢、凌辱。**法审则上尊而不侵**,审,详细、周密。**上尊而不侵则主强而守要,故先王贵之而传之**。传,传于后世。**人主释法用私,则上下不别矣**。

  本章承上章所论,就君臣关系进一步展开,阐述君主为什么必须在"守要"的基础上按法而治,以此回应第一、二章提出的论点。"夫人臣之侵其主也,如地形焉,积渐以往,使人主失端,东西易面而不自知",这一句意在凸显不加以严格约束,臣势必对君权形成侵夺,甚至威胁。而且特别强调这种侵夺往往以渐进而不易察知的状态出现,意在为后文所论张本。"故先王立司南以端朝夕"中,"端朝夕"即辨正东西方位的"司南",所喻正是后文君主用以正群臣的"法"。

顺承司南之喻，便可顺理成章地提出："故明主使其群臣不游意于法之外，不为惠于法之内，动无非法。"为了证成上论，接着谈到了法的两方面功能，一是"峻法，所以凌过外私也；严刑，所以遂令惩下也。威不贷（贰）错，制不共门。威、制共，则众邪彰矣；法不信，则君行危矣；刑不断，则邪不胜矣"。这是法的禁奸止过功能。二是"巧匠目意中绳，然必先以规矩为度；上智捷举中事，必以先王之法为比。故绳直而枉木斫，准夷而高科削，权衡县而重益轻，斗石设而多益少"。这凸显的是法律作为规矩、标准的功能。

"故以法治国，举措而已矣"一句更多起到的是修辞作用，意在彰显依法而治的优越性。而"以法治国"的基本内容，文中概括为：其一，必须在实践中严格遵守法律，即"法不阿贵，绳不挠曲。法之所加，智者弗能辞，勇者弗敢争。刑过不辟大臣，赏善不遗匹夫"。其二，须以"刑重""法审""主强"三个方面为之配套，即"厉官威民，退淫殆，止诈伪，莫如刑。刑重则不敢以贵易贱，法审则上尊而不侵，上尊而不侵则主强而守要"。最终归结到君主"守要"，特别强调"人主释法用私，则上下不别矣"。这一段集中反映了韩非对刑罚的态度，即以重刑为防限权力谋私、维系政治秩序和社会秩序的最有利工具。

另外需要注意，本篇对于"先王"和"先王之法"完全没有否弃的态度，反而有"上智捷举中事，必以先王之法为比"这类表达。这种肯定针对的是先王之法的内容，而韩非提出的革新方案主要集中在治术方面。由此可见，韩非认为古今治术之道不变，而具体的运用方式，以及政治治理和政策方略、法律制度的具体内容则变化代新。

二柄第七

【导读】

所谓"二柄",即"刑德",也就是刑罚和恩赏。君主当运用"刑德"以为治,这可谓韩非学说中最具辨识度的表达之一。不过它的原创者并不是韩非,此前商鞅已经把刑赏在政治治理中的作用提到了极高的位置,将之视为政治调动、社会激励和社会控制的最主要手段。当然,商鞅也不是首明刑赏重要性者。早在西周初年,甚至更早的周文王时代,周人就已经定下了"德政"的基调。西周官方话语中的"德"兼有恩、德,并以宗亲伦理为原则。其中恩德在治术层面的表现,主要是对贵族、官吏的赏赐和对民的保民、厚生。"德政"的核心实现机制有二:一是统治者通过言行提供道德典范,二是恩赏。两者遵循着共同的价值基础和实现逻辑:周天子之所以统治天下,根本原因在于他最有资格成为道德典范，也最能承担责任。政权理论上说不是为了"利"而统治和治理，而是为了型构一个成德向善的天下。恩赏一方面是为了表现君主不私而与天下共其利，和分封以彰显"共天下"之意同理；另一方面是用以显示君主对诸侯、臣、民向善慕德的肯定和表彰。无论在哪个意义上说，"利"都不是目的。当然在现实中，尤其是到了西周中期以后，也包括春秋、战国时代，周人的这种意识形态和统治理念、治理模式都在逐渐俗化的过程中最终崩溃了。在周人的德政逻辑中，刑罚也是必需的治术，但它的重要性和意义与恩赏完全不在同一个层次上。而且从理论上说，产生犯罪、刑罚本就意味着统治者教化不善、德化有亏，对德政本身会造成妨害。所以周人为之创设出一种"以赦显德"的机制，简单说是在不得不用刑的案件中，通过法官以恩赦的形式施用较之刑书更轻的惩罚，来彰显政权的恩德。

到了商鞅所处的战国时代，私权政治、治权政治已然大行其道，利益成为政权公然追求的目标，也构成了诸侯国政权得以在激烈竞争的"国际"环境中存续的基础。这时对政权而言，最重要的问题是：如何能够在社会安定有序的基础上，最大限度调动民众，在内政、外交两个方面实现国家利益最大化。为此，商鞅提出了以农、战为中心的政治方案，而以刑、赏作为最主要的手段。相较于周政，商鞅一则将刑、赏都作为实现利益的手段，同时抛弃了原本附着其上的道德内涵；二则把刑、赏放到一个层次，即一并当作调动社会以谋利的治器、治术；三则为刑赏设置一准于法的标准化前提。这样做既是为了给统治者建立信用，使刑赏行之有效；也是为了防限官吏以权谋私。

商鞅的方案在秦国取得了令人瞩目的成效，为强秦奠定了基础。这无疑对当时和之后其他诸侯国，以及思想界理解和建构政治治理方案造成巨大影响。到了韩非所处的战国后期,在商鞅而非西周的意义上理解和运用刑赏已成为一般知识界的共识。这时韩非已经不需要再针对周人正统的刑赏观念驳论和立说,换句话说,他面对的是和商鞅不同的思想和社会环境,当然也面对着全新的现实和理论问题。

开篇的第一句话,已经将韩非的核心关切表达得非常清晰了:"明主之所道制其臣者,二柄而已矣。"这和《爱臣》篇中关注的问题和表达的观点相呼应。可见,韩非关注的是君治臣,而非调动民众、治理社会的问题;也可说是君主如何掌握、运用刑赏来驾驭臣下。其中包含了好几个层次的话题:君主为什么必须亲自掌握刑赏;君主怎样才能够掌握住刑赏;君主如何运用刑赏。与这些问题相对应的是,在韩非看来当时政治治理中最重要也最棘手的问题,不是商鞅关注的如何"富强",而是如何防限臣下以权谋私。当然这也可以看作商鞅等人对刑赏作的彻底利益化、工具化改造的后果之一。既然刑赏只是谋利的工具,且已经在实践中验证了是一种行之有效的工具,且不具有任何道德层面的约束,那么君主可以以之谋利,臣下也可以以之谋利。并且谁掌握了刑赏的权柄,谁就可以用它来谋利,至于用它来实现什么样的"利"显然已经不可控,而在现实中以之谋私利成为非常普遍的现象。

本篇的三章分别讨论了三个问题,按陈奇猷所示:"本篇第一节论操生杀之柄,第二节论审合刑名(即循名责实),第三节言去好去恶(即申子所谓无为),则本篇所论皆申不害之术也。"[1]这基本上合于篇中的主要内容,不过略显表面,而且判定是"申不害之术"也有些武断了。

---

[1] 陈奇猷校注:《韩非子新校注》,上海古籍出版社2000年版,第121页。

【原文·评注】

明主之所道制其臣者，道，通"导"，引导、调动。制，制约、控制。**二柄而已矣。**柄，权柄。**二柄者，刑、德也。**德，恩德。**何谓刑德？曰：杀戮之谓刑，庆赏之谓德。**庆赏，赏赐。**为人臣者畏诛罚而利庆赏**，利，以……为有利。**故人主自用其刑德，则群臣畏其威而归其利矣。**归，归附。**故世之奸臣则不然，所恶则能得之其主而罪之；**恶（wù），厌恶。得之，使得。罪，定罪。**所爱则能得之其主而赏之。今人主非使赏罚之威利出于己也，**威，威势、威慑。**听其臣而行其赏罚，则一国之人皆畏其臣而易其君，**易，改易。**归其臣而去其君矣。**去，离开。**此人主失刑德之患也。夫虎之所以能服狗者，**服，制服。**爪牙也。使虎释其爪牙而使狗用之，**释，舍弃。**则虎反服于狗矣。人主者，以刑德制臣者也。今君人者释其刑德而使臣用之，则君反制于臣矣。故田常上请爵禄而行之群臣，下大斗斛而施于百姓，**斗斛（hú），两种量器，此泛指量器。**此简公失德而田常用之也，**简公，即齐简公（前？—前481年），名姜壬，齐悼公之子。**故简公见弑。子罕谓宋君曰：**子罕，子姓，乐氏，名喜，字子罕，春秋时期宋国人，宋平公（前575年—前532年）时任司城。**"夫庆赏赐予者，民之所喜也，君自行之；杀戮刑罚者，民之所恶也，臣请当之。"**当，承担、掌管。**于是宋君失刑而子罕用之，故宋君见劫。**见，被。**田常徒用德而简公弑，**徒，仅。**子罕徒用刑而宋君劫。**劫，威逼，胁制。**故今世为人臣者兼刑德而用之，则是世主之危甚于简公、**

宋君也。故劫杀拥蔽之主，拥，通"壅"。拥蔽，遮掩、隔绝、阻塞。**非失刑德而使臣用之，而不危亡者，则未尝有也。**

本章的主旨在论说"明主之所道制其臣者，二柄而已矣"，"二柄"即"刑德"，"杀戮之谓刑，庆赏之谓德"。要注意，韩非的"德"与孔、老儒道二家迥异，而更接近于西周时代的"德"义，但又不全同。很明显，韩非的"德"处于不同的层次，他将西周治术层面的赏赐单独提出作为"德"的主要内涵，又有意识地弱化了其他含义。也可以说，韩非将"德"治术化了，排斥了伦理内涵，也斩断了与"道"的直接联系。

之所以君制臣必须且只能依托"刑德"，文中给出的理由是"为人臣者畏诛罚而利庆赏，故人主自用其刑德，则群臣畏其威而归其利矣"。其中包括两方面：一是人臣好利，二是人臣畏罚。总的来说，两者都是基于人的私性与好利恶害的功利理性。

君主为什么必须亲自掌握刑赏的最终决定权？因为"为人臣者畏诛罚而利庆赏，故人主自用其刑德，则群臣畏其威而归其利矣"，这意味着刑赏是君主能够吸引臣下为自己效力，并能对之加以掌控的关键。其中包含的预设：一是君臣之间本质上是基于利益的"合作"关系，而非系诸道德、血缘等其他纽带。也就是第三章谈到的"人臣之情非必能爱其君也，为重利之故也"。二是既然没有其他的联结，君主就不能寄希望于臣下由于利益之外的原因（诸如道义层面的忠君爱国等）为自己效力。要注意，尽管事实上君臣之间的关系并不如此单一，但是韩非有意识地不考虑其他因素，类似于俗语说的在作最坏的打算。由此君主需要思考的是，凭什么保证群臣一心为自己尽心竭力地效命，而不心猿意马、勾结外国、以权谋私？特别是在当时有才能的士人是各国网罗招揽的对象，毕竟诸侯国之间的竞争既是国力、军事之争，也表现为人才之争。韩非在其他篇章中格外关注且反复强调要杜绝臣下私下结交外国，既是这种形势的反映，也是他对君臣关系持上述基本判断的结果。

君主只有通过给予臣下最大的利益（或利益期待），方能保证臣下尽心为之效力。问题是，怎么才能保证君主能始终给予臣下最大的利益呢？特别是，如何应对其他诸侯国以超越本国的尊爵厚禄利诱收买？而且还要考虑到，君主始终要压制臣下的私欲，以防限权力滥用带来的治理问题和对君主本身造成侵害的可能性，这更使得臣下在国内满足私欲的空间被压缩，更易受到外部利益的诱惑。这个问题韩非本人并没有挑明，也没有给出直接回应。而从其他篇章的相关论说可以窥见，韩非并不像本篇中表达的那样，认为君臣之间果真就是赤裸裸的，类似于当今企业雇主和员工之间的"利合"关系。而之所以要反复申说君臣之间利而非亲，主要是在针对最坏的情况提供足以兜底的方案。也就是说，韩非并不认为没有忠臣、道义等，但是认为在制度设计的时候不能将政治权力运行和治理寄希望于这些无法量化掌控的因素。

接着文中用到了反面论述、譬喻和历史教训三种不同的论说方法来尝试证明上述观点。反面论述的观点是，奸臣的作为其实源于君主失去对刑德的掌控。譬喻是"夫虎之所以能服狗者，爪牙也。使虎释其爪牙而使狗用之，则虎反服于狗矣"，文义不难理解，意在强调工具的重要性，以此喻权柄不可失。历史教训以"人主者，以刑德制臣者也。今君人者释其刑德而使臣用之，则君反制于臣矣"发端，主要借用了田常和子罕两例，分别对应人君失赏和失刑的不利后果。

"田常上请爵禄而行之群臣，下大斗斛而施于百姓，此简公失德而田常用之也，故简公见弑。"这个故事在战国之后非常著名，韩非这里说得很简略，参比其他记载可知，大意是田常向齐简公请求赏赐爵禄给群臣，让其获得利益归功于田常而非国君；又用大斗把粮食借给百姓，然后再用小斗收回，以此来笼络民心，让百姓觉得恩德源自田常而非君主或政权。所以说田常窃用了齐简公行恩德的权柄。当然，这些举措与简公最终为田常所弑的关系并没有那么直接。不过，因为简公失去权柄而田常又大收民心，国君显然被置于非常弱势的地位，且造就了田常擅权，为之后被弑乃至田氏代齐埋下了隐患。韩非将两者说成是直接关系，显然是基于论说策略的考量。

"子罕谓宋君曰：'夫庆赏赐予者，民之所喜也，君自行之；杀戮刑罚者，民之所恶也，臣请当之。'于是宋君失刑而子罕用之，故宋君见劫。"这个典故在其他史籍中完全不见记载，通常人们对子罕也基本上持正面评价。且在《内储说下》有"田常、阚止、戴驩、皇喜敌而宋君、简公杀"，"戴驩为宋太宰，皇喜重于君，二人争事而相害也。皇喜遂杀宋君而夺其政"。有学者认为本章的"子罕"或非宋平公时的司城子罕，而是另有其人。但究竟子罕和宋君究竟是谁已不可确知，只能存疑。仅按文中所述，子罕对宋君说：奖赏恩赐是百姓喜欢的，由君主亲自施行；杀戮刑罚为百姓憎恶，请让我来掌管。宋君因此失去刑罚的权柄，最终导致宋君被胁制。

上述两例，总结起来就是"田常徒用德而简公弑，子罕徒用刑而宋君劫"。不过韩非认为更严重的问题在于"今世为人臣者兼刑德而用之，则是世主之危甚于简公、宋君也"，也就是说，当时的情况是君主尽失刑、德两种权柄。顺着前文推论，自然可知"劫杀拥蔽之主，非失刑德而使臣用之，而不危亡者，则未尝有也"。

人主将欲禁奸，则审合刑名。 审合，仔细考察。刑名，即言与事。**刑名者，言异（与）事也。** 言，言说。异，当作"与"。事，事情实态。**为人臣者陈而言，** 陈，陈述。而，其。言，言辞。**君以其言授之事，** 以，依据。事，职事、职务。**专以其事责其功。** 专，独占、独自。责，考课。**功当其事，** 当（dāng），相称、相配。**事当其言，则赏；功不当其事，事不当其言，则罚。故群臣其言大而功小者则罚，非罚小功也，罚功不当名也；群臣其言小而功大者亦罚，非不说于大功也，** 说（yuè），通"悦"。**以为不当名也害甚于有大功，故罚。昔者韩昭侯醉而寝，** 韩昭侯，韩武（？—前333年），姬姓，韩懿侯之子。**典冠者见君之寒也，** 典冠，掌管国君之冠（帽）的近侍。**故加衣于君之上，觉寝而说，** 说（yuè），通"悦"，或作"觉"。**问左右曰："谁加衣者？"左右对曰："典冠。"君因兼罪典衣与典冠。** 典衣，掌管国君衣服的近侍。**其罪典衣，以为失其事也；** 失其事，即失职。**其罪典冠，以为越其职也。非不恶寒也，以为侵官之害甚于寒。故明主之畜臣，臣不得越官而有功，不得陈言而不当。越官则死，不当则罪。守业其官，所言者贞也，** 贞，正。**则群臣不得朋党相为矣。**

本章承续上章的结论，重在论说君在治臣时应当如何使用刑德二柄，亦即讨论君主如何施用刑赏。韩非采取了先说理再辅之以实例的方式，提供的基本原则是"审合刑名"，[1]即"为人臣者陈

---

[1]"刑名"之论参见《主道》篇第二章评注。

而言,君以其言授之事,专以其事责其功。功当其事,事当其言,则赏;功不当其事,事不当其言,则罚"。这和《主道》篇"以参合阅"以及之后《扬权》等篇"形名参同"是一个意思。"审合刑名"审查的对象包括(臣下之)言、刑(法律规定)、事(事实情况或行为结果),产生的结果是相应的赏罚。按照文中的思路还可知,君主最主要的工作是通过考察言、行、效以治臣,而不直接处理治民和治事的问题。

篇中还结合韩昭侯处置典衣、典冠的典故,提出了一个更具体的准则:"明主之畜臣,臣不得越官而有功,不得陈言而不当。越官则死,不当则罪。守业其官,所言者贞也,则群臣不得朋党相为矣。"不兼官、不越职,是韩非一贯的主张。陈奇猷总结说:"法家主张分职任官,一人不兼官,一官不兼事,故越官与越职同实。"[1] 但需要注意,这个原则似乎与通常认为的法家对政治"效率"和富强实效的追求相悖。且"越官则死,不当则罪"的判断,隐含了韩非对严格依法和权宜的态度,即完全不认可官吏擅自行"权"。这是在治术层面韩非与当时儒家最显著的差异。

另外,按史传所记,韩昭侯曾任用申不害为相变法,两人对话在《定法》篇中有保留。而韩昭侯的事迹在《韩非子》中多次出现,且都是正面形象。一则因韩昭侯尚法与韩非的主张多相契合,且韩昭侯与申不害主政期间乃是战国时代韩国仅有的政治清朗且相对强盛的时期。二则或与本篇写作时韩非身在韩国有关。

人主有二患:任贤则臣将乘于贤以劫其君;劫,胁制。**妄举则事沮不胜。**妄举,轻率行动。沮(jǔ),败坏。**故人主好贤,则**

---

[1] 陈奇猷校注:《韩非子新校注》,上海古籍出版社2000年版,第128页。

群臣饰行以要群欲, 饰,粉饰、矫饰。要(yāo),希望、谋求。**则是群臣之情不效;** 情,真情。效,呈现、显现。**群臣之情不效,则人主无以异其臣矣。** 异,分辨。**故越王好勇而民多轻死;** 轻死,以死事为轻,不怕死。**楚灵王好细腰而国中多饿人;齐桓公妒外而好内,** 内,指内官。**故竖刁自宫以治内;桓公好味,易牙蒸其子首而进之;燕子哙好贤,** 子哙(kuài),即燕王姬哙(?—前314年),姬姓,燕易王之子。**故子之明不受国。** 明,表面上、佯装。**故君见恶则群臣匿端;** 见,通"现"。恶(wù),厌恶。匿,隐匿。端,征兆。**君见好则群臣诬能。人主欲见则群臣之情态得其资矣。** 欲,欲望。情态,情状。资,依据。**故子之托于贤以夺其君者也,** 托,凭借。贤,贤名。**竖刁、易牙,因君之欲以侵其君者也。其卒子哙以乱死,** 卒,最终。**桓公虫流出户而不葬。** 虫,此指尸体上长出的蛆虫。**此其故何也?人君以情借臣之患也。** 情,指好恶之欲。**人臣之情非必能爱其君也,为重利之故也。** 重,多。**今人主不掩其情,不匿其端,而使人臣有缘以侵其主,** 缘,因、机缘、机会。**则群臣为子之、田常不难矣。故曰:"去好去恶,群臣见素。"** 见(xiàn)素,现其本真。**群臣见素,则大君大蔽矣。**

　　这一章重在阐明君主怎样才能掌握住权柄。理解韩非所论之前,我们需要明确一个前提:政治治理中的刑赏,不可能只有君主才能作出决断和使用。例如,日常的司法裁判中势必会产生施用刑罚的判决,这时决定和施用刑罚的显然是主审者而非国君。那么是否可以认为主审者至少在审判、用刑的情景下掌握了刑罚的权柄呢?韩非的回答必然是否定的。因为韩非没有在任何一处表达过只有君主才有使用刑赏的权力,当然这也不现实。也就是说,拥有使用刑罚的权力和掌握"二柄"是两回事。臣下在职权范围内使用刑赏，韩非给出的原则很清晰，简而言之就是一准于法。进一步推论，可以将这个意义上的刑赏之权看作系诸法律、职位而非具体的某位官员。施用刑赏的过程中，执事的官员只是法律和职位的人格化表现而已，而其所用的权力从根本上说来自君主授权的法律。

可若是这样，君主掌握的"二柄"不是使用赏罚的权力，又究竟是什么呢？是制定赏罚标准的权力（今所谓立法权），还是超越于法律之上的赏罚权？回到文中的几个例子来看。田常掌握赏赐的权力，之所以给他带来空前的声望和民心，是因为他不依法行事吗？显然不是。最主要的原因是他把所有具有恩赏性质的行为都宣示为源于他本人的恩德，而非归之于法律或者君主。当然更深层次的原因在于田常有私心，这自不必说。换言之，如果田常始终将所有的赏赐行为都宣示为齐简公的恩德，算不算窃夺了齐简公的权柄呢？恐怕也算。因为他行赏赐的行为中包含有个人化的"任意"。这种任意仍然会让人把行赏的权力与他个人联系在一起。

一准于法只是防范臣下窃夺权柄的，具有不得已而为之性质的手段。所以掌握赏罚二柄的关键，在于消除赏罚决定权与个体之人的联系。能够决定赏罚的是"职位"，赏罚的标准是脱生于君主的"法律"，这样君主和赏罚权柄的关系才能稳固。

前面谈到取消赏罚决定权与个体之人的联系，同样适用于君主。韩非的方案简而言之是君主必须"掩其情""匿其端"，以保证君主独自掌握权柄而不致被臣下利用。这与《主道》篇阐释的对君主角色、功能和行为模式的基本认定相契合，因此要以《主道》篇为基础,才能准确理解。

为什么君主的好恶、所欲为臣所知、利用,对于君主独自掌握刑赏二柄的威胁和伤害如此之大呢？人臣因此会投君主所好,夸饰蒙蔽,窃夺君权以行私,这个理路显而易见且很容易理解。只有君主其人完全"隐藏"到君主之"位"后面,才能保证君主具有超制度的掌控能力。

本章首句开宗明义,示明:"人主有二患:任贤则臣将乘于贤以劫其君；妄举则事沮不胜。"不过这句中"二患"都只说到了原因和结果,而省略了其中的细节。具体说来:

"任贤"的发展趋势将是:(人主好贤)→群臣饰行以要君欲→群臣之情不效→人主无以异其臣。作为印证,文中举了五个例子,分别是"越王好勇而民多轻死；楚灵王好细腰而国中多饿人；齐桓公妒外而好内,故竖刁自宫以治内；桓公好味,易牙蒸其子首而进之；燕子哙好贤,故子之明不受国"。大意是:越王勾践好勇,导致民众大都轻视死亡；楚灵王喜欢细腰,国内就有很多人为使腰身纤细节食以致饿死；齐桓公妒忌而好女色,便有竖刁自行阉割以图掌管内宫；齐桓公喜好珍馐美味,才有易牙蒸熟自己儿子的脑袋进献；燕王子哙爱才而欲让贤禅位,方有子之表面上谦让不受君位。这说明君主不应该自我表现以为典范,与《主道》等篇的主张相印证。

"妄举"即君主贸然向臣下表达出善恶,引起"君见恶则群臣匿端,君见好则群臣诬能。人主欲见则群臣之情态得其资矣"。理路大致合于"任贤"。所举的五个反例,出现的直接原因在于"人君以情借臣之患也",而更深层的成因之一是"人臣之情非必能爱其君也,为重利之故也",意思是臣之所以愿意服从、亲近国君,不是因为他们当然地会爱君,而是看重自己的利益。这个表述中透出的信息非常值得重视。

前章谈到韩非不认为君、臣(其实也包括民)之间能够形成除了利益之外的其他关系纽带。换句话说,君臣之间是相互利用、各取所需的关系。君调动、制约臣的基础完全建立在臣的私欲之上。这样一来,首先,否定了伦理在政治统治和治理中的作用;其次,否定了家、乡、国、天下同质一体的认识;最后,否定了政治、国家"有机体",如"君之视臣如手足,则臣视君如腹心"(《孟子·离娄下》)的可能性。由于上列原因,所以"今人主不掩其情,不匿其端,而使人臣有缘以侵其主,则群臣为子之、田常不难矣。故曰:'去好去恶,群臣见素。'群臣见素,则大君不蔽矣"。

并且"任贤"和"妄举"都有可能造成君主的权柄被臣下侵夺,也就是不作为或作为对君主而言都有危险,因此君主需要在为与不为之间求得平衡。按照韩非的观点,掌握立法权和最终的裁决权,通过考察臣下言、行、效,再严格按照法律的标准作出赏罚,是获致这种平衡的最佳方案。

另外文中"去好去恶,群臣见素"的"见素"之语出于《老子》第十九章"见素抱朴,少私寡欲"。这一方面表明韩非的思想受到老子影响,更典型者见诸《解老》《喻老》篇;另一方面也反映出韩非在有意识地表现出受老子的影响,考虑到老子思想在当时的尊显地位,或有借之以证成己说的意味。

还要注意,韩非在篇中用到的"德",完全是恩赏的意思。这与之前儒、道等家所说的"德"的含义有很大差别。孔子的"德"虽脱生于周人之"德",但是抛弃了其中的功利成分和狭隘的宗亲伦理原则,将基础建立在爱人之"仁"上形成纯粹至善之德。老子的

"德"简言之是"道德",他彻底放弃了人类中心主义,以合于"道"作为德的唯一标准。相较而言,韩非之"德"倒是和西周政治语境下的"德"的内涵更接近。不过,周人的"德"即便在表示恩赏时也具有道德内涵,并且只把利益传递看作一种伴随道德价值征显的事实状态。而在韩非这里,利益既是内容,也是目的。

扬权第八

【导读】

本篇题名"扬权",据考证当作"扬榷",是约略、概要的意思。[1] 如题名所示,全篇的内容可以看作韩非政治理论的纲要和概述。《韩非子》编者将本篇置于此处,也有总结、概括第三篇至第七篇铺陈的种种观点的用意。至此这六篇共同构成了一个小单元,是韩非政治思想相对完整的第一轮理论表述。

《扬权》的文风比较独特,整篇都是韵文,和《荀子·成相》《荀子·大略》以及汉代《淮南子》

---

[1]《文选·蜀都赋》刘逵注云:"韩非有《扬榷》篇。"陈奇猷认为作"榷"是。字又作"攉"。《庄子·徐无鬼》:"则可不谓有大扬攉乎?"郭象注云:"攉而扬之。"《汉书·叙传下》有"扬榷古今"之语。顾广圻云:"《广雅》'扬榷,都凡也。'"《淮南子·俶真训》"物岂可谓无大扬攉乎",注云:"扬攉,无虑,大数也。"王先慎云:"'扬',谓举之使明也。'权',谓量事设谋也。"

类似。有可能当时的人士有刻意做这类风格文章的风尚,也有学者认为这是韩非有意效仿其师荀子而为。

关于《扬权》的写作时间,"从文中'动泄''水清'等词语来看,文中杂用了楚方言。所以,它可能是韩非在公元前 255 年到前 247 年入楚求学于荀卿时所作。《荀子》有《大略》篇,《扬权》之名很可能是模仿师作而为。《荀子》中有韵文,此篇也为韵文,故可能是韩非有意模仿而为"。[1]

全篇可分十一章,论说的直接对象,也可说是预设的读者始终是君主。从各章内容来看,前后之间没有严格的承接递进关系,更像是同一主题之下相关重要论题"提要"的汇总。大而言之,又可分作前后两个部分,第一章到第六章重在说君如何象"道"而为君,和《主道》篇多可印证。第七章至第十一章以前论为据,结合君臣关系说君何以为君,属于治术层次。相应地给出了一系列更具体的行为原则,主要包括:其一,君要以"溶若甚醉""虚静无为"的状态,对臣下做到"审名以定位,明分以辩类"。其二,君要以类似于"道"的"一"(独)的状态统御臣下,掌握权势、法度和赏罚。其三,君要剪除朋党、公族存在的基础。

【原文·评注】

天有大命,人有大命。夫香美脆味, 香美,指美食。脆味,松软可口的食品。**厚酒肥肉,甘口而病形;** 病,伤害。**曼理皓齿,** 曼,精细。理,肌肤纹理。皓齿,洁白的牙齿。**说情而捐精。** 说(yuè)

---

〔1〕 参见张觉等撰:《韩非子译注》,上海古籍出版社 2012 年版,第 63 页。

情,心情愉悦。捐,耗费、损耗。精,精神、精气。**故去甚去泰**,甚,过分。泰,大之极。**身乃无害。**

全章大意是:天有大命,人也有大命。美味的食物和美酒肥肉,虽然口感甜美,却容易损害身体;美丽的容貌和动人的情感,虽然令人陶醉,却容易损耗精力。所以要避免过度和极端,身体才能无害。

开篇即说"天有大命,人有大命"。旧注说:"昼夜四时之候,天之大命;君臣上下之节,人之大命也。"陈奇猷认为:"大命,谓自然之数。"证据是《难一》篇"管仲有病,桓公……曰:'仲父病,不幸卒于大命'"之语。有的学者针对这个"大命"展开义理讨论,似乎不必要。因为"大命"本身并不是韩非论证的目的,而是作为基础和论据出现。而一个观念所以能够成为论据,必是无须证明且广为接受。从含义上说,文中说的"大命"与当时社会的一般观念也相吻合。

本章即以天之"大命"为前提,引出人之大命与天之大命同质,进而引出人之大命与人之生命同质,再引出人之生命的基础在于"身"。由此可知,人的欲望和受欲望指引的行为实质上会害"身",进而在本质上害"命"。这个逻辑最重要的功能,在于为克制甚至反对基于私欲的行为与真正的私利相统一提供了可能。

"香美脆味,厚酒肥肉,甘口而病形"是否定口欲利身。"曼理皓齿,说情而捐精"否定情欲利身。"去甚去泰,身乃无害"可能是沿用《老子》第二十九章"是以圣人去甚、去奢、去泰"而来,《外储说左下》篇亦有引用。

权不欲见, 权,此指君主的权力。见(xiàn),显现。**素无为也。** 素,常。为,当作"伪",指人为雕饰。**事在四方,要在中央。** 要,此指权柄。**圣人执要,四方来效。** 四方,指四方之臣。效,致。**虚而待之,** 虚,虚己而静。**彼自以之。** 彼,指臣民。以,用。**四海既藏,** 四海,指天下之内。藏,指各归其所。**道阴见阳。** 阴,指虚静之君。阳,指健动之臣。**左右既立,** 左右,左辅右弼。**开门而当。勿变勿易,** 与二俱行。二,即上文"左右"。**行之不已,是谓履理也。** 履,践行。

这一章描述象"道"的"圣人"意义上的君的状态。很多论家注意到《韩非子》中的圣人和君所指不同,但究竟有怎样的不同尚没有共识。就文义而论,似应理解为合于天子之"名"者。合于"大命"的政治模式是"事在四方,要在中央。圣人执要,四方来效"。文中出现不少重要且难以理解的表述,诸如"道阴见阳""履理"等。

本章大意是:君主的权力不应显露,当以无为为常态。事在四面八方发展,关键在于中央。圣人抓住关键,四方的事务自然顺利。虚己而静,事务自然会顺其道而行。四海之内皆各归其所,道(君)隐藏而臣自健动。左右辅弼之臣已立,就可以打开朝廷之门(指朝廷有效运转)。不要轻易改变,与左右共同前行。持续不断地为之,这就是所谓的践行道理。

"权不欲见,素无为也",这一句引出虚君之论。不过关于文本和断句存在争议。有的论家认为"见素"是《韩非子》中常见的表达,[1] 若此则"见素无为也"当为句段,"权不欲"之前或有阙文。

---

[1] 例如,《主道》篇"臣乃见素",《二柄》篇"群臣见素"。

一切事情均有"要",君主可以、必须也只需"执要",即足以成天下之治,这是韩非虚君理论的基础。本章中的描述是"事在四方,要在中央。圣人执要,四方来效",言下之意,君主只要居于中央并掌握住事情之"要",自然可以获得天下的认同与归附。

虚君的基本作为原则是"虚而待之,彼自以之",即君主虚己自处,天下之人可以自主地获得合道的行为模式,即"四海既藏,道阴见阳"。其中"阴"指的是君主虚而不可知的状态,"阳"则指臣下表现出来的治理实态。

"左右既立,开门而当。勿变勿易,与二俱行。行之不已,是谓履理也。"这句非常不好理解,尤其是何谓"开门",或是君开"四方来效"之门。"与二俱行"义为君与左右辅弼遵道行事,即"履理"。以往注家多认为"左右"指的是君王身边诸如左辅右弼之类的辅臣,虽于义可通,但不尽善。

夫物者有所宜,材者有所施,施,用。**各处其宜,故上下无为。使鸡司夜**,司夜,主管夜间报时。**令狸执鼠**,狸,猫。**皆用其能,上乃无事。上有所长**,长,擅长。**事乃不方**;方,内外相应。**矜而好能**,矜,自大、自负。**下之所欺。辩惠好生**,辩,舌辩。惠,通"慧",小智。好生,仁爱。**下因其材**。因,利用。材,通"财"。**上下易用**,易,改易,此指互换。用,功用。**国故不治。**

上章说到"彼自以之""四海既藏",本章展开论说虚君之下天下何以能自治。"夫物者有所宜,材者有所施,各处其宜,故上下无为",表明自治可以成立的最根本原因在于世界本有"先天"秩序,存在者在先天秩序之下有各自对应的位置和行为模式。所以本章重在阐明君王"虚而待之"而"执要"的实现模式,简而言之是令臣下"各处其宜"。之所以如此,原因有二:一是"物者有所宜,材者有所施",也就是人、物、事各有差异,或曰材性不一。二是预设了世界本应有"道",在有道的世界中具有差异化表现、各个不同的存在者本应都有合于其材性之"宜"的位置,也就是各有其理。这有些类似于"天生我材必有用"的观念。

全章大意是:万物各有其适宜之处,人才各有其施展之地。臣下各自安顿在合宜的位置,君主就可以无为而治。使鸡负责报晓,让猫负责捉老鼠,各自发挥其才能,君主就无须操心。君主若有所长,事情反不能周全。君主自负而喜欢炫耀才能,臣下就有了欺骗的机会;善辩、用小聪明而善施恩惠,臣下便会借此谋求财货。若君主和臣下角色功能发生置换,国家便无法治理。

"使鸡司夜,令狸执鼠,皆用其能,上乃无事",即通过譬喻阐明上述自治与虚君的关系。与此相反,"上有所长,事乃不方;矜而好能,下之所欺。辩惠好生,下因其材",意思是如果君主表现出某个方面的长处,则治理之事将不能大成;自大而好显示自己的能力,臣下便会趁机欺诈;喜好施予恩惠,臣下便会借此谋求财货。所以总的来说即"上下易用,国故不治"。

这段论说与《主道》篇第一章可相印证。其中隐含的问题是,按照这个思路,政权、统治和政治的作用和必要性就需要再论证了。

用一之道,道,方法。**以名为首**,名,概念、称谓。**名正物定,名倚物徙**。倚,偏斜。徙,迁移、改变。**故圣人执一以静,使名自命,令事自定。不见其采**,见(xiàn),通"现"。采,文饰。**下故素**

正。素,质朴。正,不偏斜。**因而任之,使自事之;因而予之**,予,给予、授予。**彼将自举之;正与处之,使皆自定之。上以名举之**,举,提拔。**不知其名,复修其形。**修,研治、考察。**形名参同**,参同,参验同异。**用其所生。**所生,指产生的治理效果。**二者诚信**,二者,指形名。诚,确实。信,真实可信。**下乃贡情。**贡,陈见。情,实情。

本章主要论说虚君状态下君主当如何作为,重在强调名实相契,也就是"形名参同"。君如何"执要",关键在于"执一"。即"用一之道,以名为首"。"名"在韩非理论中的重要性在《主道》篇中已经谈到,还包括"使名自命,令事自定"的原则。君王不能以身、意、行"现"于臣下,臣下能够从君王处确知的仅应是看起来"自命"的"名"。君王所执之"一",不是定名的权力,而是正名的权力,也就是"形名参同"。

要注意,君为整个政治社会提供的规定性建立在"名"而非"法"上。尽管君王也有立法的职责和权力,但这更像是一种制度之"内"的职务行为。而正名则是制度之外专属于君主,且与君的本质关联在一起的权力。

全章大意是:君主用"一",以"名"为要。名正则物自然安定,名有偏斜则物会随之偏斜。所以圣人要抓住道的要义,使名自己而定,使事物自己安定。君主不展示自己的才能,臣下就会本分正直。君主顺着名让臣下自己去作为;顺名用臣,臣自然会自我提升;正直地对待他们,使臣下自己安定。君主根据名来举用臣下,如果不合于名,则臣需再提升自己。形(事情的情状)与名相辅相成,即可产生治理实效。形与名都确实可信,臣下方会呈现出实情。

韩非本章中所论之"道"是"用一之道",属于"术"和"用"的层次,而非老子的形而上的、作为"体"的层次的"道"。要注意与下面第六章所论之"道"的差异。此处的"一"也与道不同,更接近老子"道生一"之"一"。此外,"用一之道,以名为首",与孔子的"正名"思想一脉相承。

"故圣人执一以静,使名自命,令事自定",同于《主道》篇"令名自命也,令事自定也"。还见于《黄帝四经·经法》"名刑已定,物自为正"。《群书治要》引《尸子·分事》,亦曰"执一以静。令名自正,令事自定"。

"因而任之,使自事之",即《主道》篇"贤者敕其材,君因而任之"。意为:"君主因臣下之材而任之以事,臣则自行从事于办理其职之事。"[1]

谨修所事,谨,慎重。**待命于天,毋失其要,乃为圣人。圣人之道,去智与巧**。智,智谋。巧,巧诈。**智巧不去,难以为常**。常,长久稳定。**民人用之,其身多殃**;殃,灾难。**主上用之,其国危亡。因天之道**,因,顺从。**反形之理**,反,通"返"。**督参鞠之**,督参,考察参验。鞠(jū),穷究。**终则有始。虚以静后,未尝用己。凡上之患,必同其端**;端,端绪。**信而勿同**,信,通"申",申明。勿同,指不与臣下同其端。**万民一从**。一从,一体服从。

文中的主要观点,特别是"去智"之说可参比《主道》篇第一章

---

〔1〕 陈奇猷校注:《韩非子新校注》,上海古籍出版社2000年版,第148页。

"明君之道,使智者尽其虑,而君因以断事,故君不穷于智;贤者敕其材,君因而任之,故君不穷于能;有功则君有其贤,有过则臣任其罪,故君不穷于名"。"去旧去智","去智而有明,去贤而有功,去勇而有强"。而"去智"又是虚己的表现之一,"虚以静后,未尝用己"是更根本性的要求。

这一章主要谈圣人之君除了"执要""去智与巧"之外,还要"待命于天"。"谨修所事,待命于天,毋失其要,乃为圣人",回应了开篇提到的"天有大命,人有大命",随之点出了君主的使命与政治责任。"圣人之道,去智与巧。智巧不去,难以为常",明显与《老子》第十九章"绝圣弃智,民利百倍;绝仁弃义,民复孝慈;绝巧弃利,盗贼无有"有关联。韩非认为结果是"民人用之,其身多殃;主上用之,其国危亡"。按照这个说法,应去"智"与"巧"的是所有人,而不仅仅是君主;所以这就不仅是虚君的要求,而是要求所有人都做到不为己而用巧智造作,这明显是对政治治理目标的预期。并且言下之意,"智"与"巧"是与"天之道"完全悖反的状态。相应地,应为的模式当是"因天之道,反形之理",与"待命于天"相照应。"虚以静后,未尝用己"同样是对虚君状态的描述,所强调者仍是"虚""静"和不主动作为,即"未尝用己",而这些要求的更深层意涵,是要求国君"无私"。"督参鞫之",松皋圆解作"督责参考,推穷事情,即形名参同也",[1]这乃是君主在保持虚静的状态下用以治臣的最基本的"术"。"信而勿同"则要求君主与臣民有不同的行为模式,简而言之即前文谈到的阴与阳之分,虚静与因材自举之别。

---

[1] 参见陈奇猷校注:《韩非子新校注》,上海古籍出版社2000年版,第151页。

夫道者,弘大而无形;弘,大。**德者,覈理而普至。**覈(hé),校验。**至于群生,斟酌用之,**斟酌,度量。斟酌用之,意为用之以为度量。**万物皆盛,**盛,通"成"。**而不与其宁。**其,指万物。宁,止息,喻消亡。**道者,下周于事,**周,周遍。**因稽而(天)命,**稽,合。而,当作"天"。命,命名。**与时生死。参名异(与)事,**用以参验名与事。异,当作"与"。**通一同情。**通,贯通。一,道体。同情,使情理一致。**故曰:道不同于万物,德不同于阴阳,衡不同于轻重,**衡,秤杆,秤。**绳不同于出入,**绳,木工用的墨线。**和不同于燥湿,**和,适合、合宜。**君不同于群臣。凡此六者,道之出也。道无双,故曰一。是故明君贵独道之容。**容,情势、状况。**君臣不同道,下以名祷。**祷(dǎo),求福。**君操其名,臣效其形,形名参同,上下和调也。**

这一章基于"道""理"关系谈君臣的分别与关系,也可认为是依托道论,阐明第四章中谈到的"名自命"和"事自定"的应然状态。理论基础在于"夫道者,弘大而无形;德者,覈理而普至";"道者,下周于事,因稽而(天)命,与时生死。参名异(与)事,通一同情"。

全章大意是:道广大无形;德是理的显化。众生都显道用德,使道充盈于万物,自可生生不息。道周遍于万事万物,依据天命,随时生死。名与事相互参验,与道相同且情理本质上相合。所以说:道与万物不同,德与阴阳不同,衡与轻重不同,绳与出入不同,和与干湿不同,君与群臣不同。这六者都是道的表现。道不二,所以称"一"。因此,明君当崇尚唯一之道。君主和臣子若不同道,下人就会以名求福祉。君主掌握名,臣子发挥作用,名实相符,上下便和谐。

文中对于"道"和道物关系的理解非常深刻。首先通过重新界定"道"与"德"建立前提"夫道者,弘大而无形;德者,覈理而普至"。"夫道者,弘大而无形"当本自《老子》第二十五章"道大,天大,地大"。"理"是形而上之"道"与形而下的存在世界的联结,也是理解"道"何以、如何主宰、化生万事万物的关键,同时也是韩非最重要的理论创见。更详细的解说待到《解老》《喻老》两篇再论。万物与"道""德"的关系,即"斟酌用之",这是万物昌盛且演化不息的原因,所以说"万物皆盛,而不与其宁"。这个表述一方面说明了一切存在者都是"道"的不完整、不完善显化,另一方面表明万物的存在始终是"动"的状态,是在以"动"态显现"宁"(静、不动)的道体。

第二次对"道"的描述是"下周于事,因稽而(天)命,与时生死"。这可以参考《解老》篇第十八章的论述来理解:

> 道者,万物之所然也,万理之所稽也。理者,成物之文也;道者,万物之所以成也。故曰:"道,理之者也。"物有理,不可以相薄;物有理不可以相薄,故理之为物之制。万物各异理,而道尽稽万物之理,故不得不化;不得不化,故无常操。无常操,是以死生气禀焉,万智斟酌焉,万事废兴焉。天得之以高,地得之以藏,维斗得之以成其威,日月得之以恒其光,五常得之以常其位,列星得之以端其行,四时得之以御其变气,轩辕得之以擅四方,赤松得之与天地统,圣人得之以成文章。

"道不同于万物,德不同于阴阳,衡不同于轻重,绳不同于出入,和不同于燥湿,君不同于群臣。凡此六者,道之出也。道无双,故曰一。"阐明了万物同质(道)而异形的样态和理据。作出上述描述的目的终归是解释君臣关系,即"君不同于群臣"和"君臣不同道"。君臣的基本行为模式,就异而论是"君操其名,臣效其形"。就合同而论则是"形名参同"和"上下和调",要言之即各表道之一端而共同显道。

凡听之道,以其所出,所出,即言、名。**反以为之入。**入,指形、实。**故审名以定位,明分以辩类。**辩,辨别。**听言之道,溶(容)若甚醉。**溶,据俞樾说当作"容",指容貌。**唇乎齿乎,吾不为始乎;**意为不先说话。**齿乎唇乎,愈惛惛乎。**愈,越发。惛惛(hūn),迷乱、糊涂。**彼自离之,**离,陈列、陈述。**吾因以知之;**因,据。**是非辐凑,**辐凑,即辐辏,形容聚集像车辐集中于车毂一样。**上不与构。**构,参与。**虚静无为,道之情也;**情,情状。**参伍比物,**参伍,指多方考察。比物,对事物进行比较。**事之形也。**形,表现形态。**参之以比物,**参,验。比,合。**伍之以合虚。**伍,交互,错综比较。合,耦合。虚,虚空(即"道")。**根干不革,**干,主干。革,变革。**则动泄不失矣。**泄,歇、止息。**动之溶之,**溶,化。**无为而攻之。**攻,治。**喜之则多事,恶之则生怨。故去喜去恶,虚心以为道舍。**舍,住处。**上不与共之,民乃宠之;上不与义之,使独为之。上固闭内扃,**扃(jiōng),从外面关门的闩、钩等。**从室视庭,参咫〈尺〉已具,**咫(zhǐ),长度单位,合周制八寸。尺,或为衍文,当删去。**皆之其处。以赏者赏,以刑者刑,因其所为,各以自成。善恶必及,孰敢不信?规矩既设,**规矩,指法度。**三隅乃列。**三隅(yú),义为其他。

这一章承接上章之末开出的论题,具体阐明君主应当如何作为方可实现"操其名"以至"形名参同,上下和调"。既然君的基本姿态是虚静不为,那么他对臣下作为的掌握最主要依赖于"听"臣下之言。因此本章所论即由"听"切入。"凡听之道,以其所出,反以为之入。故审名以定位,明分以辩类",可以参比《主道》篇第三章之"群臣陈其言,君以其言授其事,事以责其功。功当其事,事当其言,则赏;功不当其事,事不当其言,则诛。明君之道,臣不得陈言而不当"。"听"能直接获得的只有"言",言所蕴含的便是"名"。如何从"言"中获得:其一,臣言之名与君操之名是否相合;其二,察知"名"与"实"之间是否契合,这其实是历史上所有君王都需面对的重要且困难的问题,对于韩非所设计的虚君以治臣而言显得尤为重要。

韩非认为君在"听"时要表现出一种难以被臣下窥知心意的状态,也就是"听言之道,溶(容)若甚醉。唇乎齿乎,吾不为始乎;齿乎唇乎,愈惛惛乎"。而与表面"惛惛"相对,君在内心应当对臣下之言加以明辨,即"彼自离之,吾因以知之;是非辐凑,上不与构",大意是臣下将名与实相分离,君应据其言得其名而知其实,或是或非,都如车轮辐辏一样汇集于君之心,且应仅听之而不参与臣下的言说议论。

"虚静无为,道之情也;参伍比物,事之形也。"这是在解说为什么君主要以表现为惛惛若醉的听来察明臣下言说之实。"情"与"形"此处都指的是表现。按此"道"的表现与"物"恰好相反,因此要据事物之形以明道合道,就需要"动之溶之,无为而攻之"。一旦君主在听言时有个性化的表现,则"喜之则多事,恶之则生怨。故去喜去恶,虚心以为道舍"。具体来说包括以下要求:"上不与共之,民乃宠之;上不与义之,使独为之",说的是君主不与臣下"共"权柄(刑赏之柄),民众才会尊崇君主。君主不当与臣下议论商量,而应使臣下独自决断。"上固闭内扃,从室视庭,参咫〈尺〉已具,皆之其处",大意是君主听、辨臣下之言,就好像是关闭起门户,从室内观察外庭,近在咫尺,全在眼前。"以赏者赏,以刑者刑,因其所为,各以自成"是对基于由"听"获得的"名"察知的臣下行为之"实"而作出的处置,基本模式即为依法赏罚。"善恶必及,孰敢不信?规矩既设,三隅乃列",是按照上述模式作出赏罚,会让善、恶之举各得应有的处置,这样能造就君主的权威被信服。且这种信赏必罚的"规矩"能够建立、行用起来,其他的秩序自然可得建立。

主上不神,下将有因;因,指可乘之机。**其事不当,下考其常。**考,察。常,规律。**若天若地,是谓累解**;累解,解除系累。**若地若天,孰疏孰亲?能象天地,是谓圣人。欲治其内**,内,宫内、内朝。**置而勿亲;欲治其外,官置一人**;指一人不兼多官。**不使自恣**,恣,肆意妄为。**安得移并?**移,变异或放弃。并,兼并。**大臣之门,唯恐多人。凡治之极,下不能得**。得,指得权柄。**周合刑名**,周,和合。**民乃守职。**职,本分、职分。**去此更求**,更,改。**是谓大惑。猾民愈众**,猾民,刁滑狡诈之民。**奸邪满侧。故曰:毋富人而贷焉**;富人,使人富有。贷,通"代",指代替君主。**毋贵人而逼焉**;贵人,使人显贵。逼,指威胁、胁迫君主。**毋专信一人而失其都国焉**;都,都城。**腓大于股**,腓,小腿。股,大腿。**难以趣走。**趣(cù),通"促",急促。**主失其神**,神,玄妙不可测。**虎随其后。主上不知**,知,指知臣为虎。**虎将为狗。**喻虎狼之臣拥有党羽。**主不蚤止**,蚤,通"早"。**狗益无已。**益,增加。已,止。**虎成其群,以弑其母。为主而无臣,奚国之有?主施其法,大虎将怯**;怯,畏惧。**主施其刑,大虎自宁。法刑苟信**,信,此指必行。**虎化为人,复反其真。**反,通"返"。

本章承接上章末尾以赏罚为中心的处置模式,讨论君在辨明言、实的前提下如何治臣。其中的关键之一在于君能去私以解脱成心、欲望的系累。韩非重在说明君主如何才能一面像"道"一样,做到不为臣下利用,而能制御臣下。为此,君主一方面要"神"、"能象天地",即"凡治之极,下不能得";另一方面要"周合刑名""施其法""施其刑"以制臣。

韩非给出的现实论据是"主上不神,下将有因;其事不当,下考其常",理论论据是"若地若天,孰疏孰亲?能象天地,是谓圣人"。这与《老子》第五章"天地不仁,以万物为刍狗;圣人不仁,以百姓为刍狗"相近。为此,君主需要有一套既虚静不可知又无所不统御的治理方案。

"欲治其内,置而勿亲;欲治其外,官置一人;不使自恣,安得移并",意思是治理内朝事务,需要做到官备其员但不与之亲近;治理外朝事务,要做到每个职位由一人充任,做到职责分明且不"兼官",即如《二柄》篇说到的"越官则死,不当则罪"。

关于具体的治理原则,文中提到了三层,一是"大臣之门,唯恐多人",意思是要确保臣下不能结党。二是"凡治之极,下不能得",意为不能使臣下掌握治理的关键,按文义即赏罚二柄。三是"周合刑名,民乃守职",意思是要做到上章强调的言(名)、行和依法赏罚三者相合。若不遵守以上原则,后果是"去此更求,是谓大惑。猾民愈众,奸邪满侧"。

"毋富人而贷焉;毋贵人而逼焉;毋专信一人而失其都国焉;腓大于股,难以趣走",大意是君不要使臣富贵后反去求于臣;也不能使臣太显贵后自己反受逼迫;还不能只信任一人而使自己丧失对国家的控制。小腿比大腿粗,难以快跑。概言之,这是强调后世常言的"尾大不掉"的危害。

接下来韩非以虎、狗之喻，进一步阐明君臣关系："主失其神，虎随其后。主上不知，虎将为狗。主不蚤止，狗益无已。虎成其群，以弑其母。为主而无臣，奚国之有？主施其法，大虎将怯；主施其刑，大虎自宁。法刑苟信，虎化为人，复反其真。"大意是君主若不保持神秘难测，老虎就会跟随其后。君主若不能察知，老虎便会伪装成狗。君主若不尽早制止，虎会不断增加。等到老虎成群，就会弑杀君主。君主若无忠臣，如何还能保有国家？君主施行法令，虎将会胆怯；君主施行刑罚，虎自会顺服。法律制度若能信用，老虎便会重新变成人，恢复本来的面目。这里强调了"法"与"刑"的作用，包含两层意思：一是君主彰明法度并严格依法行赏罚之事，二是君主独自掌控施行赏罚的权柄。

欲为其国，为，治理。**必伐其聚**；伐，剪除。聚，指朋党。**不伐其聚，彼将聚众**。彼，此指臣。**欲为其地**，为，治理。**必适其赐**；适，指功劳与赏赐相适应。**不适其赐，乱人求益**。益，增加。**彼求我予，假仇人斧**；假，借给。**假之不可，彼将用之以伐我。黄帝有言曰："上下一日百战。"下匿其私**，匿，隐藏。私，私心。**用试其上**；试，试探。**上操度量**，度量，法度。**以割其下**。割，裁制、矫正。**故度量之立，主之宝也；党与之具**，党与，同党之人。具，具备。**臣之宝也。臣之所不弑其君者，党与不具也。故上失扶寸**，扶，长度单位，大约四指。**下得寻常**。寻，长度单位，一寻等于八尺。常，两倍于"寻"。**有国之君，不大其都**；都，都邑。**有道之臣，不贵其家。有道之君，不贵其臣；贵之富之，彼将代之。备危恐殆**，恐，畏惧。**急置太子，祸乃无从起。内索出圉**，索，求。内索，指索求朝内奸人。圉(yǔ)，通"御"，此指使用法度。**必身自执其**

度量。厚者亏之，亏，减损。薄者靡之。靡，增益。亏靡有量，量，标准。毋使民比周，同欺其上。亏之若月，若月，指像月亮一样渐亏。靡之若热。热，当作"爇（ruò）"，猛火烧灼。简令谨诛，简，检验。必尽其罚。

　　第九章至第十一章围绕同一个论点展开，即首句"欲为其国，必伐其聚"，意思是君主要防限、消除臣下结党，使之不能形成足以对抗、挑战君权的势力。

　　本章提出了三个原则：一是："欲为其国，必伐其聚；不伐其聚，彼将聚众。"要言之，就是要剪除臣下的朋党。二是："欲为其地，必适其赐；不适其赐，乱人求益。"意思是治理中要依法且名实相合地予以赏赐。三是："彼求我予，假仇人斧；假之不可，彼将用之以伐我。"这是强调不能不加分辨地满足臣下的要求，不能随意将权柄授予臣下，尤其是不能致权柄落入仇人手中，否则必会受到伤害。此中隐含的前提有二：其一，理论上君主必须掌握一切权柄。其二，臣下所有的权力都来自君主的授权，而不应当然地、制度性地拥有权力。不过，这种权力特指决断和赏罚之权。

　　"黄帝有言曰：'上下一日百战。'下匿其私，用试其上；上操度量，以割其下"，应是韩非征引的一段论述，具体出处已不可考。其中明示了君、臣之间的对立、利用、制约关系。大意是说臣下总是会隐匿自己的私意，并试探君主的容忍限度。君主须得持守法度来制约臣下。这段引述是为了示明对君臣关系的判断，并揭示出"度量"，也就是作为标准化规范的法律在处理君臣关系时的重要性，"故度量之立，主之宝也"。而与之相对的是臣下结党，这是臣"匿其私"以成私欲、私利的最主要方式，所以说"党与之具，臣之宝也"。这与《孤愤》篇"臣利在朋党用私"同义。更进一步说,"臣之所不弑其君者,党与不具也"。"上失扶寸,下得寻常",意思是国君不严格掌握法度,臣下便会得寸进尺。

"有国之君,不大其都;有道之臣,不贵其家。有道之君,不贵其臣;贵之富之,彼将代之",意思是君主不应使地方势力过大,臣子不应致其家族成员显贵。君主不应使得臣子过于显贵,否则会有臣子取而代之的可能。相应地,为了避免隐患,还要"备危恐殆,急置太子,祸乃无从起"。

"内索出圉,必身自执其度量",意思是治内治外都使用法律,首先必须保证君主亲自掌握法律的标准和判断、赏罚的权柄。"厚者亏之,薄者靡之",就是损有余而补不足。"简令谨诛,必尽其罚",意思是依据法令审慎地行用诛罚,务必做到违反法令者必受惩罚。

由此可见,韩非格外强调君主一方面必须掌握"度量",也就是建立标准的立法权柄;另一方面必须掌握最终的裁断和施用刑赏的权力。同时,还强调君主严格依据法令对臣下的行为作出评价并行用惩罚。

毋弛而弓,弛,放松。而,你,此指君王。**一栖两雄**。栖,喻国。雄,喻君。**其斗䜴䜴**。䜴(yán),争斗貌。**豺狼在牢**,豺狼,喻凶残之人。牢,指羊圈。**其羊不繁**。繁,通"蕃",蕃衍茂盛。**一家二贵,事乃无功。夫妻持政,子无适从。**

本章以譬喻阐明君主治内的原则。大意是:君主不能使弓弦松懈,两只雄鸟栖息在同一个地方,就会互相争斗。豺狼关在羊圈里,羊群就不会繁衍。一家有两个权威,事情就无法顺利进行。夫妻共同持有权柄,子女会无所适从。全文像是基于一段摘引的解说,尚未找到相应的出处。核心观点是"一家二贵,事乃无功"。引申到国家、天下,同样适用。其事与理在《八经》《说林上》《难一》等篇中有更详尽的论说和例证。

为人君者,数披其木,披,披落、修剪。木,喻大臣。**毋使木枝扶疏**;扶疏,繁茂。**木枝扶疏,将塞公闾**,公闾,君主之门。**私门将实,公庭将虚,主将壅围**。围,通"圉",被困之义。**数披其木,毋使木枝外拒**;拒,向外岔出,横生。**木枝外拒,将逼主处。数披其木,毋使枝大本小**;枝大本小,将不胜春风;不胜春风,枝将害心。**公子既众**,公子,君王的诸子。**宗室忧唫**。唫(yín),通"吟"。**止之之道,数披其木,毋使枝茂。木数披,党与乃离。掘其根本,木乃不神**。神,生机、生气。**填其汹渊**,汹(xiōng),水势很大。渊,深潭。**毋使水清。探其怀**,怀,指内心。**夺之威。主上用之,若电若雷**。

在本章中韩非格外强调要剪除臣下朋党至"掘其根本",提出"为人君者,数披其木,毋使木枝扶疏",这是以修剪树木为喻,阐明君主应当剪除朋党。或可说本章以伐木之喻,阐明治臣之法。全章以喻明理,文辞较难理解,但含义比较浅白。全章大意是:君主要像经常劈削树木一样整治臣下,不让他们枝繁叶茂;臣下枝繁叶茂,就会充塞君主的门庭;私门充实富裕,公门必将空虚,君主还会受到蒙蔽。君主经常削减枝叶,不使臣下的权力像树枝一样向外伸展;臣下的权力向外伸展,会对君主产生威胁。君主经常劈削枝叶,避免枝粗干细;臣下枝粗而君干细,势必经不住春风;经不住春风,树枝将会损害树心。太子以外的公子太多,宗室不免有忧患。克制的办法是经常劈削枝叶,使之不能茂盛。经常劈削,像枝叶一样聚集的朋党才会离散。掘掉树根,树木就没有生气了。

"填其汹渊,毋使水清"一句应有误,按陈奇猷说是:"水清与填渊为不相蒙之二事,渊填平则水干,非水清。而填渊亦不得使水不清。"[1]其大意为填塞汹涌深渊,不使水奔腾。相应地君主应探测臣下和众公子的阴谋,剥夺他们的权势。君主使用起威势来,要像电闪雷鸣一般迅疾果断。

按文中所示,韩非通过譬喻陈说了在"本末"意义上君臣关系处理的几个原则:一是剪除私门朋党,二是削弱公族势力。这两个主张在之前的《爱臣》《主道》等篇中已有明确表达。

---

[1] 陈奇猷校注:《韩非子新校注》,上海古籍出版社2000年版,第180页。

八奸第九

【导读】

本篇意在解说八种人臣给君权带来严重危害的途径和情形，继而阐明君主应当如何避免遭"八奸"之害。所谓的"八奸"，包括同床、在旁、父兄、养殃、民萌、流行、威强、四方，涵盖了与君主统治权相关的妻妾、亲属、内朝、外朝、民间以及外交等方面。这些方面各有不同的方式对君主的权力和治理效果造成侵害以成"奸"。而韩非对于各种身份的人如何利用君主，运用权术以谋私成害的具体运作机制，认识得非常透彻。篇中把这些在当时政治权力参与者心照不宣的权力运行"潜规则"直接呈现出来，并做了理论化的总结、归纳和分析。通过这些分析，韩非将当时政治权力私化，亦即私权政治的状态清楚地揭示出来，且逐一提供针对性的解决方案。进一步可以推见,在韩非的认识中,绝大部分的政治问题,根本上说都由"私"引发。其中既包括臣下、官吏之私,也包括君主之私。

【原文·评注】

凡人臣之所道成奸者有八术:所道,所由。一曰同床。何谓同床?曰:**贵夫人**,贵,以……为贵。**爱孺子,便僻好色**,便僻,同便辟,此指君主宠幸。好色,美色。**此人主之所惑也。托于燕处之虞**,托,假托、假借。燕处,闲居。虞,通"娱",安乐。**乘醉饱之时**,乘,趁着、就着。**而求其所欲,此必听之术也。为人臣者内事之以金玉,使惑其主,此之谓"同床"。二曰在旁。何谓在旁?曰:优笑侏儒**,优笑,即俳优、以戏谑为业者。侏儒,身材异常短小者。**左右近习**,近习,亲近。**此人主未命而唯唯**,唯唯,恭敬的应答声。**未使而诺诺**,诺诺,连声应诺,顺从不加违逆。**先意承旨**,意,通"臆",揣测。**观貌察色以先主心者也。此皆俱进俱退**,即下文"同轨"。**皆应皆对**,即下文"一辞"。**一辞同轨以移主心者也**。同轨,同路,喻方法相同。**为人臣者内事之以金玉玩好,外为之行不法,使之化其主,此之谓"在旁"。三曰父兄。何谓父兄?曰:侧室公子**,嫡子外的庶子。**人主之所亲爱也;大臣廷吏,人主之所与度计也**。度计,商量。**此皆尽力毕议,人主之所必听也。为人臣者事公子侧室以音声子女,收大臣廷吏以辞言**,收,收揽。**处约言事,事成则进爵益禄,以劝其心,使犯其主,此之谓"父兄"。四曰养殃**。殃,祸害。**何谓养殃?曰:人主乐美宫室台池,好饰子女狗马以娱其心,此人主之殃也。为人臣者尽民力以美宫室台池，重赋敛以饰子女狗马，以娱其主而乱其心，从其所欲，而树私利其间，此谓"养殃"。五曰民萌。萌，通"氓"。民萌，民众。何谓民萌？曰：为人臣者散公财以说民人，说(yuè)，取悦。行小惠以取百姓，使朝廷市井皆劝誉己，以塞其主而成其所欲，此之谓"民萌"。六曰流行。何谓流行？曰：人主者，固壅其言谈，希于听论议，希，少。易移以辩说。易移，转变、取而代之。为人臣者求诸侯之辩士，养国中之能说者，使之以语其私。为巧文之言、流行之辞，示之以利势，惧之以患害，施属虚辞以坏其主，此之谓"流行"。七曰威强。何谓威强？曰：君人者，以群臣百姓为威强者也。群臣百姓之所善，则君善之；非群臣百姓之所善，则君不善之。为人臣者，聚带剑之客，养必死之士，以彰其威，明为己者必利，不为己者必死，以恐其群臣百姓而行其私，此之谓"威强"。八曰四方。何谓四方？曰：君人者，国小则事大国，兵弱则畏强兵。大国之所索，索，索取。小国必听；强兵之所加，弱兵必服。为人臣者，重赋敛，尽府库，虚其国以事大国，而用其威求诱其君；甚者举兵以聚边境而制敛于内，薄者数内大使以震其君，内，使……入内。大使，大国的使臣。使之恐惧，此之谓"四方"。凡此八者，人臣之所以道成奸，世主所以壅劫，壅，阻塞。劫，胁迫。失其所有也，不可不察焉。

本章逐条解说八奸"成奸"的途径和为害的情况，分别是：

"同床"：宠幸妻妾，受宠的年轻美貌女子善于谄媚便巧和利用自己的姿色，这正是君主所迷恋者。她们总是趁君主安居享乐、酒足饭饱之时求取她们之所欲，这是让君主定会听从的手段。臣子常常私下用金玉财宝贿赂她们,使之迷惑君主以应允臣子请托之事,这就叫"同床"。

"在旁":"在旁"指君王身边的倡优侏儒、亲信侍从。这些人在君主没有下令时唯唯诺诺,往往能事先揣测到君主的意图,察言观色以预知君主的心意。他们一致行动、同一腔调,统一口径和行动以改变君主的心意。臣子私下用金玉珍宝贿赂他们,在宫外帮他们干不法之事,让他们影响君主,这就叫"在旁"。

"父兄":包括君主的兄弟叔伯,他们是君主亲近之人;大臣和朝廷官吏,是与君主谋划国是之人。这些人如果都全力主张某一政见,君主必定会听从。臣子用音乐、美女来侍奉君主的叔伯、兄弟,花言巧语以笼络大臣和朝廷官吏,让他们在关键时刻进言,事成之后可得加官晋爵,以此怂恿他们,使之干扰君主,这就叫"父兄"。

"养殃":君主喜欢修饰宫室台池,喜欢臣下装扮美女、狗马来使自己欢愉,这是君主的灾祸。臣子用尽民力修饰宫室台池,加重百姓赋税以装扮美女、狗马,以此取悦于君主而扰乱他的心志,顺从他的欲望,以在其中夹杂私利,这就叫"养殃"。

"民萌":臣子发散公家财物以取悦民众,行小恩小惠来赢取民心,鼓动朝野称颂自己,以此蒙蔽君主而达成私欲,这就叫"民萌"。

"流行":君主不与人交谈,很少听到臣下的意见,易被花言巧语打动。臣子寻求国外善辩之人,豢养国内能言的士人,让他们为自己的私利进说。借助华美的言语和流利的辞句,利用形势来诱导,以祸害来恐吓,编造虚假的言辞以损害君主,这些属于"流行"。

"威强":为人君者靠群臣百姓得到强大的威势。群臣百姓喜欢的,君主就喜欢;群臣百姓不喜欢的,君主就不喜欢。做臣子的收纳带剑的侠士,豢养亡命之徒,以之耀武扬威,倡言顺从他的一定得利,不从者必定会死,以此恐吓群臣百姓从而实现私意,这就叫"威强"。

"四方"：作为国君，国小便侍奉大国，兵弱则畏惧强敌。大国勒索时，小国必定听从；强兵压境时，弱国必然服从。臣子加重赋敛，耗尽钱粮，削弱自己的国家以侍奉大国，求助大国威势来胁迫自己的君主。重者招引大国军队陈兵边境以挟制国内，轻者常常引入大国使者来震慑国君，这就叫"四方"。

按照文中的总结，"凡此八者，人臣之所以道成奸，世主所以壅劫，失其所有也，不可不察焉"，即以此八者为君主困顿甚至被挟制的原因，必须格外加以重视。

明君之于内也，娱其色而不行其谒，不使私请。其于左右也，使其身必责其言，不使益辞。其于父兄大臣也，听其言也必使以罚任于后，不令妄举。其于观乐玩好也，必令之有所出，不使擅进擅退，擅，擅自。**不使群臣虞其意。其于德施也，纵禁财，**禁财，帝王府库的钱财。**发坟仓，**坟仓，谷物堆得像坟头一样的仓库。**利于民者，必出于君，不使人臣私其德。**德，恩德。**其于说议也，称誉者所善，毁疵者所恶，必实其能，察其过，不使群臣相为语。其于勇力之士也，军旅之功无逾赏，邑斗之勇无赦罪，**邑斗，乡里私斗。**不使群臣行私财。其于诸侯之求索也，法则听之，不法则距之。**

这一章对应上章"八奸"的八种类型，提出八条相应的避免危害的君主行为模式。

针对"同床"，明君对于宫内的夫人、美女，可以欣赏她们的美色但不理会她们的请求，不让她们私下有所求。

针对"在旁",即身边的近侍,使用他们时必须严察他们的言论,不准夸大其词。

针对"父兄",如君主的叔伯、兄弟(宗室成员),听取他们的意见时,必须让他们以名实不符而受罚作为担保,不准其胡乱言行。

针对"养殃",即进献的观赏玩乐之物必须有法令依据,不准群臣擅自进献或裁减,以免群臣猜测到君主的心意。

针对"民萌",明君施行恩惠,凡是发放国库的财物和官仓的粮食等有利于民众之事,一定要用君主的名义,不让臣下将恩德归于自己。

针对"流行",议论之时,赞美称颂之人所称颂者,批评疵者所憎恶者,必须核实他们的才能,查明过失,不让群臣相互吹捧或诽谤。

针对"威强",即有勇力的人,作战立功不破格行赏,私斗犯罪不赦免罪行,不让群臣用财物收买。

针对"四方",明君对于其他诸侯国的要求,合法者听从,不合法者拒绝。所谓亡国之君,并非失去国家,而是国家的存在全然不归自己掌握。让臣下借助外力控制国内,统治者就丧失了自己的国家。为了挽救国家危亡而听从大国,国亡得更快,所以不能听从。群臣知道君主不听从,便不会寻求同国外诸侯勾结;外国知道君主不听从,也就不会接受臣下诈骗自己君主之言。

"八奸"与相应的去害方案对应如下:

八奸	八奸为害描述	去害方案
同床	贵夫人,爱孺子,便僻好色,此人主之所惑也。托于燕处之虞,乘醉饱之时,而求其所欲,此必听之术也。为人臣者内事之以金玉,使惑其主,此之谓"同床"。	明君之于内也,娱其色而不行其谒,不使私请。

续表

八奸	八奸为害描述	去害方案
在旁	优笑侏儒，左右近习，此人主未命而唯唯，未使而诺诺，先意承旨，观貌察色以先主心者也。此皆俱进俱退，皆应皆对，一辞同轨以移主心者也。为人臣者内事之以金玉玩好，外为之行不法，使之化其主，此之谓"在旁"。	其于左右也，使其身必责其言，不使益辞。
父兄	侧室公子，人主之所亲爱也；大臣廷吏，人主之所与度计也。此皆尽力毕议，人主之所必听也。为人臣者事公子侧室以音声子女，收大臣廷吏以辞言，处约言事，事成则进爵益禄，以劝其心，使犯其主，此之谓"父兄"。	其于父兄大臣也，听其言也必使以罚任于后，不令妄举。
养殃	人主乐美宫室台池，好饰子女狗马以娱其心，此人主之殃也。为人臣者尽民力以美宫室台池，重赋敛以饰子女狗马，以娱其主而乱其心，从其所欲，而树私利其间，此谓"养殃"。	其于观乐玩好也，必令之有所出，不使擅进擅退，不使群臣虞其意。
民萌	为人臣者散公财以说民人，行小惠以取百姓，使朝廷市井皆劝誉己，以塞其主而成其所欲，此之谓"民萌"。	其于德施也，纵禁财，发坟仓，利于民者，必出于君，不使人臣私其德。
流行	人主者，固壅其言谈，希于听论议，易移以辩说。为人臣者求诸侯之辩士，养国中之能说者，使之以语其私。为巧文之言、流行之辞，示之以利势，惧之以患害，施属虚辞以坏其主，此之谓"流行"。	其于说议也，称誉者所善，毁疵者所恶，必实其能，察其过，不使群臣相为语。

续表

八奸	八奸为害描述	去害方案
威强	君人者,以群臣百姓为威强者也。群臣百姓之所善,则君善之;非群臣百姓之所善,则君不善之。为人臣者,聚带剑之客,养必死之士,以彰其威,明为己者必利,不为己者必死,以恐其群臣百姓而行其私,此之谓"威强"。	其于勇力之士也,军旅之功无逾赏,邑斗之勇无赦罪,不使群臣行私财。
四方	君人者,国小则事大国,兵弱则畏强兵。大国之所索,小国必听;强兵之所加,弱兵必服。为人臣者,重赋敛,尽府库,虚其国以事大国,而用其威求诱其君;甚者举兵以聚边境而制敛于内,薄者数内大使以震其君,使之恐惧,此之谓"四方"。	其于诸侯之求索也,法则听之,不法则距之。

所谓亡君者,非莫有其国也,而有之者皆非己有也。令臣以外为制于内,则是君人者亡也。听大国为救亡也,而亡亟于不听,亟,紧急。**故不听。群臣知不听,则不外诸侯;诸侯知不听,则不受臣之诬其君矣。**

本章论说与上章明君相反的"亡君"的状态。国君受制于外国,事实上也就意味着国"非己有",于是便成为对国家名义上"有"而实际上已经无法掌控的"亡君"了。而要改变这种情况,除了君主要不寄希望于依赖外国之外,使臣下不能"以外为制于内"同样重要。韩非认为最能促成改变的是"听大国为救亡也,而亡亟于不听",意思是如果从效果上看听任其他国家能救己之危亡,危亡却来得比不听还快,那么自然就不会"以外为制于内"了。臣下了解到君主不听任外国，自然不会谋求结交外国。其他国家知道这种状况，自然也就不会听信臣子的离间。

韩非之所以如此强调君主要不依赖外国，更不能受制于外国，很可能是就韩国当时的情势而论。毕竟夹在秦、赵、魏之间的韩国三面受敌又国力最弱。据此也可推断本篇当作成于韩非入秦之前。

明主之为官职爵禄也，为，设置、使用。**所以进贤材劝有功也。故曰：贤材者处厚禄任大官，功大者有尊爵受重赏。官贤者量其能，赋禄者称其功。是以贤者不诬能以事其主，**诬，诈称。**有功者乐进其业，故事成功立。今则不然，不课贤不肖，**课，考课、考核。**不论有功劳，用诸侯之重，听左右之谒，**谒，托请。**父兄大臣上请爵禄于上，而下卖之以收财利及以树私党。故财利多者买官以为贵，有左右之交者请谒以成重。**重，势力。**功劳之臣不论，官职之迁失谬。**迁，升迁。失谬，过失、谬误。**是以吏偷官而外交，**偷，苟且。官，职事。**弃事而亲财。是以贤者懈怠而不劝，**劝，勉力。**有功者墯而简其业，**墯（duò），通"惰"，懒惰。简，轻慢。**此亡国之风也。**

这一章将话题收束到处理君臣关系的基本原则，即"明主之为官职爵禄也，所以进贤材劝有功也"，表明官职爵禄之于政治权力运行的基本功能。进一步说就是，"贤材者处厚禄任大官，功大者有尊爵受重赏。官贤者量其能，赋禄者称其功"。

韩非认为当时的情况与上述原则相反，而是受到"八奸"的影响：不考核贤不贤，不论定有无功劳，任用被其他诸侯国看重的人，听从左右近侍的请求,父兄大臣在上向君主请求爵禄,在下又出卖之以收取财利和培植党羽。财货多者买官而成为贵人,同君主近侍有交往者靠请托成为有权势的人。劳苦功高的臣子得不到认定,官职变动错乱。因此,官吏玩忽职守而向外交往,忽视职责而贪图财利;有才能者懈怠而不求上进,有功劳的人懒惰而轻慢职务,这乃是亡国的风气。

总的来说,要通过官爵实现对官吏的激励、调动和控制,必须消除"八奸",将考课严格建立在名(官爵)、实(功绩)相符的基础上。

十过第十

【导读】

　　本篇题名"十过"取自篇首二字,亦是对全篇主要内容的概括。本篇先以一章纲领全篇,将主要观点依次条陈阐明;而后再分章以历史典故逐条对应地解释首章中的观点。类似体例还见于《安危》《内储说》上下篇、《外储说》四篇等。值得注意,在《外储说》中出现了"经""说"分列的情况,与《墨经》中经与经说并存的形式相同。并且《管子》中一些篇章有专门的"解"篇,如与《版法》对应的《版法解》。还有《商君书》中《说民》《靳令》《弱民》三篇专门解释《去强》篇。《文子》一书亦大量称引《老子》并针对性地解释、阐发。《韩非子》书中有《解老》《喻老》两篇专门解《老子》经句。由此可见,战国时已经有了类似汉代以后盛行于经学系统的经注式写作风格,借助注经、释经来阐发义理、申说己见。大致可分为自为经、注和引经作注两类,而《韩非子》较之其他战国子学作品的突出之处在于:一则两类兼而有之;二则"说"的部分侧重寓理于事且善用历史典故,而不似别家以说理为主。这既可看作韩非基于论说策略的选择,也反映出他本人"造经"的雄心和对自己学问极高的定位和自信。由此也须认识到,不能仅仅将韩非的思想定位为治术之学,或以权谋、纵横之学待之;而须借由这些富于治术的论说会得韩非对"道"的追求。

《十过》篇是自为经、注和寓理于事的典型。被目之为"过"的十项,针对的都是君主错误的行为模式,包括:行小忠、顾小利、行僻自用而无礼诸侯、不务听治而好五音、贪愎喜利、耽于女乐而不顾国政、离内远游而忽于谏士、过而不听于忠臣而独行其意、内不量力而外恃诸侯、国小无礼而不用谏臣。这些其实都不难理解且甚是常见,惨痛的历史教训可为镜鉴。韩非特加关注,表面上看是为了针砭时弊、劝谏国君,使之能够避免国破身亡,其实还有更深层的义涵,要言之即强调掌权者去私、去我、为公,合于《论语·子罕》所记"子绝四:毋意、毋必、毋固、毋我"。之前《主道》《扬权》等篇反复强调君主应当虚己、象道、无为,本篇所论即以具体表现阐明反其道而行之的危害。

【原文·评注】

十过:一曰行小忠,则大忠之贼也。二曰顾小利,顾,注重。则大利之残也。三曰行僻自用,僻,性情古怪,不合群。无礼诸侯,则亡身之至也。亡身,杀身、丧身。至,极致。四曰不务听治而好五音,务,从事、致力。则穷身之事也。穷身,使自身困窘。五曰贪愎喜利,愎(bì),任性、固执。则灭国杀身之本也。六曰耽于女乐,耽(dān),沉溺。不顾国政,则亡国之祸也。七曰离内远游而忽于谏士,忽,忽略。则危身之道也。八曰过而不听于忠臣,而独行其意,则灭高名为人笑之始也。九曰内不量力,外恃诸侯,恃,依仗。则削国之患也。十曰国小无礼,不用谏臣,则绝世之势也。

  本章是全篇的纲目,依次罗列并界定了君主"十过"的基本内涵,大致如下:

  第一种叫"行小忠",这是"大忠"之祸。第二种叫"顾小利",势必会危害大利。第三种叫"行僻自用",即行为怪僻、刚愎自用,对其他诸侯国无礼,容易导致丧身。第四种叫"不务听治而好五音",意思是不致力于治理国家而沉溺于音乐,这会使之走上末路。第五种叫"贪愎喜利",即贪心固执,喜欢私利,这是亡国杀身的根源。第六种叫"耽于女乐,不顾国政",即沉溺于女子歌舞,不顾及国政,有亡国之祸。第七种叫"离内远游而忽于谏士",指离开王廷远游,不听谏士规劝,这将会危及其身。第八种叫"过而不听于忠臣,而独行其意",意思是有过错却不听忠臣谏箴,一意孤行,这是丧失名声且为人耻笑之始。第九种叫"内不量力,外恃诸侯",即自不量力,依靠外国,这会有削弱国家的隐患。第十种叫"国小无礼,不用谏臣",这会使国家有灭绝之势。这十类"过"都是韩非从历史经验教训中总结而来,具体印证将在接下来的十章中逐一展开。

  奚谓小忠? 奚,何。**昔者楚共王与晋厉公战于鄢陵,** 楚共王(前600年—前560年),芈姓,熊氏,名审,楚庄王之子,春秋时期楚国国君(前590年—前560年在位)。鄢陵(yān),春秋属郑地。鄢陵之战,发生于楚共王十六年(前575年),晋国伐郑,楚国救郑。**楚师败,而共王伤其目。酣战之时,司马子反渴而求饮,**子反,公子侧(?—前575年),芈姓,熊氏,名侧,字子反,楚穆王之子,楚庄王之弟,楚共王的叔父,春秋时期楚国司马。**竖谷阳操觞酒而进之。**觞(shāng)酒,杯酒。**子反曰:"嘻!** 嘻,叹词,表示惊叹。**退,酒也。"谷阳曰:"非酒也。"子反受而饮之。子反之为人也,嗜酒而甘之,**甘之,以之为甘甜。**弗能绝于口而醉。战既罢,**罢,结束。**共王欲复战,令人召司马子反,司马子反辞以心疾。**疾,病。**共王驾而自往,入其幄中,**幄(wò),帐幕。**闻酒臭而还,曰:"今日之战,不穀亲伤。**不穀,楚王自称。**所恃者司马也,**恃,仰仗。**而司马又醉如此,是亡楚国之社稷而不恤吾众也。**恤,关心、怜悯。**不穀无复战矣。"于是还师而去,斩司马子反以为大戮。**大戮,杀而陈尸示众。**故竖谷阳之进酒,不以雠子反也,**雠(chóu),通"仇"。**其心忠爱之而适足以杀之。**适,正。**故曰:行小忠,则大忠之贼也。**贼,伤害。

关于"小忠",韩非引述的故事是春秋时楚、晋鄢陵之战(前575年)中发生的一个插曲。最早的记载见于《左传·成公十六年》。并见于本书《饰邪》篇,以及《吕氏春秋·权勋》《淮南子·人间训》《史记·晋世家》《史记·楚世家》《说苑·敬慎》。

故事梗概如下:春秋时楚共王和晋厉公大战于鄢陵,楚军兵败,共王眼睛受伤。激战之时,楚将司马子反口渴要水喝,侍从竖谷阳拿了一杯酒给他。子反说:"嘻!拿走,这是酒。"谷阳说:"不是酒。"子反接过来喝了。子反嗜酒,觉得酒味甜美,一喝便停不下来,结果大醉。战斗结束后,共王想再战,召司马子反,子反以心病为由推辞不去。共王亲自乘车来探视,进入子反帐中,闻到酒气而返,说:"今天战斗中我受了伤。本要依靠司马,司马却醉成这样。这是不顾楚国的社稷且不关心徒众。我们不再继续作战了。"于是楚国撤军,之后处死司马子反。

韩非总结说,竖谷阳献酒,并非仇恨子反。他本心对子反忠爱有加,却杀了他。所以"行小忠,则大忠之贼也",意为行小忠是对大忠的伤害。

奚谓顾小利?昔者晋献公欲假道于虞以伐虢。晋献公(?—前651年),姬姓,名诡诸,春秋时期晋国君主,晋武公之子。虞,周初武王所封诸侯国,姬姓,也称北虞,在今山西省南部夏县和平陆北一带。虢(guó),此为北虢,虢仲后代的封地,在今山西省平陆县。假,借。**荀息曰:"君其以垂棘之璧与屈产之乘赂虞公,**垂棘(jí),晋地名,以产美玉著称。屈产,晋地名,产良马。乘,马。赂,贿赂。**求假道焉,必假我道。"君曰:"垂棘之璧,吾先君之宝也;屈产之乘,寡人之骏马也。若受吾币不假之道,**币,泛指车马、皮帛、玉器等礼物。**将奈何?"荀息曰:"彼不假我道,必不敢受我币。若受我币而假我道,则是宝犹取之内府而藏之外府也,马犹取之内厩而著之外厩也。**厩(jiù),马棚。**君勿忧。"君曰:"诺。"乃使荀息以垂棘之璧与屈产之乘赂虞公而求假道焉。虞公贪利其璧与马而欲许之。宫之奇谏曰:"不可许。夫虞之有虢也,如车之有辅。**辅,夹在车轮外旁的直木,每轮二木,用以增加车轮载重支力;引申为辅助、辅佐。**辅依车,**依,依赖。**车亦依辅，虞、虢之势正是也。若假之道，则虢朝亡而虞夕从之矣。不可，愿勿许。"虞公弗听，遂假之道。荀息伐虢克之，还反处三年，反，通"返"。兴兵伐虞，又克之。荀息牵马操璧而报献公，献公说曰：说(yuè)，通"悦"。"璧则犹是也。虽然，马齿亦益长矣。"故虞公之兵殆而地削者何也？爱小利而不虑其害。故曰：顾小利，则大利之残也。残，毁坏。

本章中的故事最早见于《左传·僖公二年》《左传·僖公五年》，并见于《吕氏春秋·权勋》《淮南子·人间训》《史记·晋世家》《新序·善谋》《战国策·秦策》《新语·资质》。韩非所述梗概如下：

晋献公想向虞国借路讨伐虢国。荀息说："您不妨用垂棘之宝玉和屈产之马贿赂虞君，求他借路，他定会同意。"晋献公说："垂棘之玉是祖先的珍宝，屈产之马是我的骏马。假如他接受礼物却不给路怎么办？"荀息说："他不借给我们道路，必定不敢收受礼物。如若接受了礼物而借路，那么宝玉就像从内府取出藏到外府一样，骏马也像从内厩牵出拴到外厩。不必担心。"晋君说："好。"让荀息用垂棘之玉和屈产之马贿赂虞公，向他借路。虞公贪图宝玉和良马的小利便打算答应。宫之奇劝谏说："不能允许。虞国有虢国好比车有辅木，辅木依靠车，车也依靠辅木。虞、虢两国的形势即是如此。一旦借路给晋，则虢国早上灭亡，虞国晚上也会灭亡。所以不能借，希望您不要答应。"虞公不听，借路给晋国。荀息伐虢国得胜，回来三年后，发兵伐虞，战败了虞国。荀息牵着马拿着璧回来报告晋献公，献公开心地说："璧还和以前一样。虽说如此，马却长几岁了。"

最后韩非总结虞国军危地削的原因,在于贪恋小利而不考虑背后的危害。所以说贪图小利,是对大利的危害。

奚谓行僻?昔者楚灵王为申之会,楚灵王(?—公元前529年),芈姓,熊氏,初名围,是楚共王的次子,楚康王的二弟,春秋时期楚国国君。申之会,楚灵王三年(前537年),灵王邀蔡、陈、郑、许、徐、滕、顿、胡、沈、小邾、宋、淮、夷等相会于申(今河南南阳北)。**宋太子后至,执而囚之;狎徐君;**狎(xiá),轻慢。**拘齐庆封。**庆封(?—前538年),姜姓,庆氏,字子家,又字季,齐国大夫。**中射士谏曰:**中射,官廷中的侍卫官。**"合诸侯不可无礼,此存亡之机也。**机,关键。**昔者桀为有戎之会而有缗叛之,**缗(mín),夏代诸侯国名。**纣为黎丘之蒐而戎狄叛之,**蒐,检阅、田猎、军事演习。**由无礼也。君其图之。"**图,慎重考虑。**君不听,遂行其意。**遂,最终。**居未期年,**期年,一年。**灵王南游,群臣从而劫之。**劫,劫持。**灵王饿而死乾溪之上。故曰:行僻自用,无礼诸侯,则亡身之至也。**

针对"行僻",韩非用到的故事梗概为:曾经楚灵王在申地主持诸侯会盟,宋国太子迟到,楚灵王抓住他并拘禁起来。楚灵王还轻慢徐国国君,扣押齐国的庆封。侍卫劝谏说:"会盟诸侯不能无礼,这关乎存亡。过去夏桀曾在有戎氏主持诸侯集会而缗国背叛,商纣在黎丘阅兵时戎、狄反叛,都由无礼引起。君王需三思。"灵王不听,最终按自己意思去做。不到一年,灵王往南巡游,群臣随行劫持了他,结果灵王在乾溪饿死。

韩非总结说:行为怪僻,自以为是,无礼于其他诸侯,是导致丧身的主要原因。

奚谓好音？昔者卫灵公将之晋，卫灵公(前534年—前493年在位)，姬姓，名元，春秋时期卫国国君。**至濮水之上，税车而放马，**税车，停车。**设舍以宿。夜分而闻鼓新声者而说之。**夜分，指正午和半夜。说(yuè)，通"悦"。新声，新曲子。**他人问左右，尽报弗闻。乃召师涓而告之，**师涓，卫国乐师。**曰："有鼓新声者，使人问左右，尽报弗闻。其状似鬼神，子为我听而写之。"**写，记录。**师涓曰："诺。"因静坐抚琴而写之。师涓明日报曰："臣得之矣，而未习也，**习，熟悉、熟练。**请复一宿习之。"灵公曰："诺。"因复留宿。明日已习之，遂去之晋。晋平公觞之于施夷之台。**觞(shāng)，进酒。晋平公(前557年—前532年在位)，姬姓，名彪，晋悼公之子，晋国第29任国君。**酒酣，灵公起。公曰："有新声，愿请以示。"平公曰："善"。乃召师涓，令坐师旷之旁，**师旷，春秋晋国乐师，善于辨音。**援琴鼓之。未终，师旷抚止之，**抚，按住。**曰："此亡国之声，不可遂也。"**遂，结束、完成。**平公曰："此道奚出？"师旷曰："此师延之所作，**师延，纣的乐师。**与纣为靡靡之乐也。**靡靡，柔弱、颓靡。**及武王伐纣，师延东走，至于濮水而自投。故闻此声者，必于濮水之上。先闻此声者，其国必削，不可遂。"平公曰："寡人所好者，音也，子其使遂之。"师涓鼓动究之。**究，完成。**平公问师旷曰："此所谓何声也？"师旷曰："此所谓《清商》也。"公曰："《清商》固最悲乎？"师旷曰："不如《清徵》。"公曰："《清徵》可得而闻乎？"师旷曰："不可。古之听《清徵》者，皆有德义之君也。今吾君德薄，不足以听。"平公曰："寡人之所好者，音也，愿试听之。"师旷不得已，援琴而鼓。一奏之，有玄鹤二八，**玄，黑。**道南方来，集于郎门之垝；垝(guǐ)，高而危险的地方。再奏之，而列。三奏之，延颈而鸣，延，伸。舒翼而舞，舒，展开。音中宫商之声，声闻于天。平公大说，坐者皆喜。平公提觞而起为师旷寿，反坐而问曰："音莫悲于《清徵》乎？"师旷曰："不如《清角》。"平公曰："《清角》可得而闻乎？"师旷曰："不可。昔者黄帝合鬼神于泰山之上，驾象车而六蛟龙，毕方并辖，毕，全部。方，方国。辖，通"辖"，统御。蚩尤居前，风伯进扫，雨师洒道，虎狼在前，鬼神在后，腾蛇伏地，腾蛇，即"螣蛇"，一种会腾云驾雾的神兽。凤皇覆上，凤皇，即凤凰。大合鬼神，作为《清角》。今吾君德薄，不足听之。听之，将恐有败。"平公曰："寡人老矣，所好者音也，愿遂听之。"师旷不得已而鼓之。一奏之，有玄云从西北方起；玄，黑。再奏之，大风至，大雨随之，裂帷幕，破俎豆，俎豆，祭祀、宴会时盛肉类等食品的两种器皿。隳廊瓦。隳(huī)，毁坏。坐者散走，平公恐惧，伏于廊室之间。晋国大旱，赤地三年。赤，空尽无物。赤地，指农作物绝收。平公之身遂癃病。癃(lóng)，指年老衰弱多病。故曰：不务听治，而好五音不已，则穷身之事也。

这则故事并见于《淮南子·泰族训》《论衡·纪妖》，梗概为：卫灵公将至晋国，来到濮水边，停车放马，布置住处准备夜宿。夜半。听见有人弹奏新的乐调，很是喜欢。叫人问近侍，都回答没听过。召来乐官师涓并对他说："有人在弹奏新的乐调，近侍都说不曾听过。音调好像出自鬼神，你替我听着把它录写下来。"师涓说："好。"于是静坐弹琴把它录写下来。师涓第二天回报说："我录写好了，但还不熟悉，请让我再用一晚熟悉它。"灵公说："好"。又留宿一晚。第二天,已经熟悉后离开去往晋国。晋平公在施夷之台上以酒款待灵公。畅饮之时,灵公站了起来,说:"有新的乐曲,希望奏给大家听。"平公说:"好。"于是召来师涓,让他坐在师旷旁边,拿过琴来弹奏。尚未演奏完,师旷按住琴弦制止说:"这是亡国之音,不能奏完。"平公说:"这个曲调从何而来?"师旷说:"这是师延所作,是为商纣作的靡靡之音。等到武王伐纣之后,师延向东逃跑,到了濮水投河自尽。所以听见这个曲调者一定是在濮水边。听见这个曲调的国家定会被侵削,所以不能奏完。"平公说:"我只是喜欢音乐而已,你还是让他奏完吧。"师涓演奏完了。平公问师旷说:"这是什么曲子?"师旷说:"这就叫《清商》。"平公说:"《清商》是最悲的吗?"师旷说:"还比不上《清徵》。"平公说:"《清徵》能弹来听听吗?"师旷说:"不能。古代听《清徵》的都是有德义的君主。现在您的德薄,还不够格来听。"平公说:"我只是爱好音乐而已,希望试着听一下。"师旷不得已,拿过琴来弹了一遍,有十六只黑鹤从南方飞来,停在廊门上。弹第二遍,鹤排列成行。弹第三遍,鹤伸长脖子鸣叫,张开翅膀起舞,音调合于美好之声,响彻天空。平公非常高兴,在座的人也都欢喜。平公拿起酒杯站起来向师旷祝贺,回到座位上问道:"没有比《清徵》更悲的音乐吗?"师旷说:"还比不上《清角》。"平公说:"《清角》能弹来听听吗?"师旷说:"不能。过去黄帝在泰山上会合鬼神,驾着象车赶着六条蛟龙,所有方国俱被统御,蚩尤在前开路,风神向前扫除尘埃,雨神冲洗道路,虎狼在前,鬼神在后,螣蛇伏在地下,凤凰飞翔上空,大会鬼神,作成《清角》。现在您的德行浅薄,不能听它。听了恐怕会有坏事。"平公说:"我老了,仅是爱好音乐而已,希望听完它。"师旷不得已而弹奏起来。始奏时,有黑云从西北方升起;再奏时大风刮来,大雨跟随在后,撕裂帐幕,毁坏食器,掀掉廊瓦。在座的人四散逃跑。平公惊恐害怕,趴在廊屋之间。晋国大旱,绝收三年。平公因而瘫痪。所以韩非总结说,不致力于治理国家而沉溺于音乐不止,是使自己走上末路的事情。

据《太平御览》卷七六七引《庄子》佚文:"师旷为晋平公作清角,一奏,有云从西北起;再奏,大雨大风随之,裂帷幕,破俎豆,堕廊瓦。平公惧,伏于室内。"王叔岷认为本章中"平公曰:'清角可得而闻乎?……伏于廊室之间"或本自庄子。[1]

这则故事中还隐含了一个值得思考的问题:为什么越是有德的曲子越"悲"?是否象征着君主的德性越高,便越是怀有"忧"天下的悲悯之心?

奚谓贪愎?昔者智伯瑶率赵、韩、魏而伐范、中行,灭之。智伯瑶(公元前506年—公元前453年),姬姓,智氏,名瑶,即智瑶。因智氏源自荀氏,亦称荀瑶。又称智伯。谥号"襄",史称智襄子。春秋末期晋国执政大臣。**反归,休兵数年。因令人请地于韩。韩康子欲勿与,**韩康子,姬姓,韩氏,名虎。是中国春秋战国时期晋国韩氏第十位宗主,韩庄子之子。与,给。**段规谏曰:"不可不与也。夫知伯之为人也,好利而骜愎。**骜(ào),通'傲',骄傲。**彼来请地而弗与,则移兵于韩必矣。君其与之。与之彼狃,**狃(niǔ),骄纵。**又将请地他国。他国且有不听,不听则知伯必加之兵。如是,韩可以免于患而待其事之变。"康子曰:"诺。"因令使者致万家之县一于知伯。知伯说,**说,通"悦"。**又令人请地于魏。宣子欲勿与,**宣子,魏桓子(?—前446年),又称魏宣子,姬姓,

---

[1] 王叔岷:《先秦道法思想讲稿》,中华书局2007年版,第242页。

魏氏,名驹,魏襄子魏侈之孙,春秋时期晋国魏氏的领袖。赵葭谏曰:"彼请地于韩,韩与之。今请地于魏,魏弗与,则是魏内自强,而外怒知伯也。如弗予,其措兵于魏必矣。不如予之。"宣子曰:"诺。"因令人致万家之县一于知伯。知伯又令人之赵请蔡、皋狼之地,赵襄子弗与。赵襄子(?—前425年),嬴姓,赵氏,名无恤(亦作"毋恤")、赵孟。春秋末叶晋国赵氏家族首领,战国时期赵国的奠基人。知伯因阴约韩、魏将以伐赵。阴,私下。襄子召张孟谈而告之曰:"夫知伯之为人也,阳规(亲)而阴疏。规,当作'亲'。三使韩、魏而寡人不与焉,其措兵于寡人必矣。措兵,用兵。今吾安居而可?"张孟谈曰:"夫董阏于,简主之才臣也,简主,即赵简子。其治晋阳,而尹铎循之,其余教犹存,君其定居晋阳而已矣。"君是曰:"诺。"乃召延陵生,令将车骑先至晋阳,君因从之。君至,而行其城郭及五官之藏。城郭不治,仓无积粟,府无储钱,库无甲兵,邑无守具。襄子惧,乃召张孟谈曰:"寡人行城郭及五官之藏,皆不备具,吾将何以应敌?"张孟谈曰:"臣闻圣人之治,藏于臣(民),臣,当作'民'。不藏于府库,务修其教,不治城郭。君其出令,令民自遗三年之食,遗,留。有余粟者入之仓;遗三年之用,有余钱者入之府;遗有奇人者使治城郭之缮。"君夕出令,明日,仓不容粟,府无积钱,库不受甲兵。居五日而城郭已治,守备已具。君召张孟谈而问之曰:"吾城郭已治,守备已具。钱粟已足,甲兵有余。吾奈无箭何?"张孟谈曰:"臣闻董子之治晋阳也,公官之垣皆以荻蒿楛楚墙之,垣,墙。荻(dí),多年生草本植物,生在水边,叶子长形,似芦苇,秋天开紫花,茎可以编席箔。蒿(hāo),二年生草本植物,叶如丝状,有特殊的气味,开黄绿色小花,可入药(亦称

"青蒿""香蒿")。楛(kǔ),指荆一类的植物,茎可制箭杆。楚,落叶灌木,鲜叶可入药。枝干坚劲,可以做杖。其楛高至于丈,君发而用之。"于是发而试之,其坚则虽箘簬之劲弗能过也。簬(lù),通"簵",一种可制箭杆的竹子。君曰:"箭已足矣,奈无金何?"张孟谈曰:"臣闻董子之治晋阳也,公官令舍之堂,皆以炼铜为柱质。质,材质。君发而用之。"于是发而用之,有余金矣。号令已定,守备已具。三国之兵果至。至则乘晋阳之城,遂战。三月弗能拔。因舒军而围之,舒,展开。决晋阳之水以灌之。围晋阳三年。城中巢居而处,悬釜而炊,釜(fǔ),锅。财食将尽,士大夫羸病。羸(léi),瘦弱。襄子谓张孟谈曰:"粮食匮,财力尽,士大夫羸病,吾恐不能守矣!欲以城下,下,投降。何国之可下?"张孟谈曰:"臣闻之:'亡弗能存,危弗能安,则无为贵智矣。'君释此计者。臣请试潜行而出,见韩、魏之君。"张孟谈见韩、魏之君曰:"臣闻'唇亡齿寒',今知伯率二君而伐赵,赵将亡矣。赵亡,则二君为之次。"二君曰:"我知其然也。虽然,知伯之为人也,粗中而少亲。粗,当作'倨'(jù),骄傲。我谋而觉,则其祸必至矣。为之奈何?"张孟谈曰:"谋出二君之口而入臣之耳,人莫之知也。"二君因与张孟谈约三军之反,与之期日。期日,约定日期。夜遣孟谈入晋阳,以报二君之反。襄子迎孟谈而再拜之,且恐且喜。二君以约遣张孟谈,因朝知伯而出,遇智过于辕门之外。智过怪其色,因入见知伯曰:"二君貌将有变。"君曰:"何如?"曰:"其行矜而意高,矜(jīn),拘谨。意,志。非他时之节也,君不如先之。"君曰:"吾与二主约谨矣,破赵而三分其地,寡人所以亲之,必不侵欺。兵之著于晋阳三年,今旦暮将拔之而向其利,何乃将有他心?必不然。子释勿忧,勿出于口。"明旦,二主又朝而出,复见智过于辕门。智过入见曰:"君以臣之言告二主乎?"君曰:"何以知之?"曰:"今日二主朝而出,见臣而其色动,而视属臣。此必有变,君不如杀之。"君曰:"子置勿复言。"智过曰:"不可,必杀之。若不能杀,遂亲之。"君曰:"亲之奈何?"智过曰:"魏宣子谋臣曰赵葭,赵葭(jiā),魏国大夫。韩康子之谋臣曰段规,此皆能移其君之计。君与其二君约:破赵国,因封二子者各万家之县一。如是,则二主之心可以无变矣。"知伯曰:"破赵而三分其地,又封二子者各万家之县一,则吾所得者少。不可。"智过见其言之不听也,出,因更其族为辅氏。至于期日之夜,赵氏杀其守堤之吏而决其水灌知伯军。知伯军救水而乱,韩、魏翼而击之,襄子将卒犯其前,犯,进犯。大败知伯之军而擒知伯。知伯身死军破,国分为三,为天下笑。故曰:贪愎好利,则灭国杀身之本也。

这则故事还见于《战国策·赵策》《战国策·魏策》《说苑·权谋》《淮南子·人间训》《史记·韩世家》《史记·赵世家》《史记·魏世家》,以及本书《说林上》《难三》篇。

故事梗概为:智伯瑶曾率领赵、韩、魏去讨伐范、中行,灭掉了它们。返回后休兵数年,派人向韩要求割让土地。韩康子想不给,段规劝谏说:"不能不给。智伯为人贪利而傲慢固执。假如他索要土地被拒绝,一定会向韩国派兵。您最好还是给他土地。这样他会习以为常,再向别国要地。别国必会有不听从。如不听从,智伯一定会用兵。这样韩国就可以避免祸患而坐等事态变化。"韩康子说:"好吧。"派使者把一个万户之县送给智伯。智伯高兴,又派人向魏国要地。魏宣子想不给,赵葭劝谏说:"他向韩要地,韩给了他。现在向魏要地,魏国若不给,便显得是魏国自恃国内强大,对外激怒智伯。假若不给,他定会对魏用兵。不如给他。"宣子说:"好吧。"于是把一个万户之县送给智伯。智伯又派人到赵国,要求割让蔡和皋狼之地,赵襄子不给。智伯暗中约韩、魏讨伐赵国。赵襄子召来张孟谈,对他说:"智伯为人表面友好而暗地疏远。他屡屡联络韩、魏,我若仍不给他土地,他必对我用兵。现在我该到哪里居住?"张孟谈说:"董阏于是君父赵简子手下的才臣,他曾治理晋阳,后来尹铎继承他的遗业治理,董阏于的教化仍在。您可去晋阳定居。"赵襄子说:"好吧。"于是召来延陵生,让他带着车马先到晋阳,襄子随后也去了。襄子到了晋阳,巡视内城外郭以及各个职官的储藏。城郭没有修缮,粮仓没有积蓄,钱府没有储备,兵库没有武器,城邑没有守具。襄子害怕,召来张孟谈说:"我巡视城郭以及各种职官的储藏,发现都不完备,将凭什么御敌?"张孟谈说:"我听说圣人治理国家,资源收藏在民间而不在国家的府库,努力做好教化而不是单纯修缮城郭。您不妨下令,让百姓自己留足三年的口粮,将余粮交给公家粮仓;留足三年的用度,将余钱纳入官府;让闲散人员去修缮城郭。"晚上下令,第二天谷仓里的粮食装不下,官府里的钱堆不下,兵库里的武器放不下。过了五天,城郭便已修缮,守备也已齐备。襄子召来张孟谈,问他说:"城郭已修缮,守备已齐备,钱粮已充足,武器有余。可是没箭怎么办?"张孟谈说:"我听说董阏于治理晋阳时,卿大夫的住处都用荻、蒿、楛、楚等植物作墙,楛杆有的高达一丈。您不妨削出用来制箭。"于是削出试着制箭,坚硬程度即使像菌簬这样坚硬的竹子也不能相比。襄子说:"箭已足够,但没铜可怎么办?"张孟谈说:"我听说董阏于治理晋阳时,卿大夫、地方官住处的厅堂都用炼铜作柱下础石,不妨取出一用。"于是取出后便有足够的铜了。号令已定,守备已具。三家的军队果然到了。随后就攻晋阳城,三个月不能攻克。三家军队散开包围晋阳,还决晋水灌城,围困三年。城中居民在高处营巢而居,吊锅烧饭,财物食品将用完,官员体弱多病。赵襄子对张孟谈说:"粮食匮乏,财物用尽,官员体弱多病,城恐怕守不住了。我准备开城投降。可是该向哪个国家投降呢?"张孟谈说:"我曾听说,不能使灭亡变为生存,不能转危为安,就没有必要尊重有才智的人了。放弃这个打算吧,让我试着偷偷出城,去见韩、魏之君。"张孟谈拜见韩、魏之君说:"我听说唇亡齿寒。现在智伯率两位君主来伐赵,赵国将要灭亡了。赵灭亡后,韩、魏必将会跟着灭亡。"二位君主说:"我们知道会是这样。尽管如此,但智伯的为人,内心粗暴而少仁爱。我们谋划的事若被他察觉,灾祸定会来临。该如何是好?"张孟谈说:"计谋出您口入我耳,没有人会知道。"两位君主于是和张孟谈约定三家军队共同反对智伯,并商量好时间。夜里张孟谈回到晋阳报告韩、魏反戈的情况。襄子迎接张孟谈并拜了两拜,既担心又兴奋。韩、魏二君在约好并送别张孟谈后,接着去朝见智伯。外出时,在军营门外碰到了智过。智过对他们的反常脸色感到奇怪,便进见对智伯说:"韩、魏二君的神色说明将有变故。"智伯问:"何出此言?"智过说:"他们行为傲慢而意气高扬,不像平时的样子,您不如先下手吧。"智伯说:"我和他们商量得很周密,打下赵国而三分赵地,我对他们如此友好,他们一定不会对我侵害欺骗。军队驻扎在晋阳已有三年,现在即将功成获利,怎么会有别的打算?必定不会如此。尽管放心,不用担忧。不要再说此事了。"第二天早上,韩、魏二君朝见智伯后,在军营门外又碰见智过。智过进见说:"您把我的话告诉二君了吗?"智伯说:"你怎么知道的?"

智过说:"今天二君朝见后出门,见到我后神色有变,并用眼睛盯我。可知必然会有变故,您不如杀了他们。"智伯说:"不要再说了。"智过说:"不行,一定要杀掉他们。如果不杀,不如亲近他们。"智伯说:"怎样亲近?"智过说:"魏宣子的谋臣赵葭,韩康子的谋臣段规,这两人都能改变他们君主的心意。您可以和韩、魏二君约好,攻下赵国后封赵葭、段规每人万户之县。这样一来,二君的心思就不会改变了。"智伯说:"攻下赵国而三分其地,又各封这两个人万户之县,那么我得到的更少了。不行。"智过见他的话不被采纳,便出走了,并把自己的家族改姓辅氏。到了约定那天的晚上,赵人杀掉智伯的守堤官,决水灌进智伯的军营。智伯军队救水引起混乱,韩、魏军队从两旁进攻,赵襄子率领士卒在正面冲杀,大败智伯的军队并捉住了智伯。智伯身死军破,国家一分为三,被天下人耻笑。韩非于是总结道:贪心固执喜欢私利,是亡国杀身的祸根。

奚谓耽于女乐?昔者戎王使由余聘于秦,穆公问之曰:"寡人尝闻道而未得目见之也,秦穆公(前659年—前621年在位),嬴姓,赵氏,名任好,春秋时期秦国第九位国君。**愿闻古之明主得国失国常何以?"**以,所以、缘由。**由余对曰:"臣尝得闻之矣,常以俭得之,以奢失之。"穆公曰:"寡人不辱而问道于子,**不辱,不以为耻辱。**子以俭对寡人,何也?"由余对曰:"臣闻昔者尧有天下,饭于土簋,**簋(guǐ),圆口双耳食器。**饮于土铏。**铏(xíng),盛羹的小鼎,两耳三足,有盖。**其地南至交趾,北至幽都,东西至日月之所出入者,莫不宾服。尧禅天下,虞舜受之,作为食器,斩山木而财之,**财,通'裁'。**削锯修其迹,流漆墨其**

上,流,布。墨,染。**输之于官以为食器。诸侯以为益侈**,益,更加。**国之不服者十三。舜禅天下而传之于禹,禹作为祭器,墨染其外,而朱画书其内**,朱,朱砂。**缦帛为茵**,缦,无文饰的布帛。茵,垫子。**蒋席颇缘**,蒋,草名。颇缘,指边缘不正。**觞酌有采**,觞(shāng),酒器。酌(zhuó),通'勺'。采,文饰。**而樽俎有饰**。樽俎,樽以盛酒,俎以盛肉,亦指宴席。**此弥侈矣**,弥,更加。**而国之不服者三十三。夏后氏没,殷人受之,作为大路**,路,通'辂'。大辂,天子之车。**而建九旒**,旒(liú),旌旗下边或边缘上悬垂的装饰品。**食器雕琢,觞酌刻镂**,刻镂,雕刻。**白壁垩墀**,垩(è),白土,泛指可用来涂饰的土。墀(chí),台阶上的空地,也指台阶。**茵席雕文**。文,通'纹'。**此弥侈矣,而国之不服者五十三。君子皆知文章矣,而欲服者弥少。臣故曰:俭其道也。"由余出,公乃召内史廖而告之,曰:"寡人闻:'邻国有圣人,敌国之忧也。'今由余,圣人也,寡人患之,吾将奈何?"内史廖曰:"臣闻戎王之居,僻陋而道远,未闻中国之声。君其遗之女乐,以乱其政,而后为由余请期**,请期,古婚礼六礼之一。男家行聘之后卜得吉日,使媒人赴女家告成婚日期,此处指联姻。**以疏其谏。彼君臣有间而后可图也。"君曰:"诺。"乃使内史廖以女乐二八遗戎王,因为由余请期。戎王许诺,见其女乐而说之,设酒张饮,日以听乐,终岁不迁,牛马半死。由余归,因谏戎王,戎王弗听,由余遂去之秦。秦穆公迎而拜之上卿,问其兵势与其地形。既以得之,举兵而伐之,兼国十二,开地千里。故曰:耽于女乐,不顾国政,则亡国之祸也。**

这则故事还见于《吕氏春秋·不苟论》、《史记·秦本纪》、《韩诗外传》卷九和《说苑·反质》。故事梗概为：以前戎王曾派由余访问秦国，穆公问道："我曾听说有治国之道而未能亲见，希望听听古代君主得失多是因为什么？"由余回答说："我曾听说，通常因俭朴得国，因奢侈失国。"穆公说："我不耻下问地向你询问治国之道，你却以俭朴来回答，为什么？"由余回答说："我听说过去尧拥有天下，用陶簋吃饭，用陶铏喝水。他的领土南到交趾，北到幽都，东西到达日月升落的地方，没有人不臣服。尧禅让天下，舜接着做天子。所用的食具都是砍伐山上树木制作而成，削锯成器，修整痕迹，涂漆染色，送到宫里作为食器。诸侯认为太奢侈，于是不臣服的方国有十三个。舜禅让天下，传位给禹，禹所做的祭器，在外面染墨，里面绘上红色，缦帛做车垫，草席饰有斜纹边缘，杯勺有花纹，酒器有装饰。这更加奢侈了，而不臣服的方国有三十三个。夏王朝灭亡，殷商继有天下，所做的大辂，旗子上装有九条飘带，食器雕琢，杯勺刻镂，墙壁和台阶刷成白色，垫席织出花纹。这又更奢侈了，于是不臣服的方国有五十三个。君子都注重文彩华丽了，而愿意服从的方国越来越少。所以我说，节俭是治国的原则。"由余出去后，穆公就召来内史廖，告诉他说："我听说邻国有圣人，是为国家的忧患。现在由余就是个圣人，我很担心，该怎么办？"内史廖说："我听闻戎王居住之地，荒僻简陋而道路遥远，没听过中原的声乐。您不妨赠给他女子歌舞，以扰乱他的政事，然后替由余请求延长回国的时间，以使由余被疏远。他们君臣有了隔阂，而后可以谋取。"穆公说："好吧。"于是派内史廖把十六个女乐赠送给戎王，趁机替由余请求延长回国的时间。戎王答应了，看到女乐非常高兴，安排酒席在帐篷中痛饮，每天听女乐，整年不迁徙，牛马因为没有水草吃饿死过半。由余回国后马上劝谏戎王，戎王不听，由余离开戎后来到秦国。秦穆公亲自迎接并拜他为上卿,向由余询问戎的兵力情况和地理形势。了解之后出兵伐戎,兼并十二国,开辟疆域千里。所以说,沉溺于女子歌舞,不关心国家政事,会有亡国之祸。

奚谓离内远游？昔者齐景公游于海而乐之。 齐景公(前547年—前490年在位),春秋时期齐国君主,姜姓,吕氏,名杵臼,齐灵公之子,齐庄公之弟。**号令诸大夫曰："言归者死。"颜涿聚曰："君游海而乐之,奈臣有图国者何？君虽乐之,将安得？"齐景公曰："寡人布令曰'言归者死',今子犯寡人之令。"援戈将击之。** 援,执、持。**颜涿聚曰："昔桀杀关龙逢而纣杀王子比干,今君虽杀臣之身,以三之可也。臣言为国,非为身也。"延颈而前曰：** 延,伸。**"君击之矣！"君乃释戈趣驾而归。** 释,舍。趣(cù),通"促",急促。**至三日,而闻国人有谋不内齐景公者矣。** 内,通"纳"。**齐景公所以遂有齐国者,** 遂,终。**颜涿聚之力也。故曰：离内远游,则危身之道也。**

这则故事并见《说苑·正谏》、《晏子春秋·外篇》和《韩诗外传》。故事大意为：齐景公到渤海游玩,非常高兴。对诸大夫下令说："说返回者处死。"颜涿聚说："您来海上游玩得开心,然而臣子中若有人图谋篡国怎么办？您现在的快乐日后怎能持续呢？"齐景公说："我下令说谈论返回者处死。现在你违反了命令。"拿起戈来要击杀颜涿聚。颜涿聚说："之前夏桀杀了关龙逢,商纣杀了王子比干,现在您杀死我,正好让我和关龙逢、比干三人并称。我说话是为国家,不是为了自己。"伸着脖子上前说："您杀了我吧！"齐景公便放下戈,催促驾车赶回国都。三天后,听说城中有人图谋不让景公回城。齐景公之所以能继续统治齐国,依靠了颜涿聚之力。所以说,离开朝廷到远方游玩,是使自己遭受危害的做法。

奚谓过而不听于忠臣? 昔者齐桓公九合诸侯,一匡天下,为五伯长,管仲佐之。管仲老,不能用事,休居于家。桓公从而问之曰:"仲父家居有病,即不幸而不起此病,政安迁之?"安,通"焉"。管仲曰:"臣老矣,不可问也。虽然,臣闻之,知臣莫若君,知子莫若父。君其试以心决之。"君曰:"鲍叔牙何如?"管仲曰:"不可。鲍叔牙为人,刚愎而上悍。上,通'尚'。悍,凶暴。刚则犯民以暴,愎则不得民心,悍则下不为用。其心不惧,非霸者之佐也。"公曰:"然则竖刁何如?"管仲曰:"不可。夫人之情莫不爱其身。公妒而好内,内,内朝小臣。竖刁自猵以为治内。猵(fén),阉割。其身不爱,又安能爱君?"公曰:"然则卫公子开方何如?"管仲曰:"不可。齐、卫之间不过十日之行,开方为事君,欲适君之故,十五年不归见其父母,此非人情也。其父母之不亲也,又能亲君乎?"公曰:"然则易牙何如?"管仲曰:"不可。夫易牙为君主味。君之所未尝食唯人肉耳,易牙蒸其子首而进之,君所知也。人之情莫不爱其子,今蒸其子以为膳于君,其子弗爱,又安能爱君乎?"公曰:"然则孰可?"管仲曰:"隰朋可。其为人也,坚中而廉外,少欲而多信。夫坚中,则足以为表;廉外,则可以大任;少欲,则能临其众;多信,则能亲邻国。此霸者之佐也,君其用之。"君曰:"诺。"居一年余,管仲死,君遂不用隰朋而与竖刁。刁莅事三年,莅,临,此指执掌。桓公南游堂阜,竖刁率易牙、卫公子开方及大臣为乱。桓公渴馁而死南门之寝公守之室，馁，饿。身死三月不收，虫出于户。故桓公之兵横行天下，为五伯长，伯，通"霸"。长(zhǎng)，首。卒见弑于其臣而灭高名，为天下笑者，何也？不用管仲之过也。故曰：过而不听于忠臣，独行其意，则灭其高名为人笑之始也。

　　这则故事见于《吕氏春秋·贵公》、《管子·戒》、《庄子·徐无鬼》、《说苑·权谋》、《列子·力命》、《史记·齐世家》及本书《二柄》《难一》等篇。故事梗概为：齐桓公九合诸侯，一匡天下，为五霸之首，管仲是他的辅佐。管仲老了，不能执政，闲居在家。桓公去问他说："您生病在家，假若不幸一病不起，政事移交给谁？"管仲说："我老了，不能问事了。虽然这样，我听说，了解臣下的莫过于君主，了解儿子的莫过于父亲。您不妨试着按自己想法来决定。"桓公说："鲍叔牙怎样？"管仲说："不行。鲍叔牙为人，刚强任性而凶悍。刚强就会粗暴地侵扰民众，任性会不得民心，凶悍则臣民就不听他使唤。他的心思无所畏惧，不是霸主的好帮手。"桓公说："那么竖刁怎样？"管仲说："不行。人之常情没有不爱惜自己的身体。您妒忌而爱好女色，竖刁把自己阉割了来管理宫内事务。他连自己的身体都不爱惜，又怎么能爱惜君主呢？"桓公说："那卫公子开方怎样？"管仲说："不行。齐、卫之间不过十天的路程，开方为了侍奉君主，为了迎合君主，十五年不回去看他的父母，这不合人之常情。他连父母都不亲近，还能亲近君主吗？"桓公说："那么易牙怎么样？"管仲说："不行。易牙为您主管伙食，您不曾吃过的只有人肉，易牙蒸了儿子的头进献给您，这是您知道的。人之常情没有不怜爱自己孩子的，现在蒸自己的儿子作为您的饭食，他连儿子都不怜惜,又怎能怜惜君主呢?"桓公说:"那么谁行呢?"管仲说:"隰朋可以。他的为人,心思坚贞,行为廉正,少有私欲,多能守信。心思坚贞,足以成为表率;行为廉正,可以担重任;少有私欲,能够驾驭属下;多能守信,能亲近邻国。这是霸主的好辅助,您最好是用他。"桓公说:"好吧。"过了一年多,管仲死,桓公便不用隰朋而用竖刁。竖刁掌管政事三年,桓公南游堂阜,竖刁率领易牙、卫公子开方以及大臣趁机作乱。桓公在南门寝宫守卫房屋里饥渴而死,死后三个月没人收葬,尸体上的蛆虫爬出门外。桓公的军队横行天下,桓公身为五霸之首,最终被臣下所杀,从而丧失了好名声,被天下人讥笑,为什么?是不听管仲忠告的过错。所以说,有过错却不听忠臣的劝谏,一意孤行,是丧失好名声并被人耻笑的开始。

奚谓内不量力?昔者秦之攻宜阳,韩氏急。公仲朋谓韩君曰:"与国不可恃也,岂如因张仪为和于秦哉!因赂以名都而南与伐楚,是患解于秦而害交于楚也。"公曰:"善。"乃警公仲之行,_{警,通"儆",伤戒。}将西和秦。楚王闻之,惧,召陈轸而告之曰:"韩朋将西和秦,今将奈何?"陈轸曰:"秦得韩之都一,驱其练甲,_{练甲,指精兵。}秦、韩为一以南乡楚,_{乡,通'向'。}此秦王之所以庙祠而求也,其为楚害必矣。王其趣发信臣,_{趣,通'促',急。}多其车,重其币,以奉韩曰:'不穀之国虽小,卒已悉起,愿大国之信意于秦也。因愿大国令使者入境视楚之起卒也。'"韩使人之楚,楚王因发车骑,陈之下路,谓韩使者曰:"报韩君,言弊邑之兵今将入境矣。"使者还报韩君,韩君大悦,止公仲。公仲曰:"不可。夫以实害我者,秦也;以名救我者,楚也。听楚之虚言而轻强秦之实祸,则危国之本也。"

韩君弗听。公仲怒而归,十日不朝。宜阳益急,益,更加。韩君令使者趣卒于楚,冠盖相望而卒无至者。冠盖,官吏的帽子和车盖,借指官吏。宜阳果拔,为诸侯笑。故曰:内不量力,外恃诸侯者,则国削之患也。

故事梗概:以前秦国攻打宜阳时,韩国危急。公仲朋对韩君说:"盟国不可靠,不如通过张仪去和秦国讲和。于是用一个著名都邑去贿赂秦国,和秦一道南伐楚,以此解除秦对韩的威胁,把祸害转嫁给楚了。"韩君说:"好。"于是命令公仲朋出使,西去与秦讲和。楚王听说后感到害怕,召来陈轸问道:"韩国的公仲朋将西去与秦讲和,现在如何是好?"陈轸说:"秦得到韩的一座都邑,驱使精锐军队与韩联合向南攻楚,这是秦王庙祭时所祈求的,必将成为楚国的祸害。大王最好赶快派遣可靠的使臣,多带车辆载上厚礼献给韩国,说:'楚国虽小,士卒已经全都发动起来了,希望贵国向秦申明不屈的意图。为此,希望贵国派使者前来观察楚国动员起来的士卒。'"韩派人到楚,楚王征发车骑排列在大路上,对韩国使者说:"请报告韩君,说我国军队现在就要进入韩境了。"使者回去报告韩君,韩君非常高兴,中止了公仲朋去秦讲和。公仲朋说:"不可。实际上危及我们的是秦国,名义上援救我们的是楚国。听从楚国的空头承诺而忽视强秦的实际危害,那是危害国家的祸根。"韩君不听。公仲朋生气回家,十天不上朝。宜阳更加危急,韩君派使者到楚催兵求援,使者去了一批又一批,但楚军却没有一人到来。宜阳果然被攻克,成为诸侯的笑料。所以说,内不量力,外靠诸侯,是削弱国家的祸患。

奚谓国小无礼？昔者晋公子重耳出亡，过于曹，曹君袒裼而观之。袒裼（tǎn xī），亦作"襢裼"，脱去上衣，裸露肢体。釐负羁与叔瞻侍于前。釐负羁，亦作僖负羁，春秋时曹国大夫。叔瞻谓曹君曰："臣观晋公子，非常人也。君遇之无礼，彼若有时反国而起兵，有时，有朝一日。反，通'返'。即恐为曹伤，君不如杀之。"曹君弗听。釐负羁归而不乐，其妻问之曰："公从外来而有不乐之色，何也？"负羁曰："吾闻之，有福不及，祸来连我。今日吾君召晋公子，其遇之无礼。我与在前，吾是以不乐。"其妻曰："吾观晋公子，万乘之主也；其左右从者，万乘之相也。今穷而出亡过于曹，曹遇之无礼。此若反国，必诛无礼，则曹其首也。子奚不先自贰焉。"负羁曰："诺。"盛黄金于壶，充之以餐，加璧其上，夜令人遗公子。遗（wèi），给。公子见使者，再拜，受其餐而辞其璧。公子自曹入楚，自楚入秦。入秦三年，秦穆公召群臣而谋曰："昔者晋献公与寡人交，诸侯莫弗闻。献公不幸离群臣，出入十年矣。嗣子不善，吾恐此将令其宗庙不被除而社稷不血食也。被（fú），用斋戒沐浴等方法除灾求福。如是弗定，则非与人交之道。吾欲辅重耳而入之晋，何如？"群臣皆曰："善。"公因起卒，革车五百乘，畴骑二千，畴，同"等"。步卒五万，辅重耳入之于晋，立为晋君。重耳即位三年，举兵而伐曹矣。因令人告曹君曰："悬叔瞻而出之，我且杀而以为大戮。"又令人告釐负羁曰："军旅薄城，薄，通'迫'。吾知子不违也。其表子之闾，表，通'标'。以为表率、榜样。闾，里巷的大门，后指人聚居处。寡人将以为令，令军勿敢犯。"曹人闻之，率其亲戚而保釐负羁之闾者七百余家。此礼之所用也。故曹,小国也,而迫于晋、楚之间,其君之危犹累卵也,而以无礼苍之,此所以绝世也。故曰:国小无礼,不用谏臣,则绝世之势也。

这则故事并见于《左传》僖公二十三、二十四、二十八、三十年,以及《国语·晋语》、《吕氏春秋·上德》、《淮南子·道应训》和《史记·晋世家》等。

故事梗概:以前晋公子重耳出逃在外,路过曹国,曹君趁他脱去上衣时偷看他的骈肋。釐负羁和叔瞻在前侍奉。叔瞻对曹君说:"我看晋公子不是常人。您对待他没有礼貌,他如有机会回国成为君主而发兵,恐怕会成为曹国的祸害。您不如杀了他。"曹君不听。釐负羁回家,气色不悦,妻子问他道;"您从外面回来,为什么带着不悦的气色?"负羁说:"我听说,有福轮不到我,祸来牵连我。今天国君召见晋公子,没有礼貌待他。我夹在中间,因此不高兴。"他的妻子说:"我看晋公子像大国之君,他的随从人员像大国的相国。现在窘困逃亡,路过曹国,曹国待他无礼。如果他回到晋国,必会声讨对他无礼之人,曹必会首当其冲。您为什么不先把自己和曹君区别开呢?"负羁说:"好吧。"于是在壶里盛上黄金,用饭把它装满,用玉璧盖上,晚上派人送给晋公子。公子见了使者,拜了两拜,留饭而谢绝了玉璧。晋公子从曹至楚,从楚至秦。到了秦国三年后,秦穆公召集群臣商量说:"过去晋献公和我交好,诸侯无不知晓。献公不幸死去,已十年上下了。继位的儿子不贤,恐怕会让晋国的宗庙得不到洒扫而社稷得不到祭祀。长此以往,不符合与人交往的原则了。我想帮助重耳回国,怎样?"群臣都说:"好。"穆公因而发兵,革车五百辆,同一规格的马二千匹,步兵五万,帮助重耳回到晋国,立为晋君。重耳即位三年,发兵攻打曹国。派人告诉曹君说:"把叔瞻从城上吊下来,我将杀掉他陈尸示众。"又派人告诉釐负羁说:"大军迫城,我知道您不会反抗我。请在您住的巷门上做好标记,我将据此下达命令,让军队不加侵犯。"曹国人听到后,率领他们的亲戚去依附釐负羁住地的有七百多家。

  韩非总结说:这就是礼的作用。曹是小国,夹在晋、楚之间,君主的危险就像堆叠起来的蛋,却用无礼来待人,无疑是灭国绝嗣的原因。所以说,国小无礼,不听谏臣,是断绝后代的形势。

  要注意,《韩非子》中所言之"礼",非儒家之"礼",而主要是指人与人之间相处的礼数、礼貌,内涵互敬、谦恭之义,不似其师荀子那般以之为模式。相关的理论阐发集中在《解老》篇中。

孤愤第十一

【导读】

由《史记·老子韩非列传》所记,"人或传其书至秦。秦王见《孤愤》《五蠹》之书,曰:'嗟乎,寡人得见此人与之游,死不恨矣!'李斯曰:'此韩非之所著书也'",可知本篇作成于入秦之前。而且通过秦始皇的评论可知,篇中蕴含着足以触动有政治理想和雄心的君主的内容。和其他篇章一样,这篇文章所论的"治"也集中在治臣,而非社会治理。全篇可看作以臣尤其是须剪除的贵重之臣为主要对象,论述如何治臣。

这篇文字为秦王所重,最主要的原因在于,文中将权臣何以侵夺君主权柄而成私欲、行私权的方式,以及相应的危害非常直白地呈现出来。尽管所论针对的是当时韩国的政治状况和问题,但实际上秦国的政治实践也与之同理。而在《初见秦》篇中，韩非论及秦国自商鞅变法以后国力、国势与所建功业之间不成正比的情况，可与本篇所论相印证。

臣有三类，即"智术之士"、"能法之士"和"当涂之人"（"重人"），文中首先说明前两者有益于治，且与"当涂之人"势不两立。接着论证了"当涂之人"何以能够得到君主的信用，进而掌握权柄，压制"智术之士"和"能法之士"，进而"朋党比周"。"擅事要"，有"四助"，关键在于掌控诸侯、百官、郎中、学士的利益，并善于投君主私人的喜好。而"法术之士"被打压，缘于"五不胜之势"，且常与君主私人的好恶相左。更进一步阐明了"重人"必定危害国家，亦即危及君主的根本利益。而"法术"难行的原因，也正是因为"重人"能够影响君主决策。形成上述问题的原因有三：一是君主"不合参验而行诛，不待见功而爵禄"；二是君主意图依赖贤人而非法制为治；三是君主私人的好恶左右决策。最后文中特别强调"臣主之利与相异"，这既是君主为何要依法治臣的原因，也是对西周以来君臣民关系建立在宗亲伦理基础上，意在型构同质化且上下相亲的政治模式的根本反对。

不过，若就蕴含的深义而论，篇中所及则尚不止于揭露臣下擅权的状况和弊端，更在于揭示政治权力私化带来的弊病。这表面上看是臣下尤其是君主的左右近臣擅权，但从根本上说源于君主和政权的私化。文中强调要用法术限制权力私化，既是限制官吏私化治权，也意在限制君主私化政权。

当然，韩非并不尝试直接否弃"私天下"的君主制，而是将之作为前提来设计政、治权力运作中防限私化的方案，要者可以概括为"以私去私"。这与韩非对人性的理解有关。毕竟，基于根本为"私"的人性，想要杜绝天下为私缺少可能性。

【原文·评注】

智术之士,智,通"知"。**必远见而明察,不明察不能烛私;**烛,洞悉。**能法之士,必强毅而劲直,**劲直,坚强正直。**不劲直不能矫奸。**矫,矫正。**人臣循令而从事,案法而治官,**案,通"按"。官,职事。**非谓重人也。重人也者,无令而擅为,亏法以利私,耗国以便家,力能得其君,此所为重人也。智术之士明察,听用,且烛重人之阴情;**烛,洞悉。阴情,私事、隐情。**能法之士劲直,听用,且矫重人之奸行。故智术、能法之士用,则贵重之臣必在绳之外矣。是智、法之士与当涂之人,**当涂,当道、掌权,此即贵重之臣。**不可两存之仇也。**

本章首先将臣分作三类:一是"智术之士",以"远见而明察"为特质,以"烛私"为效用,能察知"人之阴情",即能运用治术察知以权谋私之人与事。二是"能法之士",以"强毅而劲直"为特质,以"矫奸"为效用,能"矫重人之奸行"。三是"重人",即"无令而擅为,亏法以利私,耗国以便家,力能得其君",意思是掌握权势且以私利、私欲为念而有奸行者,是智术、能法之臣的对立面和治理对象。要注意,"智术"和"能法"并不是泾渭分明的两类士人,而是士人表现出两类特质,有可能一人兼而有之,也可能有其一端。

按文中所述可以推知,韩非认定"当涂之人"多是"重人"。"智术""能法"两种士人得以进用,共同的效果是"贵重之臣必在绳之外"。意思是用这两种士人来防限操持政治权柄以谋私的"当涂之人"。人臣行使权力,最基本的原则是"循令而从事,案法而治官"，即严格依照法令进行治理和处置官职职分之内的事务。韩非认为，这种状态的臣子不是"重人"。

为了更深入地理解，我们需要注意以下问题：

其一，智术、能法之士究竟是就士人、臣子的品质而言，还是就他们的职务行为模式而言？韩非对人性的预设和对政治治理中调动机制基础的预设都建立在自我之私上，由此带来的问题是，如果人性俱私，为什么会有智术、能法且与私权作对，即以公作为价值取向和行为原则的臣子？或者认为智术、能法这两类人并非"天生"，而是政治社会塑造而成，这样似可以规避和人性论之间的冲突；但是政治治理的调动机制同样建立在利益引导、利用私性的基础上，这就意味着智术、能法之士的烛私、劲直行为同样是源于"为私"和谋利。这与贵重之臣谋私并没有本质区别，所差者在于只是为了私利，在规则（法律）许可的范围内实现维护君主利益之实；还是为了私利，在规则许可范围之外仅实现扩张私利之实？如果君主或规则给予的利益不及贵重之臣多，那么将无法保证原本的智术、能法之臣不转而为贵重之臣所用，甚至谋求成为贵重之臣。以此为前提，君主的治术、法律制度和权力运行模式，需要一方面将群臣限定在智术、能法两种状态中，另一方面又要让他们能全心尽力地对抗、矫正、剪除贵重之臣。

结合其他篇章所论，韩非对人（特别是士人）的基本认定和期许似乎存在摇摆。一方面他对人性不信任，并且反复提到性恶论，以此来解释当时政治中私权泛滥的状态；另一方面他又没有对人性完全"绝望"。换句话说，他也认可确有圣贤存在。其实他本人的行为模式，以及他对自己的认识，显然不是为了自我之私的利益而作为。

其二，同时存在智术、能法、贵重之臣，在韩非看来是所有政治社会的共性,还是他所处的战国时代的特质,抑或是包括战国在内的某些时代的共同特质? 和这两个问题相关的更深层问题是,韩非究竟是否认为政权私化或者说私天下不可避免? 如果预设是不可避免,那么所有的治理方案指向的都是如何限制权力私化;而一旦预设为私天下可以避免,那么治理方案最终的指向应该是消除权力私化。

相关的另一个问题是,韩非所论的君权(政权)是不是一种为"私"或者说本质上具有私性的权力? 简单地说,就事实而论,韩非认识到当时的"家天下"性质的政权从根本上说具有私性,并且将此作为既成事实的状态来接受。同时,他的政治主张始终在尝试型构一种"以私去私""化私为公"的方案。其中,既包括引导君主克制自我,也包括通过治术层面的重新设计防限官吏谋私,还包括利用、引导臣民的私欲来"为公"。

当涂之人擅事要,当涂,执政、掌权。擅,独掌。事要,重要的事情。**则外内为之用矣。是以诸侯不因则事不应,**因,依,顺从。应,指成功。**故敌国为之讼;**讼,通"颂",称赞。**百官不因则业不进,故群臣为之用;郎中不因则不得近主,**郎中,内侍官。**故左右为之匿;**匿,匿非、隐瞒过错。**学士不因则养禄薄礼卑,**养,供养。**故学士为之谈也。**谈,指赞誉当涂之人。**此四助者,**四助,指上列为当涂之人所用的四种人。**邪臣之所以自饰也。重人不能忠主而进其仇,人主不能越四助而烛察其臣,故人主愈弊而大臣愈重。**弊,通"蔽",壅闭。

这一章说到"当涂之人"如何形成党羽并掌握权力。所谓"当涂之人"指的是朝中掌握重权者。他们之所以能够"擅事要",除了获得君主信任、重用之外,还需要垄断诸侯(外国)、百官、郎中(君主近侍)、学士与君主的交通途径。而这四者为之所用,又反过来造成他的权势更加隆盛。从本质上看,当涂之人"当涂",乃是窃夺、垄断君主之权的结果。

文中重在阐述"当涂之人"的作为模式和对君主的危害,主要包括对内和对外两方面。对内的方面是"擅事要"。擅权的结果是"外内为之用"。"当涂之人"之所以能"擅事要",要在能得"四助",包括诸侯、百官、郎中、学士。

其他诸侯国、百官、君主近侍、在野学士都必须因循、顺从"当涂之人",否则便事不得成。所以说"诸侯不因则事不应,故敌国为之讼;百官不因则业不进,故群臣为之用;郎中不因则不得近主,故左右为之匿;学士不因则养禄薄礼卑,故学士为之谈也"。

换个角度看,这四类人都成为"当涂之人"私人的助力,而非国家和君主的助力。甚至这会成为有助于权臣架空、壅闭君主的手段。故曰"重人不能忠主而进其仇,人主不能越四助而烛察其臣,故人主愈弊而大臣愈重"。

凡当涂者之于人主也,希不信爱也,希,极少。**又且习故。**习故,惯习故旧。**若夫即主心,**即,就。**同乎好恶,固其所自进也。**自进,自进其身。**官爵贵重,朋党又众,而一国为之讼。**讼,通"颂",称赞。**则法术之士欲干上者,非有所信爱之亲,习故之泽也,**泽,恩泽。**又将以法术之言矫人主阿辟之心,**阿(ē)辟,邪僻不正。**是与人主相反也。处势卑贱,无党孤特。**孤特,孤单、孤立。**夫以疏远与近爱信争,其数不胜也;**数,定数、必然。**以新**

旅与习故争，_{旅，客。}其数不胜也；以反主意与同好恶争，其数不胜也；以轻贱与贵重争，其数不胜也；以一口与一国争，其数不胜也。法术之士操五不胜之势，以岁数而又不得见；_{岁数，指长期。}当涂之人乘五胜之资，而旦暮独说于前。故法术之士奚道得进，_{道，途径。}而人主奚时得悟乎？故资必不胜而势不两存，_{资，所本。}法术之士焉得不危？其可以罪过诬者，以公法而诛之；其不可被以罪过者，以私剑而穷之。是明法术而逆主上者，不僇于吏诛，必死于私剑矣。朋党比周以弊主，言曲以便私者，_{曲，不公正。}必信于重人矣。故其可以功伐借者，_{借，借重。}以官爵贵之；其不可藉以美名者，_{藉，通"借"。}以外权重之。是以弊主上而趋于私门者，不显于官爵，必重于外权矣。今人主不合参验而行诛，不待见功而爵禄，故法术之士安能蒙死亡而进其说？奸邪之臣安肯乘利而退其身？故主上愈卑，私门益尊。

这一章说"当涂之人"如何造成"主上愈卑，私门益尊"。讨论的重心是"当涂者"如何得到君主的"信爱"。这是当涂者"当涂"的必要条件、基础和逻辑上的第一步。而其实现的根本在于君主有欲有私，且被当涂者把握、迎合，"即主心，同乎好恶，固其所自进也"。如果君主虚静无为，不表露好恶欲求，臣下自然失去了迎合利用的可能；君主如果好恶源自私心、私欲、私好，臣下也必不会有可乘之机。不过后一种情况很难苛求，所以韩非在大多数情况下强调的是前一种对君主行为层面的限制。

具体说来，"当涂之人"压制"法术之士"，有"五胜之资"，即五个方面的凭借，包括"凡当涂者之于人主也，希不信爱也，又且习故。若夫即主心,同乎好恶,固其所自进也。官爵贵重,朋党又众,而一国为之讼。则法术之士欲干上者,非有所信爱之亲,习故之泽也,又将以法术之言矫人主阿辟之心,是与人主相反也。处势卑贱,无党孤特。夫以疏远与近爱信争,其数不胜也;以新旅与习故争,其数不胜也;以反主意与同好恶争,其数不胜也;以轻贱与贵重争,其数不胜也;以一口与一国争,其数不胜也"。概括起来,"当涂之人"擅权之"资"在于君主信爱、习故,其言说契合君主心意,且因朋党而有势力。

当涂者凭借君主的"信爱"而"官爵贵重",便很容易借此形成"朋党又众"的局面。所有这些都建立在谋私的目的下,自然要利用权势和朋党遏制"法术之士"。相形之下,有"五不胜之势"的法术之士会失去上与君主沟通、下按法而治的可能。这样当涂者能够进一步架空君主并窃夺权威。同时,法术之士的意见会与君主的好恶尤其是对当涂者的信爱相左,一旦君主"不合参验而行诛,不待见功而爵禄",即凭借臆断私好行赏罚,势必造成法术之士言不得用而身危。由此可见,形成"当涂者"的最主要原因在于君有私性而不能虚己无为。

夫越虽国富兵强,中国之主皆知无益于己也,曰:"非吾所得制也。"制,管辖。**今有国者虽地广人众,然而人主壅蔽,大臣专权,是国为越也。智不类越,**智,通"知"。**而不智不类其国,不察其类者也。人之所以谓齐亡者,非地与城亡也,吕氏弗制而田氏用之;**吕氏,即齐国姜氏国君。田氏,即田齐国君。**所以谓晋亡者,亦非地与城亡也,姬氏不制而六卿专之也。**姬氏,此指晋国国君。**今大臣执柄独断,而上弗知收,是人主不明**

也。与死人同病者,不可生也;与亡国同事者,不可存也。今袭迹于齐、晋,欲国安存,袭迹,沿袭他人的行径、取法。**不可得也。**

这一章论说"当涂之人"对于君主而言的危害。强调一旦"人主壅蔽,大臣专权",君主将亡国且无以为救。文中主要谈两个问题:一是君主被臣下"壅闭",二是大臣"执柄独断"。论说的模式是先陈说道理,再论当时情形之弊。

首先通过设喻,谈到尽管越国国富兵强,但是中国(中原)的君主都知道这种富强对自己而言毫无助益,且不能掌控。韩非认为:当时的情况和此喻同类,即国家地大人多,但是君主被阻隔遮蔽,大臣专权,那么富强的国家对于君主而言就好像越国之于中原诸国。知道自己的国家与越国不同,却不知道现在连自己的国家也变了样,这是不知道事物的类似性。人们所说的齐国灭亡,不是土地、城邑灭亡,而是吕氏(姜氏)不能掌控田氏而被取代。所谓的晋国灭亡,也不是土地、城邑灭亡,而是姬氏不能掌权而晋国的六卿专政。当时的情况是大臣掌握权柄专权独断,君主不知收拢权柄,此乃君主不明。和必死之人得了同样的疾病,没有可活之理;和已亡之国政治情况相同,国家无法长存。当时(韩国)的治理情况等同于沿袭齐、晋的模式,在此状况下毫无可能希冀国家安存。

韩非在这里提到的"亡国"即君主亡失政权,而非国家的人、地、物灭失,看起来是专为君主考虑的新提法。但是结合书中的其他论说可知,真实的用意在于将君主的私利与国家(乃至天下)的公利完全等同,以此引导君主自觉自愿地克制私欲而以国家公利为念。

凡法术之难行也，不独万乘，万乘，指万乘之国、大国。**千乘亦然。人主之左右不必智也，人主于人有所智而听之，因与左右论其言，是与愚人论智也；人主之左右不必贤也，人主于人有所贤而礼之，因与左右论其行，是与不肖论贤也。智者决策于愚人，贤士程行于不肖**，程，衡量、品定。**则贤智之士羞而人主之论悖矣。人臣之欲得官者，其修士且以精洁固身**，修士，修身之士。**其智士且以治辩进业。其修士不能以货赂事人，恃其精洁而更不能以枉法为治，则修智之士不事左右、不听请谒矣。人主之左右，行非伯夷也，求索不得，货赂不至，则精辩之功息，而毁诬之言起矣。治辩之功制于近习，精洁之行决于毁誉，则修智之吏废，则人主之明塞矣。不以功伐决智行，不以参伍审罪过**，参伍，亦作"三伍"，反复参证。**而听左右近习之言，则无能之士在廷，而愚污之吏处官矣。**

这一章主要是谈"当涂之人"贵重造成的治理（主要是治人、用人）困境。国君难以推行"法术"，是所有国家治理中共同遭遇的问题，所以说"凡法术之难行也，不独万乘，千乘亦然"。其中主要原因之一是君主过分倚重"左右"近臣。这是本章针对的最主要问题。

近臣的智能和品性俱难以保证，因此依靠他们来议论、决策势必起到适得其反的效果。因此说"人主之左右不必智也，人主于人有所智而听之，因与左右论其言，是与愚人论智也；人主之左右不必贤也，人主于人有所贤而礼之，因与左右论其行，是与不肖论贤也"。由此会造成的结果是愚人决定智者的行为，不肖者衡量、评价贤士，这样一来势必"贤智之士羞而人主之论悖"。

理论上，臣下得以进用有两种途径，即"人臣之欲得官者，其修士且以精洁固身,其智士且以治辩进业",简单地说,就是修身立德和精进才智两个方面。可是一旦评价标准和用人的权柄掌握在本就不智、不肖的左右近臣手中,那么德、才都不再是进用的标准,取而代之的是贿赂财货、托请人情等。若一面是君主左右的不肖者擅权,一面是有操守的臣下不愿意屈身迎奉,那么这些近臣就会诋毁实有才德之人,并且阻塞君主明察之途。

且在此情景下,君主不能依据功绩评价行为,不能查实名实以审定罪过,而以左右近臣之言为依据作出评断,势必造成朝廷中不复有才德之士,而愚笨贪污的官吏居官在位。

万乘之患,大臣太重;千乘之患,左右太信;此人主之所公患也。公,共同。**且人臣有大罪,人主有大失,臣主之利相与异者也。何以明之哉?曰:主利在有能而任官,臣利在无能而得事;主利在有劳而爵禄,臣利在无功而富贵;主利在豪杰使能,臣利在朋党用私。是以国地削而私家富,主上卑而大臣重。故主失势而臣得国,主更称蕃臣,**指君臣实易位,君为臣之蕃臣。**而相室剖符。**相室,家臣。剖符,此指掌握大权。**此人臣之所以谲主便私也。**谲(jué),欺诈。**故当世之重臣,主变势而得固宠者,**主变势,指主悟前过而改变,或君位嬗变。**十无二三。是其故何也?人臣之罪大也。臣有大罪者,其行欺主也,其罪当死亡也。智士者远见而畏于死亡,必不从重人矣;贤士者修廉而羞与奸臣欺其主,必不从重臣矣,是当涂者之徒属,非愚而不知患者,必污而不避奸者也。大臣挟愚污之人,上与之欺主,下与之收利侵渔,朋党比周,相与一口,**指众口一词。**惑主败法,以乱士民,使国家危削,主上劳辱,此大罪也。臣**

有大罪而主弗禁,此大失也。使其主有大失于上,臣有大罪于下,索国之不亡者,索,求。**不可得也。**

　　这一章可以看作全篇的总结,继续阐明"万乘之患,大臣太重;千乘之患,左右太信;此人主之所公患也"。意在表明君主任由左右近臣擅权如何祸害国家。无论大国小国,最主要的问题都是臣下的权柄过重,即"万乘之患,大臣太重;千乘之患,左右太信;此人主之所公患也"。

　　"臣主之利相与异者"是个非常重要的判断。按照文中所述,君主之利在于:其一,有才者能任官,臣下的利益在于没有才能而得到重用;其二,按功劳授以爵禄,臣下的利益在于没有功劳而得到富贵;其三,豪杰为自己效力,臣下的利益在于结党营私。

　　因此,臣下擅权会造成国土减少而私家更富,君主地位卑下而大臣权势更重。所以君主失去权势而大臣掌控国家,就像君主改称藩臣,相臣行使君权。这是大臣欺骗君主谋取私利的情形。

　　按文中所述,当时的重臣,在君主改变政治情势之际仍能保持宠信者不到十之二三。主要原因在于臣下罪行太大。臣下有大罪者,他们欺骗君主,罪行足当处以死刑。明智之士看得深远,怕犯死罪,必定不会跟从重臣;品行好者洁身自爱,耻于与奸臣一起欺骗君主,也必不会跟随重臣。结果擅权者的门徒党羽,不是愚蠢而不知祸害之人,便是腐败而不避奸邪者。大臣裹挟愚蠢腐败之人,对上一起欺骗君主,对下一道掠夺财物,结党营私,沆瀣一气,惑乱君主而败坏法制,以此扰乱百姓,使国势危而国力削、君主忧劳受辱,这些都是大罪。臣下有大罪而君主却不禁止,乃是大过。假如君主在上有大过,臣下在下有大罪,国家势必难以避免灭亡。

说难第十二

【导读】

本篇以"说难"为题,取自首句"凡说之难",并足以反映全篇的中心论题。篇中内容、主张和《难言》篇多可印证。全篇虽以论"说"之难为主,但文中实际上提供了一套因论说对象而选取论说模式与技巧的方案。仅就内容而论,本篇将言说对象和相应的具体言说技巧类型化,使之成为一套可以直接参照以用于实践的方案。从中也可见得韩非对人性、人心的了解之广和把握之深。另外,全篇阐说的论说技法和原则,总的来说属于"术"的层次。朱熹评价说:"术至韩非《说难》,精密至矣,苏(秦)、张(仪)亦尚疏。"〔1〕这些论说之"术"确有诡辩技巧的意味,既可以用

―――――――
〔1〕《朱子语类》卷一三四。

于为善、为公,亦可以用于为恶、为私。而韩非在篇首即将"说难"的重点聚焦于论说对象,言下之意正是表明作为听者的君主无私且善于听言,才是解决"说难"问题的关键。

这篇文字写作时间不明确,有人认为作于韩非在韩国为官时期,也有人推测是韩非狱中上书的底稿。[1]《史记·老子韩非列传》中收录全文,虽文字略有出入,但是大体相合。此亦可见史迁对本篇非常重视。基于这些背景和评价不免会产生两个问题:一是为什么言说的技巧与效果对于韩非而言如此重要;二是为什么史迁对于这篇会有如此认同,乃至要在本就不长的"本传"中全文收录的程度。是因为篇中揭示出原本不为人所知的重要面相,还是出于史迁的感同身受,抑或是其他更深层次的原因?这些问题由于文献阙如,只能由读者自行揣摩。

另有扬雄《法言·问明》中的评论可资参考:

> 或问:"韩非作《说难》之书而卒死乎说难,敢问何反也?"曰:"说难盖其所以死乎?"曰:"何也?"曰:"君子以礼动,以义止,合则进,否则退,确乎不忧其不合也。夫说人而忧其不合,则亦无所不至矣!"或曰:"说之不合,非忧邪?"曰:"说不由道,忧也;由道而不合,非忧也。"

【原文·评注】

凡说之难:非吾知之有以说之之难也,又非吾辩之能明吾意之难也,又非吾敢横失而能尽之难也。失,通"佚"。横失,

---

[1] 参见梁启雄:《韩非子浅说》,中华书局1960年版,第20页。

横纵、驰骋之义。**凡说之难,在知所说之心**,所说,指陈说的对象,下文俱同。**可以吾说当之。**当,合。**所说出于为名高者也**,出于,意在。**而说之以厚利,则见下节而遇卑贱**,见,被。下,低下。节,节操。**必弃远矣。所说出于厚利者也,而说之以名高,则见无心而远事情,必不收矣。所说阴为厚利而显为名高者也,而说之以名高,则阳收其身而实疏之**;阳,表面上。收,接纳。**说之以厚利,则阴用其言显弃其身矣。**阴,暗中。显,明面上。**此不可不察也。**

　　本章提出"说"之所"难"的关键,非在于"说"者的言说技巧,而在于察知听者的意图,并据之判断是否果能明了、接受己说。"吾知之有以说之之难",是将所知的道理转化为言语明确表达出来的困难。"吾辩之能明吾意之难",是通过言语辨明言说本意的困难。"吾敢横失而能尽之难",指的是言辞华丽纵横而不能尽表真义的困难。不过韩非认为这三者较之"知所说之心,可以吾说当之",都算不上真正的困难。《尚书·皋陶谟》中皋陶对禹说"在知人,在安民",其中"知人"即此"难"。

　　接下来列出三种陈说与陈说对象("所说")不契合的情况。第一种情况是陈说对象意在获得高名,而以"厚利"为说,这会显得节操低下而得到卑贱待遇,必然受到抛弃和疏远。第二种情况是陈说对象意在获得厚利,而以高名为说,会显得没有心计而又脱离实际,必定不会被接受和采用。第三种情况是陈说对象表里不一,暗中追求厚利而表面追求美名,用美名进说,会表面上采用而实际上疏远进说者;用厚利进说,会暗地采纳进说者的主张而表面疏远进说者。

夫事以密成,语以泄败。泄,泄露。**未必其身泄之也,而语及所匿之事,如此者身危。彼显有所出事**,出事,做出的行为。**而乃以成他故,说者不徒知所出而已矣,又知其所以为**,为(wèi),指真实目的。**如此者身危。规异事而当**,规,谋划。异,特殊。当,指合于主心。**知者揣之外而得之**,揣,揣度。**事泄于外,必以为己也,如此者身危。周泽未渥也**,周,周遍、遍及。泽,恩惠。渥(wò),厚。**而语极知**,极,非常、极度。**说行而有功,则德忘**;行,可行。德忘,指忘记予以恩德。**说不行而有败,则见疑,如此者身危。贵人有过端**,过,过错。端,端倪。**而说者明言礼义以挑其恶**,挑,挑明、揭示。**如此者身危。贵人或得计而欲自以为功,说者与知焉,如此者身危。强以其所不能为**,强,勉强。**止以其所不能已**,已,停止。**如此者身危。故与之论大人,则以为间己矣**;间(jiàn),离间。**与之论细人**,细人,小人。**则以为卖重。**卖重,即卖权。**论其所爱,则以为借资**;借资,借以为身资。**论其所憎,则以为尝己也**;尝,试探。**径省其说**,径,直接。**则以为不智而拙之**;拙,通"绌",疏远、贬黜。**米盐博辩**,米盐,此指烦琐细密。**则以为多而交(弃)之。**交,当作"弃"。**略事陈意,则曰怯懦而不尽;虑事广肆**,广肆,远大而无所收束。**则曰草野而倨侮。**草野,粗野。倨(jù)侮,傲慢。**此说之难,不可不知也。**

"夫事以密成,语以泄败"是韩非反复谈到的观点。接下来论说了七种致使陈说者"身危"的情形:

其一,"未必其身泄之也,而语及所匿之事,如此者身危"。未必是进言者泄露了秘密,而是谈话中触及君主心中隐匿的事,如此就会身遭危险。下文第五章关其思言中郑武公隐匿的意图而身遭屠戮,可印证此言。

其二,"彼显有所出事,而乃以成他故,说者不徒知所出而已矣,又知其所以为,如此者身危"。意思是君主表面上做这件事,心里却想借此办成别的事,进说者不但知道君主表面所做的事,而且知道他要这样做的意图,像这样的情况进说者就会身遭危险。《说林上》第三十章的故事可与本章印证:

> 隰斯弥见田成子,田成子与登台四望。三面皆畅,南望,隰子家之树蔽之。田成子亦不言。隰子归,使人伐之;斧离数创,隰子止之。其相室曰:"何变之数也?"隰子曰:"古者有谚曰:'知渊中之鱼者不祥。'夫田子将有大事,而我示之知微,我必危矣。不伐树,未有罪也;知人之所不言,其罪大矣。"乃不伐也。

其三,"规异事而当,知者揣之外而得之,事泄于外,必以为己也,如此者身危"。进言者筹划一件不平常的事情且符合君主心意,聪明人因外部迹象揣度出了实情,事情泄露出来,君主一定认为是进言者泄露的,这会致使身遭危险。

其四,"周泽未渥也,而语极知,说行而有功,则德忘;说不行而有败,则见疑,如此者身危"。君主恩泽尚未周遍丰厚,进言者尽其所知而进言,如果所言得以实行并获得成功,君主会忘记封赏;主张不可行而遭到失败,会被君主怀疑,这样会身遭危险。

其五,"贵人有过端,而说者明言礼义以挑其恶,如此者身危"。君主、权贵有过错,进说者彰明礼义以指陈他的毛病,这样就会身遭危险。

其六,"贵人或得计而欲自以为功,说者与知焉,如此者身危"。君主、权贵有时计谋得当而想归功于自己,进说者也知道此计,这会身遭危险。

其七,"强以其所不能为,止以其所不能已,如此者身危"。勉强君主去做他做不到的事,强迫君主停止他不愿意停止的事,这会身遭危险。

严格说来,上列七项非是关于陈说技巧,而是陈说者如何明智地选择说与不说。

再接下来讨论了八种论说状态和被曲解的可能:

一是"与之论大人,则以为闲己矣",进说者如果和君主议论大臣,就被认为是想离间君臣关系。

二是"与之论细人,则以为卖重",谈论近侍小臣,会被认为是想卖弄身价。

三是"论其所爱,则以为借资",谈论君主所喜爱者,被认为是意在获取好处。

四是"论其所憎,则以为尝己也",谈论君主憎恶的人,会被认为在试探。

五是"径省其说,则以为不智而拙之",说话直截了当,会被认为缺少智慧且笨拙。

六是"米盐博辩,则以为多而交(弃)之",谈话烦琐细密,会被认为啰嗦且冗长。

七是"略事陈意,则曰怯懦而不尽",简略陈述意见,会被认为怯懦且不敢尽言。

八是"虑事广肆,则曰草野而倨侮",谋事远大而无所收束,会被认为粗野且傲慢。

以上八类情形,与《难言》篇中枚举的诸种情况基本相合。

凡说之务,在知饰所说之所矜而灭其所耻。 所说,指言说对象。矜,自尊、自大、自夸。灭,掩饰。**彼有私急也,必以公义示**

而强之。示，彰显。强，此指强行为之掩饰。**其意有下也，然而不能已，说者因为之饰其美而少其不为也。**少，以……不足。**其心有高也，而实不能及，说者为之举其过而见其恶**，见，通"现"。**而多其不行也。**多，称赞。**有欲矜以智能，则为之举异事之同类者，多为之地**，地，根据、依据。**使之资说于我，而佯不知也以资其智。欲内相存之言**，内，通"纳"。**则必以美名明之，而微见其合于私利也。**微，暗示。见，通"现"。**欲陈危害之事，则显其毁诽而微见其合于私患也。誉异人与同行者，规异事与同计者。**规，规划。**有与同污者，则必以大饰其无伤也；有与同败者，则必以明饰其无失也。彼自多其力，则毋以其难概之也；自勇其断，则无以其谪怒之**；谪(zhé)，谴责、责备。**自智其计，则毋以其败穷之。**穷，困。**大意无所拂悟**，悟，通"悟"。拂悟，违反、违逆。**辞言无所系縻**，系縻，抵触。**然后极骋智辩焉。**骋(chěng)，发挥。**此道所得，亲近不疑而得尽辞也。**尽辞，说尽要说的话。

　　本章提供陈说的技巧，基本原则是"凡说之务，在知饰所说之所矜而灭其所耻"，意思是进言的要领在于懂得粉饰进说对象自夸之事，而掩盖他自以为耻的事。这表明韩非认为论说得以行之有效，要在把握论说对象的心理状态和所欲。具体可分为：

　　一是"彼有私急也，必以公义示而强之"，君主有私人之所急，进说者要指明这合乎公义而鼓励他去做。二是"其意有下也，然而不能已，说者因为之饰其美而少其不为也"，君主有卑下的念头，但又不能克制，陈说者应把它粉饰成美好之事而抱怨他不去干。三是"其心有高也，而实不能及，说者为之举其过而见其恶，而多其不行也",君主有过高的心志,但实际却无法达到,进说者应为他举出此事的缺点并揭示它的坏处,而对他不做加以赞赏。四是"有欲矜以智能,则为之举异事之同类者,多为之地,使之资说于我,而佯不知也以资其智",论说对象想自夸才智,陈说者应为他举出其他事情中的类似情形,多给他提供根据,使他能从自己这里有所借助,而自己却假装不知道,这样来帮助他自夸才智。五是"欲内相存之言,则必以美名明之,而微见其合于私利也",进说者想进献与人相安之言,须用美名彰显,并暗示它合乎君主私利。六是"欲陈危害之事,则显其毁诽而微见其合于私患也",进说者想要陈说有危害的事,须明言此事会遭到的毁谤,并暗示它对君主有害处。七是"誉异人与同行者,规异事与同计者,有与同污者,则必以大饰其无伤也;有与同败者,则必以明饰其无失也",意思是进说者称赞另一个与君主行为相同的人,规划另一件与君主考虑相同的事。有和君主污行相同者,必须对它大加粉饰,说它没有害处;有和君主败迹相同者,须明面上掩饰,说他没有过失。八是"彼自多其力,则毋以其难概之也;自勇其断,则无以其谪怒之;自智其计,则毋以其败穷之",君主自夸力量强大时,不要用他为难的事去压抑他;君主自以为决断勇敢时,不要用他的过失去激怒他;君主自以为计谋高明时,就不要用他的败绩去困窘他。

总的来说"大意无所拂悟,辞言无所系縻,然后极骋智辩焉",进说的主旨对听者而言没有违逆,言辞没有抵触,这样方可以充分施展自己的智慧和辩才。"此道所得,亲近不疑而得尽辞也",这是对上述诸条方法的总结,意思是这些途径能致君主亲近不疑而又能说尽要说的话。而进一步思考可知,这些方案能够实现的基础:一是陈说者对陈说对象能有清晰的判断。二是陈说者能够克制"自我"成就的欲望。三是陈说者善于因循利用陈说对象的私欲和自我意识。

伊尹为宰,宰,厨师。**百里奚为虏**,虏,奴。**皆所以干其上也**。干,影响。**此二人者,皆圣人也;然犹不能无役身以进**,役身,身为仆役。**如此其汙也!** 汙(wū),肮脏、不干净。**今以吾言为宰虏,而可以听用而振世,此非能仕之所耻也。夫旷日离久,而周泽既渥,深计而不疑,引争而不罪,则明割利害以致其功**,割,分。**直指是非以饰(饬)其身**,饰,通"饬",整顿。**以此相持,此说之成也。**

本章阐明陈说所以"成"的状态。这需要同时具备陈说者和听者两方面的条件,即"相持"。陈说者要有舍己为公之心。为此,首先以伊尹和百里奚为例,意思是堪为圣贤的伊尹和百里奚,都不免因为进言犯上而身居低贱之位。而"今以吾言为宰虏,而可以听用而振世,此非能仕之所耻也",意在表明篇中提供的看似具有谄媚、迎奉色彩的论说技术,若是以"振世"为念,相较于伊尹、百里奚的出身而言也算不得可耻了。

被陈说者要有虚己容人之心,曰"夫旷日离久,而周泽既渥,深计而不疑,引争而不罪,则明割利害以致其功,直指是非以饰(饬)其身"。大意是经过很长时间,君主的恩泽已厚,进说者深入谋划不再被怀疑,据理力争不再会获罪,就可以明确剖析利害来成就君主的功业,直接指明是非来端正君主的言行,能这样相互对待,是进说成功了。

昔者郑武公欲伐胡,故先以其女妻胡君以娱其意。 娱,使人快乐。因问于群臣："吾欲用兵,谁可伐者?"大夫关其思对曰："胡可伐。"武公怒而戮之,曰："胡,兄弟之国也。子言伐之,何也?"胡君闻之,以郑为亲己,遂不备郑。郑人袭胡,取之。宋有富人,天雨墙坏。其子曰："不筑,必将有盗。"其邻人之父亦云。暮而果大亡其财。其家甚智其子,而疑邻人之父。此二人说者皆当矣,厚者为戮,厚,重。薄者见疑,薄,轻。则非知之难也,处知则难也。处,处境。故绕朝之言当矣,其为圣人于晋,而为戮于秦也,此不可不察。

本章韩非用两则故事,说明了说难与陈说者身份有直接关系:第一个故事是郑武公伐胡,大夫关其思之言可印证第二章"彼显有所出事,而乃以成他故,说者不徒知所出而已矣,又知其所以为,如此者身危"。第二个故事还见于《说林下》,大意是:宋国有个富人,下雨把墙淋塌了,他儿子说:"不修的话,必将有盗贼来偷。"邻家老人也这么说。到了晚上,果然有大量财物被窃。这家富人认为儿子很聪明,却对邻居起了疑心。关其思和宋国老人所言都恰当,而重者被杀,轻者被怀疑,说明不是了解情况有困难,而是处理所了解的情势很困难。

最后说到"故绕朝之言当矣,其为圣人于晋,而为戮于秦也",大意是绕朝的话本是对的,但他在晋国被当作圣人,在秦国却遭杀害,这不可不注意。绕朝赠策之事,见于《左传·文公十三年》:"晋人患秦之用士会也,……乃使魏寿余伪以魏叛者以诱士会,执其帑于晋,使夜逸。请自归于秦,秦伯许之。履士会之足于朝。秦伯师于河西,魏人在东。寿余曰:'请东人之能与夫二三有司言者,吾与之先。'使士会。士会辞曰:'晋人,虎狼也,若背其言,臣死,妻子为戮，无益于君，不可悔也。'秦伯曰：'若背其言，所不归尔帑者，有如河。'乃行。绕朝赠之以策，曰：'子无谓秦无人，吾谋适不用也。'"

昔者弥子瑕有宠于卫君。卫君，卫灵公。**卫国之法：窃驾君车者罪刖。**刖(yuè)，砍脚之刑。**弥子瑕母病，人间往夜告弥子，弥子矫驾君车以出。**矫，假托。**君闻而贤之，曰："孝哉！为母之故，亡其刖罪。"**亡，免去。**异日，与君游于果园，食桃而甘，不尽，以其半啖君。**啖(dàn)，给人吃。**君曰："爱我哉！忘其口味以啖寡人。"及弥子色衰爱弛，得罪于君，君曰："是固尝矫驾吾车，又尝啖我以余桃。"**余，剩下。**故弥子之行未变于初也，而以前之所以见贤而后获罪者，爱憎之变也。故有爱于主，则智当而加亲；有憎于主，则智不当见罪而加疏。故谏说谈论之士，不可不察爱憎之主而后说焉。**

本章以弥子瑕前后相反的境遇，彰明君主(听者)好恶对于"谏说谈论之士"的影响。文中弥子瑕的故事，见于《左传·定公六年》《新序·杂事一》。故事的梗概是：从前弥子瑕曾受到卫国国君的宠信。卫国法令规定，私自驾国君之车者要处以刖刑。弥子瑕母亲病了，有人抄近路连夜通知弥子瑕，弥子瑕假托君命驾君车而出。卫君听说后却认为他有德行，说："孝顺啊！为了母亲的缘故，忘了自己会犯刖罪。"另有一日，他和卫君在果园游览，吃桃子觉得甜，就把剩下的半个给卫君吃。卫君说："多么爱我啊！能克制自己的食欲把东西给我吃。"等到弥子瑕色衰爱弛之后得罪了卫君，卫君说："这人曾假托君命私自驾我的车子，又曾经把吃剩的桃子给我吃。"尽管弥子瑕的行为和当初并没两样,但先前称贤、后来获罪的原因,是卫君的爱憎有了变化。

由此可见,对于陈说者而言,"察爱憎之主"就成为陈说能否成功必须考虑的前提,也成为陈说的技巧之一。

夫龙之为虫也, 虫,对动物的泛称。**柔可狎而骑也;** 狎(xiá),亲近。**然其喉下有逆鳞径尺,** 径,长。**若人有婴之者,** 婴,通"撄",碰触。**则必杀人。人主亦有逆鳞,说者能无婴人主之逆鳞,则几矣。** 几,接近、差不多。

这一章点出了全篇所论的关键要义。文中以龙喻主,将陈说喻作骑龙。成功与否的关键在于是否能够"无婴人主之逆鳞"。而所谓"人主之逆鳞",与君主的个人化的性格、喜好、处境等相关,亦如之前诸章所示。

全篇始终在表明,说者要善于洞察君主个人的心意和喜好,如此方能使得论说被接受。不过在其他诸篇中韩非一直强调君主治国必须克制,甚至摒除个人的私欲和好恶,严格依据法令制度,参验名、言、行、效作出决策、予以赏罚。而且,君主务必要排除善于论说者对政治的影响。这意味着,本篇中谈及的论说进言之"术",在至治的状态下本不应出现。而当时的现实情况,恰是舌辩之士、纵横家深度影响各国政治,并且造成诸多乱象。韩非在他人眼中也不啻为善辩者,《存韩》篇中李斯的评价就是一例。由此可以推见,韩非事实上认为鉴于当时的处境,通过"说"影响君主,是使期许的政治图景得以成就的必要环节,也可说是第一步。接下来才是通过君主建立一套一准乎法的治理模式。换句话说,《韩非子》中表明的理想政治蓝图和达致理想状态的现实方案其实应当两分来看。其中的关键在于,现实方案必须依托并利用君主的私欲,理想的政治蓝图则必须以君主能够自我克制而"无私"为条件。

和氏第十三

【导读】

据考,这是韩非所作的首篇作品,或写成于公元前277年,即十九岁时。[1] 本篇以"和氏"为题,取自首句中二字。全篇主旨与《孤愤》篇相近。论说采取了一事一论、述论结合的方式。篇中有两个重要观点:一是"法术"是治国之要,君主必须以之为宝。二是"法术者乃群臣士民之所祸也",因此推行法术之士极易因得罪臣、民而罹受灾祸。而能够力排非议而行用法术的关键在于君主。同时,文中表现出相当的无奈,即君主对法术之士的信用、保护难免及身而止。

首章叙述了卞和向楚厉王、楚武王献玉璞,

---

[1] 参见张觉校注:《韩非子校注》,岳麓书社2006年版,"前言"第5页。

俱被疑为诳而两遭刑罚,后楚文王理璞而得和氏璧的故事。这则故事其实可以从很多角度进行解读,包括三任楚王、卞和的观念、言论、行为。不过韩非在第二章中给出了唯一且特定角度的诠释,即"和虽献璞而未美,未为主之害也,然犹两足斩而宝乃论,论宝若此其难也"。由此引申出他的核心观点,即"法术之士"难以为君主辨识、信用。造成这个状况的主要原因在于"法术者乃群臣士民之所祸也",意思是任用法术之士对于想要专权擅断的大臣和意欲逃避农战而谋利的民众的私利构成直接威胁。其中隐含的要义在于:法术之士所为,与君主的根本利益相吻合,但与臣、民的私利相悖;君主之利本应和国家的公利相吻合,但事实上却会受制于君主的私欲而与公利相悖。君主的私欲易被有私心的臣、民利用而产生与法术之士和公利相违背、相对抗的状态。第三章顺着这个思路,阐明了吴起、商鞅,也就是法术之士在政治治理中难以为继的原因——不知自己真正的利之所在的民和君,被成就私利而为的大臣们掌控、利用。

【原文·评注】

楚人和氏得玉璞楚山中,和氏,卞和,春秋时楚人。玉璞,未经琢磨的玉石。**奉而献之厉王。**厉王,即楚厉王熊眴(?—前741年),亦称楚蚡冒,楚若敖之孙,楚霄敖长子。**厉王使玉人相之。**玉人,雕琢玉器的工匠。相,看。**玉人曰:"石也。"王以和为诳,**诳(kuáng),欺骗。**而刖其左足。**刖,砍脚之刑,属五刑之一。**及厉王薨,武王即位。**武王,楚武王熊通(?—前690年),楚霄敖次子,楚厉王之弟,春秋时期楚国国君。**和又奉其璞而献之武王。武王使玉**

人相之。又曰："石也。"王又以和为诳，而刖其右足。武王薨，文王即位。文王，楚文王熊赀（？—公元前675年），楚武王之子，母邓曼。和乃抱其璞而哭于楚山之下，三日三夜，泪尽而继之以血。王闻之，使人问其故，曰："天下之刖者多矣，子奚哭之悲也？"奚，为什么。和曰："吾非悲刖也，悲夫宝玉而题之以石，题，名。贞士而名之以诳，贞，正。此吾所以悲也。"王乃使玉人理其璞而得宝焉，理，加工、修治。遂命曰命，命名。"和氏之璧"。

　　本章讲述了著名的和氏璧的来历，即楚卞和献玉的故事。梗概如下：楚人卞和在楚山中得到一块玉璞，进献给楚厉王。厉王让玉匠鉴定。玉匠说："是石头。"厉王认为卞和欺诈，砍掉了他的左脚。厉王死后，武王继位。卞和又捧着玉璞献给武王。武王让玉匠鉴定，也说："是石头。"武王以卞和为欺诈，砍掉了他的右脚。武王死，楚文王登基。卞和抱着玉璞在楚山哭了三天三夜，眼泪哭干后继之以泣血。文王听闻后派人去了解原因，问道："天下受刖刑者众多，为什么你哭得格外悲伤？"卞和回答："我非是因被刖去双足悲伤，而是可悲宝玉被当作石头，忠贞之士被认为欺诈。"文王于是让玉匠加工玉璞，而得到了宝玉，命名为"和氏之璧"。

　　夫珠玉，人主之所急也。急，迫切需求。和虽献璞而未美，未为主之害也，害，伤害、妨害。然犹两足斩而宝乃论，论，定论。论宝若此其难也！今人主之于法术也，未必和璧之急也，而禁群臣士民之私邪〔，……〕。此处或有阙文。然则有道者之不僇也，特帝王之璞未献耳。主用术，则大臣不得擅断，擅断，擅自处断。**近习不敢卖重;**近习,君主亲近之人。卖重,卖弄权势。**官行法,则浮萌趋于耕农,**萌,通"氓"。浮萌,游民。**而游士危于战陈。**陈(zhèn),通"阵"。**则法术者乃群臣士民之所祸也。**祸,害。**人主非能倍大臣之议,**倍,通"背",反。**越民萌之诽,**越,通"与"。诽,非议。**独周乎道言也,**周,合。道言,合道之言。**则法术之士虽至死亡,道必不论矣。**道,此指治道、治术。

卞和与和氏璧的故事是全篇的引子,韩非的目的自然不是讲说故事本身,而是治理中的同类问题。本章首先以"夫珠玉,人主之所急也。和虽献璞而未美,未为主之害也,然犹两足斩而宝乃论"总结了前则故事,引出"论宝若此其难也"。简而言之,即道理是好东西,不容易被识别和认同。韩非认为其中需要解决的问题是:一方面要让"有道者"积极自献于君主,另一方面又要让君主能够采信其说、重用其人而不至于"法术之士虽至死亡,道必不论矣"。

"夫珠玉,人主之所急也。和虽献璞而未美,未为主之害也",这两点与当时君主急于求治而有"法术"之人情势相同。问题在于当时君主对"法术"的态度,还不如求和氏璧那般迫切,而此"法术"却是防禁臣下士民营私奸邪之必需。并且怀有法术的有道之士之所以尚未受刑被杀,只是因为"帝王之璞",也就是堪为帝王所用的治术尚未进献于君。言下之意,真正有助益于帝王的治术一旦进献,其人也难免遭受和氏之灾。"而禁群臣士民之私邪"句之后当有阙文,今本表义不完整。[1]

---

[1] 参见陈奇猷校注:《韩非子新校注》,上海古籍出版社2000年版,第274页。

再接着韩非解释了进法术者必有灾祸的原因,根本在于这种治术会限制臣下运用公权力谋私,势必遭到既得利益者尤其是权贵、近臣们的反对,甚至构陷迫害。其中隐含的意思是既有的政治治理状态存在严重的权力私化和滥用问题,与理想中的"治"的状态相去甚远。与之相反,君主使用"法术"能够达致的效果包括:大臣不敢擅权,亲近之人不敢卖弄权势,官僚系统按法而治能致游民趋于务农,游方之士于两军阵前效命。

有鉴于用法术对于臣、民而言是"祸"的判断,治国能用法术的关键在于君能明知法术之大用而排除干扰,坚持己见。其中"法术者乃群臣士民之所祸也"的判断对理解韩非关于君臣、君民、治国的思想非常重要。用法术与臣民的私利相悖,但与君主的大利相合。有鉴于《孤愤》篇提到的"臣主之利相与异",臣民势必会利用君主的私人好恶来影响君主以排斥"法术之士"。君主依据私人好恶决策,臣民谋私之心能够通过言论影响君主决策,两者同时存在是致使国家不治的主因。

昔者吴起教楚悼王以楚国之俗曰:楚悼王(?—前381年),芈姓,熊氏,名疑(一作类),楚声王之子。"**大臣太重,封君太众。**封君,分封的宗室成员。**若此,则上逼主而下虐民,此贫国弱兵之道也。不如使封君之子孙三世而收爵禄,绝减百吏之禄秩,损不急之枝官**,枝,枝蔓、冗余。**以奉选练之士。**"选练,选拔训练。**悼王行之期年而薨矣**,期年,一年。**吴起枝解于楚**。枝解,分解肢体。枝,通"肢"。**商君教秦孝公以连什伍**,什伍,五家为伍、十户为什的基层编户建制。**设告坐之过**,告坐,相告连坐之法。过,责任。**燔《诗》《书》而明法令**,燔,烧。**塞私门之请而遂公家**

之劳,遂,成。**禁游宦之民而显耕战之士。孝公行之,主以尊安,国以富强,八年而薨,商君车裂于秦。楚不用吴起而削乱,秦行商君法而富强。二子之言也已当矣,然而枝解吴起而车裂商君者,何也? 大臣苦法而细民恶治也。当今之世,大臣贪重,细民安乱,甚于秦、楚之俗,而人主无悼王、孝公之听,则法术之士,安能蒙二子之危也而明已之法术哉?** 蒙,遭受。**此世所以乱无霸王也。**

这章述说了吴起治楚和商君治秦身死两例,以印证上章的观点。吴起向楚悼王指摘楚国的风气:"大臣权势太重,分封贵族太多。这样一来,他们会上逼君主而下虐民众,造成国贫兵弱。不如收回分封贵族第三代子孙的爵禄,取消或减少百官的俸禄,裁撤冗余官吏,以此供养经过选拔和训练之士。"楚悼王施行一年后死去,吴起在楚国被肢解。商君教秦孝公建立什伍编户组织,设置相告连坐之法,焚《诗》《书》以彰明法令,阻塞私人托请而进用有功之人,约束游说者为官而使农民士兵显贵。孝公行商君之法,君主因此尊贵安稳,国家以此富强。八年后秦孝公死了,商鞅在秦受到车裂。结果是吴起身后楚国不用吴起变法而削弱混乱,商鞅死后秦国继续推行商鞅变法而富庶强大。韩非认为这正表明吴起、商鞅的主张极为允当。既然如此,为什么吴起、商鞅都遭受酷刑而死呢? 说到底就是"大臣苦法而细民恶治也",也就是因为吴起、商鞅真正有利于国家治理的治术伤害了因乱而获利的臣、民的利益。这印证了上章"法术者乃群臣士民之所祸也"的判断。

更有甚者,韩非认为:"当今之世,大臣贪重,细民安乱,甚于秦、楚之俗，而人主无悼王、孝公之听，则法术之士，安能蒙二子之危也而明己之法术哉？"这表明韩非对当时治理状况的基本判断是大臣擅权、民风易乱、君主不贤，是故"法术之士"难得重用。也正是因为各国都是如此，所以"此世乱无霸王也"。

奸劫弑臣第十四

【导读】

　　这是一篇主旨清晰、思路严整且层层递进展开的"论文",以"奸劫弑臣"为名,讨论的重心是君臣关系,意在辨明何谓"忠臣",并为之提出了三个基本条件:一是尊君为公,二是有治理之能,三是为治有致强国乃至霸王的实效。文中的基本观点和之前的《爱臣》《主道》《八奸》《十过》《孤愤》等篇都可相印证,但在义理阐发的深度上更进一步。据考证,有可能写成于韩非与李斯同学于荀子门下时期,也就是公元前253年韩非43岁之后。[1]

　　第一章阐明"人臣之所以取信幸之道",即臣

---

〔1〕 参见喻中:《法与术:喻中读韩非》,中国法制出版社2018年版。

下之所以能得君主信爱、亲昵的主要原因,在于利用了君主作为个体之人的私欲和私好。也可说是利用了为人所共有的私人性的好恶,即"取舍同者则相是也,取舍异者则相非也"。而这种积习形成的亲和与信任会妨碍甚至左右君主对人和事的判断,尤其是在对言行不加参验的情况下。第二章说到"擅主之臣"如何对治国造成危害。第三章从君的角度阐明应当如何运用法律来限制臣下为私,同时调动臣下,使之主动地遵照法律积极作为。文中给出了"治"的两个必要条件,一是"夫有术者之为人臣也,得效度数之言,上明主法,下困奸臣,以尊主安国者也"。二是"度数之言得效于前,则赏罚必用于后"。君主为治的基本原则是"人主诚明于圣人之术,而不苟于世俗之言,循名实而定是非,因参验而审言辞"。第四章要在阐明"圣人之治国也,固有使人不得不爱我之道,而不恃人之以爱为我也"。也就是君臣之间的关系建立在利合而非亲亲的基础上。其中隐含着对整个西周以来政治基础的否定。所以韩非需要证明,以亲亲、宗亲伦理为基础的政治模式从根本上说存在问题。

另外,本篇末章是著名的"厉怜王",其很可能是荀子的作品。文中以君王有"痈肿疽疡"之病,喻君主若无"法术以御臣",必有"得势擅事主断"之臣,必有"劫杀死亡"之患。或是由于主旨与《奸劫弑臣》篇相近,且鉴于荀子与韩非的师承关系,被整理者收录于此。

【原文·评注】

凡奸臣皆欲顺人主之心以取亲幸之势者也。幸,宠幸。

势，权势。**是以主有所善，臣从而誉之；主有所憎，臣因而毁之。凡人之大体**，大体，一般情况。**取舍同者则相是也**，是，肯定。**取舍异者则相非也。今人臣之所誉者，人主之所是也，此之谓同取；人臣之所毁者，人主之所非也，此之谓同舍。夫取舍合而相与逆者**，相与，指共同做某件事。**未尝闻也。此人臣之所以取信幸之道也。**信幸，信任、宠幸。**夫奸臣得乘信幸之势以毁誉进退群臣者，人主非有术数以御之也**，术，治术。数，法律标准。**非参验以审之也，必将以曩之合己信今之言**，曩（nǎng），以往。**此幸臣之所以得欺主成私者也。故主必蔽于上，而臣必重于下矣，此之谓擅主之臣。**

  本章细致地解说了奸臣如何能够获得君主宠信，又如何因宠信而"欺主成私"，以致形成"擅主之臣"。文中首先描述了"凡奸臣皆欲顺人主之心以取亲幸之势者也"，即凡是奸臣都想通过顺应君主的心意以取得被君主亲信宠幸的地位；因而表现出"主有所善，臣从而誉之；主有所憎，臣因而毁之"，即附和君主个人的好恶以取信于君主。再考虑到人之常情，"取舍同者则相是也，取舍异者则相非也"，即取舍相同者互相认同，取舍相异者相互反对。臣下与君主互相认同属于"同取"，臣下和君主互相反对属于"同舍"。奸臣之所以能得到"亲幸"正是利用了这一点，所以说"此人臣之所以取信幸之道也"。这个过程中奸臣能获得成功，关键在于利用了君主的"私"性，特别是私人的好恶。换个角度来看，一旦君主个人的欲望、情绪能左右权力运行和决策，必定会给奸臣造成活动空间。

  要注意，这里界定的奸臣仅以君臣之间的互动作为标准，而未提及臣下的德性品性、治理能力与实效等。并且既然是私天下,君主之大"私"是国或天下,自然与臣、民之私自始相背离。文中还隐含了另一个判断,即凡是全合于君主好恶以言说、行事者俱是奸臣,因为按照韩非的理解,君臣之间的利益诉求根本上并不一致,两者之间是各取所需、互相利用关系。且君主的私利与国家的公利之间本应一致,但现实中往往相悖。在这种情况下,臣下如果纯粹投合君主的私欲而为,势必与公利相左;大凡为了私利,可判定为奸臣之类。

奸臣得势之后势必勾结朋党、排除异己,即"奸臣得乘信幸之势以毁誉进退群臣"。由此造成的问题是君主不再有能力直接掌控人事,"人主非有术数以御之也,非参验以审之也,必将以曩之合己信今之言",大意是君主不再有办法驾驭亲幸之臣,也无法参验考实奸臣的言论,只能按照以往奸臣和他言论一致作为判断当下之人的标准。这样一来,"幸臣"就能够欺瞒君主而成其私欲。造成的后果是"主必蔽于上,而臣必重于下矣,此之谓擅主之臣",即在上位的君主被蒙蔽,权臣在君主治下拥有重权,其可被定性为"擅主之臣"。

按本章所述,君主身边有奸臣是一回事,君主能够用"术数以御之""参验以审之"又是一回事。前者源于私天下和君主专制制度,不可避免。后者则是克制私天下和君主专制固有缺陷的方法。不过,这些方法能否行用仍系诸君主其人。

国有擅主之臣,则群下不得尽其智力以陈其忠,百官之吏不得奉法以致其功矣。何以明之?夫安利者就之,危害者去之,此人之情也。今为臣尽力以致功,竭智以陈忠者,其身

困而家贫,父子罹其害;罹(lí),遭受。为奸利以弊人主,弊,通"蔽",蒙蔽。行财货以事贵重之臣者,身尊家富,父子被其泽,被(pī),通"披",覆盖。人焉能去安利之道而就危害之处哉？治国若此其过也,而上欲下之无奸,吏之奉法,其不可得亦明矣。故左右知贞信之不可以得安利也,贞,正。必曰:"我以忠信事上,积功劳而求安,是犹盲而欲知黑白之情,必不几矣。几,接近。若以道化行正理,不趋富贵,事上而求安,是犹聋而欲审清浊之声也,审,查明。愈不几矣。二者不可以得安,我安能无相比周,蔽主上,为奸私以适重人哉?"适,迎合。此必不顾人主之义矣。其百官之吏亦知方正之不可以得安也,必曰:"我以清廉事上而求安,若无规矩而欲为方圆也,必不几矣;若以守法不朋党治官而求安,是犹以足搔顶也,搔,挠。顶,头。愈不几也！二者不可以得安,能无废法行私以适重人哉?"此必不顾君上之法矣。故以私为重人者众,而以法事君者少矣。是以主孤于上而臣成党于下,此田成之所以弑简公者也。

本章接着上章末的"擅主之臣"展开,重在阐明奸臣"蔽主上"而擅权行私于下造成的影响。文中主要是站在官吏的视角,分析他们为什么"废法行私以适重人"。最主要的原因,归纳起来莫过于"擅主之臣"对官吏的利益具有绝对控制力,官吏尽忠事君既无途径,也无利益,甚至不乏危险。因此"以私为重人者众,而以法事君者少矣。是以主孤于上而臣成党于下"。

文中首先提出,"国有擅主之臣,则群下不得尽其智力以陈其忠,百官之吏不得奉法以致其功矣",这是"擅主之臣"对君主造成的最严重危害。其中包括两层：一是群臣不再为君主效力，二是官吏不再能够依法行事。造成后者的主要原因是，在此情景下群臣必须曲意迎奉权臣的好恶。其中隐含了一个预设，即本篇所论的"擅主之臣"必以擅权谋私为目的。如果权臣纯粹以公义和公利为目的，则未必会造成"百官之吏不得奉法以致其功"，同时群臣不再效忠于国君、不为国君而尽力也未必会危害国家。

但是，韩非所论多以人之常情，也就是"安利者就之，危害者去之，此人之情也"为基础，又似乎当然地将"擅权"与谋私联系在一起。换句话说，韩非似是认为，纯粹按照人之常情演化的政治治理，势必导向私化和擅权，进而造成政治社会混乱。

"夫安利者就之，危害者去之，此人之情也"，是群臣"不得尽其智力以陈其忠"的情理基础。具体说来，"今为臣尽力以致功，竭智以陈忠者，其身困而家贫，父子罹其害；为奸利以弊人主，行财货以事贵重之臣者，身尊家富，父子被其泽，人焉能去安利之道而就危害之处哉？"大意是在臣子擅权的情况下，臣子为君主竭尽能力与心智来行事建功，只会造成身困家贫，甚至父子受到残害。相反，为奸臣牟利而蒙蔽君主，以财货贿赂侍奉权臣，则能获得地位和财富，且父子都能得利。鉴于上述情况，人如何能够放弃得利的途径而选择有危害的行为模式呢？照应前论，"治国若此其过也，而上欲下之无奸，吏之奉法，其不可得亦明矣"。

上述论说表明，韩非并不认为应对尽忠、守法之臣提出异于常人的道德水准或觉悟的要求。可是，如果所有人都以谋私的"人之情"作为最基本的行为原则，为什么还会有诸如《孤愤》篇所说的"能法之士""智术之士"呢？或者也可以理解为，这些人并非不谋私，而只是谋私的同时还能遵守其他原则，如守法。因此，这就需要一个君主也一并遵守的稳定制度环境和权力运作机制为之保障。

接下来分别从"左右"和"百官之吏"两个角度展开推论了上述论断。就"左右"而言，他们得知诚实不可能取得安乐和利益，必定会说："我靠忠贞老实侍奉君主，通过不断建功求取安乐，就好像是盲人想要知道黑白之分，一定没有指望了；如果用法术来改变世道人心、按正确的原则办事、不依附豪门贵族、一心侍奉君主以求取安乐，这就好像是聋子想要辨别声音的高低，更加没有指望。这两者都不可取得安乐，怎能不和他人互相勾结、蒙蔽君主、干奸邪之事以谋取私利，从而迎合身居要职的权臣呢？"这解释了"群下不得尽其智力以陈其忠"。

就"百官之吏"而言，他们得知正直无邪不可能取得安乐，就一定会说："我靠清正无私、廉洁奉公侍奉君主而求取安乐，这像没有圆规和角尺却要画方和圆，必定没有指望；如果遵守法令、不结党营私、做好本职工作来求取安乐，就像是用脚来挠头顶，更没有指望。两者都不能取得安乐，那么能不废弃法令、谋私以迎合身居要职的权臣吗？"这解释了"百官之吏不得奉法以致其功"。文中隐含的观点是，守法与行私必定相反。换句话说，臣、民守法与满足私欲或者私欲最大化之间必有矛盾。韩非最后给出了一个时人熟知的实例来印证全章所论，即"田成之所以弑简公"。

夫有术者之为人臣也，得效度数之言，效，依据。度数，法律标准。**上明主法，下困奸臣，以尊主安国者也。是以度数之言得效于前，则赏罚必用于后矣。人主诚明于圣人之术，而不苟于世俗之言，循名实而定是非，因参验而审言辞。是以左右近习之臣，知伪诈之不可以得安也，必曰："我不去奸私之行,尽力竭智以事主,而乃以相与比周,妄毁誉以求安,是犹负千钧之重,陷于不测之渊而求生也,必不几矣。"百官之吏,亦知为奸利之不可以得安也,必曰:"我不以清廉方正奉法,乃以贪污之心枉法以取私利,是犹上高陵之颠堕峻谿之下而求生,颠,通'巅'。峻,深。谿(xī),通'溪'。必不几矣。"安危之道若此其明也,左右安能以虚言惑主,而百官安敢以贪渔下?是以臣得陈其忠而不弊,弊,通'蔽'。下得守其职而不怨。此管仲之所以治齐,而商君之所以强秦也。

本章要论说的问题是,如何通过有术之治来塑造忠臣,其中的核心观点是"夫有术者之为人臣也,得效度数之言,上明主法,下困奸臣,以尊主安国者也",即掌握了治术的人做臣下,能够向君主陈说有关法律度数的建议,为君主彰明法令,使奸臣受困,以此来使君主尊贵、国家安定。可是,既然人人皆以自我之"私"为行为原则,如何能够期待会有这种以"尊主安国"为目的的"有术之臣"呢?韩非一直回避这个问题,但也间接地表达出依制度设置可以塑造出人人为公以成就私利的局面。

"有术者"杜绝奸臣的最主要方案是"度数之言得效于前,则赏罚必用于后"。这涉及两个方面:一是严格依据法令中明文规定的明确标准,将之作为判断依据。相应地,这必须有君主的配合,即"人主诚明于圣人之术,而不苟于世俗之言,循名实而定是非,因参验而审言辞",意思是君主需切实明了圣人的治术,而不拘泥于世俗之言,根据名实是否相符来定是非,凭借对事实的检验来审察言论。君主的这种行为模式和能力,乃是确保臣子不得作奸谋私的关键。或者说,这种模式能够限制臣下作奸的可能性。二是依法作出的判断必须有相应的赏罚与之配套。而这通过让臣下意识到作奸无利可图来实现，也就是"知为奸利之不可得安"。君主的这种行为模式能够保证准确地识别出奸臣和有术之臣，不过仍旧解决不了之前提到的为什么会有有术之臣的问题。

有了上述两个前提，"左右近习之臣"和"百官之吏"便会表现出与上章完全不同的判断和行为模式。按文中所示，"左右近习之臣"知道诡诈不能用来取得安乐，必定会认为："我不放弃奸邪的谋取私利的罪恶行径，尽心竭力侍奉君主，却以互相勾结、胡乱毁谤或奉承以图安乐，就像背着千钧之重掉入深得不可测量的水潭中却还想求得生存，一定没有指望。""百官之吏"知道奸邪的行径不能谋得私利且获致安乐，定会认为："我不清正廉洁、正直无邪、奉公守法以求取安乐，带着贪利污秽之念违反法令来谋取私利，这像登上高山的山顶后坠落到峻峭的山谷之下而求生，一定没有指望。"

如此一来，臣下的利益清晰可辨，是故"安危之道若此其明也，左右安能以虚言惑主，而百官安敢以贪渔下？是以臣得陈其忠而不弊，下得守其职而不怨"。按此，"去奸私之行，尽力竭智以事主"和"以清廉方正奉法"都是被君主的特定治理方式塑造出来且可塑的状态。

这里有个逻辑上的问题：如果没有能法之士在先，君主何以自我约束而行"圣人之术"？如果有能法之士在先，则预设了有能自我克制"人之情"的臣子存在，那么对这些臣子应当怎样看待？他们为什么能如此？当然韩非的治理方案，从来没有寄希望于这些自觉的"能法之士"，但是寄希望于君主能自我约束而行"圣人之术"；按照上面的逻辑，其实也有赖于自觉的"能法之士"。就像管仲之于齐，商鞅之于秦。当然，君主的自我约束来源于对什么是他真正的利的把握——国家、天下之公利而非一己之私利才是大利。也就是说，君主同样是基于好利而非道德觉悟建构并遵行一套利用臣、民私欲和私利引导、塑造、调动之以忠君、为公的法律制度和治理机制。再按此可推知，法和术，对于韩非来说都不是致治的充分条件，而只是必要条件，且要以君主自我约束以行"圣人之术"为前提。而君主自我约束得以实现的基础，在于君主对于何为真正的"利"的理解与把握。也就是说，整个政治社会的运作统统基于人性之私欲与私利，以及人能理性地分辨利之大小。这可以看作《老子》第七章"是以圣人后其身而身先，外其身而身存。非以其无私邪？故能成其私"的韩非式实践方案。

之后用到了"管仲之所以治齐，而商君之所以强秦"两个典故来印证本章之论。这里涉及前章评注中谈到的问题，即无论是管仲还是商鞅，他们主政时事实上都表现出"擅权"的特质，抑制甚至部分侵夺了君主的权柄。但是，韩非并没有将他们归于"擅权"之类。这也说明韩非的"擅权"是一个特有所指的命题。

从是观之，则圣人之治国也，固有使人不得不爱我之道，而不恃人之以爱为我也。 为（wèi），为了、对待。**恃人之以爱为我者危矣，恃吾不可不为者安矣。夫君臣非有骨肉之亲，正直之道可以得利，则臣尽力以事主；正直之道不可以得安，则臣行私以干上。明主知之，故设利害之道以示天下而已矣。夫是以人主虽不口教百官，不目索奸邪，** 索，求。**而国已治矣。人主者，非目若离娄乃为明也，非耳若师旷乃为聪也。目必不任其数，** 数，法度、标准。**而待目以为明，所见者少矣，非不弊之术也。** 弊，通"蔽"。**耳必不因其势，而待耳以为聪，所闻者**

寡矣,非不欺之道也。明主者,使天下不得不为己视,天下不得不为己听。故身在深宫之中而明照四海之内,而天下弗能蔽弗能欺者,何也? 暗乱之道废而聪明之势兴也。聪明,耳聪目明。故善任势者国安,不知因其势者国危。古秦之俗,君臣废法而服私,是以国乱兵弱而主卑。商君说秦孝公以变法易俗而明公道,赏告奸,困末作而利本事。当此之时,秦民习故俗之有罪可以得免,无功可以得尊显也,故轻犯新法。轻,轻率。于是犯之者其诛重而必,告之者其赏厚而信,故奸莫不得而被刑者众,民疾怨而众过日闻。孝公不听,遂行商君之法。民后知有罪之必诛,而告私奸者众也,故民莫犯,其刑无所加。是以国治而兵强,地广而主尊。此其所以然者,匿罪之罚重,而告奸之赏厚也。此亦使天下必为己视听之道也。至治之法术已明矣,而世学者弗知也。

本章的核心观点是"圣人之治国也,固有使人不得不爱我之道,而不恃人之以爱为我也",大意是圣人治理国家,原本有使人不得不爱我的途径,而不依靠别人因仁爱之故才来为我效劳。进一步判定"恃人之以爱为我者危矣,恃吾不可不为者安矣"。这个观点明确地将君臣关系建立在"利"与"势"和功利理性的基础上,同时明确地否定了上下相"爱"及其背后基于宗亲伦理和血亲伦理的政治理论。

韩非对上论作出的论证是"夫君臣非有骨肉之亲,正直之道可以得利,则臣尽力以事主;正直之道不可以得安,则臣行私以干上",所论的关键在于君臣之间没有血亲,只有利益关系。至少自西周以来,君、臣、民之间亦无血亲,但是政权基于宗亲伦理型构了一套家国天下同质的原则。

"正直之道可以得利,则臣尽力以事主"这个说法部分解决了之前"有术之士"为何会出现的疑惑。由此可知,人们之所以正直、依法行事从根本上说是利益驱使所致,和韩非一贯的好利恶害的人性论基础一致。而成立的前提之一是君主能够确保"正直之道"是利益最大化的唯一途径。"明主知之,故设利害之道以示天下而已矣",进一步表明君主治理的基础在于利害关系下的功利和理性。通过这种方式,"夫是以人主虽不口教百官,不目索奸邪,而国已治矣"。这与韩非一向主张的"虚君"相契合,但是就论说本身而论,前后两句表述之间实存在跳跃。

接下来从人的局限性,论证为什么君主无法亲力亲为地进行治理:"人主者,非目若离娄乃为明也,非耳若师旷乃为聪也。目必不任其数,而待目以为明,所见者少矣,非不弊之术也。耳必不因其势,而待耳以为聪,所闻者寡矣,非不欺之道也。"大意是君主并不是眼睛像离娄那样才算明察,也不是听力像师旷那样才算耳聪。若不依赖法度,而依靠眼睛以明察,能看到的东西很少,这绝非不受蒙蔽的方法;若不依赖权势,而仅靠耳朵来获知信息,则能听到的东西很少,也无法杜绝不被欺骗。所以君主只能"使天下不得不为己视,天下不得不为己听"。以此为基础,则可"身在深宫之中而明照四海之内,而天下弗能蔽弗能欺者"。韩非认为,这是可致"暗乱之道废而聪明之势兴"的治术。

为了证明所论,韩非还特意举了商鞅变法的例子,并以之为"至治之法术",大意是:商君劝说秦孝公变法、移风易俗以彰明奉公治国之道,奖赏告发奸邪,抑制与国家富强无关的工商业,奖励关系到国家富强的耕织。此时秦国民众习惯于有罪可以赦免、无功可以显贵的旧风俗,轻易地触犯新法。于是对触犯新法之人,商君惩罚严厉而且有罪必罚；对告发奸邪之人奖赏优厚且守信。所以奸邪之人没有不被发现者，受刑罚的人数众多，百姓怨恨新法，责难之声每天都有。秦孝公不加理睬，坚决推行商君之法。民众后来知道有了罪定会被惩处，所以没有一人再敢违犯新法，以至于国家的刑罚竟没有对象可以施加了。因此，国家安定而兵力强盛，领土广阔而君主尊贵。秦国之所以能如此，是因为对包庇隐藏罪犯的人处罚严厉而对检举揭发奸邪的人奖赏优厚。这也正是要让臣民相互伺察的缘故。

且夫世之愚学，皆不知乱之情，讘諕多诵先古之书，讘(niè)，多言、妄语。諕(jiá)，通"唊(jiá)"，妄语。**以乱当世之治；智虑不足以避穽井之陷**，穽(jǐng)，通"阱"，捕野兽用的陷坑。**又妄非有术之士。听其言者危，用其计者乱，此亦愚之至大而患之至甚者也。俱与有术之士，有谈说之名，而实相去千万也。此夫名同而实有异者也。夫世愚学之人比有术之士也，犹螘垤之比大陵也**，螘(yǐ)，即"蚁"。垤(dié)，土堆。螘垤，蚂蚁洞口的土堆。**其相去远矣。而圣人者，审于是非之实，察于治乱之情也。故其治国也，正明法，陈严刑，将以救群生之乱，去天下之祸，使强不陵弱，众不暴寡，耆老得遂**，耆(qí)，年老，六十岁以上的人。**幼孤得长，边境不侵，君臣相亲，父子相保，而无死亡系虏之患**，系，拘禁。虏，俘虏。**此亦功之至厚者也。愚人不知，顾以为暴**。顾，看。**愚者固欲治而恶其所以治，皆恶危而喜其所以危者。何以知之？夫严刑重罚者，民之所恶也，而国之所以治也；哀怜百姓轻刑罚者，民之所喜，而国之所危也。圣人为法国者，必逆于世，而顺于道德。知之者，同于义而异**

于俗；弗知之者，异于义而同于俗。天下知之者少，则义非矣。

这一章意在阐明"世之愚学"和一般人的看法不足以作为选择治理方案的基础；在绝大部分情况下，一般人不能选择到与其所欲相当的治术。

"世之愚学"的主要问题表现在：其一："皆不知乱之情，讇讟多诵先古之书"，即不理解当世的情况而以古非今。其二："智虑不足以避穽井之陷，又妄非有术之士"，其中包含了两重意思：一是这些人的智能水平不足以参与政治活动，二是以自己本就不充分、不到位的理解为标准来评判当世"有术之士"的言行。这些人看起来"俱与有术之士，有谈说之名，而实相去千万也"，意味着贤、愚之人在当时具有相当的迷惑性且难以轻易识别。而"愚学"造成的不利后果在于"听其言者危，用其计者乱，此亦愚之至大而患之至甚者也"。

与"愚学"相对的是"有术之士"，但文中列举的理想治理方案则属于"圣人"。这实表明韩非认为有治术、能治天下的"有术之士"才堪为"圣人"，其基本能力是"审于是非之实，察于治乱之情也"，也就是透过现象、言论洞察实情的能力。与之相应的治理方案和效果，即"正明法，陈严刑，将以救群生之乱，去天下之祸，使强不陵弱，众不暴寡，耆老得遂，幼孤得长，边境不侵，君臣相亲，父子相保，而无死亡系虏之患"，大意是匡正彰明法度，设置严刑，以解除民众遭受的祸乱，除去天下的灾祸，使强者不欺凌弱者，大国不施暴于小国，老人能享尽天年，幼孩孤儿得以成长，边境不受侵犯，君臣之间相互协同，父子之间互相保全，而没有战死逃亡、被囚禁俘虏的祸患。

注意此圣人之治的描述，其代表了韩非所期许的政治社会理想图景。从中丝毫看不到类似商鞅以"富国强兵"为中心的积极健动式扩张、发展状态,反倒是充盈着有序、安定、和谐的景象。尽管韩非不排斥使用权谋诈伪和兵战,但这只限于用以"拨乱反正",而不应是治世的常态。

与"圣人"基于"正明法,陈严刑"的治理相反,"愚者固欲治而恶其所以治,皆恶危而喜其所以危者。何以知之?夫严刑重罚者,民之所恶也,而国之所以治也;哀怜百姓轻刑罚者,民之所喜,而国之所以危也",大意是愚人固然想治理好国家,却憎恶用以治理的方法;讨厌国家危亡,却喜欢导致国家危亡的因素。如何得知呢?施行严刑重罚,为民众所厌恶,却是国家治理得好的方法;同情怜悯百姓而减轻刑罚,为民众所喜爱,却是国家危亡的原因。这引出的问题是,在治理中应当如何应对"民心"。或者说,在韩非看来究竟什么是"民心"。从本章所论可知,民之私心的自发表现,对于国家的治理需求而言俱是相悖。

由上论可总结出:"圣人为法国者,必逆于世,而顺于道德。知之者,同于义而异于俗;弗知之者,异于义而同于俗。天下知之者少,则义非矣",即圣人在国内推行法治,必定要违反世俗偏见而顺应治国的规律。懂得这个道理的人,自会赞同那合宜的法术主张而不苟同于世俗的偏见;不懂得这个道理,则会反对合宜的法术而赞同世俗的偏见。天下懂得这个道理的人少,那么合宜的法术就会被否弃。

处非道之位,非道,受到非难。**被众口之谮,**谮(zèn),谗毁、诬陷。**溺于当世之言,而欲当严天子而求安,**当,面对。严,严厉。**几不亦难哉!此夫智士所以至死而不显于世者也。楚庄王之弟春申君,有爱妾曰余,春申君之正妻子曰甲。余欲君之弃其妻也,因自伤其身以视君而泣,曰:"得为君之妾,甚幸。虽然,适夫人非所以事君也,适,顺从。适君非所以事夫人也。身故不肖,力不足以适二主,其势不俱适,与其死夫人所者,不若赐死君前。妾以赐死,若复幸于左右,愿君必察之,无为人笑。"君因信妾余之诈,为弃正妻。余又欲杀甲而以其子为后,因自裂其亲身衣之里,以示君而泣,曰:"余之得幸君之日久矣,甲非弗知也,今乃欲强戏余。余与争之,至裂余之衣,而此子之不孝,莫大于此矣!"君怒,而杀甲也。故妻以妾余之诈弃,而子以之死。从是观之,父之爱子也,犹可以毁而害也;君臣之相与也,非有父子之亲也,而群臣之毁言,非特一妾之口也,特,仅。何怪夫贤圣之戮死哉!此商君之所以车裂于秦,而吴起之所以枝解于楚者也。凡人臣者,有罪固不欲诛,无功者皆欲尊显。而圣人之治国也,赏不加于无功,而诛必行于有罪者也。然则有术数者之为人也,固左右奸臣之所害,非明主弗能听也。

本章重在彰明"众口之谮"和"当世之言"造成的危害。文中陈说了楚国春申君因妾之诈废妻杀子的故事以为喻,故事梗概是:楚庄王的弟弟春申君有一个宠妾名叫余,春申君正妻的儿子叫甲。余想要让春申君废弃正妻,于是打伤了自己的身体后给春申君看,并哭泣着说:"我能够做您的妾,感到十分幸运。但顺从了夫人便无法侍候您,顺从了您便无法侍候夫人。我自己本就不成器,没有能力服侍好你们两人。现在的情势是不能同时顺从侍候你们,与其死在夫人那里,还不如您当面赐我一死。我被赐死以后,如果您又爱上了您身边的其他人,希望您一定要明察这种难以同时侍候好夫人与您的情况,避免被别人笑话。"春申君相信了妾的欺骗,为了她遗弃了正妻。余又想杀掉甲而让自己的儿子作为继承人,便自己撕裂了她贴身衣服的里层来给春申君看,并哭泣着说:"我余得到您宠爱的日子已经很长了,甲不是不知道啊,今天他竟然要强行调戏我。我和他抗争,以至撕裂了我的衣服。这儿子这样不孝,实在没有比这个更大的罪行了。"春申君发怒,便杀了甲。所以春申君的正妻因为妾余的欺骗而被遗弃了,而他的儿子也因为妾余的一番话被杀死。由故事可知:"父之爱子也,犹可以毁而害也;君臣之相与也,非有父子之亲也,而群臣之毁言,非特一妾之口也,何怪夫贤圣之戮死哉。"作为印证,文中还谈到"此商君之所以车裂于秦,而吴起之所以枝解于楚者也"两例。

世之学者说人主,不曰"乘威严之势以困奸邪之臣",而皆曰"仁义惠爱而已矣"。世主美仁义之名而不察其实,是以大者国亡身死,小者地削主卑。何以明之?夫施与贫困者,此世之所谓仁义;哀怜百姓不忍诛罚者,此世之所谓惠爱也。**惠**,恩惠。**爱**,私爱。夫有施与贫困,则无功者得赏;不忍诛罚,则暴乱者不止。国有无功得赏者,则民不外务当敌斩首,内不急力田疾作,皆欲行货财事富贵,为私善立名誉,以取尊官厚俸。故奸私之臣愈众,而暴乱之徒愈胜,不亡何待!夫严刑者,民之所畏也;重罚者,民之所恶也。故圣人陈其所畏以禁其邪,设其所恶以防其奸,是以国安而暴乱不起。吾以是明仁义爱惠之不足用,而严刑重罚之可以治国也。无捶策之**威**,**捶**,通"箠",马鞭。**策**,马鞭。**衔橛之备**,衔,马嚼子,勒在马口中的铁。橛(jué),马口所衔的横木。备,设备,装备。**虽造父不能以服马;无规矩之法,绳墨之端,虽王尔不能以成方圆**;王尔,古代巧匠名。**无威严之势,赏罚之法,虽尧舜不能以为治。今世主皆轻释重罚严诛,行爱惠,而欲霸王之功,亦不可几也。**几,通"冀",希望。**故善为主者,明赏设利以劝之,使民以功赏而不以仁义赐;严刑重罚以禁之,使民以罪诛而不以爱惠免。是以无功者不望,而有罪者不幸矣。托于犀车良马之上**,犀车,坚固的车。**则可以陆犯阪阻之患**;犯,触犯、冒犯、冲撞。阪,山坡。阻,险要的地方。患,忧患、患难。陆犯阪阻之患,指在陆地上冲破艰难险阻。**乘舟之安,持楫之利**,持,通"恃",倚仗、依赖。**则可以水绝江河之难**;绝,越过。**操法术之数**,数,标准。**行重罚严诛,则可以致霸王之功。治国之有法术赏罚,犹若陆行之有犀车良马也,水行之有轻舟便楫也,乘之者遂得其成。伊尹得之,汤以王;管仲得之,齐以霸;商君得之,秦以强。此三人者,皆明于霸王之术,察于治强之数,而不以牵于世俗之言**;牵,迁就。**适当世明主之意,则有直任布衣之士,立为卿相之处;处位治国,则有尊主广地之实:此之谓足贵之臣。汤得伊尹,以百里之地立为天子;桓公得管仲,立为五霸主,九合诸侯,一匡天下;孝公得商君,地以广,兵以强。故有忠臣者,外无敌国之患,内无乱臣之忧,长安于天下,而名垂后世,所谓忠臣也。若夫豫让为智伯臣也,上不能说人主使之明法术度数之理以避祸难之患,下不能领御其众以安其国;及襄子之杀智伯也**,襄子,赵襄子。**豫让乃自黔劓**,豫让,智瑶家臣。黔(qián),墨刑、刺字。劓(yì),割鼻之刑。**败其形容,以为智伯报襄子之仇。是虽**

有残刑杀身以为人主之名,而实无益于智伯若秋毫之末。此吾之所下也,而世主以为忠而高之。古有伯夷、叔齐者,武王让以天下而弗受,二人饿死首阳之陵。若此臣,不畏重诛,不利重赏,不可以罚禁也,不可以赏使也,此之谓无益之臣也。吾所少而去也,而世主之所多而求也。

本章首先彰明论点:"世之学者"赞扬"仁义惠爱"而否弃"乘威严之势以困奸邪之臣"对君主治国的意义。君主接受后"美仁义之名而不察其实",造成的结果必定是"大者国亡身死,小者地削主卑"。

接下来的一长段论述,即对上述论点的展开论证。首先辨析"仁义惠爱"为何不足以为治,指出"夫施与贫困者,此世之所谓仁义;哀怜百姓不忍诛罚者,此世之所谓惠爱也",这合于当时的一般观念。由此造成的后果是"夫有施与贫困,则无功者得赏;不忍诛罚,则暴乱者不止。国有无功得赏者,则民不外务当敌斩首,内不急力田疾作,皆欲行货财事富贵,为私善立名誉,以取尊官厚俸。故奸私之臣愈众,而暴乱之徒愈胜",其中包括两层含义:一是不基于功绩的施予会造成"无功者得赏",进而造成"民不外务当敌斩首,内不急力田疾作",也就是百姓没有动力为国农战。二是由于缺乏为国农战的动力,民众必定"行货财事富贵,为私善立名誉,以取尊官厚俸"。这一层被必然地推出,其实细绎起来存在跳跃。为什么人们不务公作便必将行"奸私"之事呢?由此可以推见,在韩非的观念预设中,但凡是不以"公"为旨归的作为,统统都在可质疑、批判之列。

接着辨明"严刑"和"重罚"的功效:"夫严刑者,民之所畏也;

重罚者,民之所恶也。故圣人陈其所畏以禁其邪,设其所恶以防其奸,是以国安而暴乱不起。"这个判断与上章所述相应。由此展开论说"治国之有法术赏罚"的重要性。

"治国之有法术赏罚",归根结底需要人来实现,由此韩非接下来辨明了何谓"忠臣"。文中格外称道的是伊尹、管仲、商鞅三人,曰"伊尹得之,汤以王;管仲得之,齐以霸;商君得之,秦以强。此三人者,皆明于霸王之术,察于治强之数,而不以牵于世俗之言;适当世明主之意,则有直任布衣之士,立为卿相之处;处位治国,则有尊主广地之实:此之谓足贵之臣"。这三人的出身、为政经历和主张各不相同,韩非看重的仅是尊君和治理实效。所以说"汤得伊尹,以百里之地立为天子;桓公得管仲,立为五霸主,九合诸侯,一匡天下;孝公得商君,地以广,兵以强。故有忠臣者,外无敌国之患,内无乱臣之忧,长安于天下,而名垂后世,所谓忠臣也"。与之相对的有两类:一是智伯的家臣豫让,尽管有"忠"之心,而无致治之能;二是伯夷、叔齐,或有治理之能,而无尊君之心,亦无治天下之行,故言"古有伯夷、叔齐者,武王让以天下而弗受,二人饿死首阳之陵。若此臣,不畏重诛,不利重赏,不可以罚禁也,不可以赏使也,此之谓无益之臣也。吾所少而去也,而世主之所多而求也"。由此可以印证之前笔者对韩非凡是不以"公"为旨归的作为,统统都在可质疑、批判之列的推论。

谚曰:"厉怜王。" 厉(lài),通"癞",恶疮。厉怜王,指君主就像得了恶疮一样痛苦。**此不恭之言也。虽然,古无虚谚,不可不察也。此谓劫杀死亡之主言也。人主无法术以御其臣,虽长年而美材,大臣犹将得势,擅事主断,而各为其私急。而恐父兄**

豪杰之士，豪，通"豪"。借人主之力，以禁诛于己也，故弑贤长而立幼弱，废正的而立不义。的，通"嫡"。故《春秋》记之曰："楚王子围将聘于郑，未出境，闻王病而反。因入问病，以其冠缨绞王而杀之，冠缨，帽带。遂自立也。齐崔杼，其妻美，而庄公通之，数如崔氏之室。及公往，崔子之徒贾举率崔子之徒而攻公。公入室，请与之分国，崔子不许；公请自刃于庙，崔子又不听；公乃走，逾于北墙。贾举射公，中其股，公坠，崔子之徒以戈斫公而死之，斫(zhuó)，砍。而立其弟景公。"近之所见：李兑之用赵也，饿主父百日而死，卓齿之用齐也，擢湣王之筋，擢(zhuó)，拔。悬之庙梁，宿昔而死。故厉虽痈肿疕疡，疕疡(bǐ yáng)，泛指疮疡。上比于《春秋》，未至于绞颈射股也；下比于近世，未至饿死擢筋也。故劫杀死亡之君，此其心之忧惧，形之苦痛也，必甚于厉矣。由此观之，虽"厉怜王"可也。

本章是著名的"厉怜王"，还收录于《战国策·楚策四》，文字略有出入。这篇文字或作于荀子辞楚归赵，韩非、李斯师事荀子期间。以往对本篇的作者究竟是荀子还是韩非代有聚讼，今据杨义考论，或当"是一篇由荀子授意，韩非捉刀，最后由荀子改定的文章"[1]。

这一章的中心意旨在于"人主无法术以御其臣，虽长年而美材，大臣犹将得势，擅事主断，而各为其私急。而恐父兄豪杰之士，借人主之力，以禁诛于己也，故弑贤长而立幼弱，废正的而立不

---

[1] 参见杨义：《韩非子还原》，中华书局2011年版，第37—39页。

义",阐明君主为臣下所挟制的悲惨情状。

　　文中谈到了远、近各两个故事:远者是《春秋》(此指《左传》)中所记崔杼弑君之事;楚国的王子围受君主委托将到郑国访问,还没有出境,听说楚王生病便返回了。接着假借进宫询问楚王的病情,用帽带把楚王勒死了,并立自己为楚王。齐国的大夫崔杼,他的妻子很漂亮,齐庄公与之通奸,屡次到崔氏的房中。等到庄公再次前往时,崔杼的家臣贾举率领崔杼的门客攻击庄公。庄公跑进房间,请求和崔杼平分齐国,崔杼不答应;庄公又请求在宗庙里用刀自杀,崔杼也不从;庄公逃跑,翻越北墙。贾举用箭射庄公,射中了他的大腿,庄公坠落在地,崔杼的门客用长戈把庄公砍死了,之后崔杼拥立庄公的弟弟景公。近者是李兑在赵国掌权,把主父饿了上百天直至死亡;卓齿在齐国得到了任用,便抽了齐湣王的筋,把他吊在宗庙房梁上,过了一夜就死了。

亡征第十五

【导读】

"亡征",字面义为灭亡的征兆,亦即全篇论说的中心。篇中两章,首章以枚举的方式言简意赅地罗列了国家"可亡"的四十七种情况,俱是对历史上出现过的各种政治教训的理论概括。次章对"亡征"之义,以及其中蕴含的成王的机遇进行了分析。由此可知,论"亡征"不仅在为执政者提出告诫性意见,更是为了展现出其中隐含的"兼天下"的契机。最后揭示出王天下的两个必要条件,一是对手已经孱弱,具有"亡征"便是表现。二是要有摧垮它们的外部力量。可见,欲"兼天下"者必须自身治理状况良好,没有"亡征"且富有实力。

【原文·评注】

凡人主之国小而家大，国小，封国小。家大，卿大夫采邑大。权轻而臣重者，可亡也。简法禁而务谋虑，简，怠慢。法禁，法度禁令。谋虑，指信用谋臣术士。荒封内而恃交援者，荒，荒废。封内，封国之内。恃，倚仗。交援，指国与国之间的朋党和相互援助关系。可亡也。群臣为学，学，此指私学。门子好辩，商贾外积，外积，囤积财富于国外。小民内困者，内困，国内生活困苦。可亡也。好宫室台榭陂池，台榭，泛指楼台等建筑物。陂(bēi)池，池沼、池塘。事车服器玩，好罢露百姓，罢(pí)露，使疲劳困乏。煎靡货财者，煎靡，榨取、挥霍。可亡也。用时日，指选择良时吉日。事鬼神，信卜筮而好祭祀者，可亡也。听以爵不以众言参验，听，指听取意见。以，依据。参验，检验、核查。用一人为门户者，指君臣之间的信息交流都要经过一个人。可亡也。官职可以重求，重，重臣。爵禄可以货得者，货，财货。可亡也。缓心而无成，缓心，虑事迟疑不决。柔茹而寡断，柔茹，柔软。寡断，缺少决断力。好恶无决而无所定立者，可亡也。饕贪而无厌，饕(tāo)，贪婪。近利而好得者，可亡也。喜淫辞而不周于法，淫，过度。周，合。好辩说而不求其用，滥于文丽而不顾其功者，滥，不加节制。文丽，文采。可亡也。浅薄而易见，易见，容易被看透。漏泄而无藏，漏泄，泄漏、走漏。不能周密而通群臣之语者，可亡也。很刚而不和，很，通"狠"。和，谦和、柔和。愎谏而好胜，愎(bì)谏，固执己见。不顾社稷而轻为自信者，可亡也。恃交援而简近邻，简，轻慢。

怙强大之救而侮所迫之国者，怙(hù)，依靠、仗恃。**可亡也**。**羁旅侨士**，羁(jī)旅，客居异乡者。侨，寄居。**重帑在外**，重帑(tǎng)，丰厚的财物。**上间谋计**，间，参与。**下与民事者**，与(yù)，参与。**可亡也**。**民信其相**，信，信任。相，相国。**下不能其上**，能，以……为有能力。上，指君主。**主爱信之而弗能废者**，之，此指前文的"相"。**可亡也**。**境内之杰不事**，杰，俊杰。**而求封外之士**，封外，国外。**不以功伐课试**，功伐，功劳、战功。课试，考课评定。**而好以名问举错**，名问，即名闻、名声。举错，即举措，此指取舍。**羁旅起贵以陵故常者**，起贵，尊贵于。故常者，故旧之臣。**可亡也**。**轻其适正**，适，通嫡。适正，嫡子。**庶子称衡**，称衡，权衡，抗衡。**太子未定而主即世者**，即世，去世。**可亡也**。**大心而无悔，国乱而自多**，自多，自以为贤能。**不料境内之资而易其邻敌者**，料，估量。**可亡也**。**国小而不处卑**，处卑，居下位。**力少而不畏强，无礼而侮大邻**，侮，轻慢。**贪愎而拙交者**，拙交，不善结交。**可亡也**。**太子已置，而娶于强敌以为后妻，则太子危，如是则群臣易虑者**，易虑，改变想法。**可亡也**。**怯慑而弱守**，怯慑，胆小。**蚤见而心柔懦**，蚤，通"早"。蚤见，早知事端。**知有谓可，断而弗敢行者**，断，决断。**可亡也**。**出君在外而国更置**，出君，指君主离开国家。更置，指改立君主。**质太子未反而君易子**，质，为人质。反，通"返"。易子，指改立太子。**如是则国携**；携，同"擕"(xié)，有二心，叛离，下同。**国携者，可亡也**。**挫辱大臣而狎其身**，挫辱，凌辱。狎，亲昵。**刑戮小民而逆其使**，逆，不合理。使，任用、使用。**怀怒思耻而专习则贼生**，专，专任。习，亲昵。贼，杀害。**贼生者，可亡也**。**大臣两重**，两重，两位并重。**父兄众强，内党外援以争事势者**，党,结党。可亡也。婢妾之言听,爱玩之智用,外内悲惋而数行不法者,可亡也。简侮大臣,简侮,轻侮。无礼父兄,劳苦百姓,杀戮不辜者,不辜,无罪。可亡也。好以智矫法,矫,改变。时以行私,私(zá),通"杂"。法禁变易,号令数下者,可亡也。无地固,城郭恶,无畜积,财物寡,无守战之备而轻攻伐者,轻,轻易、贸然。可亡也。种类不寿,种类,此指国君家族。寿,长寿。主数即世,婴儿为君,大臣专制,树羁旅以为党,树,扶持。羁旅,寄居异乡者。数割地以待交者,待,当作"持",维系。交,外交。可亡也。太子尊显,徒属众强,多大国之交,而威势蚤具者,可亡也。变褊而心急,褊(biǎn),狭小、狭隘。轻疾而易动发,心悁忿而不訾前后者,悁(juàn),急躁。訾(zī),衡量。可亡也。主多怒而好用兵,简本教而轻战攻者,可亡也。贵臣相妒,大臣隆盛,隆盛,盛大。外藉敌国,藉,通"借"。内困百姓,以攻怨雠,雠(chóu),通"仇"。而人主弗诛者,可亡也。君不肖而侧室贤,侧室,嫡子外的众子。太子轻而庶子伉,伉(kàng),骄纵,傲慢。官吏弱而人民桀,桀,凶暴。如此则国躁;国躁者,可亡也。藏怒而弗发,悬罪而弗诛,使群臣阴憎而愈忧惧,阴憎,暗中畏惧、厌恶。而久未可知者,可亡也。出军命将太重,边地任守太尊,专制擅命,径为而无所请者,可亡也。后妻淫乱,主母畜秽,畜秽,藏秽、丑恶行为,此指不守贞操。外内混通,男女无别,是谓两主;两主者,可亡也。后妻贱而婢妾贵,太子卑而庶子尊,相室轻而典谒重,相室,相国、宰相。典谒,掌管宾客请见事务的小官。如此则内外乖;内外乖者,可亡也。大臣甚贵,偏党众强,偏党,偏私。壅塞主断而重擅国者,可亡也。私门之官用,马府之世,"世"后或有脱文。**乡曲之善举,官职之劳废,贵私行而贱公功者,可亡也。公家虚而大臣实,正户贫而寄寓富**,寄寓,寄居、依附。**耕战之士困,末作之民利者,可亡也。见大利而不趋,闻祸端而不备,浅薄于争守之事,而务以仁义自饰者,可亡也。不为人主之孝,而慕匹夫之孝,不顾社稷之利,而听主母之令,女子用国,刑余用事者**,刑余,受过肉刑者。**可亡也。辞辩而不法,心智而无术,主多能而不以法度从事者,可亡也。亲臣进而故人退,不肖用事而贤良伏,无功贵而劳苦贱,如是则下怨;下怨者,可亡也。父兄大臣禄秩过功,章服侵等**,章服,华彩的礼服。侵,侵犯。等,等级。**宫室供养大侈**,大,通"太"。**而人主弗禁,则臣心无穷,臣心无穷者,可亡也。公壻公孙与民同门**,壻(xù),通"婿"。公壻即国君的外戚。**暴憼其邻者,可亡也。**

本章中谈到的四十七类"亡征",即预兆国家可能灭亡的情况,大致如下:

1. 君主国小而臣下封地强大,君主权轻而臣下权重。即当时论家普遍关注到的本小枝大、尾大不掉问题,势必造成政权为权臣掌握,君主被架空甚至颠覆。《韩非子》中反复谈到的三家分晋、田氏代齐、季氏专鲁等都属此类。

2. 君主怠慢法令而好用计谋,荒废内政而依赖国外援助。

3. 群臣好私学,贵族子弟崇尚辩说,商贾囤积财富于国外,百姓尚武私斗。

4. 君主好修建宫殿、楼阁、池塘，喜欢车马、服饰、玩物，总让百姓劳苦困顿，压榨百姓挥霍财物。

5. 办事笃信吉日良辰，敬奉鬼神，迷信卜筮，喜好祭神祀祖的，国家可能会灭亡。

6. 君主听取意见只凭爵位的高低，而不去验证意见是否正确，只通过一个人来通报情况。

7. 官职能靠权势求得，爵禄能用钱财买到。

8. 办事迟疑而没有成效，软弱怯懦而优柔寡断，好坏不分而无一定原则。

9. 极度贪心而不知满足，追求财利而爱占便宜。

10. 喜欢浮夸言辞而不合于法度，爱好夸夸其谈而不求实用，迷恋华丽文采而不顾功效。

11. 君主浅薄而轻易表露感情，泄露机密而不加隐藏，不能严密戒备而通报群臣言论。

12. 凶狠暴戾而不随和，不听劝谏而自以为高强，不顾国家安危而自以为是。

13. 倚仗盟国援助而怠慢邻国，仰仗强国支持而轻侮邻近小国。

14. 外国侨居游士把大量财货存于国外，上可参与国家机密，下能干预民众事务。

15. 民众只相信相国，不服从君主，君主却宠信相国而不能废止。

16. 国内的杰出人才不用，反而求于国外，不按照功劳考课政绩，凭借名望任免官员，侨居游士为高官而凌驾于本国旧臣之上。

17. 轻视正妻嫡子，庶子和嫡子并重，太子未定时君主就已去世。

18.君主狂妄自大而不知反思,国家混乱还自我夸耀,不估量本国实力而轻视邻近敌国。

19.国小却不处卑位,力弱而不畏强势,无礼仪而侮辱邻近大国,贪婪固执又不懂外交。

20.太子已立,君主又娶强大敌国的女子为正妻,太子的地位就会危险,致使群臣变心。

21.胆小怕事不敢坚持己见,早已发现问题但没有决心解决,知道如何行事,但决定了又不敢做。

22.君主在国外时国内另立新君,做人质的太子尚未回国而君主另立太子,这样国人会有二心。

23.折磨侮辱大臣后又加亲昵,惩罚小民后又反常地使用他,这些人心存怨念,不忘耻辱,君主却和他们亲近,由此便会发生劫杀事件。

24.两位大臣同时得到重用,君主亲戚人多势重,内结党羽、外借强援以争夺权势。

25.听信婢妾谗言,使用近臣计谋,内外悲愤却一再干违法之事。

26.君主简慢凌侮大臣,不知尊重亲戚,劳累百姓,杀戮无辜。

27.君主好用智巧改变法制,常以私行扰乱公事,法令不断改变,政令相互矛盾。

28.地形无险要,城墙不坚固,国家无积蓄,财物贫乏,没有防守和战争准备却轻易攻打别国。

29.王族短寿,君主接连去世,孩童当了国君,大臣专权,扶植外国游士为党羽,常割地换取外援。

30. 太子尊贵显赫，徒众人多势重，和大国交往密切，个人过早具备威势。

31. 性情偏激而急躁，轻率而容易冲动，积怨易怒而不思前顾后。

32. 君主容易发怒而喜欢打仗，放松农耕而不注重军事。

33. 贵臣互相嫉妒，大臣权重势盛，在外凭借敌国，在内困扰百姓，以便攻击冤家对头，而君主不诛杀他们。

34. 君主无能而他的兄弟贤能，太子势轻而庶子势强，官吏软弱而百姓不服管教，国家因而动荡不安。

35. 君主怀恨而不发作，搁置罪犯而迟迟不用刑罚，使群臣暗中憎恨而更加忧惧，因而长期不知结果如何。

36. 带兵在外的统帅权势太大，驻守边疆的长官地位太高，独断专行，直接处事而不请示报告。

37. 妻子淫乱，太后不守贞，内外混杂，男女无别，这样就形成了两个权力中心。

38. 正妻贱而婢妾贵，太子卑而庶子尊，执政大臣轻而通报官吏重，这样就会内外乖戾。

39. 大臣非常显贵，私党人多势强，封锁君主决定而又独揽国政。

40. 豪门贵族的家臣被任用，历代从军的功臣却被排斥，偏僻乡村里有善名的人得到选拔，在职官员的功劳反被抹杀，推崇私行而轻视公功。

41. 国家空虚而大臣富足，常住户贫穷而客居者富裕，农民、战士困顿，而工商业者得利。

42. 看到根本利益不去追求，知道祸乱的苗头不加戒备,带兵打仗的事懂得很少,而致力于用仁义粉饰自己。

43.不对君主行忠孝,而仰慕一般人的孝道,不顾国家利益,而听从母后命令,妇人当国,宦官掌权。

44.夸夸其谈而不合法度,头脑聪明而缺乏策略,君主多才多艺而不按法度办事。

45.近臣得到进用而故臣却被辞退,无能得以重用而贤良却被埋没,无功的人地位显贵而劳苦的人地位卑下,这样臣民就要怨恨。

46.父兄大臣的俸禄等级超过他们的功劳,旗帜车服超过规定的等级,宫室的供养过分奢侈,而君主不加禁止,臣下的欲望就没有止境。

47.皇亲国戚和普通百姓居住在一起,横行霸道,欺压百姓。

上述四十七项都是韩非总结的亡国征兆。其中包含的观点基本上都零散地见于其他篇章,整合在一起来看,这些项目之间并没有严格的分类标准或者逻辑关系,反倒是存在明显的表义重复。这更像是韩非读史传的笔记、随感的汇总。

亡征者,非曰必亡,言其可亡也。夫两尧不能相王,王(wàng),成王。**两桀不能相亡;亡、王之机,**机,指关乎事情成败的中心环节。**必其治乱,其强弱相踦者也。**踦(yǐ),通"倚",倚立。**木之折也必通蠹,**通,全部。蠹(dù),蛀虫。**墙之坏也必通隙。**隙,缝隙。**然木虽蠹,无疾风不折;墙虽隙,无大雨不坏。万乘之主,有能服术行法以为亡征之君风雨者,**服,用。**其兼天下不难矣。**

本章首先解释了"亡征"之义,即"非曰必亡,言其可亡也"。意思是上章罗列的四十七种情况都有国家灭亡的可能性,而非必然性。之所以要强调这一点,是因为韩非谈"亡征"的用意,不仅在为执政者提出告诫性意见,更是为了展现出其中隐含的"兼天下"的契机,故曰"夫两尧不能相王,两桀不能相亡;亡、王之机,必其治乱,其强弱相踦者也"。

按文中所示,王天下需有两个必要条件,一是对手已经孱弱,即"木之折也必通蠹,墙之坏也必通隙",具有"亡征"便是表现。二是要有摧垮它们的外部力量。所以说"然木虽蠹,无疾风不折;墙虽隙,无大雨不坏"。由此引出,欲"兼天下"者必须自身治理状况良好,没有"亡征"且富有实力。

"有能服术行法以为亡征之君风雨者,其兼天下不难矣",意思是若有能用术行法以为治的君主,对有"亡征"之国行如大风雨式的冲击,势必并兼天下。这合于韩非治天下必以得天下为前提的一贯思路。

三守第十六

【导读】

　　这是一篇关于君主行为模式的论说。篇题"三守",取自首句中的两字。所谓"三守",即君主要守住信息、决断力和权柄。直接地收纳尽可能多的信息,且不外泄于亲近之人,一则可以使君主掌握实情,二则可以避免亲信分有权威并垄断信息。全篇分两章,分别论说"三守不完"的三种情形和"明劫""事劫""刑劫"三类"劫"君的情况。

　　文中所论都属于君主的"权术"与"治术"层次,格外强调的观点是赏罚决断不依赖非誉,而依靠君主根据既有的法律标准、言、行、事四者参验。这可以避免赏罚标准为臣下掌握,进而借此窃夺君主的权柄。

【原文·评注】

人主有三守。三守完,完,完备。则国安身荣;三守不完,则国危身殆。殆,危。何谓三守?人臣有议当途之失、当途,当道、掌权。用事之过、用事,处理政事。举臣之情,举臣,选用臣下。情,情况。人主不心藏而漏之近习能人,心藏,藏于内心。近习能人,亲信之人。使人臣之欲有言者,不敢不下适近习能人之心,适,迎合。而乃上以闻人主,而乃,然后。然则端言直道之人不得见,端,正。而忠直日疏。疏,疏远。爱人不独利也,独利,独自决定是否给予利益。待誉而后利之;誉,获得赞誉。憎人不独害也,独害,独自决定是否给予惩罚。待非而后害之。非,被非议。然则人主无威而重在左右矣。威,权威、威信。恶自治之劳惮,劳惮(dàn),劳苦。使群臣辐凑之变,辐凑,即辐辏,形容人或物聚集像车辐集中于车毂一样。因传柄移藉,传,转移。柄,权柄。藉,通"岞",势位。使杀生之机、机,关键。夺予之要在大臣,如是者侵。侵,被侵害。此谓三守不完。三守不完,则劫杀之征也。征,征兆。

这一章的主要内容在于通过铺陈"三守不完"反证"三守完,则国安身荣;三守不完,则国危身殆",包括以下三种情况:

第一,可以概括为守住言论与心思。臣子议论掌权者的过失、处理政事的错误、选用臣子的实情,君主不把这些议论深藏于心,反而泄露给身边的亲信近臣,使欲向君主进言者不敢不先迎合那些亲信近臣的心意,而后才说给君主听。这样一来,君主不复能见到仗义执言者,而忠诚耿直的人会被疏远。

第二,可以概括为守住赏罚的权柄。君主喜欢某人,不是独自决定是否给予利益,而是等身边亲信给予赞誉后给予利益;君主憎恶某人,不是独自决定是否施以惩罚,而是等身边亲信非议他后施以惩罚。如此一来,君主毫无权威,而权柄全都旁落于身边人之手。

第三,守住治理决策之权。君主厌恶亲自治理的劳苦,群臣像车辐集中于车毂一样聚集的状态随之改变(从聚集在君主周围变为聚集在亲信之人周围),由此权柄、势位发生转移,生杀予夺的关键权柄落入权臣之手,这样的君主势必受到侵害。

上列三项都聚焦在君主与身边近臣的关系,要者在于通过君主独自、亲自执掌机要、权柄并参与治理来防止近臣擅权、专权。这一方面说明当时政治实践中君权旁落于亲近宠臣之手的情况非常严重;另一方面也说明韩非并不认为官僚系统自身的运作能够有效解决上述问题。所以他把希望寄托在超越官僚制度之上的君主身上。

若是暂且脱开韩非的思路,很容易看到造成问题的原因之一在于权力过分集中于君主。反过来说,如果整个政治治理依托的是依法运作的官僚体制,那么君权旁落造成的负面影响也就非常有限。最典型的例子,就是近代以后西方君主立宪体制下君主的状态。可是,为什么韩非会执意将解决方案寄托于君主其人的自觉上?相较于制度性的解决,这无论如何都是一种非常不稳定,存在巨大偶然性和不确定性的方案。为此,我们需要理解两个前提:其一,韩非对基于官僚制的治权运作体系非常不信任。这并不源于某种制度方案,而是他对参与其中的人的人性不信任。其二,强调集权于君主一人的主张和相应的制度设计,要置于韩非整个政治理论中方可理解。简单地说，如此设计的宗旨实不在于尊君，而是要抑臣，即防限治权私化和滥用。这与前一点有关。另外，官僚系统的治权运作最高的价值目标为秩序，因为它的有效运行基于理性、功利和人的私性、私欲。至于实现什么样的秩序，如何能致社会整体性合道，只有寄希望于超越理性与功利的政权掌握者为之定准。

凡劫有三：劫，劫持（君主）。**有明劫，有事劫，有刑劫。人臣有大臣之尊，外操国要以资群臣，**外，宫廷之外。操，操纵。国要，国家要务。资，取。**使外内之事非己不得行。虽有贤良，逆者必有祸，而顺者必有福。然则群臣直莫敢忠主忧国以争社稷之利害。**有，通"又"。**人主虽贤，不能独计，**独计，独立决策。**而人臣有不敢忠主，**有，通"又"。**则国为亡国矣。此谓国无臣。国无臣者，岂郎中虚而朝臣少哉？**郎中，此指宫廷之中。**群臣持禄养交，**交，私交。**行私道而不效公忠，此谓明劫。鬻宠擅权，**鬻（yù），卖。**矫外以胜内，**矫，假托。**险言祸福得失之形，**险言，奸险之言、危言耸听。**以阿主之好恶。**阿（ē），阿谀。**人主听之，卑身轻国以资之，**卑，低下。**事败与主分其祸，**分，分有、分担。**而功成则臣独专之。诸用事之人，壹心同辞以语其美，则主言恶者必不信矣。**主，力主。**此谓事劫。至于守司囹圄，**司，掌管。囹圄，监狱。**禁制刑罚，人臣擅之，此谓刑劫。三守不完，则三劫者起；三守完，则三劫者止。三劫止塞，则王矣。**

这一章析说"三劫"，"明劫"意为明目张胆地挟制君主，"事劫"是指通过政事挟制君主，"刑劫"意思是利用刑罚之权挟制君主。

　　按文中所述,臣子有尊贵地位,在宫廷之外操纵国家机要大权控制群臣,使朝廷内外事情没有他就办不成。即使有贤良之人,违逆他必会遭殃,顺从他定能得福。如此一来,群臣中没有人敢以忠于君主、忧虑国事的姿态为国家利害而与之抗争。君主即便贤能,也不能独自一人决策,臣下又不敢忠于君主,这就成了君主丧失权势的国家。可称为国家无臣下。所谓国家无臣下,不是指宫廷内缺乏臣下而朝廷中大臣稀少,指的是群臣拿俸禄去培育同党,行私权而不为公尽忠。这就是"明劫"。卖弄君主的宠信偏爱,独揽国家大权,假托外国势力以制服国内的臣民,危言耸听地渲染祸福得失之情以迎奉君主的好恶。君主听信于他,自降身份,轻忽国家利益去资助他。若行事失败,他和君主平分责任;若获得成功,则独占功劳。所有用事之人,众口一词说他好,力主他不好之人必然不被君主相信。这是君主的"事劫"。臣下专掌监狱、禁令、刑罚这些权柄,就是"刑劫"。"三劫"的共性,在于臣下"劫持"了原本属于君主的权柄,对政治治理形成实质上的掌控。

备内第十七

【导读】

本篇篇题"备内"是对文章主旨的概括,全篇要在论说人主不可"信人",而要保持对亲近之人,包括家庭成员和臣下的高度警惕和防备。内容大致可分理论和实践两个层次。"人臣之于其君,非有骨肉之亲也,缚于势而不得不事也",即将君臣关系建立并限定在基于威势的服从和利合基础上,否弃以往的宗亲伦理基础,和《奸劫弑臣》等篇可相印证。"为人臣者,窥觇其君心也,无须臾之休",意味着君主所掌握的权势、地位等,是包括大臣在内的所有人所觊觎、欲求的对象,这是韩非构建政治理论,型构君臣关系和相应行为模式、原则的重要前提,也是以"私天下"性质上的政权为基础作出的判断。

换言之,君主之位值得且可以(或者说至少

有可能)被抢夺成为基本前提。在这个前提下,君主之位以及随之而来的权势,都需要用心竭力去保有。因为稍不谨慎,这些就会被臣下夺去。

这个思路和以往所有站在政权正当性基础上,或者预设了政权理应具有正当性而建立的政治理论存在显著差异。因为按照韩非的思路,纵使不论政权是否拥有正当性,但至少君主其人掌握政权,实际上和政权正当性没有任何关系,需要的是基于治术的维持赓续。谁掌握了运用权力、驾驭臣下的技术,谁才可以掌权。

而对那些原本没有政权,通过权术窃夺权柄乃至君位的臣下,获得君位的行为的评判,只取决于能否成功,而与是否具有正当性全无关系。就像田氏代齐成功之后,田氏就自然地以君的身份面对政权掌控和维系的问题。

顺着这个思路,有术者有天下且通过治术维系到手的政权,整个过程都变成了一个以技术性优势为基础的状态。这样也就不存在所谓"先天"应该成为君主者,因为所有人都成为君主的潜在人选。如果从早期德、才两分的评价机制来看,韩非这里只有"才"和政治权力有关,"德"则是完全可以忽略的因素。

为此,君主需要通过"势"将臣下分有、夺去君权的欲望限制住,同时通过"术"和"数"使得他们的"才"只能积极运用于相互制约和职分所限的政治社会治理事务。所以人臣、近侍,甚至妻子都与君主存在潜在的利益冲突,因为君主的权力始终对他们的私欲和私利扩张构成限制。据此,君主自然也就对任何人都不能完全信任。

【原文·评注】

人主之患在于信人,信人则制于人。制,受制。**人臣之于其君,非有骨肉之亲也,缚于势而不得不事也。**缚,受拘束。**故为人臣者,窥觇其君心也,**觇(chān),偷偷地察看。**无须臾之休,**须臾,片刻。**而人主怠傲处上,**怠傲,亦作"怠慠""怠骜",怠慢骄傲。**此世所以有劫君杀主也。为人主而大信其子,**大,通"太"。**则奸臣得乘于子以成其私,故李兑傅赵王而饿主父。为人主而大信其妻,则奸臣得乘于妻以成其私,**乘,借助。**故优施傅丽姬杀申生而立奚齐。**优,优伶、演员。优施,春秋时晋献公的俳优,名施。丽姬,即骊姬,晋献公宠姬。奚齐,骊姬之子。**夫以妻之近与子之亲而犹不可信,则其余无可信者矣。**

文中的核心观点非常明确,即君主的祸患在于信任他人,而只要信任他人就势必被他人控制。韩非的基本思路也很明确:臣下对于君主,不是因为有骨肉之亲才为君主效劳的,而是因为受到权势的约束而不得不为之效劳。所以臣下会不断窥测君主的心思;如果君主怠慢骄傲地高居上位,就会发生劫持国君杀害人主的事。

韩非选择以通常认为最为牢固的父子关系、夫妇关系为例来解释、印证上列观点。父子关系中,如果君主十分信任自己的儿子,那么奸臣就会利用这个儿子来使自己的阴谋得逞,所以李兑辅佐赵惠文王而把其父赵武灵王饿死了。夫妻关系亦同此理。做君主的如果十分信任他的妻子,那么奸臣就能利用这个妻子来使自己的阴谋得逞,所以优施教骊姬进谗言杀死了申生而立奚齐为太子。

表面上看,这是在强调君主需要对人际关系时时保持警惕,是为了君主的权势和人身安全考虑。可除此之外,还要从中看到韩非更深层次的考虑:首先,将君主从所有的人身关系中剥离。这与韩非"虚君"的主张相匹配。且表明韩非致力于构建一种君主与一切人之间的疏离、紧张、竞争甚至敌对关系。其次,人为地消除血亲伦理、宗亲伦理在政治权力运作中的作用。原本的父子关系、夫妇关系得以维系并受到约束的基础在于伦理原则。原先的设计意图是使伦理原则被社会成员接纳为行为基本原则,并自觉地转化、表现于行为中。当然,这需要政治权力提供引导、教化乃至借助惩戒机制塑造和维护。但绝大部分情况下,这有赖于常态化社会认同。最后,政治运作中的所有关系都被化约为理性化的利益关系。这样一来,人和人之间相互怀疑而非信赖成为理所当然的前提。

且万乘之主,千乘之君,后妃夫人适子为太子者,适子,即嫡子,正妻之子。**或有欲其君之蚤死者。**蚤,通"早"。**何以知其然,夫妻者,非有骨肉之恩也,爱则亲,不爱则疏。语曰:"其母好者其子抱。"**好,受宠爱。抱,被抱,喻被宠爱。**然则其为之反也,其母恶者其子释。**释,疏远。**丈夫年五十而好色未解也,妇人年三十而美色衰矣。以衰美之妇人事好色之丈夫,则身见疏贱,而子疑不为后,此后妃夫人之所以冀其君之死者也。**冀,希望。**唯母为后而子为主,则令无不行,禁无不止,男女之乐不减于先君,而擅万乘不疑,此鸩毒扼昧之所以用也。**鸩(zhèn),传说中的一种毒鸟,泛指毒酒或用毒酒害人。扼昧,阴谋杀害。**故《桃左春秋》曰:"人主之疾死者,不能处半。"人主弗**

知,则乱多资。故曰:利君死者众,利,获利于。则人主危。故王良爱马,越王勾践爱人,为战与驰。医善吮人之伤,含人之血,非骨肉之亲也,利所加也。故舆人成舆,舆人,造车工人。则欲人之富贵;匠人成棺,则欲人之夭死也。夭,短命。非舆人仁而匠人贼也,人不贵,则舆不售;人不死,则棺不买。情非憎人也,利在人之死也,故后妃夫人太子之党成而欲君之死也。君不死,则势不重。情非憎君也,利在君之死也。故人主不可以不加心于利己死者。加心,用心。故日月晕围于外,其贼在内,备其所憎,祸在所爱。是故明王不举不参之事,参,参验、参证。不食非常之食;远听而近视,以审内外之失,省同异之言以知朋党之分,偶参伍之验以责陈言之实;执后以应前,按法以治众,众端以参观。士无幸赏,无逾行,杀必当,罪不赦,则奸邪无所容其私。

  本章就前章论及的父子、夫妇关系展开论说,首先说到的是无论大国还是小国的君主,正妻所生的嫡子做太子的,不乏盼着国君早死的情况。究其原因,在于利益诉求在其中发挥了主要作用,其利益足以弱化乃至消解伦理原则的作用。而所有伦理关系中最薄弱者在于夫妇关系,因为夫妻之间没有血缘纽带。如此一来,隐含的观念是血亲伦理是所有伦理原则的基础,但它不可靠。而基于血亲关系拓展出的姻亲、宗亲关系自然也都不可靠。

  接下来韩非采用了举例、用典相结合的方式论说上述道理,大意是:国君和妻子没有血缘上的恩情,得宠就亲近,不得宠便疏远。俗话说:"母亲美貌,她的孩子也受宠爱。"相反是母亲丑的孩子即被疏远。男子五十岁而好色之心不弱,妇女三十岁后美貌就衰减了。色衰的妇女侍奉好色的男子,很难不被疏远并怀疑儿子不能成为继承人,这是后妃盼望君主早死的原因。只有母亲做了太后而儿子做了君主以后,才会令无不行,禁无不止,男女乐事不减于先君在时,且独掌国家大权,这正是用毒酒弑君、阴谋杀人事件产生的原因。《桃左春秋》说:"君主因病而死的不到半数。"君主不懂这个道理,奸臣作乱便多有可能。所以认为君主死亡对自己有利的人多,君主就危险。王良爱马,越王勾践爱民,是为了战争得胜。医生吸吮病人的伤口,口含病人的污血,不是因为有骨肉之亲,而是因为利益所在。车匠造车,希望别人富贵;棺材匠做棺材,希望别人早死。并不是车匠仁慈而棺材匠狠毒,而是因为别人不富贵,车子就卖不掉;若人不死,棺材便没人买。他们的本意并非憎恨别人,而是利益建立在人死之上。所以后妃、夫人、太子营私结党,希望君主早死;如果君主不死,自己权势就不能张大。他们本意也非憎恨君主,而是利益建立在君主死亡上。因此,君主不能不留意那些会因自己死亡获利的人。日月外面有白色光晕环绕,是内部出了问题;防备自己憎恨的人,祸害却来自所亲爱之人。所以明君不做没有验证过的事,不吃不寻常的食物;探听远方的情况,观察身边的事情,以此明了考察朝廷内外的过失;研究相同的和不同的言论,以此了解朋党的状况;通过对比事实进行参验,从而评定臣下言说的可靠性;用后果对照事先的言行,按照法令治理众人,根据各种情况检验观察;官吏不能侥幸受赏,不能违法行事;诛杀一定合于法度,有罪绝不赦免。这样一来,奸邪就无处容身。

强调"夫妻者,非有骨肉之恩也,爱则亲,不爱则疏",意在表明君王作为君,和所有人之间的关系都由利益决定,无论是与后妃、世子还是臣下都是如此。一方面是利合关系,另一方面对其他所有人而言得到、掌握君权又是最大的利益所在,因此君主必须依托独特的治术,即参验和依法来保有君位。《韩非子》中反复申说类似的观点,见诸《奸劫弑臣》《说疑》《六反》《忠孝》等篇,或与当时建立在宗亲伦理基础上的传统政治理论仍然广受认同有关。

徭役多则民苦,民苦则权势起,权势,权贵。**权势起则复除重,**复除,免除徭役。重,多。**复除重则贵人富。苦民以富贵人,起势以藉人臣,**藉,通"借"。**非天下长利也。故曰:徭役少则民安,民安则下无重权,下无重权则权势灭,权势灭则德在上矣。今夫水之胜火亦明矣,然而釜鬵间之,**鬵(zèng),通"甑",鼎形炊具,后亦泛指锅子。**水煎沸竭尽其上,**煎沸,沸腾。**而火得炽盛焚其下,**炽(chì)盛,火势猛烈、旺盛。**水失其所以胜者矣。今夫治之禁奸又明于此,然法守之臣为釜鬵之行,则法独明于胸中,而已失其所以禁奸者矣。上古之传言,《春秋》所记,犯法为逆以成大奸者,未尝不从尊贵之臣也。然而法令之所以备,刑罚之所以诛,常于卑贱,是以其民绝望,无所告愬。大臣比周,**比周,结党营私。**蔽上为一,**一,指结为一党。**阴相善而阳相恶,以示无私,相为耳目,以候主隙,**隙,机会、空子。**人主掩蔽,无道得闻,有主名而无实,臣专法而行之,周天子是也。偏借其权势,则上下易位矣,此言人臣之不可借权势也。**

本章首先提出了一个通过轻徭役以减少臣子擅权的主张,内含的逻辑是:君主设置的徭役多→百姓困苦→臣下权势膨胀→免除徭役和赋税的人增多→权贵富有。按此,一面是君主侵害百姓而使权贵富有,一面是君主的权势被臣下侵夺,两者都与天下的长远利益相违背。与上述相反的逻辑当是:徭役轻→百姓安定→臣下没有大权→大臣的势力消灭→恩惠全归君主。

接下来用了一个比喻引出他对臣下在政治治理中所起负面作用的论说。这个比喻本身非常简单明了,大致的意思是:水能胜火本是常识,可是由于有锅在其间隔开,水在上面沸腾以致烧干,而火在下面却烧得非常旺盛,因此水便不可能胜火了。对应到治国,韩非认为掌握治权、执行法律的臣子就好比是隔在水火之间的锅,水喻君的法度和权威,火喻民。原本君的权威和法度可以用来治理且起到止奸的作用,可是由于臣扮演了类似于锅的角色,隔断了君主和民众的联系。如此一来,虽说君主心里明白法律,实际上却失去了禁止奸邪的作用。

为了印证上论,韩非还间接引用到"上古之传言,《春秋》所记",归纳出两层义涵。其一,"犯法为逆以成大奸者,未尝不从尊贵之臣也"。意思是上古史传和《春秋》中记载的违反法律行叛逆之事以成为大奸之人的,皆是尊贵大臣。这表明权臣是最易直接威胁甚至颠覆君主者。其二,法令、刑罚的作用只被用于针对民众,而由于君、民之间的关联被擅权的臣子隔断,民众因无处申诉而感到绝望,即"法令之所以备,刑罚之所以诛,常于卑贱,是以其民绝望,无所告愬"。由此进一步强调、凸显了君主防限、制约臣下擅权的必要性。

以上情况最典型的史证,便是东迁以后周天子的处境。这也印证了前文关于韩非所反对者——最主要是西周政治制度、模式和理念的判断。韩非认为,作为反面典型的周朝君臣关系是:大臣相互勾结,串通一气蒙蔽君主,暗地交好,表面上相互憎恶,以示没有私情。他们互为耳目,等待着钻君主的空子。君主受蒙蔽而无从了解真情,有君主之名而无君主之实,大臣垄断法令而独断专行。为此韩非格外强调"人臣之不可借权势"乃是确保君臣关系不出问题的关键。

南面第十八

【导读】

"南面",源于君主坐北朝南的尊位。此处作为篇题,借指君主居尊位治臣下之术。论说的前提,源于韩非对权力私化的基本判断,即官僚化的政治权力运作势必私化,臣下之间的朋党便是表现之一。并且,官僚机构之间、臣下之间的相互制约不足以克服权力私化问题。这实质上也构成对当代分权理论的批判。只有依托超越、凌驾于官僚系统之上的权力,才能确保治权私化得到防限。这篇作品所要讨论的是掌握这种凌驾性权力的君主如何实现对臣下权力私化的防限。篇中谈到的是非常具体且实用的治术,大致包括四个方面:一是君主应当以"法"而非"人"来防备臣下以权谋私。文中罗列了一旦释法任人可能造成的问题,继而提出"人主使人臣虽有智能,不得背法而专制；虽有贤行，不得逾功而先劳；虽有忠信，不得释法而不禁：此之谓明法"。二是君主如何因所谋划之事，避免被臣下之言壅闭、牵制。即"人主有诱于事者，有壅于言者"。三是君主作为的原则是"任理去欲"，即理性地分析、计算得失而后作出判断，而不被欲望驱使。四是君主治理的具体依托，涉及应遵循古制还是变法的时代论题。韩非的意见是要合时宜地立法，并且更重要的是"人主者，明能知治，严必行之，故虽拂于民，必立其治"。

【原文·评注】

人主之过，过，过错。**在己任〈在〉臣矣**，后一"在"字为衍文。**又必反与其所不任者备之**，反，再、又。备，防备。**此其说必与其所任者为雠**，雠(chóu)，通"仇"。**而主反制于其所不任者。今所与备人者，且曩之所备也**。曩(nǎng)，以往。**人主不能明法而以制大臣之威**，制，制约。**无道得小人之信矣**。道，途径、方法。小人，指普通百姓。信，实情。**人主释法而以臣备臣，则相爱者比周而相誉，相憎者朋党而相非**。非，非议、诋毁。**非誉交争，则主惑乱矣。人臣者，非名誉请谒无以进取，非背法专制无以为威，非假于忠信无以不禁**，假，借助、假借。**三者，惛主坏法之资也**。惛(mǐn)，通"愍"，祸乱。**人主使人臣虽有智能，不得背法而专制；虽有贤行，不得逾功而先劳；虽有忠信，不得释法而不禁：此之谓明法**。

这一章重在说明，君主在处理君臣关系时为什么必须"明法"，而不可"背法而专制"。所谓"明法"，即章末所言"人主使人臣虽有智能,不得背法而专制;虽有贤行,不得逾功而先劳;虽有忠信,不得释法而不禁:此之谓明法",大意是君主要让臣下即便是有智谋和才能,也无从违法专权;纵有贤能之行,也不能越过功绩得到赏赐;即便有忠信之德,也不能放弃法度而不加约束。

开篇提到君主在用人上存在的最大问题,在于"己任臣矣,又必反与其所不任者备之",大意是自己任用了某人,同时又反过来与未被任用者一起防备已被任用者。这样一来势必造成的后果是"此其说必与其所任者为讐,而主反制于其所不任者",意思是未被任用者的意见必会与已被任用者相反对,君主反而受制于他所不用之人。长此以往会呈现出"今所与备人者,且曩之所备也",也就是现在联合起来一道防备他人者,即以往被防备者。按照这个思路,一则这样对臣子设备是一种低效的行为;二则由于臣子的总量有限,最终难以避免群臣结党而使设备失效,君主的权柄为臣下窃取。另一层问题是"人主不能明法而以制大臣之威,无道得小人之信矣",意思是君主若不能彰明明确的法度、标准来制约大臣的威势,便无从获得在下位者的信任。

联系上论的两个方面,"人主释法而以臣备臣,则相爱者比周而相誉,相憎者朋党而相非",也就是在缺乏明确、稳定标准的情况下用一些臣下防备另一些臣下,势必会引起臣下之间或者比周朋党相互赞誉,或者相互诋毁。而这两种情况都会造成名与实之间不相符,进而导致君主无法了解、掌握臣下的真实情况。所以说"非誉交争,则主惑乱矣"。在此情景下,臣下的情况是"非名誉请谒无以进取,非背法专制无以为威,非假于忠信无以不禁",即不吹捧请托便不能得到晋升,不违法专权便不能建立威势,不假借忠信之名便无法逃脱法禁。这三者都会对君主和法律制度造成破坏,所以说"三者,惛主坏法之资也"。

以上论断表明,韩非对官僚系统本身并不信任,不认为纯粹依靠臣下(或官僚机构)之间的互相制约足以防限权力私化。这与当今习见的政法理论中的分权制衡学说存在明显差异。相反,只有存在超越于官僚系统且能以公利为念的掌控和制约存在,方能彻底解决臣下以权谋私的问题,而这正是君主应当发挥的作用。

人主有诱于事者,有壅于言者,壅,蒙蔽。**二者不可不察也。人臣易言事者,少索资,**资,资材。**以事诬主。主诱而不察,因而多之,**多之,夸奖。**则是臣反以事制主也。如是者谓之诱。诱于事者困于患。其进言少,其退费多,**费,耗费、成本。**虽有功,其进言不信。**信,真实可信。**不信者有罪,事有功者必赏,则群臣莫敢饰言以惛主。**惛,通"愍"。饰,粉饰。**主道者,使人臣前言不复于后,**复,通"覆",下同。**后言不复于前,事虽有功,必伏其罪,谓之任下。**

这章集中讨论了"人主有诱于事者,有壅于言者"两种情况,即君主被事情诱惑,被言论蒙蔽。所谓"诱于事",即"人臣易言事者,少索资,以事诬主。主诱而不察,因而多之,则是臣反以事制主也",意思是臣子把事情说得很容易,索要的费用很少,用自己擅长的事欺骗君主。君主受到他们诱惑后不加详查,甚至夸奖他们,这样臣下会反过来以办事来控制君主。这种状态的不良后果是"其进言少,其退费多,虽有功,其进言不信",大意是这种臣子进呈给君主的言论少,办事时花费却很多,即使办事确有功绩,但进言却必不诚实。

与上述相反,君主需要做到"不信者有罪,事有功者必赏,则群臣莫敢饰言以惛主",意思是不诚实的人有罪,有功绩必给奖赏,如此一来群臣中没有人敢夸口来迷惑君主。所以说"主道者,使人臣前言不复于后,后言不复于前,事虽有功,必伏其罪,谓之任下",意思是君主的治术在于,若臣下前说和后来的实效不合,或者后来说的话和先前办的事不合,事情即使成功,也必使他们受到应得的惩罚,这是"任下"之术。

人臣为主设事而恐其非也,则先出说设言曰:"议是事者,妒事者也。"人主藏是言,藏,此指听信。**不更听群臣;群臣畏是言,不敢议事。二势者用,则忠臣不听而誉臣独任。如是者谓之壅于言。壅于言者制于臣矣。主道者,使人臣必有言之责,又有不言之责。言无端末、**端末,始末。**辩无所验者,此言之责也;以不言避责持重位者,此不言之责也。人主使人臣言者必知其端以责其实,不言者必问其取舍以为之责。则人臣莫敢妄言矣,又不敢默然矣,言、默则皆有责也。**

这一章是对上章"壅于言者"的展开论述,大意是臣下谋划了某事却害怕遭到非议,于是预先放出话来说:"议论此事的人,乃是妒忌此事者。"君主听信这个论说,便不再听取群臣之言;群臣顾及此论,会不敢议论这件事。两者相加,势必造成忠臣之言不被听取而沽名钓誉之臣专被任用,这就是"壅于言"。而"壅于言"的后果是君主受制于"誉臣"。

相应这一层的"主道",即君主的治术应该是"使人臣必有言之责,又有不言之责",即让臣下进言与不进言都必须负相应的责任。更具体一些,"言无端末、辩无所验者,此言之责也;以不言避责持重位者,此不言之责也",意思是所进言论首尾不全,无从验证者,是进言的责任;通过不进言逃避责任的身居高位者,负有不言的责任。

如此设置的目的在于"使人臣言者必知其端以责其实,不言者必问其取舍以为之责",意思是臣下进言时君主一定要先知晓端绪以考察实效,对不言者必须查问作出取舍的原因以确定责任,效果是"人臣莫敢妄言矣,又不敢默然矣,言、默则皆有责也"。言下之意,具有"言责"的臣下,妄言和当言而不言都要受到责罚。这实际上对臣下的作为提出了很高的要求,需要通过制度性设置和君主的"明察"使得臣下始终保持积极、充分履行职责的状态。

人主欲为事,不通其端末,通,通达、通晓。**而以明其欲,有为之者,其为不得利,必以害反。知此者,任理去欲。**理,法纪。**举事有道,计其入多,其出少者,可为也。惑主不然,计其入,不计其出,出虽倍其入,不知其害,则是名得而实亡。如是者功小而害大矣。凡功者,其入多,其出少,乃可谓功。今大费无罪而少得为功,则人臣出大费而成小功,小功成而主亦有害。**

这一章的重心在说君主如何"为事"。所谓"通其端末",指的是知悉与所为之事相关的因素,这是判断的知识前提。此外还要"任理去欲",即在排除私欲的状态下运用理性,这是判断的智识基础。进而"计其入多,其出少者,可为也",也就是基于所掌握的知识理性地对所欲为之事的成本、收益进行功利衡量,以最小投入获得最大收益作为可为的标准。相反,不能仅仅以是否有"功",即有所收获作为评判标准,还需要考虑成本。否则就会行"功小而害大"之事,终至"名得而实亡",也就是虽有建功之名,实则并无收益。

基于功利理性,对照成本、收益比来判断所为是否有得,很明显是所有理性之人基于常识就能具有的认识。所以韩非在这里进行专门论述,显然不是为了说明这种人尽皆知的行为模式,或者去论证它的合理性,而是特有所指,或与当时各国的治理实态有关。

干扰理性判断的关键在于"名"。正是因为有了对"名"的追求,君主才会放弃对实际利益的计较。而这种重"名"的风气其实来自宗周文化,本质上是"德政"思路的延续。孔子说"必也正名乎",强调的就是"名"。基于"名"而非"利"型构秩序和行为模式,方能提供施行德政的基础。且重名背后的荣誉感就是道德感,本身具有超理性、超功利的性质。这在战国时代的政治实践中仍有余绪,尽管已经出现俗化的倾向。所谓的"俗化",是"名"本身而非背后的道德感成为追逐的对象,其中既包括名位,也包括名声、名望等。换句话说,到了战国时代追求的"名"已经脱离道德本心,而堕落为追逐功利的另一种形式。在这个意义上,韩非反对求"名",其实并不是反对道德感和由道德感支配的行为,而是反对以谋利之心追求并不能实质上给政治治理带来利益的私名以满足私欲。文中的"名得而实亡"必须在这个前提下理解;径直认为韩非否定道德或道德政治并不符合他的本意。

不知治者,必曰:"无变古,毋易常。"变与不变,圣人不听,正治而已。则古之无变,常之毋易,在常、古之可与不可。伊尹毋变殷,太公毋变周,则汤、武不王矣。管仲毋易齐,郭

偃毋更晋,则桓、文不霸矣。凡人难变古者,惮易民之安也。夫不变古者,袭乱之迹;袭,承袭。适民心者,适,迎合。恣奸之行也。恣,放纵。民愚而不知乱,上儒而不能更,儒,怯懦。是治之失也。人主者,明能知治,严必行之,故虽拂于民,拂,逆。必立其治。说在商君之内外而铁殳,内外,出入。殳(shū),一种长柄兵器。重盾而豫戒也。重,重叠。豫,通"预"。故郭偃之始治也,文公有官卒;管仲始治也,桓公有武车,戒民之备也。是以愚戆窳堕之民,戆(zhuàng),通"戆",刚直而愚蠢,鲁莽。窳(yǔ),懒惰。堕,通"惰"。苦小费而忘大利也,故夤、虎受阿谤。夤(yín)、虎,陈国大夫庆寅、庆虎。阿,通"诃",怒责、怒斥。而轸小变而失长便,轸,当作"震",惧怕。故邹贾非载旅。载旅,征兵。狎习于乱而容于治,狎,随意、不在意,引申指习惯。容,宽缓。故郑人不能归。

    本章由驳斥"无变古,毋易常"始。不懂得治理国家的人总是说:"不要改变古代的社会制度,不要更改常规惯例。"韩非认为,圣人治理天下并不在意制度、治术变与不变,而只考虑"可与不可",即相应的治术能不能获得治理实效。以历史故事为鉴,可知伊尹如果不改变商的旧制,姜太公如果不改变周的旧制,商汤、周武王就不能称王于天下。管仲如果不更改齐国的旧制,郭偃如果不改变晋国的旧制,那么齐桓公、晋文公便不能称霸。

    之所以会有不愿改革的意见,在韩非看来主要是因为害怕改变民众安于成制的状态,即"惮易民之安也"。但是不改变旧法,是在重蹈乱国的覆辙。表面上看是迎合民众之心,实际上是放纵奸邪的行为。民众愚蠢而不知道祸乱,君主软弱而不能改变古法,这是政治之失。君主明智，能够懂得治国的措施；且严格地实行这些措施。纵使违背民众的愿望，也要建立起合宜的治国方案。见诸历史经验，表现在商君进出时用铁殳和层层盾牌来预防。郭偃刚开始治理晋国时，晋文公预先准备了军队；管仲刚开始治理齐国时，齐桓公配备了全副武装的战车，这些都是防备民众的措施。愚蠢鲁莽闲散懒惰之人，总是为细小的花费发愁而忽略将要取得的巨大利益。例如，陈国大夫庆寅、庆虎受到斥责毁谤，恐惧小变法而不顾丢失长远的利益；邹贾非难征兵制度，他们习惯于国家的混乱而不抓紧治理，是故郑国人无家可归。

另外，文中提到"说在……"，类似于《内储说》诸篇的体例，但又没有具体的"说"文，或是在本章后有佚文。

饰邪第十九

【导读】

本篇的写作时间，由于篇中记载了"至阳城，秦拔邺矣"一事，张觉认为，"一定是写于公元前236年与公元前233年（韩非卒年）之间"。[1] 篇名"饰邪"，即"拭邪"，意为拭去邪事、邪行。王充曰："著书记者，采掇行事，若韩非《饰邪》之篇，明已效之验，毁卜訾筮，非世信用。夫卜筮非不可用，卜筮之人占之误也。《洪范》稽疑，卜筮之变，必问天子卿士，或时审是。夫不能审占，兆数不验，则谓卜筮不可信用。"（《论衡·卜筮》）全篇要旨即祛除各种有碍治理的邪事，彰明

---

[1] 参见张觉：《韩非子校注》，第152—154页。但据杨义考证，此篇是"上韩王书"四篇中较早的一篇，韩王即韩桓惠王。"此篇的言说方式较为迂回委婉，带有早期上书的试探性。"参见杨义：《韩非子还原》，中华书局2011年版，第45页。

法治。

　　本篇内容颇为曲折，首章由批判信用"凿龟数筴"（占卜）发始，借史事证明占验之术与治乱胜败无关。次章提出治国之要在"明法"，通过史事彰明"明其法禁以治其国，恃外以灭其社稷者"。第三章谈"明法"前提下如何行用法令，要在赏罚公平和适度，尤其批评了过度恩赏。第四章借司马子反之例提出"小知不可使谋事，小忠不可使主法"。第五章据魏、赵、燕按法而强、背法而弱，证明按法而治的实效。第六章围绕法律的"标准"作用，阐明治国之道必要除去损害法律者，这样可以避免受到智谋、名誉等因素的惑乱。第七章从反面谈到背弃法律禁令，听任官员相互托请，上下贩卖官职，索取赏赐，公利转变为私利而属于个人，威权亦被群臣掌握的情况。第八章阐明"公私不可不明，法禁不可不审"，意在以法度禁令克制私意、私欲而成就公义。

【原文·评注】

　　凿龟数筴，凿龟，指龟卜。数筴（cè），指占筮。筴，通"策"，蓍（shī）草的茎。**兆曰"大吉"，而以攻燕者，赵也。凿龟数筴，兆曰"大吉"，而以攻赵者，燕也。剧辛之事燕，**剧辛，战国赵人，后逃至燕国。前243年，他任燕将去攻赵，因轻敌兵败，燕军损失两万人。**无功而社稷危；邹衍之事燕，**邹衍，战国齐人，为燕昭王之师。**无功而国道绝。赵代先得意于燕，**赵代，赵国别称。**后得意于齐，国乱节高。**节高，意气高昂。**自以为与秦提衡，**提衡，抗衡、对立。**非赵龟神而燕龟欺也。赵又尝凿龟数筴而北伐燕，将劫燕以逆秦，**劫，挟持。**兆曰"大吉"。始攻大梁而秦出上党矣，兵至**

釐而六城拔矣;至阳城,秦拔邺矣;庞援揄兵而南,庞援,即庞煖(xuān),赵将。揄(yú),引。则鄗尽矣。臣故曰:赵龟虽无远见于燕,且宜近见于秦。秦以其"大吉",辟地有实,辟,开辟、开拓。救燕有有名。有有,即又有。赵以其"大吉",地削兵辱,主不得意而死。又非秦龟神而赵龟欺也。初时者,初时,开始的时候。魏数年东乡攻尽陶、卫,乡,通"向",下同。数年西乡以失其国,此非丰隆、五行、太一、王相、摄提、六神、五括、天河、殷抢、岁星非数年在西也,"丰隆"至"岁星",皆占星术上的吉星名。又非天缺、弧逆、刑星、荧惑、奎台非数年在东也。"天缺"至"奎台",皆占星术上的凶星名。故曰:龟筴鬼神不足举胜,左右背乡不足以专战。乡,通"向"。然而恃之,愚莫大焉。

这一章通过实例,否定了龟筴、星象之术在政治军事中的作用。大意是:使用占卜占筮("凿龟数筴"),结果预示"大吉",赵国据此攻击燕国。使用占卜占筮,结果预示"大吉",燕国据此攻击赵国。剧辛在燕国的行动无功,却危及国家;邹衍在燕国的行动无功,使国家陷入危难。赵国先是在燕国得胜,后来又在齐国获胜,国家动荡却意气高昂。他们自认为可与秦国平起平坐,这并不是赵国的占卜灵验而燕国的占卜欺人。赵国还曾经占卜占筮,准备北伐燕国并趁机逆袭秦国,占卜显示"大吉"。赵国开始攻击大梁时秦国出兵攻打上党,兵到釐时六城被拔;到阳城时,秦国拔取邺城;庞援率军南下,尽失鄗城。所以说,赵国的龟即便对燕国没有远见,但是对秦国也应有近见。秦国凭借占验预示的"大吉",揽地有实,也有援助燕国的名声。而赵国凭借占验预示的"大吉",疆域却被削弱,战败受辱,君主郁郁寡欢而死。这也不是秦国的占卜灵验而赵国的占卜欺人。最初，魏安釐王东向攻打陶和卫数年，又用了几年西向作战，最终自己丢失国土，这不是因为丰隆、五行、太一、王相、摄提、六神、五括、天河、殷抢、岁星那几年不在西方，也不是因为天缺、弧逆、刑星、荧惑、奎台那几年不在东方。所以龟筴和鬼神不足以决定胜负，左右(指邻国)向背不足以决定战况，依靠它们非常愚蠢。

之所以在开篇否定龟筴、星象之术的作用，很可能与当时思想环境有关。我们在《荀子·非相》中也可以看到类似的主张。这反映两个方面的情况：一是古已有之的术数传统和筴占等技术，在战国晚期仍旧被人们信用。而且人们对之的尊崇程度，以及行为受之的影响很可能远远超过今人的想象。这从睡虎地秦简保留"日书"可见一斑。[1] 二是韩非力图排除当时堪为常识的神、人关联(或曰天人关系)，纯粹在功利理性的层次上论说人事。而考察整部《韩非子》可知，这个态度在全书中一以贯之，所以几乎不触及作为国家政治重要组成部分之一的祭祀。这实构成了对当时政治传统和理论的重大挑战。

古者先王尽力于亲民，加事于明法。彼法明，则忠臣劝；罚必，则邪臣止。忠劝邪止而地广主尊者，秦是也；群臣朋党比周以隐正道、行私曲而地削主卑者，山东是也。山东，战国时称崤山或华山以东为"山东"，此指齐、楚、燕、韩、赵、魏六国。**乱弱者亡，人之性也；治强者王，古之道也。越王勾践恃大朋之龟与吴战而不胜**，朋，货币单位。**身臣入宦于吴；反国弃龟**，反，通

---

[1] 参见吴小强撰：《秦简日书集释》，岳麓书社2000年版。

"返"。**明法亲民以报吴**,报,报复。**则夫差为擒**。为,被。**故恃鬼神者慢于法,恃诸侯者危其国。曹恃齐而不听宋,齐攻荆而宋灭曹。荆(阳)恃吴而不听齐**,荆,当作"阳",春秋小国。下同。**越伐吴而齐灭荆(阳)。许恃荆而不听魏,荆攻宋而魏灭许。郑恃魏而不听韩,魏攻荆而韩灭郑。今者韩国小而恃大国,主慢而听秦、魏**,慢,轻慢。**恃齐、荆为用,而小国愈亡。故恃人不足以广壤**,人,此指外国。广,扩展。**而韩不见也**。也,当作"耶",语气助词,下同。**荆为攻魏而加兵许、鄢,齐攻任、扈而削魏,不足以存郑,而韩弗知也。此皆不明其法禁以治其国,恃外以灭其社稷者也。**

  本章结合实例,陈说治国的正反两面:正者"尽力于亲民,加事于明法",反者"恃鬼神者慢于法,恃诸侯者危其国"。大意是:古时的君主们尽力亲近民众,将政事载诸明确的法律。如果法律明确,忠臣能劝谏、信罚,则邪恶的臣下会停止为非。忠臣坚定劝谏,邪恶的臣下停止为非,而君主地位崇高的国家是秦国;群臣结党结派,私心行动,忽视正道,君主地位削弱者是山东诸国。混乱而弱小的国家灭亡是人的私性所致;有序而强大的国家可以称王,这是古已有之的道理。越王勾践相信依靠大朋之龟与吴国战斗,却失败了,他本人不得不委身在吴国做官;回国后放弃依靠龟神,通过明确的法律亲近民众以报复吴国,结果吴王夫差被擒杀。依靠鬼神的人轻视法律,依靠外国诸侯者危及自己的国家。曹国依靠齐国而不听从宋国,齐国攻打楚国而宋国灭曹。阳国依靠吴国而不听从齐国,越国攻打吴国而齐国灭阳。许国依靠楚国而不听从魏国,楚国攻打宋国而魏国灭许。郑国依靠魏国而不听从韩国,魏国攻打楚国而韩国灭郑。现在韩国虽然是小国,却依靠大国,君主自大而听从秦国、魏国,依赖齐国、楚国,结果是小国更加衰亡。依靠别人不能扩大领土,韩国却没有看到这一点。楚国攻击魏国而增兵许、鄢,齐国攻击任、扈而削弱魏国,这不能保全郑国,韩国却无知。这些都是因为它们不明确法律禁令来治理自己的国家,依靠外部力量而导致自己的社稷灭亡。

和上章一样,文中表明的基本态度是,所有的政治问题都纯粹是人的问题,治乱乃人力所致。王、霸亦是人力所能及者,不被外部的天、神等左右。于是政治治理的关键仅在于把握人的性情,且通过历史经验获得致王霸的治理技术并遵行之。

文中提到的五个故事,分别是:

"越王勾践恃大朋之龟与吴战而不胜,身臣入宦于吴;反国弃龟,明法亲民以报吴,则夫差为擒",吴王阖闾之子夫差,在夫椒(今江苏吴县西南太湖中)打败越兵,乘胜攻破越国国都,迫使越王勾践臣服。继而北伐,在艾陵(今山东莱芜东北)大败齐兵。前482年,在黄池(今河南封丘西南)和诸侯会盟,与晋争霸,越国乘虚攻入吴国国都。前473年,越国再度兴兵攻灭吴国,夫差被迫自杀。

"曹恃齐而不听宋,齐攻荆而宋灭曹",事在前487年。

"荆(阳)恃吴而不听齐,越伐吴而齐灭荆(阳)",文中的荆当作"阳",在今山东沂水县西南。阳伯是召康公的后代,后为齐所灭。

"许恃荆而不听魏,荆攻宋而魏灭许",即许国前504年灭于郑,后附于楚,最后灭于魏。

"郑恃魏而不听韩,魏攻荆而韩灭郑",是韩灭郑,事在前375年。

臣故曰：明于治之数，数，通"术"。则国虽小，富；赏罚敬信，民虽寡，强。赏罚无度，国虽大，兵弱者，地非其地，民非其民也。无地无民，尧、舜不能以王，三代不能以强。三代，夏、商、周。人主又以过予，过，过度。予，施予。人臣又以徒取。舍法律而言先王明君之功者，上任之以国。国，此指治国。臣故曰：是原古之功，原，依据。以古之赏赏今之人也。主以是过予，而臣以此徒取矣。徒，平白无故。主过予，则臣偷幸；臣徒取，则功不尊。尊，被尊重。无功者受赏，则财匮而民望；望，希冀，此指希望得到平白无故的赏赐。财匮而民望，则民不尽力矣。故用赏过者失民，用刑过者民不畏。有赏不足以劝，有刑不足以禁，则国虽大，必危。

本章重在讨论两个问题：赏罚公平和适度。首先谈到作为"治之数"的赏罚，基本原则是"赏罚敬信"。文中指出这是小国变得富足、强大，政权获得民众支持的关键。这里涉及的是赏罚公平的问题。不过韩非更关注的是君主赏赐过度，即"过予"引发的问题，并与"原古之功""以古之赏赏今之人"并提，很明显是针对西周以来"德政"旗号下恩德主导的治理模式作出的反思和批评。他的基本逻辑是：

人君如果过度慷慨，臣子会变得贪取无度，进而会放弃法律而以先王的功绩为依据，使国家陷于危险。因此，应当依照古已有之的按功行赏对待当今的人民，而不是主动给予过多。如果君主过于慷慨，臣子会怀有偷幸之心；臣子贪取无度，就会使功勋不受尊重。若是没有功勋者也能获得奖赏，国家财政将会匮乏，民众的期望也会下降；财政匮乏且民众期望不高，则民众将不会为国家全力以赴。因此,过度使用奖赏会失去民心,过度使用刑罚会使民众不畏惧。如果奖赏不足以激励,刑罚不足以禁止,那么无论国家规模有多大,都将面临危险。

　　按照今人考证,过度赏赐造成宗周王畿土地缩小、财政紧张,以及随之而来的赐爵泛滥、王室号召力下降,是造成西周灭亡和东周式微的重要原因。[1] 由于习惯了过度赏赐,因此"臣偷幸""财匮而民望"便成了不可避免的后果。而这些又可溯源至作为立国根本的"德政"和围绕"德政"设计的治理方略固有的问题。不按法而行、过度恩赏是西周德治的常态。与治术层面相配合的是西周政治基础建立在宗亲关系和宗亲伦理上,一旦不"亲",治术本身的问题必定会被彰显、放大。

　　故曰:小知不可使谋事,知,通"智"。**小忠不可使主法。荆恭王与晋厉公战于鄢陵,荆师败,恭王伤。酣战,而司马子反渴而求饮,其友竖谷阳奉卮酒而进之。**卮(zhī),盛酒的器皿。**子反曰:"去之,此酒也。"竖谷阳曰:"非也。"子反受而饮之。子反为人嗜酒,甘之,不能绝之于口,醉而卧。恭王欲复战而谋事,使人召子反,子反辞以心疾。恭王驾而往视之,入幄中,**幄(wò),帐幕。**闻酒臭而还,曰:"今日之战,寡人目亲伤。所恃者司马,司马又如此,是亡荆国之社稷而不恤吾众也。寡人无与复战矣。"罢师而去之,斩子反以为大戮。故曰:竖谷阳之进酒也,非以端恶子反也,**端,故意。**实心以忠爱之,而适足以杀之而已矣。此行小忠而贼大忠者也。故曰:小忠,**

―――――――

　〔1〕　参见李峰:《西周的灭亡:中国早期国家的地理和政治危机》,上海古籍出版社2016年版。

大忠之贼也。若使小忠主法,主,掌管。则必将赦罪,赦罪以相爱,是与下安矣,然而妨害于治民者也。

本章主旨在于彰明:"小知不可使谋事,小忠不可使主法",即小智谋不能谋政事,小忠诚不能主持法律。文中用到了楚国司马子反的例子为证,故事还见于《十过》篇,大意是:楚恭王与晋厉公在鄢陵交战,楚国的军队战败,恭王受伤。激战中,司马子反口渴,要求饮水,他的朋友竖谷阳拿了杯酒给他。子反说:"拿走,这是酒。"竖谷阳说:"不是。"子反接过酒杯喝了。子反是个嗜酒之人,不能自制,喝醉后躺倒了。恭王想再次战斗并商议计划,派人去召唤子反,子反借口心疾拒绝。恭王亲自驾车去看望,进入帐篷闻到酒的气味后返回了,说:"今天的战斗,寡人眼部受伤。所能依靠者是司马子反,而司马子反又是如此,他毁掉了楚国的社稷,不顾及寡人和部众。寡人不再战斗了。"于是收兵离去,进而处决了子反。由此可见竖谷阳给子反酒,并不是因为厌恶子反,而是出于忠爱,但这正好足以让他丧命。这是小忠贼害大忠的例子。所以说:小忠是大忠的敌人。如果让小忠者主持法律,必然会宽恕罪行,宽恕罪行看似相互亲爱,不致官民有矛盾,但实质上是妨碍治理民众。

当魏之方明《立辟》、《立辟》,魏国之法。辟,法。从宪令行之时,有功者必赏,有罪者必诛,强匡天下,匡,整饬。威行四邻;及法慢,妄予,而国日削矣。当赵之方明《国律》、从《大军》之时,人众兵强,辟地齐、燕;及《国律》慢,慢,怠慢。用者弱,而国日削矣。当燕之方明《奉法》、审《官断》之时,东县齐国,县,以……为县。南尽中山之地;及《奉法》已亡,《官断》不用，左右交争，论从其下，则兵弱而地削，国制于邻敌矣。故曰：明法者强，慢法者弱。强弱如是其明矣，而世主弗为，国亡宜矣。语曰："家有常业，虽饥不饿；国有常法，虽危不亡。"夫舍常法而从私意，则臣下饰于智能；饰，通"饬"，整治。臣下饰于智能，则法禁不立矣。是妄意之道行，治国之道废也。

  本章以实例论证有明确的法度且按法而治者强，反之则危弱。例证的大意是：魏国有方明的《立辟》之法时，有功者必得赏赐，有罪者必受惩处，国家强盛，威震四邻；但当法令懈怠、随意宽纵时，国家逐渐衰弱。赵国有方明的《国律》，依从《大军》之法，征服了齐国和燕国；但当《国律》不得到遵守时，法律被滥用，用法之人变得孱弱，国家逐渐衰弱。燕国彰明《奉法》而按行《官断》之法时，东以齐国之地为县，南边延至中山地区；但当《奉法》和《官断》不再被遵行，内部交争，决策由臣下作出，军队变弱，国家受制于邻国。所以说彰明、奉行法律的国家强大，怠慢法律的国家衰弱。强弱之分鲜明，君主若不以为意，国家注定亡灭。有句谚语说："家有常业，虽然饥荒也不会饥饿；国有常法，虽然危险也不会亡灭。"如果离开常法而随私意行事，那么臣民将自己行用智谋；臣民自己行用智谋，法律就无法实施。这是臆断妄行，废弃了治国之道。

  要注意，总结中韩非特别强调了"妄意之道行"是"治国之道废"的原因。再结合文中谈到魏、赵、燕的实例，"强弱如是其明矣，而世主弗为"，也就是明法、按法与国家治理、强盛的关系在战国时代已经昭然若揭，但仍有君主不能为之，关键问题出在君主的"妄意"上。其实自商鞅变法成功以来，各国都已意识到商鞅模式，包括他强调的按法而治所能产生的实效。所引魏、赵、燕等国都可算是效仿而行的结果,可是收效却不及秦国。韩非论及的直接原因是推行不力,而将背后的根源归于君主"妄意"。

治国之道,去害法者,则不惑于智能,不矫于名誉矣。昔者舜使吏决鸿水, 决,排除阻塞物,疏通水道。鸿水,即洪水。**先令有功而舜杀之;** 先令,先于法令而行。**禹朝诸侯之君会稽之上,防风之君后至而禹斩之。** 防风,禹时方国名。**以此观之,先令者杀,后令者斩,则古者先贵如令矣。故镜执清而无事,** 执清,保持洁净。**美恶从而比焉;** 比,比拟。**衡执正而无事,** 衡,秤。**轻重从而载焉。夫摇镜则不得为明,摇衡则不得为正,法之谓也。故先王以道为常,以法为本。本治者名尊,本乱者名绝。凡智能明通,有以则行,** 以,依托。**无以则止。故智能单道,不可传于人。而道法万全,智能多失。夫悬衡而知平,设规而知圆,万全之道也。明主使民饰于道之故,** 饰,通"饬",整饬,下同。**故佚而有功。** 佚,通"逸",安逸。**释规而任巧,释法而任智,惑乱之道也。乱主使民饰于智,不知道之故,故劳而无功。**

本章紧承上章,提出治国之道,要除去损害法律者,这样可以避免受到智谋、名誉等因素的惑乱。文中引了两个古史中的例子:一是尧舜时期,舜下令让吏员解决洪水问题,先于法令而行以便抢先立功的,舜杀了他们。二是禹在会稽接受诸侯的朝见,防风氏的君主迟到,禹就斩杀了他。以此说明上古圣王对按法而治的重视程度极高。

接着用镜子和称("衡")为喻来说明"法"和严格按法而治的关系。大意是镜子保持洁净,可以照出美丑,秤杆保持平正而不受干扰,可以衡量轻重。相反,如果摇动镜子就无法清楚地看见事物;晃动秤杆便无法保持公正。"法"的作用与镜子、秤杆相似,都提供标准。一旦不"明法"而擅为,则法律势必起不到应有的作用。所以先王以道为常,以法为本。并树立与之相应的价值观,以"治本",即重法者为尊,贬斥不重法者。

相比较而言,智慧虽能明理知行,但是只能属于一人,无法相互传授。而法律制度可以周遍地用于万事,一人的智慧不免偏狭迷失。法律就像设立好规矩标准,按之即可知方圆,是万全之道。所以明君使人专注于遵守法律,可以充实而有功。放弃法度而凭借技巧或智慧,是迷失和混乱之法。混乱的君主使人民追求智谋,不知按法之道,所以劳苦而无功。

文中反复强调不能将治理寄希望于"任巧""任智"。这不是否定巧、智在治理中的作用,而是反对不以法律规定的标准为基础使用巧、智。除此以外还有两类情况:一是君主在超越法律的意义上使用智谋,以此来获得对臣下心思、行为的掌控。这是君主用"术"。但君王在获知信息之后仍要以法律为基础进行参验并作出判断和赏罚。二是要求臣下在运用权力进行治理时发挥自己的心智,即下文说到的"尽智竭力"。也就是说在治理中达到法律规定的标准,也需要依托才智。而所谓"佚而有功"的状态,更多是对君主应有状态的描述,毕竟君主不必参与具体的治理事务,只需对臣下的行为和结果进行评定。

释法禁而听请谒,群臣卖官于上,取赏于下,是以利在私家而威在群臣。故民无尽力事主之心,而务为交于上。民好上交,则货财上流,而巧说者用。若是,则有功者愈少。奸臣

愈进而材臣退,则主惑而不知所行,民聚而不知所道。道,由。此废法禁、后功劳、举名誉、听请谒之失也。凡败法之人,必设诈托物以来亲,来,通"徕",招揽。又好言天下之所稀有。此暴君乱主之所以惑也,人臣贤佐之所以侵也。故人臣称伊尹、管仲之功,则背法饰智有资;称比干、子胥之忠而见杀,则疾强谏有辞。夫上称贤明,不称暴乱,不可以取类,若是者禁。君之立法以为是也,今人臣多立其私智以法为非者,是邪以智,过法立智。如是者禁,主之道也。

本章起首提到背弃法律禁令,听任官员相互托请,上下贩卖官职,索取赏赐,这样公利就转变为私利而属于个人,威权亦被群臣掌握。这是《韩非子》中反复批评的状态。

论说的思路大致是:在上述状况下,人民没有竭尽全力为君主服务之心,而是致力于结交上级。人民追求与上级交际,财富会流向上级,擅长辩说者得到重用。有功之人越来越少,奸邪之辈得到提拔而有才华的人退却,这样一来君主势必迷失而不知所行,人民聚集而不知所往。这是废弃法律禁令、弱化功劳、强调名誉、倾听请谒之过。

凡是背弃法律者,必定采取欺诈手段来亲近君主,喜欢言谈天下罕有之事。这是暴君和乱主所以会迷惑的原因,也是人臣贤佐能侵夺君主的权力的原因。所以人臣称颂伊尹、管仲的功绩,就是为了背离法律而夸耀智慧;称颂比干、子胥的忠诚而被处死,是因为他们坚决劝谏有话可说。君主称赞贤明,而不称赞暴乱,不能以此为据,而应予以禁令。君主设计法律以确立是非标准,但如今臣民多以他们私人的智识来反对法律,这是乱用智慧,是超法律界限的用智行为。严禁这类情况，才是君主统治的正道。

　　明主之道，必明于公私之分，明法制，去私恩。夫令必行，禁必止，人主之公义也；必行其私，信于朋友，不可为赏劝，不可为罚沮，沮，沮丧。人臣之私义也。私义行则乱，公义行则治，故公私有分。人臣有私心，有公义。修身洁白而行公行正，居官无私，人臣之公义也；污行从欲，安身利家，人臣之私心也。明主在上，则人臣去私心行公义；乱主在上，则人臣去公义行私心。故君臣异心，君以计畜臣，臣以计事君，君臣之交，计也。计，算计。害身而利国，臣弗为也；害国而利臣，君不为也。臣之情，害身无利；君之情，害国无亲。君臣也者，以计合者也。至夫临难必死，尽智竭力，为法为之。故先王明赏以劝之，严刑以威之。赏刑明，则民尽死；民尽死，则兵强主尊。刑赏不察，则民无功而求得，有罪而幸免，则兵弱主卑。故先王贤佐尽力竭智。故曰：公私不可不明，法禁不可不审，先王知之矣。

　　本章论说公私之辨。韩非的基本判断是"私"心人皆有之，此为君、臣、民所同。因此，主要关注的应该是如何立"公义"。"人主之公义"与"人臣之公义"各有所指。"人主之公义"是"明于公私之分，明法制，去私恩。夫令必行，禁必止"。"人臣之公义"是"修身洁白而行公行正，居官无私"。

　　要注意，人主的公义既与人主的私心相对，也与人臣的私心相对。所以韩非的"公"义说是要对抗、克制一切不合于"公义"的私利和私欲。但是人臣的公义并不用以克制人主之私。换句话说，人臣没有克制人主的私欲和私利的责任和权力。这样一来,君主之私完全要靠自制了。

就文中的逻辑来看,首先需要保证君主能保持"人主之公义"而为"明主"。而后"明主"才能通过"明于公私之分,明法制,去私恩"和"令必行,禁必止"两类原则来确保"人臣之公义"。作出以上判断的基础在于"君臣异心"。按此则君臣之间只可能是互相"算计",或曰是互相利用的利合关系。故曰"君臣异心,君以计畜臣,臣以计事君,君臣之交,计也"。这个判断与《备内》篇第一章中"人臣之于其君,非有骨肉之亲也,缚于势而不得不事也。故为人臣者,窥觇其君心也无须臾之休,而人主怠傲处其上,此世所以有劫君弑主也"相合,亦即文中所说的"君臣也者,以计合者也"。

君和臣其实都本于他们的"私"而作为。只不过"私"的实现方式不同,也可说君臣之所欲有别。君之所欲在于"国",所以"害国而利臣,君不为也","君之情,害国无亲"。臣之所欲在于"身",因此"害身而利国,臣弗为也","害身无利"。

此外,文中示明治民的思路、方法与治臣相同,关键都在于按"法"和"明赏以劝之,严刑以威之"。如此足以保证"民尽死"且"兵强主尊"。

解老第二十

【导读】

　　近代以来对《解老》《喻老》篇是否为韩非所作,学界颇有争论,[1]意见大致分三类:一是两篇俱是韩非所作,例如杨义认为《解老》《喻老》是韩非二十出头时所作,代表着韩非思想的过渡和攀升时期。[2] 二是认为两篇俱非韩非亲笔,因为这两篇中很多论调看起来不似"法家"。三

---

[1] 各家论说,并见郑良树:《韩非子解老篇及喻老篇初探》,载《汉学研究》1988年第2期。
[2] 参见杨义:《韩非子还原》,中华书局2007年版,第20页。容肇祖考证《解老》《喻老》二篇非韩非所作,理由是《五蠹》篇中分明反对"微妙之言",而二篇恰恰是对"微妙之言"的阐释,韩非思想不应这样冲突;又据《解老》与《淮南子·原道训》中相类似的内容,推定二篇当出自西汉道家田生之手。(容肇祖:《韩非的著作考》,载北京大学中国传统文化研究中心编:《北京大学百年国学文粹·史学卷》,北京大学出版社1998年版,第118页。)

是以《喻老》是韩非所作，《解老》则否。[1] 主要理据是《喻老》以事说理，更接近《韩非子》其他篇章的风格。陈柱指出，"《解老》与《喻老》之别，盖前者主释义，而后者多以古事为喻耳"[2]。王叔岷认为："韩非《解老》，重在解释文义；《喻老》，重在史实印证。刘伯庄谓韩非之论，归于黄、老之义，虽语焉不详，盖未远离本旨。验以《解老》《喻老》二篇，亦略相符。"[3] 冯友兰认为，"《解老》是他讲说《老子》书中的道理。《喻老》是他用实际的事例说明《老子》书中的道理"[4]。

按照杨义的统计：《解老》篇42段文字，有39段是解释《德经》的9章，只有3段解释《道经》的2章。《喻老》篇19段文字，有13段是解释《德经》的6章，只有6段解释《道经》的4章。合计起来，61段文字中解释《德经》者52段，约占85%，解释《道经》者9段，约占15%。不仅在篇幅上解释《德经》者占压倒的优势，而且在顺序上解释《德经》者居前，解《道经》者居后或者夹在中间，这是与黄老之学的系统相一致的。[5]

就文本表达而论，"《解老》与《喻老》之别，盖前者主释义，而后者多以古事为喻耳"[6]。两篇颇有体用关系的意味。其实综观战国诸子作品，以经注解经的行为大致有以下模式：一是书中自立

---

[1] 例如，梁启雄认为，《解老》中论仁、论义、论礼等内容，与《韩非子》的整体思想色彩不符，当是后人的作品。（梁启雄：《韩子浅解》，中华书局2009年版，第7页。）郭沫若也认为，《解老》与《喻老》之间有着笔调、思想上的不同，作者恐非同一人。（郭沫若：《十批判书》，东方出版社1996年版，第378页。）

[2] 陈柱：《老学八篇》，知识产权出版社2015年版，第67页。

[3] 王叔岷：《先秦道法思想讲稿》，中华书局2007年版，第239页。

[4] 冯友兰：《中国新哲学史新编》（上卷），人民出版社2007年版，第600页。

[5] 参见杨义：《韩非子还原》，中华书局2007年版，第11页。论家注意到了《解老》篇与《淮南子·道应训》的关系，也是例证之一。

[6] 参见陈柱：《老学八篇》，知识产权出版社2015年版，第67页。

经、传。例如《墨子》中的《经》与《经说》，还有《管子》中的若干篇，像《版法》《版法解》，《商君书》中《去强》与《靳令》《说民》《弱民》三篇的关系。二是一篇中立经作传。例如《大学》首章与后文。三是专门解说既有的古经，例如《韩诗外传》解《诗经》，《文子》解《老子》等。本书中的《解老》《喻老》属于此类。更早的《易传》，还有"上博简"的《孔子诗论》也是这个模式。

韩非为什么要以经注的方式解《老子》？是为自己的思想寻求理论依据和义理支撑，还是他本人确实认同老子所论而有所感发，抑或为了契合当时思想界的风气，还是有其他的原因？研究者大多认为："韩非解《老子》，乃借《老子》之文以发挥其法治思想，非为解明《老子》而作。"[1] 韩非并非意在针对形而上层次的"道""德"等命题作专门性解说，而更多的是在为他的"天下"理论尤其是实践层次的论说张本；但这并不妨碍韩非对于形而上层次问题理解和把握的深刻程度。这些深刻认识最好的理论依托无疑是《老子》，这在战国诸子那里已是共识。

《解老》篇非常典型地表现出韩非兼采黄老、思孟、庄子以解老子，进而生成新说的"集大成"模式。全篇针对《老子》第三十八、五十八、五十九、六十、四十六、十四、一、五十、六十七、五十三、五十四章十一章。要注意，尽管后世常将韩非归于"法家"，或认为他"归本于黄老"，但是韩非本人并没有"归宗"的自觉，也不曾表现出狭隘的学派、门户立场。恰恰相反，他更像是集大成者，尽可能地撷取众家之长，并尝试为原本看似"殊途"的理论提供整合、融会的方案。

具体到《解老》篇的内容，需要特别关注到：其一，韩非认同、理

---

[1] 陈奇猷校注：《韩非子新校注》，上海古籍出版社2000年版，第370页。

解老子的"道论",并试图以之为自己的政治理论张本。其二,君主当象"道"而为,或曰君主在人世间应当扮演"道"之于世界的角色。其三,人是"道"的显化,本性和存在状态有异于万物的独特之"理"。其四,"术"因"道""理"而生,人的行为"有道"必须通过"术"来实现。

【原文·评注】

德者,内也。得者,外也。"上德不德(得)",言其神不淫于外也。淫,散乱。**神不淫于外则身全,身全之谓德。德者,得身也。凡德者,以无为集,**集,聚集。**以无欲成,以不思安,以不用固。**用,动。**为之欲之,则德无舍**;舍,居处。**德无舍,则不全。用之思之,则不固;不固,则无功;无功,则生于德。德则无德,不德则有德。故曰:"上德不德,是以有德。"**

本章释今本《老子》第三十八章:

上德不德,是以有德;下德不失德,是以无德。上德无为而无以为;下德为之而有以为。上仁为之而无以为,上义为之而有以为,上礼为之而莫之应,则攘臂而扔之。故失道而后德,失德而后仁,失仁而后义,失义而后礼。夫礼者,忠信之薄而乱之首。前识者,道之华而愚之始。是以大丈夫处其厚,不居其薄;处其实,不居其华。故去彼取此。

韩非所引的《老子》原文与今本存在差异,引文作:

上德不德,是以有德。上德无为而无不为也,上仁为之而无以为也,上义为之而有以为也,上礼为之而莫之应,攘臂而仍之。失道而后失德,失德而后失仁,失仁而后失义,失义而后失礼。夫礼者,忠信之薄也,而乱之首乎。前识者,道之华也,而愚之首也。大丈夫处其厚而不处其薄,处其实不处其华,去彼取此。

要注意,按照马王堆帛书《老子》"德经"在前、"道经"在后的排序,本章乃是《老子》的首章。韩非所本与传世本的实质性差异在于缺少关于"下德"的论述。对韩非而言,《老子》中的这一章质言之是以为君主立教为出发点,解说"道"在君主的政治治理中显化的不同样态,即德、义、仁、礼。

对"德"的理解,关键在于"身全之谓德。德者,得身也"。身是"德舍",所以"全身"保身,不向身之外求有所"得"是全德之所必需。于是就需要"无为""无欲""不思""不用"。内在"为之欲之"会造成"德无舍",即"德"无处安顿;向外"用之思之"则会"不固"进而"无功"。是故"无功"才是"有德"的表现。于是"德则无德(得),不德(得)则有德"就可推导而出了。按此,"上德不德,是以有德"一句当读作"上德不得,是以有德"。

这一段中值得注意的信息包括:其一,无为、无欲、不思、不用与他篇中对君的要求一致,但与对臣、民的要求不同。所以这篇预设的读者明显特有所指,应该不是泛泛地针对所有人,很可能只是针对君立说。当然这背后可能预设了君与道之间的特殊关联,如《主道》《扬权》等篇所示。所以关乎直接得道和自觉于"德"这种特殊的"先进"境界者只能是君。其二,"德"与"无得"挂钩,相应地主动地有为、有欲、有思、有用之"得"的作为和结果都是无"德"。其三,"身全"的"身"包含形、神。"神不淫于外"是"身全",即有"德"的关键。是故对个体之人而言,有德无德是一个"身"的问题。

所以贵无为、无思为虚者,谓其意无所制也。制,受制约。**夫无术者,故以无为、无思为虚也。夫故以无为、无思为虚者,**故,故意、刻意。**其意常不忘虚,是制于为虚也。虚者,谓其意无所制也。今制于为虚,是不虚也。虚者之无为也,不以无为为有常。不以无为为有常,则虚;虚,则德盛;德盛之为上德。故曰:"上德无为而无不为也。"**

"上德"的状态上章已明,这一章解说的重心在于"无为"何以"无不为"。"无为、无思为虚"是对"上德"状态的不同侧面的描述。其中"无为"义如上章的"不用",不是完全不作为,而是不基于欲求主动地作为。所谓"无术",不是没有"术",而是指能实现"无"(或"无为")的"术"(方法)。"无思"即不为所欲而殚精竭虑地思量,讲的是心理状态。"虚",即虚己、无我。这是韩非解《老子》的重要理论发挥,与《庄子·齐物论》中南郭子綦"吾丧我"的境界相近。[1]《荀子·解蔽》也论及,曰:"人生而有知,知而有志;志也者,臧也;然而有所谓虚;不以所已臧害所将受谓之虚。"

除了要有上述状态之外,韩非特别强调不能以"虚"为念、为"虚"而"虚",这样才能"意无所制"。一旦为了"虚"而为,则同样不是"无为",反倒是"制于为虚,是不虚也"。"意"有所"制",现实的后果之一即如《主道》篇之"君无见其意,君见其意,臣将自表

---

[1]《庄子·齐物论》开篇云:南郭子綦隐机而坐,仰天而嘘,嗒焉似丧其耦。颜成子游立侍乎前,曰:"何居乎?形固可使如槁木,而心固可使如死灰乎?今之隐机者,非昔之隐机者也?"子綦曰:"偃,不亦善乎,而问之也!今者吾丧我,汝知之乎?汝闻人籁而未闻地籁,汝闻地籁而不闻天籁夫!"

异",也就是为臣所制。

"虚者之无为也,不以无为为有常",按陈奇猷的解释:"不以无为为常道,则无为不萦绕于心,故心中无'无为'存在则虚矣。"[1]"虚者之无为",必须是无所"为(wèi)"、无所求,以此达成类似于《庄子》中的"无所待"的状态,这样便不会受"制"。由此,"虚"可理解为无所"为(wèi)"而又无所不包的状态,既然无所不能包含遍覆,也就等同于"无不为"。和"无为、无思为虚"一样,"无不为"也是"上德"表现出来的侧面之一。

由此得出,君主要象"道"而为,最高的境界是为无所受制地自觉虚己,以此为基础全身、无为、无思,这种状态可谓"上德"。

仁者,谓其中心欣然爱人也;其喜人之有福,而恶人之有祸也;生心之所不能已也,生心,指产生此爱人之心。已,停止。**非求其报也。故曰:"上仁为之而无以为也。"**无以为(wèi),无所求。

本章谈到"仁"是"中心欣然爱人",基本上与孔、孟对"仁"的理解一致。其中包含了两个要素:一是"爱人",二是"中心欣然"。这是一种有思(或曰"心""志")无求[无所"为(wèi)"]的状态。这只是纯粹发自本心的爱人,而不是自我刻意而为之,也"非求其报"。这种"仁"有"生心之所不用已"和"非求其报"的状态,即如《孟子·公孙丑上》之"所以谓人皆有不忍人之心者,今人乍见孺子将入于井,皆有怵惕恻隐之心。非所以内交于孺子之父母也,非所以要誉于乡党朋友也,非恶其声而然也"。

---

[1] 陈奇猷校注:《韩非子新校注》,上海古籍出版社2000年版,第373页。

因而"仁"相较"上德"最大的差异在于内不"虚"而外有为;所同者在于无所"为(wèi)",即无我无私。所以说"上仁为之而无以为"。"仁"较之"上德"已是有为,脱离了纯粹彻底的"虚",因而较之"上德"更不近于"道"。本篇最后一章,即第十二章谈到"慈""勇"的一体两面,其中的"慈"可与"仁"相照应,都以"爱人"为内质;而"慈""勇"二者也都属于"为之"。

要注意,今本《老子》在"上德"和"上仁"两句之间,还有"下德为之而有以为"一句,但是韩非并未解说。这有两种可能:一是韩非有意识不取此句,二是韩非所本的《老子》原无此句,与传世本有别。

义者,君臣上下之事,父子贵贱之差也,知交朋友之接也,亲疏内外之分也。臣事君宜,下怀上宜,子事父宜,贱敬贵宜,知交朋友之相助也宜,亲者内而疏者外宜。义者,谓其宜也,宜而为之。故曰:"上义为之而有以为也。"

"义者,谓其宜也,宜而为之",核心义涵是"为"而得其"宜"。这是战国时期思想界常见的认识,例如《中庸》也说"义者,宜也"。但各家所差者在于对"宜"的内涵状态认识不一。据本章所论,"宜"有明确的关系模式与之对应,即"臣事君宜,下怀上宜,子事父宜,贱敬贵宜,知交朋友之相助也宜,亲者内而疏者外宜"。这与孟子将"宜"系诸"权"(权变、权衡)正好是两种判然有别的思路。韩非意在强调在具有确定性和规定性的秩序中安处其分,孟子则看重在变动的复杂情景下因情势作出不拘一格的判断和选择。

不过无论如何,"义"是有所"为(wèi)",为的就是得"宜"。所以相较于之前的"德""仁"两层,"义"最大的特质即在于有所"为(wèi)"。换用今日习用的话语表达,可谓人的有目的的理性考量。这种作为目标的"宜"是怀着有所"为(wèi)"之心主动作为方可达成,所以说"上义为之而有以为(wèi)也"。而"义"之所"为(wèi)",最终的目的在于行为结果之"宜"。也可以说,"义"是人有目的地主动维系一种合"宜"的秩序状态。

相较于无所为(wéi)亦无所为(wèi)的"德","仁"有所为(wéi),"义"有所为(wéi)又有所为(wèi),所以两者相较于虚而无为的"道"越发不似,而人的主动作为的因素也渐次增加。

问题是,为什么"义"成立的前提是"君臣上下之事,父子贵贱之差也,知交朋友之接也,亲疏内外之分"?这显然是基于当时的共识而立说,韩非似乎径直以之为当然而未加追问。

礼者,所以貌情也,群义之文章也,文章,文饰、表象,**君臣父子之交也,贵贱贤不肖之所以别也。中心怀而不谕,**谕,表明。**故疾趋卑拜而明之;实心爱而不知,故好言繁辞以信之。礼者,外饰之所以谕内也。故曰:"礼以貌情也。"凡人之为外物动也,不知其为身之礼也。众人之为礼也,以尊他人也,故时劝时衰。君子之为礼,以为其身;以为其身,故神之为上礼;上礼神而众人贰,**贰,指神、貌不合。**故不能相应;不能相应,故曰:"上礼为之而莫之应。"众人虽贰,圣人之复恭敬尽手足之礼也不衰。故曰:"攘臂而仍之。"**仍,通"扔"。

一般认为在老子上德、上仁、上义、上礼的表述中,"礼"是"义"的堕落态。因为相较于"义","礼"非止有所为(wéi)又有所为

(wèi),而且侧重的还是外部化的表现,为名、实两分提供了可能。

韩非在本章中对"礼"的界定是"所以貌情也,群义之文章也,君臣父子之交也,贵贱贤不肖之所以别也",其中包含了四个方面:"所以貌情"是功能,"群义之文章"阐明内容(义)与形式(礼)意义上的定位,"君臣父子之交"是礼涉及的范围,"贵贱贤不肖之所以别"说明礼发挥作用的基本模式,关键在于"别"。

如果结合"仁""义"来看,"礼"所"貌"之"情"理应是"中心欣然爱人"且"生心之所不能已也,非求其报也"的"上仁";"群义"当是人主动而为的"合宜"的"文章"。也就是说,"礼"本应是"仁"和"义"的外化表现。这种表现的最主要特质即在于"别"。也正是因为本心非借助言行举止无以表现,所以"礼"才有必要性。这和"道"非借由具体实存的存在者无从自显其真一理相通。

按理来说,礼应当是心之所想的外发表现,所以说"中心怀而不谕,故疾趋卑拜而明之;实心爱而不知,故好言繁辞以信之"。反过来也可以由外在的礼推知内心,即"礼者,外饰之所以谕内也"。"礼以貌情"正是在这个意义上得以成立。

"义者,仁之事也"和"事有礼而礼有文;礼者,义之文也"是对仁、义、礼关系的精到总结。由于礼与内心的关联,因此反过来外化、显化的礼可以被用来约制、塑造内心,即"礼者,外饰之所以谕内也"。

"凡人之为外物动也,不知其为身之礼也。众人之为礼也,以尊他人也,故时劝时衰"。言下之意,礼之所以被误用、滥用,原因在于礼被外化而失去了与"中心"的联结。"君子之为礼,以为其身;以为其身,故神之为上礼;上礼神而众人贰……故曰:'上礼为之而莫之应'",意思是"上礼"本应是"身"之"神"(心志)的自然流露,但是一般俗众却神、行不合,心、行不一,亦如儒家所言的文、质两分,所以不能合于"上礼"的要求。可知即便如此,圣人仍旧"恭敬尽手足之礼也不衰",因为这就是他真性情的自然表达。圣人这种主动为"上礼"的状态,在韩非看来就是老子说的"攘臂而仍之"。这里的"仍"是依旧、持续的意思,和传世本"攘臂而扔之"文、义俱不相同。

不是说"义"有质无文,只有"礼"才有文;而是到了要讲求"礼"的阶段,如何为"文"才成为一个需要专门考虑、处理的问题。按此理,日用而不知,中心外发而自然合宜就是合礼,当然也就无所谓礼了。

换句话说,原本在合于"义"的情况下情貌、举止、言说乃至衣服、器物等都应是为求"合宜"的自然外发表现。可是一旦要专门讲"礼",就意味着心、志与外发表现之间不再当然统一,存在有"文"而无"质"的可能。所以不是礼本身较义为下位,而是到了要专门讲礼的境地代表了一种堕落。

此外还需要注意的是韩非讲的"礼"侧重"文",即外部化的仪式、表现,即"外饰"。但他只在前文谈到的"义"的范围,即君臣、父子、朋友、贵贱、亲疏等人际关系中展开,而片言不及人域之外。通常人们说到的礼关于神人之际、天人之际的内涵,以及相应的功能都没有被讨论到。结合整部《韩非子》来看,排斥神人关系对政治治理的影响是韩非一贯的态度,这在《饰邪》篇评注中已有解说。这也造成他对"礼"的认识与当时的一般观念有明显差异,极大限缩了"礼"的内容,也最大限度地将"礼"的功能框限到行为、秩序的外部化表现上,从而弱化了它之于政治治理和社会生活的重要性。而这样处理带来的后果有二:一是荀子曾经直面并且作出理论创化的礼、法关系问题失去了存在的空间。二是如果以为君立教为前提来理解,对于如何为君,德、仁、义、礼构成一个越发不似"道"

的堕落、下行序列。可是这并不意味着这些在政治社会治理和生活中也构成相互间具有等级、取舍关系且非此即彼的序列。

道有积而积有功;德者,道之功。功有实而实有光;仁者,德之光。光有泽而泽有事;义者,仁之事也。事有礼而礼有文;礼者,义之文也。故曰:"失道而后失德,失德而后失仁,失仁而后失义,失义而后失礼。"

这一章总论了道、德、仁、义、礼的关系。要注意,最后所引的"失道而后失德,失德而后失仁,失仁而后失义,失义而后失礼",每句较之今本《老子》都多一"失"字,造成了文义上的重大差异。今本作"故失道而后德,失德而后仁,失仁而后义,失义而后礼"。按照今本《老子》的文义,"失道"之后方才显出"德"的重要性来,"失德""失仁""失义"也是同理。前述诸项尽失之后,"礼"自然无甚价值,可以"攘臂而扔之"了。可是按照韩非引述的文面意思,"失道"之后便会"失德"。换言之,不能坚守住"道","德"势必也守不住,进而"仁"、"义"乃至"礼"都会渐次失守。"失道而后失德,失德而后失仁,失仁而后失义,失义而后失礼",至少在韩非的理解中,不是一失一得的关系,而是道、德、仁、义、礼原本应是并在,且日用而不知。堕落之后,失了"道"方才显出"德"的重要性且要专门讲求"德",之后进一步堕落中的仁、义、礼也是此理。所以到了专门讲"礼"的境地,意味着仅仅为了合"礼"而思虑、行为,而道、德、仁、义尽失。

此外,"事有礼而礼有文;礼者,义之文也",可参比《荀子·性恶》之"化礼义之文理"来理解。

由本章所论可以看出，道、德、仁、义、礼本应是"道"在不同侧面的表现，或者也可认为是人从不同层次、侧面认知、把握到的"道"并给予的名称。

礼为情貌者也，文为质饰者也。夫君子取情而去貌，好质而恶饰。夫恃貌而论情者，其情恶也；须饰而论质者，须，待。**其质衰也。何以论之？和氏之璧，不饰以五采；隋侯之珠，不饰以银黄。其质至美，物不足以饰之。夫物之待饰而后行者，其质不美也。是以父子之间，其礼朴而不明，**朴，质朴、简单。**故曰："礼薄也。"凡物不并盛，阴阳是也；理相夺予，威德是也；实厚者貌薄，父子之礼是也。由是观之，礼繁者，实心衰也。**实心，内心。**然则为礼者，事通人之朴心者也。**通，贯通。朴心，本心。**众人之为礼也，人应则轻欢，**轻，小。**不应则责怨。今为礼者事通人之朴心，而资之以相责之分，能毋争乎？有争则乱，故曰："夫礼者，忠信之薄也，而乱之首乎。"**

"情"与"貌"的关系，就是常说的质文关系。韩非的基本判断是"夫恃貌而论情者，其情恶也；须饰而论质者，其质衰也"。这包含了两重意思：一是因文而求质，如因貌之文求情之实不可靠。二是如前章所论，待到要专门讲究文饰之礼的境地，说明已然"情恶""质衰"了。同理，"夫物之待饰而后行者，其质不美也"。

要特别注意，韩非批判的是现实当中文质不一的礼，而不是孔、孟、荀等大儒所欲崇立之礼。这两者存在根本性差异。强调"夫君子取情而去貌，好质而恶饰"，并不意味着君子可以不"文质彬彬"而弃文尚质。亦可认为，韩非将儒家的"文质"关系置换为

"情实"关系。所谓"情实"关系,即参验中循名责实时言、貌与实事之间的关系。

现实当中的情况是礼制与礼俗仅剩下繁文缛节而无质,崇礼者基于种种目的,而非出于道德本心而讲礼、守礼甚至崇礼。这才是韩非所反对者,也对应了"夫物之待饰而后行者,其质不美也"。举例来说,如果父子之间不是出自道德本心的慈孝,而需要用礼之文来表现、粉饰父子之情,显然是有待批判的情况。反过来看,如果人人都能纯粹本着爱人之"仁"心行为处事,即便不能尽合礼制、礼俗,亦较之有文无质者为美。当然,能够由本心外发而自然合礼更佳。不过,由于绝大部分人的心智、觉悟、道德水准等存在局限,难以做到这种统一。这虽说也算是一种堕落,但属于可被"容忍"的状态。上述关于礼和现实中用礼状况的立场和观点,实与儒家主张基本上一致。

更有甚者,"众人之为礼也,人应则轻欢,不应则责怨",即以礼之成制为外部化的准则,以此作为行为评判的标准,势必造成更多乱象和进一步堕落,尤其是造成"争",即"今为礼者事通人之朴心,而资之以相责之分,能毋争乎?有争则乱"。

先物行、先理动之谓前识。前识者,无缘而忘意度也。 缘,依据、原因。忘,通"妄"。**何以论之?詹何坐,弟子侍,牛鸣于门外。弟子曰:"是黑牛也而白题。"詹何曰:"然,是黑牛也,而白在其角。"使人视之,果黑牛而以布裹其角。以詹子之术,婴众人之心,** 婴,通"撄",扰乱。**华焉殆矣!** 华,浮华。**故曰:"道之华也。"尝试释詹子之察,而使五尺之愚童子视之,亦知其黑牛而以布裹其角也。故以詹子之察,苦心伤神,而后与五尺之愚童子同功,是以曰:"愚之首也"。故曰:"前识者,道之华也,而愚之首也。"

本章着重解释"前识",就表现而论是"先物行、先理动","无缘而忘意度"。总的说来,"前识"大致可以理解为没有(或不知)缘由的预见、预判。

接着文中引出詹何的一则故事为之说解。詹何是楚国著名的有异术的隐者,《列子·说符》记有"楚庄王问詹何"。[1] 故事大意是:詹何坐着,弟子服侍,有牛在门外鸣叫。弟子说:"这是黑牛且有白额。"詹何说:"对。这是头黑牛。但白色在它角上。"叫人去看,果然是黑牛而用布包着它的角。韩非从这则故事中引出的是"以詹子之术,婴众人之心,华焉殆矣",即用詹何之术来扰乱众人的心,华而不实。与之相应者,有《难三》篇韩非评价子产殚精竭虑以察奸人时说:"恃尽聪明,劳智虑,而以知奸,不亦术乎。"且引《老子》"以智治国,国之贼也"。

再回过头来看,韩非是认为"前识"及获得前识之术不足取,还是费心于获得"前识"不可取?文中给出了两个直接评断:一是获得前识的过程"苦心伤神",二是就结果而论"与五尺之愚童子同功"。

当然,这里还可以追问,如果获得前识不用"苦心伤神",或者前识的功效巨大,韩非是否会对获得"前识"有不同的评价呢?

所谓"大丈夫"者,谓其智之大也。所谓"处其厚而不处其薄"者,行情实而去礼貌也。情实,实情。礼貌,礼的表现。**所**

---

[1] 詹何其人其事,还见于《庄子·让王》《吕氏春秋·执一》等篇。

谓"处其实不处其华"者,必缘理,不径绝也。径,走小路。绝,逆水强渡。径绝,指不按事理行事。所谓"去彼取此"者,去貌、径绝而取缘理、好情实也。故曰:"去彼取此。"

本章解说"大丈夫处其厚而不处其薄,处其实不处其华,去彼取此"。其中对"大丈夫"的基本判断是"智"大。不过这个"智"究竟是理智能力、智识(理智能力与知识)、智谋还是具有超越意义的大智慧,会直接影响对韩非思想的理解。

文中提到了两组相对关系:一是"情实"与"礼貌"。这是孔子所言"文质彬彬"中的质文关系。二是"缘理"与"径绝"。问题是,在这两组对立中作"去彼取此"的选择。就文面来看,选择背后的理据和选择本身似乎既不难理解,也不难认同;那么为什么要格外强调需依赖超乎一般的大"智"呢?言下之意,一般人无法作出正确选择。由此还可以推知,韩非此处说的难以正确作出的选择,并不像字面上看起来这么简单。因为在现实中人们往往会受到各种各样因素特别是私欲的影响,不能始终保持高度理性的状态。

此外,韩非的"大丈夫"并没有以德性、德行为特质,论述中也没有谈及这些面向。但是,不能就此认为韩非完全反对德性、德行要求。毕竟在之前的论说中,"上德"被视为与"道"最近的一端。

人有祸,则心畏恐;畏恐,畏惧。心畏恐,则行端直;行端直,则思虑熟;思虑熟,则得事理。行端直,则无祸害;无祸害,则尽天年。得事理,则必成功。尽天年,则全而寿。必成功,则富与贵。全寿富贵之谓福。而福本于有祸。故曰:"祸兮福之所倚。"以成其功也。

本章针对的是《老子》第五十八章，传世本作：

> 其政闷闷，其民淳淳；其政察察，其民缺缺。祸兮福之所倚，福兮祸之所伏。孰知其极？其无正。正复为奇，善复为妖。人之迷，其日固久。是以圣人方而不割，廉而不刿，直而不肆，光而不耀。

韩非引文作：

> 祸兮福之所倚，福兮祸之所伏。孰知其极。人之迷也，其日故以久矣。方而不割，廉而不刿，直而不肆，光而不耀。

韩非的解说首先阐明了人行为的逻辑：

人有祸 → 心畏恐 → 行端直 → 思虑熟 → 得事理 → 必成功 → 富与贵
　　　　　　　　　　　　　　无祸害 → 尽天年 → 全而寿

上述推论可以解释《老子》中"祸兮福之所倚"。除此之外，还应当看到韩非对于"得事理"和"尽天年"的认识。

首先，上述两者都取决于人的行为，而并没有诉诸天道、宿命等。而人的反思能力和主动作为能力也正是人可致祸、福之间发生转换的关键。这个思路与《周易》尤其是《易传》中反复彰明的"以德造命"完全一致，反而与战国黄老家特重的以因循、顺守天道、天命为基础的立场和行为原则相悖反。其次，"得事理"的基础在于"心"与"思虑"，这与《中庸》论"慎独"时谈到的"戒慎""恐惧"，《诗经·小旻》中的"战战兢兢，如临深渊，如履薄冰"思路一致。最后，"事理"可由思虑而"得"，说明："事理"是理性思维可得把握的对象，"事理"相对于"道"而言具体且为"多"而非"一"。这类似于朱熹事事物物上皆有其理的认识。这说明"事理"只能在动态、具体的情景中方能把握。

人有福则富贵至,富贵至则衣食美,衣食美则骄心生,骄心生则行邪僻而动弃理。行邪僻则身夭死,夭,早。动弃理则无成功。夫内有死夭之难而外无成功之名者,大祸也。而祸本生于有福。故曰:"福兮祸之所伏。"

这一章解说"福兮祸之所伏"的逻辑,和上章一样,由福而生祸的关键也在于人的行为,且与是否得"理"有关。

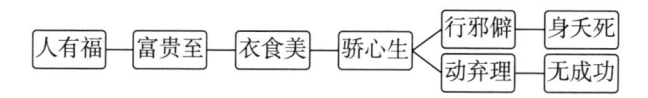

人有福—富贵至—衣食美—骄心生—行邪僻—身夭死／动弃理—无成功

"有福"是"富贵至"的前提,"富贵至"是"骄心生""行邪僻"的诱因。而这两者又是"动弃理"的诱因。

杨义总结上列两章论述时说到:"由此可知,为早期法家陌生的老子祸福转化的思想,启发了韩非不安于现状而弥漫着忧患意识的辩证思维。他进而在叩问这种辩证思维的内在原因中,发现了天道的两极转化必须根据人为的条件,根据思想行为和社会情理由渐而及著的内在逻辑。若对这些条件和逻辑茫然无知,则人可能受命运拨弄;一旦有了理性的自觉,居安思危,励志谨行,趋利避害,祸福伏倚的潜在可能就并非盲目的,而是可以在一定条件下控制的。由此产生的韩非思想就深化了老子的祸福转化观,既充满忧患意识,又采取积极有为的态度。"[1]

夫缘道理以从事者,缘,依照、凭借。无不能成。无不能成者,大能成天子之势尊,而小易得卿相将军之赏禄。夫弃道

---

[1] 杨义:《韩非子还原》,中华书局2011年版,第13页。

理而妄举动者,虽上有天子诸侯之势尊,而下有猗顿、陶朱、_{陶朱,即范蠡。}**卜祝之富,犹失其民人而亡其财资也。众人之轻弃道理而易妄举动者,不知其祸福之深大而道阔远若是也,故谕人曰**:_{谕,告诉。}**"孰知其极。"**

"道理"是韩非对老子"道"论的发挥,可依字面理解为"道"之"理"。"夫缘道理以从事者,无不能成",与前两章以"得事理"与"动弃理"作为成功与不成功结果的关键理解一致。

"众人之轻弃道理而易妄举动",在韩非看来乃是现实状态,也是下章中论及的"人之迷"的表现之一。不过韩非似乎无意像儒生那样执着于以道德教化为主的方式致这些俗众"发蒙",也无意使之都能够主动把握"事理""道理"而自觉地和合于道。其他篇中反复论说的基于政治权威、立法、按法而治和以法为教的政治治理模式,是韩非主张的致民于合道的模式。在这种模式下,民众只需要按照政权提供的外部化规则的引导和强制获知行为模式,即可合道。

人莫不欲富贵全寿,而未有能免于贫贱死夭之祸也。心欲富贵全寿,而今贫贱死夭,是不能至于其所欲至也。凡失其所欲之路而妄行者之谓迷,迷则不能至于其所欲至矣。今众人之不能至于其所欲至,故曰:"迷。"众人之所不能至于其所欲至也,自天地之剖判以至于今。故曰:"人之迷也,其日故以久矣。"

"人莫不欲富贵全寿,而未有能免于贫贱死夭之祸也",这合于韩非对人性、人情的一贯理解。人的欲望不能导致人把握"理",甚至会把人引向相反的背道的境地。当然,出现这种状况有两个前提,一是"欲",所欲者即"富贵全寿"。二是"心",这是人的特殊之处。被欲望支配的心之思虑引发的便是"妄行"。

由此可以回应老子理论中的一个重要理论难题:人同样是"道"的显化,为何人的行为不能被视为当然"合理"且"自然",反而会有背道而驰的情况出现。按照韩非给出的解释思路,这是"欲""心"结合却不得合"理"而"妄行"的结果。而"迷"的后果,从表面上看是"众人之不能至于其所欲至",例如"欲富贵全寿"却难以凭借自己的行为实现。

当然,这段解说还蕴含着更深层次的问题:人的欲求和行为自始就有突破存在者有限性的趋向。例如,老子说的人有"长生久视"的追求,便是突破存在者受到的时间维度的限制。这种追求同样专属于人的"欲""心"结合的产物,以对"道"的觉悟为前提且需要"合理"的行为方能实现。

所谓"方"者,内外相应也,言行相称也。所谓"廉"者,必生死之命也,意指能死节。**轻恬资财也。**恬,淡。**所谓"直"者,义必公正,公心不偏党也。所谓"光"者,官爵尊贵,衣裘壮丽也。今有道之士,虽中外信顺,不以诽谤穷堕;**穷,不通达。堕,通"隋",不正。**虽死节轻财,不以侮罢羞贪;**侮,侮慢。罢(pí),通"疲",软弱。羞,羞辱。**虽义端不党,**端,正直。**不以去邪罪私;**去,摒斥。私,自私、谋私。**虽势尊衣美,不以夸贱欺贫。**夸,夸耀。**其故何也?使失路者而肯听习问知,**听、问,俱指学习。习,据后文当作"能"。**即不成迷也。今众人之所以欲成功而反为败者,**

生于不知道理，而不肯问知而听能。知，指知道理者。能，有才能者。众人不肯问知听能，而圣人强以其祸败适之，强，强行。适(zhé)，通"谪"。则怨。众人多而圣人寡，寡之不胜众，数也。数，定数、必然。今举动而与天下之为仇，非全身长生之道也，是以行轨节而举之也。轨，规范、规则。举，通"与"，相处。故曰："方而不割，廉而不刿，直而不肆，光而不耀。"

    本章针对"方而不割，廉而不刿，直而不肆，光而不耀"作出解说。文中给出了"有道之士"的描述，即"虽中外信顺，不以诽谤穷堕；虽死节轻财，不以侮罢羞贪；虽义端不党，不以去邪罪私；虽势尊衣美，不以夸贱欺贫"。大意是有道之士尽管内外表现一致（言行相符），但不非议指责不坦荡、内外不一之人；尽管能死节而看淡财富，却不侮慢软弱者、羞辱贪财者；即使自己的议论公正、不结党营私，却不因此摒斥奸邪不正者、责怪谋私者；尽管自己地位尊贵、衣着华丽，却不因此在地位低下的人面前夸耀，也不欺侮贫穷者。

    有道之士的这种表现，对应《老子》提到的"方""廉""直""光"。这明显是一种德性、德行、德位相匹配的状态。但有鉴于"不以诽谤穷堕""不以侮罢羞贪""不以去邪罪私"这些表述，似乎又和一般人理解的"君子"有差异。

    韩非就是这种"有道之士"，是道德人格与立身之术相结合、相统一。如果用较通俗的语言表达，这种人既能秉持德性，又能行事圆通。要注意，这恰恰是孔子通过言行表现出来的状态。所以韩非接下来设问"其故何也"。

    "道理"非有先天禀赋即可获知，而须先天的德、才与后天的知识结合以后方能把握。所以，即便是"方""廉""直""光"者即"有道之士"的行为,也可能不合事理。当然,这也意味着"理"作为知识可以授受,经由教育、学习获得。前章提到"迷"源于不知道理,而本章提出"使失路者而肯听习问知,即不成迷也"。

这段论说中隐含的问题是:如果人人本自性情都以欲求满足私欲、扩大私利为行为目的,如前章说到的"人莫不欲富贵全寿",那么为什么会有"廉""直"且"义必公正,公心不偏党"的"有道之士"?这些状态都具有反"私"的属性。

本章还涉及"治众"的问题。按理来说,治理就是要"使失路者而肯听习问知,即不成迷也"。可是治理面对的情况是"众人多而圣人寡",不知者多而知者少。少如何能够治多而"胜众"且不生"怨",避免"举动而与天下之为仇",是政治治理首先要面对并解决的问题。上述情况是韩非对现实的描述。其中说到的"圣人"自然是知"道理"者,也与政治权力掌握者(如君、王)业已分离。也就是说,韩非认为当时的现实是德性、才性、智能三者仍是"圣人"的内质,曾经的"德位"与身份、地位相契合的政治格局不复存在。[1]

有鉴于这种"众人多而圣人寡"的局面,并不当然掌握政治权力且不处于尊位的"圣人"面对的局面颇为复杂:一方面是若强行整顿俗众而求众人皆得合道,必须"强以其祸败适之",进而众人不免心生怨恨而致圣人"举动而与天下之为仇"。这显然会与圣人自身的合道要求相悖,即"非全身长生之道"。另一方面若是"圣人"全然罔顾"众人"合道与否而以类似隐者的方式兀自追求自身合道,似乎可以解决前者的困境,但又与"圣人"之于天下的责任、使命

---

〔1〕 至于这种相匹配的模式之前是否真的在现实中存在过,或者只是一种理论表达,韩非其实并不太在意。他关注的问题是德位、政治地位不匹配的现实情境下,应当如何实现知"道理"乃至行为合道。

不相符。从这一点上看,韩非很明显与儒家的基本立场和对"圣人"的理解相同。鉴于上述种种,针对性的方案即"以行轨节而举之"。

聪明睿智,天也;动静思虑,人也。人也者,乘于天明以视,寄于天聪以听,托于天智以思虑。故视强则目不明,听甚则耳不聪,思虑过度则智识乱。目不明则不能决黑白之分,决,判断。**耳不聪则不能别清浊之声,智识乱则不能审得失之地。目不能决黑白之色则谓之盲;耳不能别清浊之声则谓之聋;心不能审得失之地则谓之狂。盲则不能避昼日之险,聋则不能知雷霆之害,狂则不能免人间法令之祸。书之所谓"治人"者,适动静之节,省思虑之费也。所谓"事天"者,不极聪明之力,不尽智识之任。苟极尽则费神多,费神多则盲聋悖狂之祸至,是以"啬之"**。啬,爱惜。**"啬之"者,爱其精神,啬其智识也。故曰:"治人事天莫如啬。"**

《老子》第五十九章:
　　治人事天莫若啬。夫唯啬,是谓早服;早服谓之重积德;重积德则无不克;无不克则莫知其极;莫知其极,可以有国;有国之母,可以长久;是谓深根固柢,长生久视之道。

韩非的引文作:
　　治人事天莫如啬。夫谓啬,是以蚤服。蚤服,是谓重积德。重积德,则无不克;无不克,则莫知其极。莫知其极。莫知其极,则可以有国。有国之母,可以长久。深其根,固其柢,长生久视之道也。

"聪明睿智,天也;动静思虑,人也"讲的并不是一般意义上的天人之分,而类似于今人说的人的先天禀赋与后天作为能力。所谓"人也者,乘于天明以视,寄于天聪以听,托于天智以思虑",意思是人的作为基于先天禀赋。问题在于,作为基础的"天明""天聪""天智"究竟是什么?

人不能秉持"天"的限制,过度运用能力,则会造成适得其反的效果,即"视强则目不明,听甚则耳不聪,思虑过度则智识乱"。

官能	当为	不当为	表现	直接后果	判断	间接后果
视	乘于天明	视强	目不明	不能决黑白之分	盲	不能避昼日之险
听	寄于天聪	听甚	耳不聪	不能别清浊之声	聋	不能知雷霆之害
思	托于天智	思虑过度	智识乱	不能审得失之地	狂	不能免人间法令之祸

按照上述说法,人的"盲""聋""狂"并不是先天禀赋有别,而在于后天运用,即"人为"不合于理。由此反向来看,这种状况可以通过后天矫正。

"书之所谓'治人'者,适动静之节,省思虑之费也",恰好回应之前对于人运用官能作为的理解,要在适度。当然这里系诸"治"来讨论,显然预设了一般人非由外力之治不能自发地适度作为。接着说"所谓'事天'者,不极聪明之力,不尽智识之任",意味着"治人"和"事天"原则相同,前者其实就是为了落实后者。而以上这些,韩非认为都是老子说的"啬之",即"爱其精神,啬其智识也"。

文中包含的对人"事天"的基本要求是人克制地运用本之于"天"的"聪明睿智"。可是,文中并没有直接给出之所以要克制的理论解释,而只是用极致化运用这些禀赋将会带来的不良后果为证。谈到的不良后果的共同标准都是对人之"身"有伤害,并没有回应一个更根本性的问题:凭什么认为人克制地运用"聪明睿智"就是"事天"?

另外,文中将"治人"和"事天"分作两事,基本上可以对应儒家常说的"外王"和"内圣"两个面向。

众人之用神也躁,躁则多费,多费之谓侈。圣人之用神也静,静则少费,少费之谓"啬"。啬之谓术也,生于道理。夫能啬也,是从于道而服于理者也。众人离于患,陷于祸,犹未知退,而不服从道理。圣人虽未见祸患之形,虚无服从于道理,以称"蚤服"。蚤,通"早"。**故曰:"夫谓啬,是以蚤服。"**

这一章顺着上章的思路进一步展开,大意是说众人与圣人的重要区别之一在于"用神"之术不同。而作为圣人用神之"术"的"啬"源于"道理"。由此可知,圣人之所以为圣人的基础在于掌握且服从"道理"。这种服从先于行为,所以说是"蚤服"。

其中"啬之谓术也,生于道理"一句最为关键。"啬"即前文谈到的自我克制的方式,即前章所谓"爱其精神,啬其智识"。可是韩非并没有交代如何知晓它"生于道理"。也许可以认为,韩非已经系统性地接受并将《老子》当作理论前提,因为"啬"生于"道理"是《老子》中的表述,是故无须再作合理性层面的证成,而只需要对之加以解释以促成治术、实践层面的落实即可。结合《韩非子》其他篇章对天人关系、神人关系几乎"无视"的状态,我们有理由认为韩非"接着"老子的形而上和天人论展开论说,且以此为基础侧重"术"的层次的这个判断可以成立。

> 知治人者,其思虑静;知事天者,其孔窍虚。思虑静,故德不去;孔窍虚,则和气日入。故曰:"重积德。"夫能令故德不去,则和气日至者,和气,即中和之气。蚤服者也。故曰:"蚤服,是谓重积德。"

"知治人"和"知事天"显然都是"圣人"应有的能力。"和气"即中和之气,这表明韩非对世界构成、运行的认识,接受了当时流行的气论。

这章中论说了"知治人者"如何能够"重积德"。其中对"德"的基本理解与《解老》篇第二章所论"不以无为为有常,则虚;虚,则德盛;德盛之为上德"相契合,要在"虚"。按此,人要克制自己的"思虑",[1]保持"孔窍虚",则"和气"自然能够"日入"。这也与本篇首章强调不能为了"德"或"无为",以之为念而"无为"一理相通。自我克制是人力所当为,而"积德"则是自然而然的结果。

一面要求"令故德不去",一面要求"和气日至",说明所"积"之"德"不是可以量化累积的对象,而只能是"虚"本身。

这段论述,特别是孔窍、虚、静与"和气日入",最相契者莫过于《庄子·齐物论》之"地籁""天籁"之论:

> 南郭子綦隐几而坐,仰天而嘘,嗒焉似丧其耦。颜成子游立侍乎前,曰:"何居乎?形固可使如槁木,而心固可使如死灰乎?今之隐几者,非昔之隐几者也。"子綦曰:"偃,不亦善乎而问之也!今者吾丧我,汝知之乎?女闻人籁而未闻地籁,女闻地籁而未闻天籁夫!"子游曰:"敢

---

[1] 当然也包括诱发思虑的私欲和思虑引发的行为。

问其方。"子綦曰:"夫大块噫气,其名为风。是唯无作,作则万窍怒呺。而独不闻之翏翏乎?山林之畏佳,大木百围之窍穴,似鼻,似口,似耳,似枅,似圈,似臼,似洼者,似污者;激者,謞者,叱者,吸者,叫者,譹者,宎者,咬者,前者唱于而随者唱喁。泠风则小和,飘风则大和,厉风济则众窍为虚。而独不见之调调、之刁刁乎?"子游曰:"地籁则众窍是已,人籁则比竹是已。敢问天籁。"子綦曰:"夫天籁者,吹万不同,而使其自己也,咸其自取,怒者其谁邪!"文中南郭子綦的"吾丧我",就是自我克制、去私的极致表现。

积德而后神静,神静而后和多,和多而后计得,计得而后能御万物,能御万物则战易胜敌,战易胜敌而论必盖世,论必盖世,故曰:"无不克。"无不克本于重积德,故曰:"重积德,则无不克。"

本章意在解释《老子》的"重积德"何以"无不克"。韩非为两者的联系给出了一条具有功利色彩的因果关联线索:积德—神静—和多—计得—御万物—战易胜敌—论必盖世—无不克。其中"积德"和"神静"是互相助成的状态,结果是"和多"、"计得"乃至"御万物"。"战易胜敌"和"论必盖世"又是得天下和治天下的一体两面。这其实也可看作韩非对老子"无为而无不为"的理解。

战易胜敌,则兼有天下;论必盖世,则民人从。进兼有天下而退从民人,其术远,则众人莫见其端末。莫见其端末,是以莫知其极。 极,最高准则。**故曰:"无不克,则莫知其极。"**

顺着"战易胜敌"导出的终极结果理应是"兼有天下",即通过战争而有天下。"论必盖世"的结果是"民人从",这是治天下所必需。这两者可以看作韩非政治理论的旨归所在。"进兼有天下而退从民人"且"无不克"是治平天下所应达到的效果,而"术"则应被君主独掌,所以强调众人"莫见其端末,是以莫知其极"。所谓"极",指的是最高、最深层的行为准则和方法,也就是道术。

据此也可知,战争和治理是两个方面的问题,尽管君主扮演的角色和行为原则一致,但是两者相对独立。

凡有国而后亡之,有身而后殃之,不可谓能有其国、能保其身。夫能有其国,必能安其社稷;能保其身,必能终其天年;而后可谓能有其国、能保其身矣。夫能有其国、保其身者,必且体道。体道,则其智深;其智深,则其会远;会,算计。其会远,众人莫能见其所极。唯夫能令人不见其事极,不见其事极者为保其身、有其国。故曰:"莫知其极。莫知其极,则可以有国。"

这章解释"莫知其极。莫知其极,则可以有国",强调的重心是得之而后能长有、长保,这里韩非有意识地将"有其国"和"保其身"等量齐观,明显是出于论说策略方面的考虑,意在让君主将"终其天年"的"身"之利与"安其社稷"的"国"之利等而观之。而有国、保身的关键在于"体道",文中给出的理由是"体道,则其智深;其智深,则其会远;会远,众人莫能见其所极。唯夫能令人不见其事极,不见其事极者为保其身、有其国",大意是合道而行方能智识深刻、谋划长远,以至众人不能知其道术。这与《主道》等篇中韩非对君主治理应当虚己、无为而不可知的主张一致。

所谓"有国之母":母者,道也;道也者,生于所以有国之术;所以有国之术,故谓之"有国之母"。夫道以与世周旋者,其建生也长,持禄也久。故曰:"有国之母,可以长久。"

这一章中直接界定了"道"与"术"的关系:"道也者,生于所以有国之术。"这与《老子》对"道"的形而上层面的论述存在明显差异,但与《主道》等篇的表述大体一致。

不过,不可仅仅因为韩非以"术"论"道",便认为韩非是在曲解老子的"道"论。而更应该将此理解为韩非是在形而下的、政治治理的层次阐明老子之道。换言之,韩非的道是老子"道"之体在一体分殊之"用"的一个侧面的征显。

树木有曼根,曼,通"蔓"。**有直根。直根者,书之所谓"柢"也。柢也者,木之所以建生也;曼根者,木之所以持生也。德也者,人之所以建生也;禄也者,人之所以持生也。今建于理者,其持禄也久,故曰:"深其根。"体其道者,其生日长,故曰:"固其柢。"柢固则生长,根深则视久,故曰:"深其根,固其柢,长生久视之道也。"**

本章解说"深其根,固其柢,长生久视之道也",讨论的其实是战国时流行的本末论问题。所谓"根""柢"都是"本"之喻,固本的关键则在于"建于理"。此"理"即前文中的"道理"。

工人数变业则失其功,工人,工匠。业,业务。作者数摇徙则亡其功。一人之作,日亡半日,十日则亡五人之功矣;万人之作,日亡半日,十日则亡五万人之功矣。然则数变业者,其人弥众,其亏弥大矣。凡法令更则利害易,利害易则民务变,务变之谓变业。故以理观之,事大众而数摇之,则少成功;藏大器而数徙之,则多败伤;烹小鲜而数挠之,挠,搅动。则贼其宰;宰,厨师。治大国而数变法,则民苦之。是以有道之君贵静,不重变法。故曰:"治大国者若烹小鲜。"

　　人处疾则贵医,有祸则畏鬼。圣人在上,则民少欲;民少欲,则血气治而举动理;举动理则少祸害。夫内无痤疽瘅痔之害,痤疽(cuó jū),痈疽,毒疮。瘅(dàn),通"疸",黄疸病。而外无刑罚法诛之祸者,其轻恬鬼也甚。故曰:"以道莅天下,其鬼不神。"治世之民,不与鬼神相害也。故曰:"非其鬼不神也,其神不伤人也。"鬼祟也疾人之谓鬼伤人,祟,作祟。人逐除之之谓人伤鬼也。民犯法令之谓民伤上,上刑戮民之谓上伤民。民不犯法,则上亦不行刑;上不行刑之谓上不伤人,故曰:"圣人亦不伤民。"上不与民相害,而人不与鬼相伤,故曰:"两不相伤。"民不敢犯法,则上内不用刑罚,而外不事利其产业。上内不用刑罚,而外不事利其产业,则民蕃息。民蕃息而畜积盛。民蕃息而畜积盛之谓有德。凡所谓祟者,魂魄去而精神乱,精神乱则无德。鬼不祟人则魂魄不去,魂魄不去而精神不乱,精神不乱之谓有德。上盛畜积而鬼不乱其精神,则德尽在于民矣。故曰:"两不相伤,则德交归焉。"言其德上下交盛而俱归于民也。

《老子》第六十章：

> 治大国若烹小鲜。以道莅(帛乙本：立)天下,其鬼不神。非其鬼不神,其神不伤人;非其神不伤人,圣人亦不伤人。夫两不相伤,故德交归焉。

韩非引文作：

> 治大国者若烹小鲜。以道莅天下,其鬼不神。非其鬼不神也,其神不伤人也。圣人亦不伤民。两不相伤,则德交归焉。

文中"治大国者若烹小鲜"的典故,源自伊尹以滋味说汤。《诗经·桧·匪风》毛传云："烹鱼烦则碎,治民烦则散,知烹鱼则知治民。"河上注："烹小鱼不去肠,不去鳞,不敢挠,恐其糜也。"《淮南子·齐俗训》说："老子曰：'治大国若烹小鲜',为宽裕者,曰勿数挠,为刻削者,曰致其咸酸而已矣。"

韩非的解说基本上合于《老子》文本的原意,大意是：人生病时就尊重医生,有了祸害就害怕鬼。如果圣人统治,民众就会清心寡欲;民众清心寡欲,便会血气和顺且行动合于道理;行动合于道理则鲜有祸害。身上没有痈疽、黄疸、痔疮等疾病的危害而身外又没有刑罚治罪之患,人们就会轻视淡漠鬼神。所以《老子》说："以道莅天下,其鬼不神。"生活在治世之人,不和鬼互相伤害。所以《老子》说："非其鬼不神也,其神不伤人也。"鬼作祟使人生病是鬼害人,人驱除鬼作祟是人伤鬼。人们违犯法令是民众伤害君主,君主用刑罚刑杀民众是君主伤害民众。民众不犯法,君主也不用刑罚;君主不用刑罚就是君主不伤害民众。所以《老子》说："圣人亦不伤民。"君主与民众不互相伤害,人与鬼也不互相伤害,所以《老子》说："两不相伤。"民众不犯法,那么君主就不对他们的身体用刑罚,也不致力于在其身体之外的产业中求取利益。这样民众可以繁衍生息。民众繁衍生息,他们的积蓄就会增多。民众繁衍生息而财富积蓄增多便可谓有德(得)。常言的作祟,是指失魂落魄而精神错乱,精神错乱就没有道德了。鬼不对人作祟,人的魂魄就不会离开身体;魂魄不离身,精神便不会错乱;精神不错乱则有道德。君主使民众的积蓄很多而鬼又不使他们的精神错乱,那么道德就都在民众身上了。所以《老子》说:"两不相伤,则德交归焉。"这是说上下之德都盛美而又汇聚到民众那里。

有道之君,外无怨仇于邻敌,而内有德泽于人民。夫外无怨仇于邻敌者,其遇诸侯也外有礼义。内有德泽于人民者,其治人事也务本。遇诸侯有礼义则役希起,希,通"稀"。治民事务本则淫奢止。凡马之所以大用者,外供甲兵而内给淫奢也。今有道之君,外希用甲兵,而内禁淫奢。上不事马于战斗逐北,而民不以马远淫通物,所积力唯田畴。积力于田畴,必且粪灌。故曰:"天下有道,却走马以粪也。"人君无道,则内暴虐其民而外侵欺其邻国。内暴虐,则民产绝;外侵欺,则兵数起。民产绝,则畜生少;兵数起,则士卒尽。畜生少,则戎马乏;士卒尽,则军危殆。戎马乏则将马出;军危殆,则近臣役。马者,军之大用;郊者,言其近也。今所以给军之具于谓马近臣。故曰:"天下无道,戎马生于郊矣。"人有欲,则计会乱;会(kuài),总计。计会乱而有欲甚,有欲甚则邪心胜,邪心胜则事经绝,事经绝则祸难生。由是观之,祸难生于邪心,邪心诱于可欲。可欲之类,进则教良民为奸,退则令善人有祸。奸起,则上侵弱君;祸至,则民人多伤。然则可欲之类,上侵弱君而下伤人民。夫上侵弱君而下伤人民者,大罪也。故曰："祸莫大于可欲。"是以圣人不引五色，不淫于声乐；明君贱玩好而去淫丽。人无毛羽，不衣则不犯寒；上不属天而下不著地，以肠胃为根本，不食则不能活；是以不免于欲利之心。欲利之心不除，其身之忧也。故圣人衣足以犯寒，食足以充虚，则不忧矣。众人则不然，大为诸侯，小余千金之资，其欲得之忧不除也。胥靡有免，死罪时活，今不知足者之忧终身不解。故曰："祸莫大于不知足。"故欲利甚于忧，忧则疾生；疾生而智慧衰；智慧衰，则失度量；失度量，则妄举动；妄举动，则祸害至；祸害至而疾婴内；疾婴内，则痛；祸薄外，则苦。苦痛杂于肠胃之间；苦痛杂于肠胃之间，则伤人也惨。惨则退而自咎，退而自咎也生于欲利。故曰："咎莫惨于欲利。"

《老子》第四十六章：

　　天下有道，却走马以粪（傅奕本：播）。天下无道，戎马生于郊。祸莫大于不知足；咎莫大于欲得。故知足之足，常足矣。

韩非引文作：

　　天下有道，却走马以粪也。天下无道，戎马生于郊矣。祸莫大于可欲。祸莫大于不知足，咎莫惨于欲利。

本章对应解释《老子》第四十六章。起首描述"有道之君"的统治状况，最基本的概括是"外无怨仇于邻敌，而内有德泽于人民"，而达成这种状况的方式乃是对外"遇诸侯也外有礼义"，对内"治人事也务本"。做到前者可避免战争，即"役希起"；做到后者则可致"淫奢止"。这里要注意的是文中关于如何避免战争的判断，与韩国当时的国力和处境可以对应上,但与《商君书》中进取式的战争观相左。这并不意味着韩非主动回避征伐,而是站在韩国的立场上因时因势作出的权宜之计。而在内政方面看重农耕,则与商鞅的主张一致。

"凡马之所以大用者,外供甲兵而内给淫奢也"是对"却走马以粪"的解释,更具体地说是"今有道之君,外希用甲兵,而内禁淫奢。上不事马于战斗逐北,而民不以马远淫通物,所积力唯田畴。积力于田畴,必且粪灌"。大意是因为内无奢侈、外无战乱,马可以用于耕作。

与"有道"相对的是"无道"之君的统治状况,概括地说是"内暴虐其民而外侵欺其邻国"。《老子》文本只谈到"戎马生于郊",不过韩非的解说不仅止于马匹用于战争,还谈到对内的暴政和对外战争引发的匮乏问题,即"内暴虐,则民产绝;外侵欺,则兵数起。民产绝,则畜生少;兵数起,则士卒尽。畜生少,则戎马乏;士卒尽,则军危殆"。

接下来解释"祸莫大于可欲",转向了对个人私欲及其后果的讨论。韩非认为欲望是人事中一切祸乱的根源,所以说"人有欲,则计会乱;计会乱而有欲甚,有欲甚则邪心胜,邪心胜则事经绝,事经绝则祸难生"。且这种欲望会被"可欲"之物诱发而造成严重后果,所以说"祸难生于邪心,邪心诱于可欲。可欲之类,进则教良民为奸,退则令善人有祸。奸起,则上侵弱君;祸至,则民人多伤。然则可欲之类,上侵弱君而下伤人民"。杜绝祸乱的行为模式当是"圣人不引五色,不淫于声乐;明君贱玩好而去淫丽",这是从外部减少乃至祛除私欲诱因的方案。

与可欲之物一体两面的是"不知足",这是私欲无法被控制的表现。"人无毛羽,不衣则不犯寒;上不属天而下不著地,以肠胃为根本，不食则不能活；是以不免于欲利之心"说的是人作为存在者的局限性，随之也阐明了"欲利之心"的根源。可是接着又说"欲利之心不除，其身之忧也"，讲的其实是普遍存在的过度纵容"欲利之心"的结果。由此产生了一组矛盾：私欲源于作为有限存在者的人保全自我存在的本性，同时又势必伤害人的存在。

要注意，这是一个专属于"人"的问题。其他有生命的存在者也有欲望和自我保全的私性，但是它们不会像人一样"过度"地谋私。所以问题出在"欲利之心"的"心"上。这样一来，上面的论说便没有矛盾了。

所谓"故欲利甚于忧，忧则疾生；疾生而智慧衰；智慧衰，则失度量；失度量，则妄举动；妄举动，则祸害至；祸害至而疾婴内；疾婴内，则……退而自咎也生于欲利"，可以看作对常言的"利令智昏"的展开解说，也是为了对应《老子》的"咎莫憯于欲利"，大意是求利之心太甚会忧虑，忧虑会致生病，生病会使智慧衰减，智慧衰减会导致行动失去准则，失去了准则会轻举妄动，轻举妄动会招致祸害，祸害来了会让疾病侵扰内心，疾病侵扰了内心疼痛就迫近到身体表面，近到身体表面则内心的苦恼和体表痛苦便会错杂在肠、胃之间，对人的伤害非常惨重。受到了惨痛的伤害才静下来引咎自责，这么说来引咎自责实则来自贪利。

道者，万物之所然也，万理之所稽也。稽，合。**理者，成物之文也；道者，万物之所以成也。故曰："道，理之者也。"物有理，不可以相薄；**薄，迫。**物有理不可以相薄，故理之为物之制。**制，掌控、约束。**万物各异理，万物各异理而道尽。**尽，全。**稽万物之理，故不得不化；不得不化，故无常操。**操，操持。**无**

常操,是以死生气禀焉,万智斟酌焉,万事废兴焉。天得之以高,地得之以藏,维斗得之以成其威,维斗,北斗星。日月得之以恒其光,五常得之以常其位,五常,即水、火、木、金、土五行(星)。列星得之以端其行,端,正。四时得之以御其变气,轩辕得之以擅四方,轩辕,黄帝。赤松得之与天地统,赤松,即赤松子,古之长寿者。圣人得之以成文章。道,与尧、舜俱智,与接舆俱狂,接舆,春秋楚隐士,佯狂不仕。与桀、纣俱灭,与汤、武俱昌。以为近乎,游于四极;以为远乎,常在吾侧;以为暗乎,其光昭昭;以为明乎,其物冥冥;而功成天地,和化雷霆,宇内之物,恃之以成。凡道之情,不制不形,柔弱随时,与理相应。万物得之以死,得之以生;万事得之以败,得之以成。道譬诸若水,溺者多饮之即死,渴者适饮之即生;譬之若剑戟,愚人以行忿则祸生,圣人以诛暴则福成。故得之以死,得之以生,得之以败,得之以成。

本章并不直接对应解释《老子》文本,而是韩非对于道、理、物、人关系的阐发。而章首对"道""理"的界说也成为后世理解韩非道理论的最主要依据。不过全章所论,以及章末"得之以死,得之以生,得之以败,得之以成",可以对应《老子》第三十九章:

> 昔之得一者:天得一以清;地得一以宁;神得一以灵;谷得一以盈;万物得一以生;侯王得一以为天下贞。其致之,天无以清,将恐裂;地无以宁,将恐发;神无以灵,将恐歇;谷无以盈,将恐竭;万物无以生,将恐灭;侯王无以贵高将恐蹶。故贵以贱为本,高以下为基。是以侯王自称孤、寡、不谷。此非以贱为本耶?非乎?故致数誉无誉。

不欲琭琭如玉,珞珞如石。

"道,理之者也",《老子》中无此句,王先谦从顾广圻说,认为此句是对《老子》第十四章"是谓道纪"的解释,[1]陈鼓应亦持此说。[2]"纪"是"理"的意思,"道纪"即"道理",是道之法则,而不是今天日常所说的道理。[3]

本章首先提出了"道"和"理"的关系,即"道者,万物之所然也,万理之所稽也。理者,成物之文也;道者,万物之所以成也"。韩非所理解的"一体分殊"表述为"道,理之者也。物有理,不可以相薄;物有理不可以相薄,故理之为物之制。万物各异理,万物各异理而道尽"。

《说文》曰:"稽,留止也。……稽,计也。"[4]稽的本意是稽查、核查、计算,这里可以引申为"统合"。[5]

"理之为物之制"这个表述非常重要。有鉴于"万物各异理",只有在作为整体的"万物"的意义上看,才可谓之"道尽"。所以说"道者,万物之所然也,万理之所稽也"。而就"物"本身而论,它们受限于存在的有限性,自始就以"分"为前提,呈现各自以为在的状态。"理"是有限化、存在化的分、异的存在者的规定性。如果套用原—因—果结构,"道"是"物"各自以为在的"原","理"是"因",而存在者即"物"是"果"。

---

[1] 王先慎:《韩非子集解》,上海书店1986年版,第147页。
[2] 参见陈鼓应注译:《管子四篇诠释——稷下道家代表作解析》,商务印书馆2006年版,第134页。
[3] 参见林光华:《由"道"而"理":从〈解老〉看韩非子与老子之异同》,载《人文杂志》2014年第4期。
[4] (汉)许慎撰,(清)段玉裁注:《说文解字注》,上海古籍出版社2010年版,第275页。
[5] 参见林光华:《由"道"而"理":从〈解老〉看韩非子与老子之异同》,载《人文杂志》2014年第4期。

明晰"道""理""物"的关系,为的是要说"化",即包括人事在内的万事万物演化的状态和模式:"万物各异理而道尽。稽万物之理,故不得不化;不得不化,故无常操。无常操,是以死生气禀焉,万智斟酌焉,万事废兴焉"。由此可见,正是由于"道"以"理"而分殊显化,因此万事万物都被卷入始终不息的变化和"无常操"中。

因此一面是道不远人,"常在吾侧";一面又包覆寰宇,"游于四极"。有人认为:"道"与"理"的关系,也是"一与多""一般与个别"的关系〔1〕。另外,韩非认为:"理定而后可得道也。"(《韩非子·解老》)因此,万物要获得"道"、符合"道",就必须以"理"作为"中介"〔2〕。

"凡道之情,不制不形,柔弱随时,与理相应。""道"与"物"、"事"的关系,韩非解作"万物得之以死,得之以生;万事得之以败,得之以成"。这看似是一种二分式的表达,即"道"与存在者为二。

但是细想起来,并不能理解为二分。万物与人事有"得"道与否之别,并不意味着"道"外在且需外求。而在于是否会有自发背离。万物有"生"(存在)便合道,相较而言,有"智"的人才有"生"而不合道的问题,也就是人会因为人的特殊性而出现不合道的"事"。接下来的两则譬喻都印证了这个判断:"道譬诸若水,溺者多饮之即死,渴者适饮之即生;譬之若剑戟,愚人以行忿则祸生,圣人以诛暴则福成。"

换言之,"道"本就与"生"为一,但人会因其"私"与"智"破坏自发合道的状态,因此要人自觉地把握"适"的度,亦可谓之"宜"。韩非较之儒家论此"宜"之度的一大特点在于,认为度可确定,且有普遍

---

〔1〕 参见李玉诚:《韩非"道理论"的哲学含义》,载《信阳师范学院学报(哲学社会科学版)》2016年第1期。

〔2〕 参见李玉诚:《韩非"道理论"的哲学含义》,载《信阳师范学院学报(哲学社会科学版)》2016年第1期。

性并可标准化。而儒生则认为此度只能在具体场景中个别地把握。这仍然是一种对自我认识、作为的调整,而非向自我之外去取舍。

王叔岷认为,"道者……天得之以高,地得之以藏,维斗得之以成其威,日月得之以恒其光,五常得之以常其位,列星得之以端其行,四时得之以御其变气,轩辕得之以擅四方,赤松得之与天地统,圣人得之以成文章",本自《庄子·大宗师》[1]:

> 夫道……神鬼神帝,生天生地;在太极之先而不为高,在六极之下而不为深;先天地生而不为久,长于上古而不为老。狶韦氏得之,以挈天地;伏牺氏得之,以袭气母;维斗得之,终古不忒;日月得之,终古不息;堪坏得之,以袭昆仑;冯夷得之,以游大川;肩吾得之,以处太山;黄帝得之,以登云天;颛顼得之,以处玄宫;禺强得之,立乎北极;西王母得之,坐乎少广,莫知其始,莫知其终;彭祖得之,上及有虞,下及五伯;傅说得之,以相武丁,奄有天下,乘东维,骑箕尾,而比于列星。

本章涉及道、理、物、人的复杂关系如下:

类型	具体关系
道—理	"道者……万理之所稽"。"凡道之情,不制不形,柔弱随时,与理相应"。
道—物	"道者,万物之所然也"。"道者,万物之所以成也"。"万物各异理而道尽。稽万物之理"。"以为近乎,游于四极;以为远乎,常在吾侧;以为暗乎,其光昭昭;以为明乎,其物冥冥;而功成天地,和化雷霆,宇内之物,恃之以成"。"万物得之以死,得之以生;万事得之以败,得之以成"。

---

[1] 王叔岷:《先秦道法思想讲稿》,第241页。

续表

类型	具体关系
理—物	"理者,成物之文也"。"物有理,不可以相薄……故理之为物之制"。"万物各异理"。"稽万物之理,故不得不化;不得不化,故无常操。无常操,是以死生气禀焉,万智斟酌焉,万事废兴焉。天得之以高,地得之以藏,维斗得之以成其威,日月得之以恒其光,五常得之以常其位,列星得之以端其行,四时得之以御其变气"。"道譬诸若水,溺者多饮之即死,渴者适饮之即生;譬之若剑戟,愚人以行忿则祸生,圣人以诛暴则福成"。
理—人	"轩辕得之以擅四方,赤松得之与天地统,圣人得之以成文章"。"道,与尧、舜俱智,与接舆俱狂,与桀、纣俱灭,与汤、武俱昌"。

人希见生象也,而得死象之骨,案其图以想其生也,故诸人之所以意想者皆谓之"象"也。今道虽不可得闻见,圣人执其见功以处见其形,见,通"现"。故曰:"无状之状,无物之象。"

《老子》第十四章:
视之不见名曰夷,听之不闻名曰希,搏之不得名曰微。此三者不可致诘,故混而为一。其上不皦,其下不昧,绳绳〔据景龙碑、傅奕本等:兮〕不可名,复归于无物。是谓无狀之狀,无物之象,是谓惚恍。迎之不见其首,随之不见其后。执古之道,以御今之有。能知古始,是谓道纪。

基于"象"的词源解说义理,是韩非之学的一大特色。按文义,侧重图像与想象两义的"象",源于人们皆知有大象这种动物,却极少亲见,于是便会据"死象之骨"而"案其图以想其生也",由此想象出大象的样貌形态。这颇有些类似于现代考古学依据骨骼化石复原已经灭绝的上古生物的方式。

分析这个认识过程可知,人们原本有大象之"象"的概念,同时能够把握到大象某些特质(如见到象骨头),而且有大象的图像。以这些为基础,"意想"的显然不是静态的大象形象,而是动态化的存在状态,此即"想其生"。通常人们都会以自己"意想"中的那个"象"为本,而非以"死象之骨"或"图",当然也非大象本身为"象"。

如果把"象"换为"道",这一段就表达的是,"道"本身"不可得闻见",就好像"生象""希见"。可是人们能够掌握到对"道"的描述(如《老子》)并以之为认识"道"的依据,其功用如"图"。同时还能把握到"道"的端绪(如天行、地理、人事),足以与原有的描述相印证,起"死象之骨"之用,由此获得对"道"和《老子》所论的确信。再接下来,便会有对"道"的"想其生"的认识加工。

由此可见,韩非在这一章中论说的是人如何在观念中形成对"道"的认识、描述,前提是人们确知有"道",且已有了对"道"的知识性把握。上述历程的前提是有"图",即圣人对"道"的描述;可是最初圣人何以获得对"道"的把握并形成描述呢?按文中所示即"道虽不可得闻见,圣人执其见功以处见其形",意思是即使"道"不能直观感知,但是圣人能够通过把握作为"道"之显化的存在对象与状态("执其见功"),形成对"道"的认识,并将之转化为描述,也就是"处见其形"。

除了论说认识过程,本章更主要的目的实质上是在解说"道"本身。

凡理者,方圆、短长、麤靡、麤,通"粗"。靡,细。**坚脆之分也**,脆,通"脆",柔软娇嫩。**故理定而后可得道也。故定理有存**

亡,有死生,有盛衰。夫物之一存一亡,乍死乍生,初盛而后衰者,不可谓"常"。唯夫与天地之剖判也俱生,至天地之消散也不死不衰者谓"常"。而常者,无攸易,易,改易。无定理。无定理,非在于常所,是以不可道也。圣人观其玄虚,用其周行,用,以。强字之曰"道",然而可论。故曰:"道之可道,非常道也。"

《老子》第一章:

道可道,非常(帛甲、乙本:恒)道。名可名,非常名。无名天地之始,有名万物之母。故常无欲,以观其妙;常有欲,以观其徼(敦:曒)。此两者同出而异名,同谓之玄,玄之又玄,众妙之门。

韩非引文作:

道之可道,非常道也。

本章重在解说"理""道""常"的关系,与前文第六章相呼应。而综合本章与之前的第六章可见,韩非道论的核心,也是最独特且复杂的观念在于"理"。

"常"有正反两解:反者"夫物之一存一亡,乍死乍生,初盛而后衰者,不可谓'常'"。意思是变化着的状态不是常。正者"唯夫与天地之剖判也俱生,至天地之消散也不死不衰者谓'常'"。意思是变化之中始终不变者乃是"常"。因此"常"是"道"的属性。

复杂者在于"常"与"理"的关系。"理"是有"定"者,有"定"即有限而非无限,因此不得"常"也不是"道"。

其实在韩非之前,"理"已经被当作一个与"道"相关的范畴来使用,特别是作为稷下黄老学作品集的《管子》。例如:"别交正分之谓理。顺理而不失之谓道,道德定而民有轨矣。"(《管子·君臣上》)所不同者在于,韩非把"理"当作一个命题来专门讨论,而不似之前的论家习用而不加辨析。换句话说,韩非之前鲜有人追问"理"究竟是什么,"理"和"道"究竟是什么关系。

尤其是道与理的关系,显得相当模糊。例如《文子·自然》篇"无权不可为之势,而不循道理之数,虽神圣人不能以成名"的"循道理",和"嗜欲不挂正术,循理而举事"中的"循理"似无甚区别。《吕氏春秋·正月纪》"无变天之道,无绝地之理,无乱人之纪",其中的道、理、纪也可互文。

又如:"不为善,不避丑,遵天之道,不为始,不专己,循天之理。"(《文子·符言》)"释道而任智者危,弃数而用才者困,故守分循理,失之不忧,得之不喜。"(《文子·道德》)

人始于生而卒于死。始之谓出,卒之谓入。故曰:"出生入死。"人之身三百六十节,节,部分。四肢、九窍其大具也。窍,孔窍,包括眼二、耳二、鼻孔二、口、尿道口、肛门。四肢与九窍十有三者,十有三者之动静尽属于生焉。属之谓徒也,故曰:"生之徒也十有三者。"至死也,十有三具者皆还而属之于死,死之徒亦有十三。十三,即十分之三。故曰:"生之徒十三,死之徒十有三。"凡民之生生者固动,动尽则损也;而动不止,是损而不止也。损而不止则生尽,生尽之谓死,则十有三具者皆为死死地也。死死地,读作死于死地。故曰:"民之生,生而动,动皆之死地,亦十有三。"

《老子》第五十章：

> 出生入死。生之徒，十有三；死之徒，十有三。人之生〔生〕，动之于死地，亦十有三。夫何故？以其生生之厚。盖闻善摄生者，陆行不遇兕虎，入军不被甲兵；兕无所投其角，虎无所措其爪，兵无所容其刃。夫何故？以其无死地。

韩非所引作：

> 出生入死。生之徒也十有三者。生之徒十有三，死之徒十有三。民之生，生而动，动皆之死地，亦十有三。陆行不遇兕虎。入军不备甲兵。兕无所投其角，虎无所错其爪，兵无所容其刃。无死地焉。善摄生。

本章解说"出生入死。生之徒也十有三者。生之徒十有三，死之徒十有三。民之生，生而动，动皆之死地，亦十有三"，主要针对的是人之生死、动止问题。大意是：人的生命始于出生而结束于死亡。开始是"出"，结束是"入"。所以《老子》说："出生入死。"人的身体有三百六十个部分，四肢及口、眼、耳、鼻、尿道口、肛门九窍，是最重要的器官。四肢与九窍共十三个部分，这十三个部分的动与止都属于生存。而"属"是"类"，死后这十三个器官都属于死亡，所以死亡之类也有十三。所以《老子》说："生之徒十有三，死之徒十有三。"所有人为了生命而生活，所以生始终在"动"，而动到极致势必有损害。如果一直不停地动，则损害不会停止，会造成生命耗尽，也就死亡了。所以《老子》说："民之生，生而动，动皆之死地，亦十有三。"

结合其他篇章中韩非对君主虚己、主静的要求，可知这一章对"动"的反思和批判，实际上是在为之建立理论基础。

是以圣人爱精神而贵处静。爱,珍惜。**不爱精神,不贵处静,此甚大于兕虎之害。**兕(sì),犀牛。**夫兕虎有域,**域,区域、范围。**动静有时。避其域,省其时,**省(xǐng),省察。**则免其兕虎之害矣。民独知兕虎之有爪角也,而莫知万物之尽有爪角也,不免于万物之害。何以论之?时雨降集,旷野闲静,而以昏晨犯山川,则风露之爪角害之。事上不忠,轻犯禁令,则刑法之爪角害之。处乡不节,**乡,乡里。**憎爱无度,则争斗之爪角害之。嗜欲无限,动静不节,则痤疽之爪角害之。**痤疽(cuó jū),犹痈疽、毒疮。**好用其私智而弃道理,则网罗之爪角害之。**网罗,喻自然法则。**兕虎有域,而万害有原,**原,本原、原因。**避其域,塞其原,则免于诸害矣。凡兵革者,所以备害也。重生者,虽入军无忿争之心;无忿争之心,则无所用救害之备。此非独谓野处之军也。圣人之游世也,无害人之心;无害人之心,则必无人害;无人害,则不备人。故曰:"陆行不遇兕虎。"入山不恃备以救害,故曰:"入军不备甲兵。"远诸害,故曰:"兕无所投其角,虎无所错其爪,**错,通'措'。**兵无所容其刃。"不设备而必无害,天地之道理也。体天地之道,故曰:"无死地焉。"动无死地,而谓之"善摄生"矣。

  本章的中心观点即"圣人爱惜精神而崇尚安静淡泊"。如果不珍视"精神",不以"处静"为贵,比犀牛、老虎的祸害要大得多。犀牛、老虎有一定的活动区域,行和止都有特定的时间。如果避开它们活动的区域,关注它们活动的时间,便可以避免那犀牛、老虎之害。人们知道犀牛、老虎有爪和角,却不知道所有事物都有爪和角,所以不能避免事物的伤害。为什么这么说呢?及时的雨水降下汇集,空旷的原野空闲寂静,人们在黄昏和清晨跋山涉水,冷风寒露的爪和角就会伤害他们。侍奉君主不忠诚,轻率地违犯禁令,刑法的爪和角就会伤害他们。居于乡里不约束自己,爱憎没有节度,争斗的爪和角就会伤害他们。嗜好与欲望没有限度,行动举止不加节制,那么痈疽的爪和角就会伤害他们。喜欢凭自己的个人智巧来办事而不循事物之理,天罗地网的爪和角就会伤害他们。犀牛和老虎的活动有一定范围,而各种祸害都有它们的来源,避开犀牛和老虎的活动范围,堵塞各种祸害之源,就可以避免各种祸害了。所以《老子》说"陆行不遇兕虎"。大凡兵器盔甲这种东西,是用来防备受害的工具。看重自己生命的人,即使进入军营之中也没有愤怒争斗之心,也就没有地方用得着防备受害的长兵器。这不单是指在野外驻扎的军队而言。圣人也没有害人的心肠,这样便没有人伤害他,也就不用去防备他人。进入军队驻防的山野不用靠兵器来防止受害,所以《老子》说"入军不备甲兵"。远离了各种祸害,所以《老子》说"兕无所投其角,虎无所错其爪,兵无所容其刃"。不用设防而不受祸害,这是天地的道理。这种人遵行大自然的普遍规律,所以《老子》说"无死地焉"。在社会上活动而没有招致死亡的地方,《老子》称之为"善摄生"。

爱子者慈于子,重生者慈于身,贵功者慈于事。慈母之于弱子也,务致其福;务致其福,则事除其祸;事除其祸,则思虑熟;思虑熟,则得事理;得事理,则必成功;必成功,则其行之也不疑;不疑之谓"勇"。圣人之于万事也,尽如慈母之为弱子虑也,故见必行之道。见必行之道则其从事亦不疑;不疑之谓"勇"。不疑生于"慈",故曰:"慈,故能勇。"

《老子》第六十七章：

> 天下皆谓我道大，似不肖。夫唯大，故似不肖。若肖，久矣其细也夫！我有三宝，持而保之。一曰慈，二曰俭，三曰不敢为天下先。慈故能勇；俭故能广；不敢为天下先，故能成器长。今舍慈且勇，舍俭且广，舍后且先，死矣！夫慈以战则胜，以守则固。天将救之，以慈卫之。

韩非引文作：

> 慈，故能勇；俭，故能广。不敢为天下先，故能为成事长。慈，于战则胜，以守则固。吾有三宝，持而宝之。

韩非在这一章中对"慈，故能勇"中"慈"和"勇"的界定都很特别。"慈"是"慈母"在对待"弱子"时表现出的"得事理"的状态。而这将"必成功"。

其中有两个方面需要注意：一是为什么"慈"必定"得事理"呢？这与前文对"理"的状态的理解有关。二是"必成功"说的不是今人所谓客观必然性，而是类似于无论如何都必须成功的心态和行为状态，尽管《韩非子》全书用"必"652次，包括必要、必然、必须等义。从另一个角度来理解，韩非并不认为人的行为和结果之间有客观必然性。所有的"必"，都是人基于"思虑熟"把握"事理"并能为了"成功"持续"行之也不疑"的状态。换句话说，韩非的"必"是人参与其中并主动作为，而非将人的主动性排除在外的客观必然性。其中包含为了成功竭尽所能思虑和不顾一切阻碍的行为。

韩非重新界定的"勇"即以这种"必"作为前提和基础，与慈母对待弱子的"慈"本质上相同。或者也可说"慈"和"勇"是"必"不同侧面的表现和描述，"慈"侧重心，"勇"侧重行。

"事理"是本篇前文谈到的"万物各异理"之"理"。由于事事各有其理,所以"事理"必须在"事"上把握。

周公曰:"冬日之闭冻也不固,则春夏之长草木也不茂。"天地不能常侈常费,侈,用财物过度。而况于人乎?故万物必有盛衰,万事必有弛张,国家必有文武,官治必有赏罚。是以智士俭用其财则家富,俭,节俭。圣人爱宝其神则精盛,宝,爱惜。人君重战其卒则民众,重,审慎。民众则国广。是以举之曰:"俭,故能广。"

相较于上章,这里"故万物必有盛衰,万事必有弛张,国家必有文武,官治必有赏罚"的"必"更接近今人所谓必然性。

韩非通过"慈,故能勇"和"俭,故能广"示明了"必"的两重内涵。举例来说,"万事必有弛张"是"必","人君重战其卒则民众"也是"必"。可是人君如何"重战",这需要上一个层次的"必",也就是思虑、把握事理以成的"勇"。两重"必"在实践中兼有,才算是合宜的行为。

凡物之有形者易裁也,易割也。何以论之?有形,则有短长;有短长,则有小大;有小大,则有方圆;有方圆,则有坚脆;脆,同"脃(cuì)",柔软娇嫩。有坚脆,则有轻重;有轻重,则有白黑。短长、大小、方圆、坚脆、轻重、白黑之谓理。理定而物易割也。故议于大庭而后言则立,大庭,指朝廷。权议之士知之矣。故欲成方圆而随其规矩,则万事之功形矣。而万物莫不有规矩,议言之士,计会规矩也。会,合。圣人尽随于万物之规矩,故曰:"不敢为天下先。"不敢为天下先,则事无不事,功无不功,而议必盖世,欲无处大官,其可得乎?处大官之谓为"成事长"。成事长(zhǎng),成为事业之长。是以故曰:"不敢为天下先,故能为成事长。"

这一章非常集中地体现了韩非对"理"的理解。"凡物之有形者易裁也,易割也",也可以反过来理解,即万物是被裁割之后的有形、有限者。"理"就是"分"而后的"规矩"。人的行为要知理、随理,即"圣人尽随于万物之规矩"。老子的"不敢为天下先",在这个意义上就是知理、随理而后动的意思。"不敢为天下先"是因,"成事长"是果,这是从另一个侧面解说"必"。

慈于子者不敢绝衣食,慈于身者不敢离法度,慈于方圆者不敢舍规矩。故临兵而慈于士吏则战胜敌,慈于器械则城坚固。故曰:"慈,于战则胜,以守则固。"夫能自全也而尽随于万物之理者,必且有天生。天生也者,生心也,故天下之道尽之生也。若以慈卫之也,事必万全,而举无不当,则谓之"宝"矣。故曰:"吾有三宝,持而宝之。"

本章将"衣食""法度""规矩"置于同等重要的位置,以此为"慈"之心所应与"理"所必的对象。"夫能自全也而尽随于万物之理者,必且有天生。天生也者,生心也,故天下之道尽之生也",乃是顺着人自保自全的私心,讨论与"道理"("万物之理")相合的"自全"相统一的方案。换句话说,道的要求、理之所示、自我之私的旨归应该是相统一的。这就意味着人们通常表现出的私心、私欲与道、理相悖,是人没有正确地把握成私的手段与目标之间存在偏离。也可说是因小私而背离了大私。而真正的成私的手段,至少对君主而言系诸法度和规矩。

书之所谓"大道"也者,端道也。端,正。**所谓"貌施"也者,**施,通"迆"(yǐ),邪、斜。**邪道也。所谓"径大"也者,佳丽也。佳丽也者,邪道之分也。"朝甚除"也者,**朝,朝廷。除,通"涂",污秽。**狱讼繁也。狱讼繁,则田荒;田荒,则府仓虚;府仓虚,则国贫;国贫,而民俗淫侈;民俗淫侈,则衣食之业绝;衣食之业绝,则民不得无饰巧诈;饰巧诈,则知采文;**采文,浮华文饰。**知采文之谓"服文采"。狱讼繁仓廪虚,而有以淫侈为俗,则国之伤也,若以利剑刺之。故曰:"带利剑。"诸夫饰智故以至于伤国者,其私家必富;私家必富,故曰:"资货有余。"国有若是者,则愚民不得无术而效之;效之,则小盗生。由是观之,大奸作则小盗随,大奸唱则小盗和。竽也者,五声之长者也。故竽先则钟瑟皆随,竽唱则诸乐皆和。今大奸作则俗之民唱,俗之民唱则小盗必和。故"服文采,带利剑,厌饮食,而货资有余者,是之谓盗竽矣"。**

《老子》第五十三章:
　　使我介然有知,行于大道,唯施是畏。大道甚夷,而民(景龙本:人)好径。朝甚除,田甚芜,仓甚虚;服文彩,带利剑,厌饮食,财货有余。是为夸盗。非道也哉!
韩非引文作:
　　大道、貌施、径大、朝甚除,服文采,带利剑,厌饮食,而货资有余者,是之谓盗竽矣。

这一章韩非所引者与传世本《老子》文本差异较大,有可能存在节引的情况。所论大意是:《老子》所说的"大道",是指正道。所说的"貌施",是指邪道。说"径大",是因为小路美好华丽,而美好华丽正是邪道的一端。《老子》所说的"朝甚除",是指狱讼繁多。狱讼繁多则农田荒芜;农田荒芜则钱库粮仓空虚;钱库粮仓空虚则国家贫困;国家贫困而民间风俗却过分奢侈,那么衣和食的产业势必断绝,如此一来人们不得不乔装打扮以巧妙地诈骗钱财,为此就会致力于打扮;这就是"服文采"。狱讼繁多,仓库空虚,风俗却又过分奢靡,国家所受的伤害就好像是被锋利的宝剑刺一样。这就是《老子》说的"带利剑"。凡用智慧巧诈装扮自己而使国家受伤害者,私家一定很富裕,所以《老子》说"资货有余"。国家多有这类人,无知的民众会想办法仿效他们,于是小盗贼会滋生。由此可见,大奸出现,小贼也会跟着产生;大奸倡导,小贼就会附和。竽,是吹奏宫、商、角、徵、羽五声的主要乐器,竽先演奏,钟鼓琴瑟等会随之奏响;竽先吹响,各种乐器便会与它应和。现在大奸出现了,俗众会跟着被引导,于是小贼定会附和。所以《老子》说:"服文采,带利剑,厌饮食,而货资有余者,是之谓盗竽矣。"

人无愚智,莫不有趋舍。恬淡平安,莫不知祸福之所由来。得于好恶,怵于淫物,怵,通"䜣"(xù),引诱、诱惑。**而后变乱。所以然者,引于外物,乱于玩好也。恬淡有趋舍之义,平安知祸福之计。而今也玩好变之,外物引之;引之而往,故曰"拔"。**

《老子》第五十四章：

  善建者不拔,善抱者不脱,子孙以祭祀不辍。修之于身,其德乃真;修之于家,其德乃余;修之于乡,其德乃长;修之于国(郭店本:邦),其德乃丰;修之于天下,其德乃普。故以身观身,以家观家,以乡观乡,以国观国,以天下观天下。吾何以知天下然哉？以此。

韩非引文作：

  (善建者)不拔,(善抱者)不脱,(子孙以)祭祀不绝。修之身,其德乃真;修之家,其德有余;修之乡,其德乃长;修之邦,其德乃丰;修之天下,其德乃普。以身观身,以家观家,以乡观乡,以邦观邦,以天下观天下。吾奚以知天下之然也？以此。

本章解说"善建者不拔"的"拔"。在韩非看来,"拔"即致人不能安守虚静无为的合道状态的诱因。而造成"拔"的基础在于"人无愚智,莫不有趋舍",也就是所有人都有取舍。这与他对人的性情的基本判断一致。"恬淡平安,莫不知祸福之所由来",则是韩非对一般俗众不知"道理"的判断。上述两个前提都造成了人们通常会因为私欲的好恶而受到外物引诱,即"引于外物,乱于玩好"而作出不合于道,从根本上说也不合于身之大利的判断。

  至圣人不然：一建其趋舍,建,形成。趋舍,即取舍。**虽见所好之物,不能引,不能引之谓"不拔"；一于其情,虽有可欲之类,神不为动。神不为动之谓"不脱"。为人子孙者,体此道以守宗庙,宗庙不灭之谓"祭祀不绝"。**

圣人表现出与一般俗众相反的状态，即不会因不合道的欲望而受引诱，所以说"一建其趋舍，虽见所好之物，不能引"。究其原因则在于圣人能够"一于其情，虽有可欲之类，神不为动"，也就是能够自我克制欲望以合于道，因而不妄为。若置于家天下的君主政治来看，这种自我克制以合道的方案是能够代代保有其业的关键，所以说"为人子孙者，体此道以守宗庙"。

要注意，整部《韩非子》中一直回避与神圣性有关的话题，其中也包括祖灵、祭祀等问题，所以针对《老子》的"祭祀不绝"也做了世俗化的解说。

身以积精为德，家以资财为德，乡国天下皆以民为德。今治身而外物不能乱其精神，故曰："修之身，其德乃真。"真者，慎之固也。治家者，无用之物不能动其计，则资有余，故曰："修之家，其德有余。"治乡者行此节，则家之有余者益众，故曰："修之乡，其德乃长。"治邦者行此节，则乡之有德者益众，故曰："修之邦，其德乃丰。" 丰，丰裕。**莅天下者行此节，** 莅，统治、治理。**则民之生莫不受其泽，故曰："修之天下，其德乃普。"**

本章中，韩非直接将"德"作"得"解。是故对于身体而言累积精气是"得"到精气，也就是身之"德"；对家而言"得"到"资材"，也就是有资材就是有"德"；同理，对于治理乡、国、天下而言，"得"民就是有"德"。

此论与本篇首章"上德不德（得），言其神不淫于外也。神不淫于外，则身全，身全之谓德。德者，得身也"可相呼应。

这也意味着若不与之前的论述相观照，单纯就本章的文面作解，很容易产生误读。所需参照者，尤其是第一章："凡德者，以无为集，以无欲成，以不思安，以不用固。为之欲之，则德无舍；德无舍，则不全。用之思之，则不固；不固，则无功；无功，则生于德。德则无德，不德则有德。"

表面上看，韩非强调的是"德"的"得"义，实际上这个"得"的对象恰恰是"无"而非作为"有"的人、物等。由此，本章中所得的"精""资""民"等都只是得"无"的结果，而非"得"的目标。说得通俗一些，为了得长生、财富、民众(统治权)而为不是有德，亦不合道。反倒是能得"无"，能够自然达致上述结果。

修身者以此别君子小人，别，区分，分辨。**治乡、治邦、莅天下者各以此科适观息耗，**科，法度。息，止息。耗，动作耗费。**则万不失一。故曰："以身观身，以家观家，以乡观乡，以邦观邦，以天下观天下。吾奚以知天下之然也？以此。"**

君子、小人之异，在于能否自我克制以合道。韩非意在强调所有的行为都应以此为作为的根本原则，所以治理身、家、乡、邦、天下一理相通。

喻老第二十一

【导读】

本篇解释了《老子》第四十六、五十四、二十六、三十六、六十三、六十四、五十二、七十一、三、四十七、四十一、三十三、二十七、十三章,其中第六十四章重出。《解老》篇也针对第四十六、五十四章两章作解。

整个《喻老》篇,更接近于以事(历史典故)解说《老子》经句,以彰明其中"术"的内涵,并为人事尤其是政治事务提供指引。也正是因为侧重明"术",且所列事例不乏权谋诈伪之类的内涵,因此后世论家经常目之为对《老子》的俗化曲解。也有学者因为本篇与《解老》篇风格和理论侧重的差异,判定两篇之一(通常认为是《解老》篇)不是韩非亲撰。

和《解老》篇主要的不同有三:一是《喻老》

更多是以事喻理,与《韩非子》其他诸篇的论说习惯更接近。二是《喻老》篇主要针对《老子》的文句,而非完整的章节作出解释。三是《喻老》随事说理,解说的文本并不完全合于《老子》的分章。

【原文·评注】

天下有道,无急患,则曰静, 曰,或作"日"。**遽传不用。** 遽(jù),报信的快马或驿车。**故曰:"却走马以粪。"天下无道,攻击不休,相守数年不已,甲胄生虮虱,** 虮(jī),虱卵。**燕雀处帷幄,** 帷幄,军营的帐幕。**而兵不归。故曰:"戎马生于郊。"**

本章针对《老子》第四十六章:
> 天下有道,却走马以粪。天下无道,戎马生于郊。祸莫大于不知足,咎莫大于欲得,故知足之足,常足矣。

韩非引文作:
> 天下有道,却走马以粪。天下无道,戎马生于郊。罪莫大于可欲,祸莫大于不知足,咎莫憯于欲得。知足之为足矣。

这一章在全篇中显得比较特殊,没有用典故,而是针对《老子》文本的句义直接做了解释,更类似于《解老》篇的风格。按文中所示,"却走马以粪"的意思是天下有道,没有紧急的忧患,可以称得上"静"。这时传驿通信的马车无所用,所以原本奔跑不息的马匹只有生产肥料之用。天下无道的情况下,战争不止,互相攻击防守数年不停,盔甲里生出虱子,燕雀在军营帐幕筑巢,士兵不得归乡。所以说"戎马生于郊"。

翟人有献丰狐、玄豹之皮于晋文公。翟(dí)，即"狄"。丰，大。玄，黑。文公受客皮而叹曰："此以皮之美自为罪。"夫治国者以名号为罪，徐偃王是也；以城与地为罪，虞、虢是也。故曰："罪莫大于可欲。"可欲，指可欲求之物。智伯兼范、中行而攻赵不已，韩、魏反之，军败晋阳，身死高梁之东，遂卒被分，漆其首以为溲器。溲(sōu)器，酒器。故曰："祸莫大于不知足。"虞君欲屈产之乘与垂棘之璧，不听宫之奇，故邦亡身死。故曰："咎莫憯于欲得。"邦以存为常，霸王其可也；身以生为常，富贵其可也。不以欲自害，则邦不亡，身不死。故曰："知足之为足矣。"

"罪莫大于可欲"，意为物本身为人欲望的对象，即是有罪。所以丰狐、玄豹之死，源于它们的皮是"可欲"的对象。又如周穆王时期的徐国国君徐偃王不满足于为周王朝的诸侯而擅自称王，[1]即"以名号为罪"而致祸。

"祸莫大于不知足"，意思是人不知足而贪欲过度，必为祸端。晋之智伯贪求土地不止，兼并范氏、中行氏后仍不满足，执意攻赵，最终在赵、魏、韩三家联手下战败身死。[2]

"咎莫憯于欲得"，即过错源于对物的贪欲。例如，虞国国君贪求晋国"屈产之乘与垂棘之璧"，不听宫之奇的劝谏而借道给晋以灭虢国，终致唇亡齿寒而虞国为晋所灭。

"邦以存为常，霸王其可也；身以生为常，富贵其可也。不以欲自害，则邦不亡，身不死"，意思是邦国以存续为常态，则有可能称

---

[1] 徐偃王的故事，参见《史记·秦本纪》。
[2] 智伯为赵、魏、韩三家所灭之事，见于《十过》篇。

霸成王;人身以生存为常态,则有可能富贵。不因为欲望自我伤害,则邦国不灭亡,人身不致死亡。

楚庄王既胜,狩于河雍,归而赏孙叔敖。孙叔敖请汉间之地,沙石之处。楚邦之法,禄臣再世而收地,唯孙叔敖独在。此不以其邦为收者,瘠也,瘠(jí),贫瘠。故九世而祀不绝。故曰:"善建不拔,善抱不脱,子孙以其祭祀世世不辍。"孙叔敖之谓也。

这一章因孙叔敖请封贫瘠之地而得九世不绝的故事,印证《老子》第五十四章:

> 善建者不拔,善抱者不脱,子孙以祭祀不辍。修之于身,其德乃真;修之于家,其德乃余;修之于乡,其德乃长;修之于国(郭店本:邦),其德乃丰;修之于天下,其德乃普。故以身观身,以家观家,以乡观乡,以国观国,以天下观天下。吾何以知天下然哉?以此。

韩非引文作:

> 善建不拔,善抱不脱,子孙以其祭祀世世不辍。

《解老》篇针对《老子》本章也有解说。文中孙叔敖的故事,大意是:楚庄王获胜之后,在黄河、衡雍之间巡狩,回国后赏赐孙叔敖。孙叔敖请求分封汉水附近一块砂石地。楚国的法律规定,享受俸禄之大臣到第二代要收回封地,唯独孙叔敖的封地保留着。之所以不收回他的封地,是因为那块土地太过贫瘠,因此孙叔敖后代九世都在这块封地上祭祀不断。[1]

制在己曰重,制,指控制、决断的权力。**不离位曰静。重则能使轻,静则能使躁。故曰:"重为轻根,静为躁君。"故曰:"君子终日行,不离辎重也。"** 辎重,军队携带的军械、粮草、被服等物资。**邦者人君之辎重也。主父生传其邦**,主父,赵武灵王。**此离其辎重者也,故虽有代、云中之乐,超然已无赵矣。主父,万乘之主,而以身轻于天下。无势之谓轻,离位之谓躁,是以生幽而死。故曰:"轻则失臣,躁则失君。"主父之谓也。**

文中因赵武灵王("主父")生传位于王子何的故事,印证《老子》第二十六章:

> 重为轻根,静为躁君。是以圣人终日行不离辎重。虽有荣观,燕处超然。奈何万乘之主,而以身轻天下?轻则失本,躁则失君。

韩非引文作:

> 重力轻根,静为躁君。君子终日行,不离辎重也。轻则失臣,躁则失君。

韩非先对文义解释为:控制臣下的大权掌控在(君主)自己手中叫作"重",始终不离开君位叫作"静"。"重"能驱使权势轻微者;"静"能驾驭躁动者(臣民)。所以《老子》说"重为轻根,静为躁君";"君子终日行,不离辎重也"。国家乃是君主的辎重。赵武灵王活着的时候就传位给儿子,[2]这就是离开了他的"辎重",所以

---

[1] 此事还见于《史记·优孟传》。
[2] 《史记·赵世家》载:武灵王二十七年传国,立王子何以为王,自称为主父。

虽然有代和云中之地的乐事,却轻易地失掉了赵国。武灵王是大国君主,却让自己被天下人轻视。失去权势叫作轻,离开君位叫作躁,因此他被囚禁,活活饿死了。所以"轻则失臣,躁则失君",说的就是赵武灵王这类情况。

势重者,人君之渊也。君人者,势重于人臣之间,失则不可复得矣。简公失之于田成,晋公失之于六卿,而邦亡身死。故曰:"鱼不可脱于深渊。"赏罚者,邦之利器也,在君则制臣,在臣则胜君。君见赏,见,通"现",下文同。臣则损之以为德;君见罚,臣则益之以为威。人君见赏,而人臣用其势;人君见罚,而人臣乘其威。故曰:"邦之利器,不可以示人。"

本章解释《老子》第三十六章:
　　将欲歙之,必固张之;将欲弱之,必固强之;将欲废之,必固兴之;将欲夺之,必固与之。是谓微明。柔弱胜刚强。鱼不可脱于渊,国之利器不可以示人。
韩非引文作:
　　鱼不可脱于深渊,邦之利器,不可以示人。将欲翕之,必固张之;将欲弱之,必固强之。将欲取之,必固与之。是谓微明。损弱胜强也。
君之"势",也就是赏罚之柄不可为臣所知,否则会导致君的权柄威势为臣所窃。具体说是"君见赏,臣则损之以为德;君见罚,臣则益之以为威。人君见赏,而人臣用其势;人君见罚,而人臣乘其威",大意是君主如果表现出要赏赐,臣下会减损赏赐,再以自己的名义行赏以作为自己的恩德;如果君主表现出要用刑罚,臣下会加重刑罚来强化自己的威势。可见君主显露出赏赐的意图,臣下会利用他的权势;君主显露出用刑的意图,臣下会假借他的威势。

强调君主必须静、不躁动以保持权威,不为臣下利用,这是韩非一贯的主张。不过,在其他篇中韩非更强调君主克制自己私人的欲求、意图、喜恶且不以之示人;当然也强调君主要牢牢掌控赏罚之柄,但是也认为赏罚的标准应规定于法律制度中,并且按照法律制度严格执行。

越王入宦于吴,入宦,为官。**而观之伐齐以弊吴**。观,示意。**吴兵既胜齐人于艾陵,张之于江、济,强之于黄池,故可制于五湖。故曰:"将欲翕之,**翕(xī),合。**必固张之;将欲弱之,必固强之。"晋献公将欲袭虞,遗之以璧马**;遗(wèi),给予。**知伯将袭仇由,遗之以广车。故曰:"将欲取之,必固与之。"起事于无形,而要大功于天下**,要(yāo),求。**"是谓微明"。处小弱而重自卑损,谓"弱胜强"也。**

这一章以谋略之术解说《老子》中的"将欲翕之,必固张之;将欲弱之,必固强之"和"将欲取之,必固与之"。两句字面的意思是:想要使之闭合,需要先使之尽量张开;想要使之弱小,需要先使之强大。想要得到,需要先付出。

文中的典故大意是:越王勾践到吴国做吴王的奴仆,示意吴王北上攻打齐国,以便削弱吴国。吴军已在艾陵战胜了齐军,势力扩张到长江、济水流域,又在黄池盟会上逞强,由于出兵在外,久战力衰,所以才会在太湖地区被越国制服。所以说"将欲翕之,必固张之;将欲弱之,必固强之"。晋献公想要偷袭虞国,先将玉璧良马赠送给虞君;智伯准备袭击仇由,先将广车赠送给他们。所以说"将欲取之,必固与之"。不露形迹地开始行动,求得在天下获取大功,这就是"微明"。处在弱小地位而能注重谦卑克制,乃是"弱胜强"之理。

有形之类,大必起于小;行久之物,族必起于少。故曰:"天下之难事必作于易,天下之大事必作于细。"是以欲制物者于其细也。故曰:"图难于其易也,为大于其细也。"千丈之堤,以蝼蚁之穴溃;百尺之室,以突隙之烟焚。 突隙,烟囱的裂缝。**故〈曰〉白圭之行堤也塞其穴,**"曰"字为衍文,当删。**丈人之慎火也涂其隙,** 涂,通"塗(tú)",涂抹。**是以白圭无水难,丈人无火患。此皆慎易以避难,敬细以远大者也。扁鹊见蔡桓公,立有间。扁鹊曰:"君有疾在腠理,** 腠(còu)理,皮肤、肌肉的纹理。**不治将恐深。"桓侯曰:"寡人无疾。"扁鹊出。桓侯曰:"医之好治不病以为功。"居十日,扁鹊复见曰:"君之病在肌肤,不治将益深。"桓侯不应。扁鹊出。桓侯又不悦。居十日,扁鹊复见曰:"君之病在肠胃,不治将益深。"桓侯又不应。扁鹊出。桓侯又不悦。居十日,扁鹊望桓侯而还走,桓侯故使人问之。扁鹊曰:"病在腠理,汤熨之所及也;** 汤熨(yùn),用热汤装在容器内熨按身体局部的治疗法。**在肌肤,针石之所及也;** 针石,针灸。**在肠胃,火齐之所及也;** 火齐,即火剂,清火、治肠胃病的汤药。**在骨髓,司命之所属,** 司命,掌管人的生命的神。**无奈何也。今在骨髓,臣是以无请也。"** 请,请见。**居五日,桓侯体痛,使人索扁鹊,已逃秦矣。桓侯遂死。故良医之治病也,攻之于腠理。此皆争之于小者也。夫事之祸福亦有腠理之地,故**

圣人蚤从事焉。蚤,通"早"。

本章解说《老子》第六十三章:

> 为无为,事无事,味无味。大小多少,报怨以德。图难于其易,为大于其细;天下难事必作于易,天下大事必作于细。是以圣人终不为大,故能成其大。
>
> 夫轻诺必寡信,多易必多难。是以圣人犹难之,故终无难矣。

韩非引文作:

> 天下之难事必作于易,天下之大事必作于细。图难于其易也,为大于其细也。

"有形之类,大必起于小;行久之物,族必起于少",这是对存在者存在状态的类似于发生学意义上的判断。对应的正是《老子》文本中的"天下之难事必作于易,天下之大事必作于细"。当然,对于韩非而言,认识世界从来都不是目的,更重要的是基于认识形成合理的行为模式。所以文中接着说道"是以欲制物者于其细也",强调能够"制物",即具有掌控力的行为模式,意思是要对对象实现掌控,须得在事务发生之初尚且细小时着手。这对应《老子》之"图难于其易也,为大于其细也",文面含义上基本一致。

接着说道"千丈之堤,以蝼蚁之穴溃;百尺之室,以突隙之烟焚。故〈曰〉白圭[1]之行堤也塞其穴,丈人之慎火也涂其隙,是以白圭无水难,丈人无火患。此皆慎易以避难,敬细以远大者也",大意是千丈长的堤坝,会因为蝼蚁挖的洞穴而致溃决;百尺高的屋

---

[1] 文中的白圭是战国时魏国人,曾任魏相并主持治水。并见于《内储说下》《孟子·告子下》《吕氏春秋·不屈》等。

子,会因为烟囱漏火而致焚毁。白圭巡视长堤时堵塞小洞,老人谨防起火而封涂缝隙,所以白圭没有水患,老人没有火灾。这些都是谨慎地对待容易的事来避免难事发生,郑重地对待细小的漏洞以避开大祸。类似的表述还见于《吕氏春秋·慎小》:"巨防容蝼,而漂邑杀人;突泄一熛,而焚宫烧积。"

  扁鹊与蔡桓公的故事梗概如下:扁鹊拜见蔡桓公,站了片刻,扁鹊说:"您有病在表皮上,不治恐怕会加深。"桓公说:"我没有病。"扁鹊走了。桓公说:"医生喜欢治疗无病之人作为自己的功绩。"过了十天,扁鹊再次拜见桓公说:"您的病到肌肤了,不治疗会进一步加深。"桓侯不理睬。扁鹊走了。桓侯又不高兴。又过去十天,扁鹊再次拜见桓侯说:"您的病到了肠胃,不治将会进一步加深。"桓侯又不理会。扁鹊走了。桓侯仍旧不高兴。过了十天,扁鹊看见桓侯,转身就跑,桓侯特意派人询问。扁鹊说:"病在表皮,药物热敷能治好;在肌肤,针灸能治好;在肠胃,清火的汤剂能治好;在骨髓,属于主宰生命之神管辖的范围,无可奈何了。现在桓侯病在骨髓,因此我不再请见了。"五天之后,桓侯身体作痛,派人找扁鹊,扁鹊已逃至秦国。接着桓侯病死。由这则故事,韩非总结说"故良医之治病也,攻之于腠理。此皆争之于小者也。夫事之祸福亦有腠理之地,故圣人蚤从事焉",大意是良医治病,会在病灶尚在表皮时便进行治疗。这是为了争取在事情细小的时候尽早处理。事情的祸福也类似于病在肌肤的阶段,所以圣人会及早加以处理。

  昔晋公子重耳出亡,过郑,郑君不礼。叔瞻谏曰:"此贤公子也,君厚待之,可以积德。"郑君不听。叔瞻又谏曰:"不

厚待之,不若杀之,无令有后患。"郑君又不听。及公子返晋邦,举兵伐郑,大破之,取八城焉。晋献公以垂棘之璧假道于虞而伐虢,大夫宫之奇谏曰:"不可。唇亡而齿寒,虞、虢相救,非相德也。今日晋灭虢,明日虞必随之亡。"虞君不听,受其璧而假之道。晋已取虢,还,反灭虞。此二臣者皆争于腠理者也,腠(còu)理,皮肤纹理和肌肉之间的空隙。而二君不用也。然则叔瞻、宫之奇亦虞、郑之扁鹊也,而二君不听,故郑以破,虞以亡。故曰:"其安易持也,其未兆易谋也。"

本章针对《老子》第六十四章:
　　其安易持,其未兆易谋。其脆易泮,其微易散。为之于未有,治之于未乱。合抱之木,生于毫末;九层之台,起于累土;千里之行,始于足下。为者败之,执者失之。是以圣人无为故无败,无执故无失。
　　民之从事,常于几成而败之。不慎终也。慎终如始,则无败事。是以圣人欲不欲,不贵难得之货;学不学,复众人之所过。以辅万物之自然,而不敢为。
韩非引文作:
　　其安易持也,其未兆易谋也。
本章大意:曾经晋公子重耳在国外流亡,路过郑国,郑国君主不以礼相待。叔瞻劝说道:"这是贤德的公子,善待他可以借此积下恩德。"郑君不听从。叔瞻又劝说道:"不善待他,不如把他杀了,避免他日后给我们带来祸患。"郑君也不听从。重耳返回晋国后,起兵伐郑,大败郑国,夺取了郑国的八座城。晋献公用垂棘的宝玉相赠来向虞国借路去攻打虢国,大夫宫之奇劝说道:"不可借路。

唇亡而齿寒,虞国、虢国互相救援,不是互相施受恩惠。如果今天晋国灭掉了虢国,明天虞国必定会随之灭亡。"虞君不听,接受晋国宝玉,借给了晋军道路。晋攻取虢国后,返回路上就灭了虞国。这两位臣子都在祸害刚露苗头时就想出了办法,但两位君主都没有采纳他们的建议,郑国因此战败,虞国由是灭亡。所以《老子》说:"其安易持也,其未兆易谋也"。

昔者纣为象箸而箕子怖,象箸,象牙筷子。怖,恐惧。**以为象箸必不加于土铏**,铏(xíng),两耳三足有盖的盛羹小鼎。**必将犀、玉之杯;象箸玉杯必不羹菽藿**,菽藿(shū huò),豆和豆叶,泛指粗劣的杂粮。**必旄、**旄,旄牛。**象、豹胎;旄、象、豹胎必不衣短褐而食于茅屋之下,**褐(hè),粗布衣服。**则锦衣九重,广室高台。吾畏其卒,**卒,终。**故怖其始。居五年,纣为肉圃,**肉圃,积肉以为园圃。**设炮烙,登糟丘,**糟丘,积酒糟成丘。**临酒池,纣遂以亡。故箕子见象箸以知天下之祸。故曰:"见小曰明。"**

《老子》第五十二章:
　　天下有始,以为天下母。既得其母,以知其子,既知其子,复守其母,没身不殆。塞其兑,闭其门,终身不勤。开其兑,济其事,终身不救。见小曰明,守柔曰强。用其光,复归其明,无遗身殃,是为习(帛甲本:袭)常。
韩非引文作:
　　见小曰明。守柔曰强。
本章大意:从前商纣王用象牙作筷子,箕子非常担忧,认为使用象牙筷子一定不会在陶器里使用,必要配合使用犀牛角杯或玉杯;象筷玉杯一定不会用于吃豆类食品熬的浓汤,定要去吃牦牛、大象、豹子的幼体;吃牦牛、大象、豹子的幼体肯定不会穿粗布短衣,不会在茅屋里食用,一定要穿多层的织锦衣服,住宽敞的房屋和高台。箕子害怕出现这样的结果,所以对这种开端感到恐惧。过了五年,商纣王摆设肉林,建炮烙之刑,登上酒糟山,俯临酒池,最终因此灭亡。箕子看见象牙筷子就预感到天下的祸害,所以说"见小曰明"。

勾践入宦于吴,宦,为官。**身执干戈为吴王洗马,**洗,通"先"。**故能杀夫差于姑苏。文王见詈于王门,**见,被。詈(lì),责骂。**颜色不变,而武王擒纣于牧野。故曰:"守柔曰强。"越王之霸也不病宦,**病,以……为病。**武王之王也不病詈。故曰:"圣人之不病也,**病,得病,引申为罹患灾祸。**以其不病,**病,以……为病。**是以无病也。"**病,得病,引申为罹患灾祸。

这一段所述的两事同时照应了《老子》第五十二、七十一两章。《老子》第七十一章:
  知不知上;不知知病。夫唯病病,是以不病。圣人不病,以其病病,是以不病。
韩非引文作:
  圣人之不病也,以其不病,是以无病也。
文中引述勾践忍辱入吴为吴王夫差之宦,而终杀夫差;周文王忍商纣王在王门的责骂,而终致武王擒杀纣王于牧野。这对应《老子》"守柔曰强"之论。本章大意是:勾践到吴国服贱役,亲自拿着兵器为吴王的马前驱,所以能在吴国的国都姑苏城杀死夫差。文王在玉门受到辱骂,面不改色,结果武王在牧野擒住了纣王。所以《老子》说:"守柔曰强。"越王勾践能够成就霸业,并不因为担任贱役而苦恼;周武王据有天下,并不因为当初父亲被骂而苦恼。所以《老子》说"圣人之不病也,以其不病,是以无病也"。

"文王见詈于王门"事,其他战国著作中都属之于武王,如《战国策》"而武王羁于玉门",《吕氏春秋》"武王之事,夙夜不懈,亦不忘王门之辱"。

宋之鄙人得璞玉而献之子罕,子罕不受。鄙人曰:"此宝也,宜为君子器,不宜为细人用。" 细人,小人。**子罕曰:"尔以玉为宝,我以不受子玉为宝。"是以鄙人欲玉,而子罕不欲玉。故曰:"欲不欲,而不贵难得之货。"**

本章解说《老子》第三章:

不尚贤,使民不争;不贵难得之货,使民不为盗;不见可欲,使心不乱。是以圣人之治,虚其心,实其腹,弱其志,强其骨。常使民无知无欲。使夫知者不敢为也。为无为,则无不治。

韩非引文作:

欲不欲,而不贵难得之货。学不学,复归众人之所过也。

文中所述之事还见于《吕氏春秋·异实》《淮南子·精神训》《新序·节士》等。故事的大意是:宋国有个乡下人得到一块玉璞,然后把它进献给子罕,子罕不接受。乡下人说:"这是宝玉,应该作为您的器物,不应被小人使用。"子罕说:"你把玉看成宝,我把不接受你的玉看成宝。"乡下人想要玉,而子罕不想要,所以《老子》说:"欲不欲,而不贵难得之货"。

王寿负书而行,见徐冯于周涂。涂,通"途"。**冯曰:"事者,为也;为生于时,知者无常事。书者,言也;言生于知,知者不藏书。今子何独负之而行?"于是王寿因焚其书而儛之。**儛(wǔ),通"舞",此指书被焚烧后飞舞的样子。**故知者不以言谈教,而慧者不以藏书箧。**箧(qiè),箱子。**此世之所过也,而王寿复之,**复,复归。**是学不学也。故曰:"学不学,复归众人之所过也。"**

这一段以王寿见徐冯的对答,解说"学不学,复归众人之所过也"。故事的大意是:王寿正背着书出行,在大路上碰到徐冯。徐冯说:"事情是人做出来的,人的行为产生于当时的需要,聪明人没有固定不变的做事方法。书本是记载言论的,言论产生于认识,明达的人是不藏书的。现在你为什么要背着书本出行呢?"于是王寿烧了书。有才智者不用空言说教,聪明人不用藏书箱子。不说教、不藏书被世人指责,王寿重复了这样的做法,这是把不学习作为学习了。所以说"学不学,复归众人之所过也"。

夫物有常容,容,法象。**因乘以导之。**乘,凭借。**因随物之容,故静则建乎德,动则顺乎道。宋人有为其君以象为楮叶者,**楮叶,又名构叶、谷树叶。**三年而成。丰杀茎柯,**丰杀,肥瘦。柯,草木的枝茎。**毫芒繁泽,**毫芒,细微。**乱之楮叶之中而不可别也。此人遂以功食禄于宋邦。列子闻之曰:"使天地三年而成一叶,则物之有叶者寡矣。"故不乘天地之资而载一人之身,载,任用。不随道理之数而学一人之智,数,规律、规则。此皆一叶之行也。故冬耕之稼,后稷不能羡也;羡,因喜爱而希望得到。丰年大禾,臧获不能恶也。臧获,奴婢。以一人之力,则后稷不足;随自然,则臧获有余。故曰:"恃万物之自然而不敢为也。"空窍者,神明之户牖也。牖(yǒu),窗户。耳目竭于声色,精神竭于外貌,故中无主。中,指心中。中无主,则祸福虽如丘山,无从识之。故曰:"不出于户,可以知天下;不窥于牖,可以知天道。"此言神明之不离其实也。

本章解说《老子》第六十四章和第四十七章:

其安易持,其未兆易谋。其脆易泮,其微易散。为之于未有,治之于未乱。合抱之木,生于毫末;九层之台,起于累土;千里之行,始于足下。为者败之,执者失之。是以圣人无为故无败,无执故无失。民之从事,常于几成而败之。不慎终也。慎终如始,则无败事。是以圣人欲不欲,不贵难得之货;学不学,复众人之所过。以辅万物之自然,而不敢为。

不出户,知天下;不窥牖,见天道。其出弥远,其知弥少。是以圣人不行而知,不见而名,不为而成。

韩非引文作:

恃万物之自然而不敢为也。

不出于户,可以知天下;不窥于牖,可以知天道。其出弥远者,其智弥少。不行而知。不见而明。不为而成。

文中所述的故事大意是:有个宋国人为君主用象牙雕刻楮叶,

三年刻成了。它的宽狭、筋脉、细小绒毛、色泽，即使是混杂在真的楮叶中也不能分辨。这人因此在宋国当了官。列子听到后说："假使自然界要经过三年才长成一片叶子，那么有叶子的东西也就太少了！"韩非因而总结说：不依靠自然条件而仅凭一人之所能，不顺应"道理"而只任用个人的巧智，那就会是耗费三年时间雕刻一片叶子之类的行为。冬天种庄稼，后稷也无法使之多产；丰年里旺盛的庄稼，奴婢也不能败坏。仅凭一人之力，就是后稷也将难以成事；顺应自然，就是奴仆也会成事有余。所以说："恃万物之自然而不敢为也。"

赵襄主学御于王子於期，御，驾车。**俄而与於期逐，三易马而三后。襄主曰："子之教我御，术未尽也？"对曰："术已尽，用之则过也。凡御之所贵：马体安于车，人心调于马，而后可以进速致远。今君后则欲逮臣，先则恐逮于臣。夫诱道争远，非先则后也，而先后心皆在于臣，上何以调于马？此君之所以后也。"白公胜虑乱，罢朝，倒杖而策锐贯颐，血流至于地而不知。郑人闻之曰："颐之忘，将何不忘哉！"故曰："其出弥远者，其智弥少。"此言智周乎远，则所遗在近也。是以圣人无常行也。能并智，故曰："不行而知。"能并视，故曰："不见而明。"随时以举事，因资而立功，用万物之能而获利其上，故曰："不为而成。"**

故事大意是：赵襄子向王子於期学习驾驭车马，不久和於期赛马，换了三次马而赵襄子三次都落后。襄子说："您教我驾马，技巧没有全教给我吧？"於期回答说："技巧已全部教给您了，但您在使用时还有过失。驾驭车马之要,在于让马的身体感到安适,人的注意力和马的动作相协调,如此才能够跑得既快又远。现在您落在后面,就想赶上我;跑到前面,又怕被我赶上。驾马远程赛跑,不是领先就是落后;不管您领先还是落后,注意力都在我身上,怎能和马协调一致呢?这乃是落后的原因。"

　　白公胜策划政变,朝会结束后,他倒拿着马鞭,鞭杆上的尖针刺穿了脸颊,他连血流到地上都没觉察到。郑人听到后说:"脸颊都忘记了,还有什么不会忘记呀!"所以《老子》说:"其出弥远者,其智弥少",这是说思想围着远事转,就会丢掉眼前的事情。因此圣人没有恒定如一的行为。能够同时考虑远近事情,所以《老子》说"不行而知"。能同时看到远近各处,所以说"不见而明"。根据时机来办事,依靠条件来立功,利用万物的特性而在此基础上获利,所以说"不为而成。"。

楚庄王莅政三年,莅政,主政。**无令发,无政为也。右司马御座而与王隐曰:**隐,私下。**"有鸟止南方之阜,**阜,土山。**三年不翅,不飞不鸣,嘿然无声,**嘿然,沉默无言的样子。**此为何名?"王曰:"三年不翅,将以长羽翼;不飞不鸣,将以观民则。虽无飞,飞必冲天;虽无鸣,鸣必惊人。子释之,不榖知之矣。"处半年,乃自听政。所废者十,所起者九,诛大臣五,举处士六,而邦大治。举兵诛齐,败之徐州,胜晋于河雍,合诸侯于宋,遂霸天下。庄王不为小害善,故有大名;不蚤见示,**蚤,通"早"。**故有大功。故曰:"大器晚成,大音希声。"**

本章解说《老子》第四十一章：

　　上士闻道，勤而行之；中士闻道，若存若亡；下士闻道，大笑之。不笑，不足以为道。故建言有之：明道若昧，光而不耀。进道若退，夷道若颣。上德若谷，大白若辱，广德若不足，建德若偷，质真若渝，大方无隅，大器晚成，大音希声，大象无形，道隐无名。夫唯道，善贷且成。

韩非引文作：

　　大器晚成，大音希声。

本章故事大意是：楚庄王执政三年，没有发布过任何命令，也没有处理过政事。右司马侍座，用隐语对庄王说："有一只鸟栖息在南边的土丘上，三年不展翅，不飞不鸣，默然无声，这鸟该怎么称呼？"庄王说："三年不展翅，是用来长羽翼的；不飞不鸣，是用来观察民众的习惯。虽然没有起飞，一飞必定冲天；虽然没有鸣叫，一鸣必定惊人。您别管了吧，我已经知道了。"过了半年，庄王开始亲自处理政事。废止之事十件，兴办之事九件，诛杀五位大臣，进用了六名处士，结果把国家治理得非常好。起兵伐齐，在徐州打败了齐国，在河雍战胜了晋军，在宋地会合诸侯，于是称霸天下。庄王不让小事妨碍自己的长处，因而能有大名；不过早地表露出来，因而能有大功。所以《老子》说："大器晚成，大音希声。"

楚庄王欲伐越，杜子谏曰："王之伐越，何也？"曰："政乱兵弱。"杜子曰："臣愚患之。智之如目也，能见百步之外而不能自见其睫。王之兵自败于秦、晋，丧地数百里，此兵之弱也。庄蹻为盗于境内而吏不能禁，庄蹻（xī）蹻（juē），即庄蹻，战国时楚国的造反者。**此政之乱也。王之弱乱，非越之下也，而欲伐越,此智之如目也。"王乃止。故知之难,不在见人,在自见。故曰:"自见之谓明。"

本章解说《老子》第三十三章:
> 知人者智,自知者明。胜人者有力,自胜者强,知足者富,强行者有志。不失其所者久。死而不亡者寿。

韩非引文作:
> 自见之谓明,自胜之谓强。

本章借杜子劝阻楚庄王伐越的故事,阐明"自见之谓明"的义涵。故事梗概大致为:楚庄王想攻打越国,杜子进谏说:"大王要攻打越国,为什么呢?"楚庄王说:"因为越国政治混乱而兵力孱弱。"杜子说:"以我的愚笨尚且以此为有忧患。智慧就好像眼睛,能看见百步之外却不能看见自己的睫毛。大王的军队被秦国、晋国打败,丧失了数百里领地,这是兵力孱弱;庄蹻蹻在国内作乱而官吏不能禁止,这是政治混乱。大王兵力衰弱、政治混乱的程度不在越国之下,却还想攻打越国,这就是智慧像眼睛一样(能见百步之外却不见自己的睫毛)。"楚庄王于是止住了进攻越国的念头。

子夏见曾子。曾子曰:"何肥也?"对曰:"战胜,故肥也。"曾子曰:"何谓也?"子夏曰:"吾入见先王之义则荣之,出见富贵之乐又荣之,两者战于胸中,未知胜负,故癯。癯(qú),瘦。今先王之义胜,故肥。"是以志之难也,不在胜人,在自胜也。故曰:"自胜之谓强。"

本章借孔子弟子子夏与曾子的对话,阐明"自胜之谓强"的义涵。对话大意为:子夏见到曾子。曾子说:"你怎么胖啦?"子夏回答说:"我战斗胜利了,所以胖了。"曾子说:"你这话是什么意思?"子夏说:"我在家学习到古代圣明君王的大道理便爱上了它,出门看见了荣华富贵的快乐又爱上了它,这两种思想在心里斗争,过去一直不知道哪一种会胜利、哪一种会失败,所以消瘦了。现在古代君王的大道理在我心里取得了胜利,所以我胖了。"韩非借此总结说"是以志之难也,不在胜人,在自胜也",意思是一个人立志之难,不在于战胜别人,而在于战胜自己。

周有玉版,纣令胶鬲索之,文王不予;费仲来求,因予之。是胶鬲贤而费仲无道也。周恶贤者之得志也,故予费仲。文王举太公于渭滨者,举,举用。**贵之也;而资费仲玉版者,是爱之也。故曰:"不贵其师,不爱其资,虽知大迷,是谓要妙。"**

本章解说《老子》第二十七章:

  善行无辙迹,善言无瑕谪,善数(河:计)不用筹策,善闭无关楗(帛:龠)而不可开,善结无绳约而不可解。是以圣人常善救人,故无弃人;常善救物,故无弃物,是谓袭明。故善人者,不善人之师;不善人者,善人之资。不贵其师,不爱其资,虽智大迷,是谓要妙。

韩非引文作:

  不贵其师,不爱其资,虽知大迷,是谓要妙。

文中文王的两项举措,理解起来都不容易。故事大意是周国有玉版，商纣王派胶鬲去索要，周文王不给；而费仲来要，文王却给了他。这是因为胶鬲贤而费仲无道。周厌恶贤人得志，所以把玉版给了费仲。接着评论说，周文王在渭水边提拔姜太公，这是尊重他；而给费仲玉版，这是爱护他。要注意，这里对文王作为的理解，纯粹是出于翦商策略上的考虑，不涉及道德评价。此时文王需要让贤人在纣王那里失势而不贤者得势，这样方可以削弱商王朝而有助于周人灭商。

说林上第二十二

(略)

说林下第二十三

(略)

观行第二十四

【导读】

这一篇的要旨是让君主明白仅依赖自身的能力无法成为"明主",而需要一方面明了自身的短长,另一方面能够以"法术"而用臣民之智、勇、强,借他人之力以成治。为此要做到"观人,不使人观己"。根据《主道》等篇所示,这是君主避免因自我的局限性而为臣下利用、挟制的关键,不过本篇中并未展开论述。

篇中论说的基础在于任何个体之人都无可避免地具有有限性,这是所有人都面对的问题,即便是圣王也不能超绝于外。这些观点与韩非在其他篇中表达出来的虚君主张和基于老子的宇宙论、人论相一致。

就内容而论,首章明示君主的功能,即"以有余补不足,以长续短"。次章说明君王为实现这种功能所应展现、遵循的行为方式、原则，主要包括用"法术"、"因势"、"观人，不使人观己"（也就是君主不能外"发"）三方面。

【原文·评注】

古之人目短于自见，故以镜观面；智短于自知，故以道正己。故镜无见疵之罪，见，通"现"。疵（cī），缺点、过失。**道无明过之恶**。明，彰明。过，过错。**目失镜，则无以正须眉**；须，胡须。**身失道，则无以知迷惑。西门豹之性急，故佩韦以缓己**；韦，经去毛加工制成的柔皮。缓，使……从容。**董安于之心缓**，心缓，性子慢。**故弦统以自急**。弦，弓弦。统，贯穿，此指佩带。自急，使自己着急。**故以有余补不足、以长续短，之谓明主**。续，原义是把麻纤维披开接续起来搓成线，此指接续。

"道"应起到镜鉴作用，这是非常特殊的说法，似乎与之前《解老》《喻老》篇对老子之"道"的解说存在不同。或者可以认为这就是韩非理解的老子之"道"的内涵和功能之一。顺着这种镜鉴作用，人需要不断地"以道正己"。这就意味着，其一，没有超脱于自我心智的参照系，仅仅依托自化、自为，人无从自正以合道。其二，顺着自我欲求自发地作为必定会偏离"道"。

文中谈到"西门豹之性急"和"董安于之心缓"两例：西门豹性情急躁，所以佩带柔软的皮带来提醒自己要从容；董安于性情迟缓，所以佩带绷紧的弓弦来鞭策自己敏捷。这两例说明"心"的材性有偏（表现为"人"的官能、能力限制），大而言之可谓是存在者的局限性，是造成人仅仅依托自我无法自正的主要原因。

韩非由此得出的结论是"以有余补不足、以长续短,之谓明主"。这句话示明了两层意涵：一是君主在政治生活中的功能之一,是要实现损有余而补不足的调配。相较于战国诸子的理论,韩非的这个认识非常独特。二是"明主"之所以"明"的原因即在于能够在"以道正己"的同时为其他人自正提供条件。

另外,文中还说到另一层含义,即人无法自知其过,要借助外部的工具,如用镜子察看面容,而面容有瑕疵不能归咎于镜子。同理,身行"失道",也不能怪罪到彰明过错者身上。这有警示、劝诫的意味,也指向克制以"自我"为中心和标准的状态。

由此也可知晓,君主在政治治理中应该扮演规划、统筹、协调的角色,而非操作和执行者。

天下有信数三：信,确定、必定。数,定理。**一曰智有所不能立,二曰力有所不能举,三曰强有所不能胜。故虽有尧之智而无众人之助,大功不立；有乌获之劲而不得人助,不能自举；有贲、育之强而无法术,不得长生（胜）。**贲,即孟贲。育,指夏育,周时卫国勇士,传说能力举千钧。生,当作"胜"。**故势有不可得,事有不可成。故乌获轻千钧而重其身,**轻,以……为轻。钧,三十斤。重其身,以自己的身体为重。**非其身重于千钧也,势不便也。离朱易百步而难眉睫,**易,以……为容易。**非百步近而眉睫远也,道不可也。**道,理。**故明主不穷乌获以其不能自举,**穷,以……为窘迫。**不困离朱以其不能自见。**困,以……为窘困。**因可势,求易道,**易道,容易的方法。**故用力寡而功名立。**寡,少。**时有满虚,**满虚,盈虚、盈亏。**事有利害,物有生死,人主为三者发喜怒之色,则金石之士离心焉,**金石之士,指可贵的人才。圣贤之朴深矣。朴，窥测。**古明主观人，不使人观己。明于尧不能独成，乌获之不能自举，贲、育之不能自胜，以法术则观行之道毕矣。**毕，全、完。

本章意在强调君主不能因己不如人而嫉贤妒能，反而应当尽可能虚己而用人之所长，如此方可实现"因可势，求易道，故用力寡而功名立"。表面上看，这一章是在为君主"用力寡而功名立"出谋划策，实际上是在变相地使君主自觉地虚己。

首先谈到"天下有信数三"，为的是说明靠一己之力无法得"势"以成"事"。韩非认为，与成"事"有关的个人能力有三个要素："智""力""强"，并给出了条理化的理论阐述。

智是类似于今人所谓智商、智力的理性思维、理解能力。力是身体的力能、力气。强乍看起来与"力"相似，文中所指更偏重强势和勇气，但与孔子"仁、智、勇"的"勇"所指又不完全相同。要注意，以上三个要素并不充分，是韩非挑选的结果。相比较于同期其他思想家，道德水准、人格感召力等被排除在外。这当然也意味着在韩非看来，政治治理中，君主只需要调用这三种要素就足够，与之相配套的"法术"是实现"补不足"的关键手段。

"古明主观人，不使人观己"，包含对君王的两项要求：一是知人、用人以做到"因可势，求易道，故用力寡而功名立"。二是"不使人观己"，即君主不可外"发"。不过这个方面在本篇中并没有展开论说。

总的来说，本章的重心在于阐明君主要虚己、用法术、得势以用事，不可依赖于一己之智、力、强。

安危第二十五

【导读】

本篇所论同样是在阐明如何为"明主"和怎样才算"明主"的问题;题名"安危",即文中谈到的七种"安术"和六类"危道",是对如何为"明主"的践行之"术"的归纳。所彰明的"治",即安定的社会秩序是立国、行教的基础。而达致"治"的局面的基础在于按法,即"使天下皆极智能于仪表,尽力于权衡"。按法而"治"成立的关键在于君主,尤其是君主不能以自我为中心、标准而自大和任意妄为。顺着这个思路,文中还强调治理的重心在于国内,特别是政治权力之内。

这一篇的表述存在两个理解难点:一是第四章的内容。二是第七章末"能立道于往古而垂德于万世者之谓明主"这句总结。另外,文中提到"先王"、"圣人"以及对尧、舜、仲尼的认同,显得不那么"法家"。有的学者认为,这与《显学》篇批评"明据圣王,必定尧舜"的观点相反,因而判定本篇或不是韩非的作品。

【原文·评注】

安术有七,危道有六。

安术:一曰,赏罚随是非;随,根据。**二曰,祸福随善恶;三曰,死生随法度;四曰,有贤不肖而无爱恶;五曰,有愚智而无非誉;六曰,有尺寸而无意度**;意,通"臆",任意。度(duó),揣测。**七曰,有信而无诈。**

危道:一曰,斫削于绳之内;斫(zhuó),砍。绳,作为准则。**二曰,断割于法之外**;断割,裁决。**三曰,利人之所害**;利,以……获利。**四曰,乐人之所祸;五曰,危人于所安;六曰,所爱不亲,所恶不疏。如此,则人失其所以乐生,而忘其所以重死。**忘,通"亡",失。**人不乐生,则人主不尊;不重死,则令不行也。**

这一章综述了七种"安术"和六类"危道"。其中"安术"包括:一是根据是非赏罚,二是依行为善恶获得福祸,三是依据法律决定生杀,四是不能依君主的爱憎而定贤与不贤,五是不能根据(君主)好恶确定愚和智之分,六是不能凭主观揣测衡量事物的标准,七是诚实守信而不欺骗。

"危道"包括:一是砍削木材偏到准线以内,喻指对合法行为进行处罚;二是不依法令任意裁断;三是利用他人的灾祸牟利;四是用别人的灾祸取乐;五是危害别人的安稳生活;六是自己喜欢的人不亲近,厌恶的人不疏远。如果人们陷入"危道",就会失去乐于生活的前提，也失去害怕死亡的条件。人们不乐于生存，那君主就不会受到尊重；不害怕死亡，法令就无法推行。

使天下皆极智能于仪表，极，竭尽。仪表，用木头制成的标记，此指准则、法度。**尽力于权衡。**权衡，秤，此指法度。**以动则胜，以静则安。治世使人乐生于为是，爱身于为非，**爱，珍惜。**小人少而君子多。故社稷常立，国家久安。奔车之上无仲尼，覆舟之下无伯夷。**覆，翻。**故号令者，国之舟车也。安则智廉生，危则争鄙起。**鄙，贪鄙。**故安国之法，若饥而食，寒而衣，不令而自然也。先王寄理于竹帛，**寄，托付。竹帛，竹简和帛书。**其道顺，故后世服。今使人去饥寒，虽贲、育不能行；**贲，孟贲。育，夏育。**废自然，虽顺道而不立。强勇之所不能行，则上不能安。上以无厌责已尽，**厌，满足。责，苛求。**则下对"无有"；无有则轻法。**轻，轻视。**法所以为国也，而轻之，则功不立，名不成。**

文中提出有关按法而治的一个新命题："使天下皆极智能于仪表，尽力于权衡。"意思是让所有的智慧、才能都在法度的范围内和指向上发挥作用。其中包括了三层意思：一是法律的规范、约束作用，这一点常为人们关注，即"以静则安"。二是法律的激励、调动作用，即"以动则胜"。三是法律的社会塑造作用，即"小人少而君子多"。并且上述作用都需建立在守法者内化和认同、接受法度的基础上，所以说"治世使人乐生于为是，爱身于为非"，意思是在治世中人们以依法行事为乐，为了保全自身而不违法。

上述治理方式指向的目标是"社稷常立，国家久安"。其中

"安"又是为治的基础,所以说"奔车之上无仲尼,覆舟之下无伯夷",意思是不安、危险的环境中,不可能出现仲尼、伯夷之类的圣贤之人。引申一步,即便是有圣贤,也会由于环境动荡不安而惶惶于自保,难以将他们的才智发挥出来。这反映出韩非潜在的"先治后教"思路。

"号令"是政权对政治社会引导的代名词。一个政治主导的社会,或者说泛政治性的社会中,"号令"必定是政权引导的政治治理,是社会存在、运动状态的载体,故以之为"舟车"。其中所有的人、事都本自政治引导而动。政治治理导向"安"或"危"会引发完全不同的社会状况,即"安则智廉生,危则争鄙起"。

至此明确了两个前提,一是要以明确立法和法治为基础,即"使天下皆极智能于仪表";二是政治治理必须以有安定秩序的"安"为基本追求。接下来的问题是如何以"法"致"安",也就是如何实现社会有序。不过,这在韩非看来似乎并不复杂,即"安国之法,若饥而食,寒而衣,不令而自然也"。意思是只要能够满足民众的饱暖需求,自然有序之治可期。他并没有像商鞅那样花费大量笔墨去讨论如何能够实现使民饱暖,也就是社会治理的具体举措方略,或许是默认了如商鞅所示的既有治理方案足以解决这方面问题。换句话说,在韩非看来问题主要出在了不能确保推行可致"安"的治理方案,而不是缺少具体治理术。也正是因此才将论述的中心指向了治理权力运行,而非具体的社会事务。

韩非认为这种以"法"致"安"的政治方略已然见诸前代,所以说"先王寄理于竹帛"。而能致天下之"安"的实效,才是能致"后世服"的关键。注意这里隐含了两个非常重要的观点:其一,韩非的"自然"是政治主导下以"法"为治而致"安"这种理所当然的状态。换句话说,韩非借用了当时黄老家的概念话语,但对其内涵做了实质性改变。其二,判断政治方略的标准在于是否能获致"安",而与所本自的时代(先王或后王)、地域等无关。"衣食"对于"饥寒"之人的功能,与"自然"之于"顺道"相同。

进而引申的问题是如何确保法律制度能被人们认同、接纳、遵行。基本的前提仍在于作为主导者的统治和治理者按法而治。此处列举了一种极端化的情况为证:"上以无厌责已尽,则下对'无有';无有则轻法。法所以为国也,而轻之,则功不立,名不成。"其中居于上位者贪得无厌对下苛求,居于下位者终会一无所有;而一无所有者势必会轻视法令。

闻古扁鹊之治其病也,以刀刺骨;圣人之救危国也,以忠拂耳。拂,通"咈(fú)",违逆。**刺骨,故小痛在体而长利在身;拂耳,故小逆在心而久福在国。故甚病之人利在忍痛,猛毅之君以福拂耳。**猛毅,勇猛刚毅。**忍痛,故扁鹊尽巧;拂耳,则子胥不失。寿安之术也。病而不忍痛,则失扁鹊之巧;危而不拂耳,则失圣人之意。如此,长利不远垂,**垂,传下去,传留后世。**功名不久立。**

上章阐明了政治主导下以"法"为治而致"安"的"自然"状态,并在结尾处将论题聚焦到政治治理的主导者上。本章乃是接着这个话题阐述君如何行治,以扁鹊刺骨疗疾和忠言逆耳为例,强调君主务必以国之"长利"为念,听取"拂耳"的忠言;或可认为其为首章中七种"安术"实现的基础,内容和意旨都不难理解,所难者在于把握为什么此处要花笔墨来论说这个问题。

韩非认为不能以"法"为治而致"安"的关键因素之一,在于君主无法克制"自我",而且这会对整个治理局面造成决定性的破坏。首章"安术"中谈到的"无爱恶""无非誉""无意度",其实都指向君主的"自我"和"任性"。而这在韩非设计的按法而治的方案中,却又难以得到制度性约束。因此,需要通过制度以外的方式,让君主认识到并且相信自我克制、依法参验才是最有"长利"的行为方式。

此外还要注意到,危乱之世中"拂耳"的忠言如何认定,又来自何处,本章中并没有交代。但是很明显不能理解为,君主可以通过标准化的法度察知。所以这里暗含着韩非未曾明言的观点,即人(臣民)本有大人、小人,或忠、奸之分。文中谈到"圣人",其实也是此观念的表征。而这种基于人性的分别又与他反复强调的,作为整个治理理论根基的为私、为利的人性论并不完全匹配。

人主不自刻以尧而责人臣以子胥,刻,此指苛责。**是幸殷人之尽如比干;**幸,希望。**尽如比干,则上不失,下不亡。不权其力而有田成,**权,权衡。**而幸其身尽如比干,故国不得一安。废尧、舜而立桀、纣,则人不得乐所长而忧所短。失所长,则国家无功;守所短,则民不乐生。以无功御不乐生,不可行于齐民。**齐民,平民。**如此,则上无以使下,下无以事上。**

本章的基本观点是君主一方面要严格约束自己,另一方面不能寄希望于臣民都是圣贤之人且皆能一心为公。此即:"人主不自刻以尧而责人臣以子胥,是幸殷人之尽如比干;尽如比干,则上不失,下不亡。不权其力而有田成,而幸其身尽如比干,故国不得一安。"大意是君主不要求自己像尧,却要求臣下都像伍子胥,好比希望殷人都像比干那样;都像比干,君主自然不会有过误,臣下也不会亡国。君主不能正确估计自己的力量,手下又有田成子那样的臣,还希望他们都像比干,所以国家无法安定。

要求君主不"责人臣以子胥",这一点不难理解,意思是君主不应当苛责臣下,尤其是在人品、道德、声望方面。可是为什么要批评"人主不自刻以尧"呢？因为韩非一直强调君是国家之乱的最关键环节,绝大部分乱都源自君的私心、任意和无术。韩非对君的要求是像"道"之"虚",而非如周、孔那般推崇典范政治。在西周政治文化和孔子的思想中,君主理应在各个方面(包括道德、知识等)成为天下臣民的典范和效法对象。所以尧、舜、禹、汤、文、武这些君主会被圣王化、理想化并被反复宣传。这和以"礼治""德治"为主导的社会治理思路也相一致。

反观韩非,他不要求甚至反对君主成为典范,相应地无论是尧舜还是其他典范,都不应该成为君主行为处事的标准。所以文中尽管表露出劝君为尧舜之意,但与儒家等所言之尧舜泾渭分明。

安危在是非,不在于强弱。存亡在虚实,不在于众寡。故齐万乘也,而名实不称,上空虚于国内,不充满于名实,故臣得夺主。杀(桀),天子也,杀,当作"桀"。**而无是非;赏于无功,使谀谀以诈伪为贵;诛于无罪,使伛以天性剖背。**伛(yǔ),驼背的人。以,因。**以诈伪为是,天性为非,小得胜大。**

"安危在是非,不在于强弱。存亡在虚实,不在于众寡"在当时可算是非常颠覆性的言论,因为整个战国时代尚力慕强的政治风气已非常炽盛,兵强、民众、国富标志着国家强盛近乎常识。但是韩非却在此处用桀所以亡国、商汤所以能以小胜大的历史典故,将安危、存亡的重点转移到君主身上。

联系首章,本章回应了"赏罚随是非",但"是非"之义明显更广,且与"虚实"相对。是非、虚实本质上都是"名实"问题。文中将"桀"亡国的原因归结为颠倒"名实",进而造成是非不分、赏罚背离是非标准,终致商汤"小得胜大"而灭夏。

所谓的"名"对应法度,而"实"对应臣民具体的作为。君主能够始终按法而治、循名责实,并以此促成臣民依法而行,惮于假名废实,自然可以获得治理,进而国家强盛也就不难达成。所以安危存亡的关键系诸国君,更有甚者,按照文中的表述,对于君主而言的关键是把握判断是非、虚实,能致名实相合的能力。

明主坚内,坚,巩固。**故不外失**。外失,指为外国所灭。**失之近而不亡于远者无有。故周之夺殷也,拾遗于庭**,庭,通"廷",朝廷。**使殷不遗于朝**,遗,失。**则周不敢望秋毫于境,而况敢易位乎?**

这一章承接上章,进一步阐明国君治理好政权内部的重要性,大意是:明君巩固政权内部,才不会为外国所灭。国家内部治理得不好,必会被别国灭亡。所以周人夺取殷商的政权,如同在朝堂上捡东西一样容易。倘若殷商治理无失,则周人不敢觊觎秋毫,更不用说改朝换代。这也表明在韩非看来,周人翦商成功的主要原因在于殷商的政权内部出了问题。

明主之道忠法,忠,通"中"(zhòng),合。**其法忠心。故临之而法,去之而思。尧无胶漆之约于当世而道行**,胶漆,胶和漆,指牢固。约,盟约。**舜无置锥之地于后世而德结。**结,凝结。
能立道于往古而垂德于万世者之谓明主。

"明主之道忠法,其法忠心",大意是明君治理之道是权力运行合于法度,法度适合本心。其中的"忠心"非常难解,因为《韩非子》中没有表达过类似孟子那种对道德本心的信任。由于缺少旁证,很难断言此处的"心"之义是否接近孟子的良知之心。《守道》篇中出现了"守道者皆怀金石之心",虽说和本章表述相近,但联系上下文,其所指和"其法忠心"的"心"实有差异,更像是尊君守法之心。

"故临之而法,去之而思"一句,通常可以分作两层来理解:一是明君在位时按法而行,二是明君去世后人们因袭他的法度而纪念其人。进而以尧舜为例,说尧和当时的国民并没有订下牢固的盟约,但能治国有道;舜没有立锥之地留给后代,却结下恩德。

文中对"明主"做了一个描述性的界定:"能立道于往古而垂德于万世者。"如果我们暂且抛开这句表述来看前文,明主应当明理、顺道、虚己、把握名实、坚内、忠法等,这些关键词组合在一起,似乎不能直接契合"立道于往古而垂德于万世"的形象。

守道第二十六

【导读】

题名"守道",意为安守政权之道。或者更准确地说,是国君何以安守政权之术。文中所"守"者,归根结底乃是君主的政权;而为了保证君主能够守住政权,必须建立起完备的法律制度,并且严格依之作出赏罚,进而实现"天下公平,而齐民之情正"。

由此看来,本篇表面上看是在为君主其人出谋划策,但事实上这更应被视为一种论说策略。韩非利用君主的"私欲"(以保有君位和政权为"大欲"),来实现整个社会的法治化运行,并以此型构稳定的社会秩序和社会运作模式。这样一来,君主的私欲实质上就被化约为天下之公利。为此,文中格外强调立法、守法可以摆脱对具有不确定性的权力掌握者的才智能力的依赖,对权力私化进行有效的制度性防限,同时提供型构和维系治理的常态化方案。这实际上是对当时主流的圣人、贤人政治理论的解构。

【原文·评注】

圣王之立法也,其赏足以劝善,其威足以胜暴,其备足以必完法。备,准备。必,必行。完,完备。治世之臣,功多者位尊,力极者赏厚,极,尽。情尽者名立。情,实情。尽,尽力。善之生如春,恶之死如秋,故民劝极力而乐尽情,此之谓上下相得。上下相得,故能使用力者自极于权衡,权衡,指法度。而务至于任鄙;任鄙,秦武王时的力士。战士出死,而愿为贲、育;贲,孟贲。育,夏育。守道者皆怀金石之心,以死子胥之节。用力者为任鄙,战如贲、育,中为金石,则君人者高枕而守己完矣。

本章是对"圣王"立法为治所应达致的局面的描述,核心在于阐释政治的调动能力问题。内容包括以下几个方面:

第一,所立的法度"其赏足以劝善,其威足以胜暴,其备足以必完法",即赏赐足以激励人们行善,威罚足以制服暴行,准备充足以确保制度完备。与之相对应,臣的状态应该是"功多者位尊,力极者赏厚,情尽者名立",意思是功劳多的居于尊位,极尽所能者获得厚赏,竭诚尽心者有名位。

第二,君主如何能够"得"下,或曰"上下相得"之术是本章的中心论题。此所谓"得",一是"劝"民并使之尽心尽力。这需要通过足够有效的赏罚来实现,也就是"善之生如春,恶之死如秋"。二是

"制",意思是使臣民按照法律制度设定的标准来尽力而为,即"能使用力者自极于权衡"。要注意"上下相得"与儒家"上下相亲"的表述之间的差异。君主和臣民之间不存在伦理意义上的相互亲、爱关系,而是相互利用的关系。

第三,臣、民能够在守法的前提下尽心竭力而为。韩非认为其中包括三类人,即"用力者""战士""守道者"。

古之善守者,以其所重禁其所轻,以其所难止其所易。故君子与小人俱正,盗跖与曾、史俱廉。盗跖,春秋时期的大盗。曾,曾参。史,史鱼。**何以知之?夫贪盗不赴溪而掇金,**掇(duō),捡拾。**赴溪而掇金则身不全;贲、育不量敌则无勇名,盗跖不计可则利不成。**

本章为善于守成者提供的治术是"以其所重禁其所轻,以其所难止其所易",大意是以重刑禁止轻罪,以人们不敢违反的法令制止人们容易犯的罪行。这样君子和小人都会做出正确的行为,盗跖和曾子、史鱼都会廉洁。

所谓"贪盗不赴溪而掇金,赴溪而掇金则身不全"和"贲、育不量敌则无勇名,盗跖不计可则利不成",强调的是人行为有成的关键在于功利理性,能够理性地权衡利弊、计算得失,这同时也是政治治理尤其是法治得以行之有效的基础。人的功利理性,也是本篇接下来,乃至韩非所有政治治理理论中一以贯之的基础。而它的定位,是政治权力加以利用、按法而治得以有效的基础。

明主之守禁也,贲、育见侵于其所不能胜,盗跖见害于其

所不能取,故能禁贲、育之所不能犯,守盗跖之所不能取,则
暴者守愿,愿,谨慎。邪者反正。反,通"返"。大勇愿,愿,谨慎。
巨盗贞,贞,正。则天下公平,而齐民之情正矣。齐民,平民。

　　文中集中谈君主"守禁",即掌握、安守法禁的效果。以盗跖、
孟贲、夏育为例,意在通过说明最强者可以因君主"守禁"而服从治
理、安于秩序,那么一般人自然不在话下。"暴者守愿,邪者反正",
是"守禁"的直接效果,指向则是"大勇愿,巨盗贞"的"天下公平"
"齐民之情正"的有序、安定局面,亦即《安危》篇中反复强调的
"安"。
　　之所以"守禁"能获实效,基础之一在于"明主"有势,能致天下
之人在功利理性的支配下,会因不遵守禁令必遭重大损失,因不能
不遵守之势而成自觉遵守。所以当大勇之人谨慎行事,大盗贼保
持正直之时,天下就会变得至公而安定,民情也会变得正直。

　　人主离法失人,则危于伯夷不妄取,而不免于田成、盗跖
之祸。何也?今天下无一伯夷,而奸人不绝世,故立法度量。
度量信则伯夷不失是,而盗跖不得非;法分明则贤不得夺不
肖,强不得侵弱,众不得暴寡。托天下于尧之法,则贞士不失
分,贞,正直。分,指分判标准。奸人不侥幸。寄千金于羿之矢,
寄,放置。则伯夷不得亡,而盗跖不敢取。尧明于不失奸,故
天下无邪;羿巧于不失发,故千金不亡。邪人不寿而盗跖止。
如此,故图不载宰予,图,图书,此指典册制度。不举六卿;书不
著子胥,不明夫差。孙、吴之略废,孙,孙武。吴,吴起。盗跖之
心伏。人主甘服于玉堂之中,玉堂,此指宫殿。而无瞋目切齿

倾取之患；倾取，倾覆。**人臣垂拱于金城之内，而无扼腕聚唇嗟唶之祸。**扼(è)腕，以一手握持另一手腕，形容思虑、愤怒、激动等。聚唇，撅起嘴唇，意为愤怒和怨恨。嗟唶(jiè)，嗟叹。

按文中所述，以"立法度量"为主要依托进行治理，是应时世之需而作出的选择，即"今天下无一伯夷，而奸人不绝世"。换句话说，这是一种治术层面的选择，并不意味着韩非认为在所有社会情势下都应如此。不过"度量信""法分明"这些运用法律的原则，却可视为所有社会之所共。

本章从反面论说君主"离法失人"的危害。"危于伯夷不妄取，而不免于田成、盗跖之祸"，大意是即使遇到像伯夷那样不胡乱摄取君位的人也会发生危险，而不能避免被田成、盗跖那样的人夺取君位也就是理所当然的了。

依托明确的法律制度，严格施行按法而治的效果是不必仰仗具有偶然性的圣贤之人，且能致最不肖者都安于法定秩序且无"侥幸"。其中包括两个要求：一是"度量信"，与法律"必"行相关，解决"侥幸"问题。二是"法分明"，与定"分"有关，提供清晰、明确的制度方案。基于以上二者，便可预期达到社会秩序结构和人的行为模式确定的结果，且所有人一体遵行，即"寄千金于羿之矢，则伯夷不得亡，而盗跖不敢取"，大意是把千金放到羿的箭上射出去，如果是要给伯夷，伯夷不能逃避；若不是给盗跖的，他也不敢窃取。

服虎而不以柙，柙，笼子。**禁奸而不以法，塞伪而不以符，**符，符契。**此贲、育之所患，尧、舜之所难也。故设柙非所以备**

鼠也,所以使怯弱能服虎也;立法非所以备曾、史也,所以使庸主能止盗跖也;为符非所以豫尾生也,豫,通"预",预备。尾生,传说中守信用的人物。所以使众人不相谩也。谩,欺骗,欺诳,蒙蔽。不恃比干之死节,不幸乱臣之无诈也;幸,侥幸。恃怯之所能服,握庸主之所易守。当今之世,为人主忠计,为天下结德者,结,聚、合。利莫长于此。故君人者无亡国之图,图,图景。而忠臣无失身之画。画,景象。明于尊位必赏,尊,通"遵"。故能使人尽力于权衡,死节于官职。通贲、育之情,不以死易生;惑于盗跖之贪,惑,看破、不被迷惑。不以财易身,则守国之道毕备矣。

此章仍以反面论说引入,即"服虎而不以柙,禁奸而不以法,塞伪而不以符,此贲、育之所患,尧、舜之所难也"。大意是服虎而不用笼子,禁止邪恶行为而不依靠法律,防止欺骗而不靠符契,这会困扰孟贲、夏育,也会让尧、舜难以应对。

"立法"设禁所针对者,当是最恶之人和最不堪的行为。因此,设立柙笼并不是为了应对老鼠,而是为了使怯弱者能够制服猛虎;立法并不是为了对付曾子和史鱼,而是为了使庸碌的君主也能制止盗贼;制作符契不是为了预防尾生,而是为了使普通人不相互欺骗。君主不能寄希望于没有奸邪之人,以及奸邪之人不作奸犯科。

"明于尊位必赏,故能使人尽力于权衡,死节于官职。通贲、育之情,不以死易生;惑于盗跖之贪,不以财易身,则守国之道毕备矣",这一句可谓是对全篇所提供的"守道"效果的总结。大意是明确了遵行本职工作必有奖赏,能使人尽自己的最大努力,并誓死忠于职守。洞察孟贲、夏育的情状,不因为勇于牺牲而看轻自己的生命;臣民即使被盗跖那样的贪心迷惑了,也不为了财利而轻易送命;这样守住国家政权之道都完备了。很明显,这是基于法律和功利理性带来的对人的欲望、个性实现控制的结果。

用人第二十七

【导读】

篇题以"用人"二字点出了全篇的主题。本篇重在阐明两个方面的问题:一是君主如何能够合理地用人,二是如何能致臣下尽心竭力且行事无差池。总的原则是首章谈到的"循天"、"顺人"和"明赏罚"。相类似的主张还见于《扬权》《安危》《功名》《大体》等篇。相对其他各篇讨论权力运行和政治治理,本篇较少着墨于如何防限臣下谋私,而只将重点放在君主自我克制上。

为此文中谈到了四个方面:首先是建立一套能够使人各得其宜的制度安排,臣下于其中既能充分发挥自己的能力专长,又不至疲于奔命,而且各个职务之间还不至于产生纷争。韩非特别谈到要杜绝"兼官"。其次是形成一套排除君主私心和任意,依法运行并纯粹依据法定标准赏罚的权力运作和治理模式,且君主不可因任何原因不依法对待臣下。再次是由赏罚实现的法律制度必须具有可行性,且明确易知,不悖于常理人情。最后是建立一套具有可行性的法律制度,以此作为一切行为的模式和衡量标准。

【原文·评注】

闻古之善用人者,必循天顺人。天,指天性、天理。人,指人的性情。而明赏罚。循天,则用力寡而功立;顺人,则刑罚省而令行;明赏罚,则伯夷、盗跖不乱。如此则白黑分矣。治国之臣,效功于国以履位,效,献。履,践行。见能于官以受职,见,通"现",表现。尽力于权衡以任事。权衡,指法度。人臣皆宜其能,胜其官,胜,胜任。轻其任,轻,指轻松驾驭。而莫怀余力于心,莫负兼官之责于君。兼官,兼任多个官职。故内无伏怨之乱,伏怨,潜藏的怨恨。外无马服之患。马服,赵国地名,此指承袭赵奢马服君爵号的赵括。马服之患,指前206年赵军兵败于长平。明君使事不相干,事,指官员的职分、职事。故莫讼;使士不兼官,故技长;技长,指各施所长。使人不同功,故莫争。争讼止,技长立,则强弱不觳力,觳(jué),通"角"。冰炭不合形,天下莫得相伤,治之至也。

本章开篇提出近乎理想化的治理图景之中君主用人的三原则,即"循天""顺人""明赏罚"。基本判断是:

方式	效果
循天(天性)	用力寡而功立
顺人(人情)	刑罚省而令行
明赏罚	伯夷、盗跖不乱,即白黑分

但是,文中并没有明确界定循天、顺人、明赏罚的具体含义。根据后文对"治之至"局面的描述,大致可以推知所谓"循天"是按照人的天资、禀赋、才智等将臣民合理地安顿到最能发挥他们所长的位置上,做到"人臣皆宜其能,胜其官,轻其任"。同时,还要做到官职设置能使臣下"莫负兼官之责于君",以此来避免纷争。"顺人"是顺应人情。结合其他篇章可知,是要依托好利恶害之心调动人的能动性,做到"莫怀余力于心"。"明赏罚"既是调动机制的一部分,也是避免侥幸和纷争的方法之一。

对应臣的基本行事原则,是"效功于国以履位,见能于官以受职,尽力于权衡以任事",其中包括四个要素:一是限于"位",即依权限、职分行使权力;二是依法;三是尽力;四是以功劳、才能为标准。由此形成了一个人人皆有相应安顿,相互之间无争,且须得尽力而为的和谐且进取的政治权力运行状态,也就是韩非说的"治之至"。

释法术而心治,尧不能正一国;去规矩而妄意度,意,同"臆"。度(duó),揣测。**奚仲不能成一轮;**奚仲,夏之车正,任姓,黄帝之后,为车的创造者,春秋薛氏始祖。**废尺寸而差短长,**差(cī):区别。**王尔不能半中。**王尔,古代巧匠。中(zhòng),符合(要求)。**使中主守法术,拙匠守规矩尺寸,则万不失矣。君人者能去贤巧之所不能,守中拙之所万不失,则人力尽而功名立。**

这一章以奚仲、王尔与尧并举,意在说明若无规矩、法度则不足以成事。要特别注意其中表达出的观念:一是法度和规矩、尺寸具有相同的本质(用现在的话来说就是规范性)。二是治天下和治器物本质相同,从根本上说都是规范性治理。三是这种治理模式意在除去基于主观任意也就是"意度"的权力运行。

当然,韩非提到了这乃是针对"中主",也就是才智一般之君主设计的治理方案。"君人者能去贤巧之所不能,守中拙之所万不失,则人力尽而功名立",文义是君主若能摒弃于贤士、巧匠所不能致成功的"意度",而坚守中人乃至拙人遵行都万无一失的治理方案,即按法而治,则人们的能力都能充分发挥且得以建立功名。

明主立可为之赏,设可避之罚。故贤者劝赏而不见子胥之祸,子胥之祸,指伍子胥有大功而为吴王夫差所杀。**不肖者少罪而不见伛剖背**,伛(yǔ),驼背(之人)。见伛剖背,指因天生驼背而被解剖。**盲者处平而不遇深谿,愚者守静而不陷险危。如此则上下之恩结矣。古之人曰:"其心难知,喜怒难中也。"故以表示目**,表,测量的标尺。**以鼓语耳,以法教心。君人者,释三易之数而行一难知之心**,数,通"术"。**如此则怨积于上而怨积于下。以积怨而御积怨,则两危矣。**

文中先示明规范化治理的基本模式,"明主立可为之赏,设可避之罚",此即预置行为规则和对应的赏罚。只要预设的行为模式明确,再配合严格的按法而治,即常言之信赏必罚,便可以实现三重效果:一是形成稳定可预期的秩序,所以"盲者处平而不遇深谿,愚者守静而不陷险危"。二是足以提供正面调动、激励,故曰"贤者劝赏而不见子胥之祸"。三是不存在因不可避免的情况而获罪,此即"不肖者少罪而不见伛剖背",[1]意思是不肖者受到与罪刑相应的惩罚,而不会像人因驼背而被剖背那样无罪受刑。这三者能够带来的效果之一是"上下之恩结",即结成君臣上下之间的恩义、情义。这是一个非常值得重视的表达,尤其是置于当时的思想环境中。

首先,要明确韩非主张政治治理建立在功利理性和德刑"二柄"基础上,也就是说上下之间依靠理性和功利连接在一起。并且他也明确排斥在权力运行过程中依靠或夹杂具有个人性的情感因素。文中引古之人曰"其心难知,喜怒难中也",正是在表达这层意思。因此韩非造就出来的政治治理运作模式,很容易给人以不亲、无情的印象。单就本章所论来看,韩非并不排斥上下之"亲",而是反对将"亲"建立在"私"和"情"的基础上。

其次,当时以及更早前的政治观念,始终强调民之"亲上"。例如,《孟子·梁惠王下》:"君行仁政,斯民亲其上,死其长矣。"这种"亲"的基础是作为社会基本原则的亲亲伦理和宗亲伦理,本质上是非理性的"情"。

韩非应该是意识到了纯粹依赖功利维系的关系并不稳固,同时又要排除非理性因素,是故他提出了"恩结"这种既不同于利益联结,又不同于"亲"的关系状态。

通过"以表示目,以鼓语耳,以法教心"的表述可知,预置法律制度和按法而治最终要落实到"教心",也就是塑造观念,而非止于规制行为。这其实是两种不同的作用方式:

---

[1] 并见于《安危》篇"诛于无罪,使伛以天性剖背"。

知法→计算守法收益和违法成本→守法
知法→了解守法收益和违法成本→……→认同法律制度→自觉守法

这个中间环节如何实现需要思考,可以明确的是和"恩结"有关。要注意这与当时一般观念中理解的君主与臣民的关系非常不同。时人多以为立法设刑是君主之"威"的体现,而赏赐和仁爱方能显示君主之"恩"。但按照韩非的理解,君主个性化的恩赏应被摒除,所有赏罚都须以法律明文规定为依据。这势必意味着恩德来自法而非君。不过君是立法者,也是行法、守法效果的最终决断者,所以能致人们有序、安顿生活的法律本身是君主和臣民"恩结"的唯一纽带。

最后,从反面谈"君人者,释三易之数而行一难知之心,如此则怨积于上而怨积于下。以积怨而御积怨,则两危矣"。文义是为人君者如果放弃三种容易取得实效的治术而使用主观意度,势必造成上下积怨,进而上下俱陷于危险境地。所谓"三易之数"即首章提到的"循天顺人而明赏罚"。

明主之表易见,表,标准。**故约立;**约,预设的规则。**其教易知,故言用;其法易为,故令行。三者立而上无私心,则下得循法而治,望表而动,随绳而斫,**绳,指法律。**因攒而缝。**攒,通"剪"(jiǎn),剪。因攒而缝,指根据问题进行补救。**如此则上无私威之毒,而下无愚拙之诛。故上居明而少怒,下尽忠而少罪。**

这一章实际上是彰明"明法"之义,其包括三层:一是明主的标准易于知悉理解,所以治理能够有约在先;二是所教导者易于理解,言辞方能有效;三是法令易于遵行,才能够得到贯彻。

进而强调在上述三方面,即制度前提确定的情况下,还需要君主不夹杂私心,这样臣下方能按照法律治理,遵循标准行动,依法断案,根据问题作出矫正,即"下得循法而治,望表而动,随绳而斫,因攒而缝"。

接下来阐明实效:"上无私威之毒",意思是君主不凭借权威任意作为以危害臣下。"下无愚拙之诛"和"少罪"。其中比较难以理解的要点在于,公布明确易懂的法律制度为何、如何实现"下尽忠"。据开篇提到的"顺人",应是认为立法及所规定的赏罚能够顺应人们的私欲,这样一来人们"尽忠"与成就个人欲利相合为一。

闻之曰:"举事无患者,尧不得也。"而世未尝无事也。君人者不轻爵禄, 轻,此指不吝啬。**不易富贵,** 易,同前句之"轻"。**不可与救危国。故明主厉廉耻,** 厉,高、举。**招仁义。** 招,举。**昔者介子推无爵禄而义随文公,不忍口腹而仁割其肌,故人主结其德,** 结,感念。**书图著其名。人主乐乎使人以公尽力,而苦乎以私夺威;人臣安乎以能受职,而苦乎以一负二。** 以一负二,即兼官。**故明主除人臣之所苦,而立人主之所乐。上下之利,莫长于此。不察私门之内,轻虑重事,厚诛薄罪,久怨细过,** 对细小的过错长期怀恨在心。**长侮偷快,** 长久侮辱贬低。**数以德追祸,** 德,恩赏。追,补。**是断手而续以玉也,故世有易身之患。**

这一章站在臣的角度,向君主阐明治臣用人之术。首言"闻之曰:'举事无患者,尧不得也。'而世未尝无事也",明确提出了两个关于政治治理的前提:一是不能预设或期许毫无差错的治理。二是不能只针对常态、平世来设计政治方案。相比于"常",世界中更多的是"无常"。换言之,一种成熟的政治治理方案必须能够应对各种复杂的"非常态",还需要具有强大的容错和自我纠错能力。

"君人者不轻爵禄,不易富贵,不可与救危国",意思是如果君主不能看轻爵禄、富贵而以之赏赐臣民,就无法挽救国家于危亡之中。既然救亡如此,平时治理中自然也当如此。由此可以看出对君主的两个要求:一是君主应当无私而纯以政权、国家为念。二是爵禄、富贵,对于君主而言都只是实现治理的"治器",而非值得珍藏保守之物,更不是君主行为的目的。"明主厉廉耻,招仁义"就是"轻爵禄""易富贵"以为治的典型表现之一。

接着举出的介子推的故事是一个特例,文中所言大意是从前介子推没有爵位俸禄,仅出于道义追随晋文公出逃,途中不忍心让文公饿肚子而仁义地割下自己的肉给文公充饥,所以君主铭记他的德行,图书上著录他的名字。纵然是对待人品高尚的廉洁、仁义之士都应给予爵禄、富贵、声望之类的庆赏,更何况是一般人。

"人主乐乎使人以公尽力,而苦乎以私夺威;人臣安乎以能受职,而苦乎以一负二",大意是君主乐于使臣下为了国家倾尽全力,而苦于被臣下为谋私利夺去威权;臣下安于依照自己的才能接受职务,而苦于拿自己一人负担两种职务。

人君之所以能让臣下尽力为公,条件之一是"明主除人臣之所苦,而立人主之所乐"。这个表述明显是将臣下为公的基础建立在臣下私人利益的驱使之上。而实现的前提是洞察臣下的需求。

"不察私门之内,轻虑重事,厚诛薄罪,久怨细过,长侮偷快,数以德追祸,是断手而续以玉也,故世有易身之患"。这句表述大意是:不审察大臣在家门之内的活动,轻率地决定重大事务,过重地处罚犯轻罪的人,长期怨恨臣下的小过错,经常侮弄臣下以获取一时之快,每每以赏赐来补偿自己造成的过错,这好比砍断他人的手臂又用玉给他接上一样,所以君主会有被臣下取而代之的祸患。这一句的核心主旨是强调君主如何考虑、顾及臣民的利益诉求和心态,以保障"上下之利"可以俱得。

要注意,若就私欲和私利最大化的"人性"而言,君主之利(包括国家的公利)和臣民的私利理论上不可能完全吻合。这也正是韩非花大篇幅论说如何防限、制约、惩罚臣下以权谋私的原因。为此,必须通过禁令和严格的惩罚机制让以权谋私的成本远高于获利,换言之,是让以权谋私不能合于臣下的私利。相形之下依法"尽忠"而任职才能获利,这样方可实现文中所言的上下之利兼得。

人主立难为而罪不及,立,设立、设置。**则私怨生;人臣失所长而奉难给,**奉,俸禄。给(jǐ),供应。**则伏怨结。劳苦不抚循,**抚循,安抚、慰问。**忧悲不哀怜,喜则誉小人,贤不肖俱赏,怒则毁君子,使伯夷与盗跖俱辱,故臣有叛主。**

这一章罗列君主不当行为造成结怨臣下的具体情形:其一,设定难以达到的法律标准,以之为据处罚那些没有达到标准的臣子。结果是臣下私下产生怨恨。其二,臣下失去所擅长的工作而去从事难以胜任的事务。结果是臣下内心的怨恨会积聚。其三,君主对臣下的劳苦不加安抚慰问,对臣下的忧愁悲哀不同情怜悯,高兴时赞誉小人,对贤人、宵小并加赏赐;发起怒来连德行高尚的君子都加诋毁,对伯夷似的清廉之士和盗跖般的贪鄙之人并加侮辱。因此,臣下会背叛君主。以上这些关于君主的作为,一言以蔽之就是基于"意度"的"妄为"。

这些显然是针对君主其人的具体行为要求,或者说是注意事项,与一般而言的治术论题层次尚有区别。

使燕王内憎其民而外爱鲁人,而燕不用而鲁不附。民见憎,不能尽力而务功;鲁见说,说,通"悦"。**而不能离死命而亲他主。如此则人臣为隙穴,**隙穴,壁缝和洞穴,喻隐患。**而人主独立。**独立,孤立。**以隙穴之臣而事独立之主,此之谓危殆。**

本章以燕王为例,谈到倘若燕王对内憎恨自己的民众,却对鲁国的民众表现出爱意,结果燕国之民因被憎恶不愿为其所用,鲁国之民亦不会亲附。这样一来,臣民就成了隐患,而君主孤立无援。以隙穴之臣来侍奉孤立的君主,这种情况非常危险。

释仪的而妄发,释,舍弃。仪的(dì),靶标。**虽中小不巧;释法制而妄怒,虽杀戮而奸人不恐。罪生甲,祸归乙,伏怨乃结。故至治之国,有赏罚而无喜怒。故圣人极有刑法,**极,极尽。**而死无螫毒,**螫(shì),怒。**故奸人服。发矢中的,赏罚当符,故尧复生,羿复立。如此则上无殷、夏之患,下无比干之祸,君高枕而臣乐业,道蔽天地,德极万世矣。**

本章言及,舍弃靶标而随意射击,即使击中极小的目标也不算技能精巧;废弃法制而妄发愤怒,即使进行杀戮也无法让奸人感到畏惧。这是强调要将权力运用的标准严格限制在依照法度上,而避免任意妄为。

接着谈到,罪恶由甲所生,祸乱却归于乙,积怨会因此而凝结。在至治之国,必须(依法)赏罚而不在其中附带个人的喜怒。圣人设立严格的刑法,但没有因君主的私怨而被杀者,这样奸人才会顺服。箭射中目标,赏罚得当,就好像是尧复生、羿再次崛起。如此一来,君主没有殷、夏亡国之患,臣下不会有比干之祸,君主安享无忧,臣下乐从其业。是故此道可致荫蔽天地,此德传承万世。

夫人主不塞隙穴而劳力于赭垩, 赭(zhě),红土。垩(è),白土。赭垩,泛指涂料、粉刷。**暴雨疾风必坏。不去眉睫之祸而慕贲、育之死,不谨萧墙之患而固金城于远境,** 萧墙,古代宫室内作为屏障的矮墙,此指内部事务。金城,如金属铸成的坚固城墙。**不用近贤之谋而外结万乘之交于千里,飘风一旦起,** 飘风,旋风。**则贲、育不及救,而外交不及至,祸莫大于此。当今之世,为人主忠计者,必无使燕王说鲁人,** 说,通"悦"。**无使近世慕贤于古,无思越人以救中国溺者。如此则上下亲,内功立,外名成。**

此章是全篇的小结,文中强调的原则是君主必须注重内政而不寄希望于外国、外事来巩固政权。大意是:君主以隙穴为危险但不进行补救,却致力于粉饰,暴雨和狂风必然会带来损害。不除去迫在眉睫的祸患而加意于求得孟贲、夏育那样的死节之士,不防范萧墙之患而执意固守远在边境的城墙,不用近贤的教导而追求与千里之外的诸侯国交往,一旦灾难骤起,即便是孟贲、夏育也无法及时救助,外交亦无从起到作用,这是最大的祸患。当时,为君主进忠言者,理应不是让燕王来劝说鲁人,不让近世追求古代的贤者,也不要指望越国人来拯救中原的溺水者。如此一来,方能上下相亲、内功确立、外名彰显。

功名第二十八

【导读】

本篇与上篇《用人》在论旨和内容上颇有相似性,可以看作依托相同理论前提、针对不同"专题"的论述。全篇的理论表述,与《解老》《喻老》《主道》《扬权》以及之后的《大体》等篇相近,具有强烈的道家意味,特别是有"守自然之道,行毋穷之令"之类的表述。其主题即开篇首句"明君之所以立功成名"所示。

文中提出,天时、人心、技能、势位四者都是君主"立功成名"的必要条件。以此为基础,阐明的观点包括:君王的"功名"来自"天下一力以共载之",需借由君臣相互配合方能实现。基本的状态应是君臣"同欲而异使",这需要君主能够得到臣下尽心竭力,"以尊主御忠臣,则长乐生而功名成"。不过韩非的尊主、忠臣都不寄希望于道德培养，而是建立在君主"名实相持"，即严格依据功过实行赏罚的基础上。这与其他篇章立足于功利理性和人性之"私"设计治理理论保持了一致。

【原文·评注】

明君之所以立功成名者四：一曰天时，二曰人心，三曰技能，四曰势位。非天时，虽十尧不能冬生一穗；穗(suì)，禾本植物聚生在茎的顶端的花和果实。**逆人心，虽贲、育不能尽人力。**贲，孟贲。育，夏育。**故得天时则不务而自生，得人心则不趣而自劝，**趣(cù)，通"促"。**因技能则不急而自疾，**疾，迅速。**得势位则不推进而名成。若水之流，若船之浮。守自然之道，行毋穷之令，**穷，不通畅。**故曰明主。**

本章开篇就明确提出君主"立功成名"的四个基础条件，即天时、人心、技能、势位。这与《用人》篇的"闻古之善用人者，必循天顺人而明赏罚"有相似性。本章简单阐明了四者的效用。其中，天时是完全不可违逆者，所以说"非天时，虽十尧不能冬生一穗"，意思是如果违背天时，即便十个尧那样的圣君也不能使庄稼在冬天抽穗。人心同样也是决定项之一，因为所有的政治行为都需要借助民心民力，而非为政者亲力亲为即可完成。如何获得民心认同并调动民力，自古都是政治理论的中心话题之一。因此，文中说"逆人心，虽贲、育不能尽人力"，意即如若违逆人心，即便孟贲、夏育这种力士也不能使人尽心竭力。

文中对技能和势位并没有专门解释，而是将之与天时、人心归总在一起说:得到天时,即使不用努力万物也会自己生长;获得人心,即便不加督促,人们也会自觉尽力;依靠技能,即使工作不紧张也能迅速完成;获得权势和地位,即使不刻意追求也自会获致名声。

"守自然之道,行毋穷之令"可算是总结前说而推导出的论题,细分起来"守自然之道"是前提,"行毋穷之令"是直接结果,又是"立功成名"的基础。

所谓"自然之道",按文中所示就是"得天时"、"得人心"、"因技能"和"得势位"。要注意,这与老子、道家、黄老家们论说的"自然"含义迥异,其内涵更接近于当然、必然。[1]"行毋穷之令"意味着政权关于治理的要求、指示能够顺畅通达地推行、落实。

夫有材而无势,材,即"才"。**虽贤不能制不肖**。制,规制。**故立尺材于高山之上,下则临千仞之豀**,仞,长度单位,三十尺。**材非长也,位高也。桀为天子,能制天下,非贤也,势重也;尧为匹夫,不能正三家,非不肖也,位卑也。千钧得船则浮**,钧,重量单位,三十斤。**锱铢失船则沉**,锱铢,很小的重量单位,此喻极小的重量。**非千钧轻锱铢重也,有势之与无势也。故短之临高也以位,不肖之制贤也以势。人主者,天下一力以共载之**,载,通"戴",拥戴。**故安;众同心以共立之,故尊。人臣守所长,尽所能,故忠。以尊主御忠臣,则长乐生而功名成。名实相持而成**,相持,相应。**形影相应而立,故臣主同欲而异使**。使,通"事"。**人主之患在莫之应,故曰:"一手独拍,虽疾无声。"** 疾,

---

[1] 参照《安危》篇第二章"安国之法,若饥而食,寒而衣,不令而自然也",以及该章评注。

快速。人臣之忧在不得一,一,此指专任一职。故曰:"右手画圆,左手画方,不能两成。"故曰:"至治之国,君若桴,桴(fú),鼓槌。臣若鼓,技若车,事若马。"故人有余力易于应,而技有余巧便于事。立功者不足于力,亲近者不足于信,成名者不足于势。近者不亲,而远者不结,则名不称实者也。圣人德若尧、舜,行若伯夷,而位不载于世,则功不立,名不遂。故古之能致功名者,众人助之以力,近者结之以成,远者誉之以名,尊者载之以势。如此,故太山之功长立于国家,而日月之名久著于天地。此尧之所以南面而守名,舜之所以北面而效功也。

这一章的核心在于阐明"功名"需待君臣共同努力、相互配合方能实现。论说顺承着上章"得势位则不推进而名成"展开,先说"材""势"关系,基本观点即"有材而无势,虽贤不能制不肖"。接着给出了自然界和人世两类事例来加以论说。所谓"桀为天子,能制天下,非贤也,势重也;尧为匹夫,不能正三家,非不肖也,位卑也",表明"势"是政治治理得以实现的必要前提。侧重论"势",是为了阐明君之所以为君和君臣关系。君臣之间应是"臣主同欲而异使"。

"臣主同欲"这个观点和商鞅的主张存在根本性差异。在商鞅看来,君、臣、民之所欲各有不同,君在为政时不需要也不可能使臣民与自己的欲求相同。君主所能也所当为者,在于利用臣、民的私欲,借助赏罚使之尽力以实现君主(实为国家、天下)之所求。所以商鞅不在意臣民基于私欲行事,而只强调要约制而使之为公所用;也不强调要上下相亲、同心之类。[1] 但韩非提出"臣主同欲",表

---

[1] 参见李平撰:《商君书评注》,法律出版社2023年版。

明在他看来君臣之间不是单纯的相互利用、各取所需的利合关系。由此也可以推知,两人有关君臣关系以及治理和政治的基本理解不同,进而相应的关系模式设置和治理机制设置也随之有别。

"臣主同欲"有三个层次:第一个层次是"人主者,天下一力以共载之,故安;众同心以共立之,故尊"。这是对君主安于其位和得以成功名的基本判断。与之相对应的是"人臣守所长,尽所能,故忠"。由上述君臣关系,引出二者之所忧:一是"人主之患在莫之应",二是"人臣之忧在不得一"。见《外储说左下》篇子绰曰:"人莫能左画方而右画圆也。以肉去蚁蚁愈多,以鱼驱蝇蝇愈至。"

第二个层次是"人有余力易于应,而技有余巧便于事。立功者不足于力,亲近者不足于信,成名者不足于势"。所以"近者不亲,而远者不结,则名不称实者也"。言下之意,君主要成就功名,必须团结、凝聚尽可能多的力量,而不满足于针对既有目标将将"够用"。这有些类似于今所谓建立统一战线和加大人才储备。文中说到的"名"显然指的是天子圣王之名。

第三个层次是使有才德者能得到与之相匹配的"势位",所以说"圣人德若尧、舜,行若伯夷,而位不载于世,则功不立,名不遂"。要注意其中隐含着一个非常重要的观点。貌似韩非全篇是站在为君主出谋划策的立场上立说,可是按照这句论说,一旦君主之外出现了"德若尧舜"者,又要追求功立、名遂,是否应当使之为天子呢?

"故古之能致功名者,众人助之以力,近者结之以成,远者誉之以名,尊者载之以势"是对全篇的总结,辅之以对效果的一段修辞性描述"如此,故太山之功长立于国家,而日月之名久著于天地。此尧之所以南面而守名,舜之所以北面而效功也"。

大体第二十九

【导读】

这是一篇道家和黄老家色彩很浓厚的文章,或者说大量借用乃至依托了道家的理论资源来展开论说,与《主道》篇的风格和模式非常接近。篇题"大体",实指天下。全篇主旨在于陈说如何能通过政治治理致天下和合于道,概括起来是篇中所言"因道全法"和"因天命,持大体"。本篇最重要的意义在于向读者表明,韩非治天下和治国用到了差异化的思路,同时他的理想化的"治世"与见诸其他各篇的应对时宜事变的"强国"有着非常不同的图景。文中对治世的描述,提到了"至安之世,法如朝露,纯朴不散,心无结怨,口无烦言";"利莫长乎简,福莫久于安",都在强调简,接近黄老道家对治世的理解。

要言之,"全大体"即"长利积,大功立,名成于前,德垂于后,治之至也"。这需要通过"寄治乱于法术,托是非于赏罚,属轻重于权衡"的基本治理格局和"不逆天理,不伤情性;不吹毛而求小疵,不洗垢而察难知"之类的治术相互配合方得实现。而其中至关重要者,还是在于君主必须"不以智累心,不以私累己",也就是不因私心、私欲、私意而受干扰。

【原文·评注】

古之全大体者: 全,成全、保全。**望天地,观江海,因山谷,** 因,顺应、凭借、依靠。**日月所照,四时所行,云布风动;不以智累心,不以私累己;寄治乱于法术,托是非于赏罚,属轻重于权衡;** 权,秤锤。衡,秤杆。权衡,秤。**不逆天理,不伤情性;不吹毛而求小疵,不洗垢而察难知;** 垢,污垢、灰尘。**不引绳之外,** 引,拉。绳,木匠弹直线用的墨线,此喻标准。**不推绳之内;不急法之外,不缓法之内;守成理,** 成理,固有之理。**因自然。祸福生乎道法,而不出乎爱恶;荣辱之责在乎己,而不在乎人。故至安之世,法如朝露,** 朝(zhāo)露,早晨的露水。**纯朴不散,心无结怨,口无烦言。** 烦言,气愤或不满的话。**故车马不疲弊于远路,旌旗不乱乎大泽,万民不失命于寇戎,雄骏不创寿于旗幢;** 骏,通"俊"。创,伤害。创寿,夭亡。幢(chuáng),仪仗用的旗帜,此指军旅。**豪杰不著名于图书,不录功于盘盂,** 盘盂(yú),两种圆形的青铜器。**记年之牒空虚。** 牒(dié),文书。记年,通"纪年",指史书。**故曰:利莫长乎简,福莫久于安。**

本章用到了非常"道家"化的表达方式,不免给理解带来一些困难。简单地说,文中提供了两种类似于理想型的表述:一是"全大体",二是"至安之世"。"大体"就是道体,亦即宇宙整体,同时也是"人"(或曰"我")的全体。这里立论的意境非常高,与当时道家的宇宙观基本一致。

关于如何达到理想的治世,文中给出的基本主张简而言之是君主要法象自然,一面虚己无为,一面依托法术和明确的标准进行治理。"不以智累心,不以私累己"是论说成立的基础,也是韩非一直强调的对君主的要求。一切"逆天理""伤性情"的行为,都源于自我的固执和妄动。依托既定、明确、稳定的法律作为标准,即可以避免多作为和乱作为,"故至安之世,法如朝露,纯朴不散,心无结怨,口无烦言。故车马不疲弊于远路,旌旗不乱乎大泽,万民不失命于寇戎,雄骏不创寿于旗幢;豪杰不著名于图书,不录功于盘盂,记年之牒空虚",大意是在极致安定的时代,法律如晨露一样淳朴而不散漫,人们心中没有结怨,口中没有烦言。车马在远途中不会疲惫,旌旗在大泽中不会混乱,万民不会因敌寇而失去性命,良驹不会因旗帜而损寿;豪杰不求名于历史书籍,功绩无须记录于简册,记录空空如也。其中包含三个方面:一是法律本身清晰、有效、合理。二是法令政策能顺人心。三是社会无战乱。

"不吹毛而求小疵,不洗垢而察难知"和"水至清则无鱼"含义相近。可是,作为一种为人处世的原则,和"守成理,因自然"如何衔接呢?需要看到,这里强调的是君主不以一己之私念与能力谋求察知、穷尽一切信息,和《主道》篇"函掩其迹,匿有端,下不能原;去其智,绝其能,下不能意"的要求相呼应。

"寄治乱于法术,托是非于赏罚,属轻重于权衡"是与君主不"为"并行的治术,意即严格以法律为依据进行治理。这包括两个方面,一是行为方式"不引绳之外,不推绳之内;不急法之外,不缓法之内",即不出离于法度。二是"祸福生乎道法,而不出乎爱恶;荣辱之责在乎己,而不在乎人",这是要求君主去"私",不以私意而纯依法度为标准。

作为总结,文中说到"利莫长乎简,福莫久于安",其中"简"包括了规则(法律)和社会生活方式不烦琐的意思,而"安"则强调社会安定,与前述避免战乱意思相合。

使匠石以千岁之寿,寿,岁月。**操钩,视规矩,举绳墨而正太山;使贲、育带干将而齐万民**;干(gān)将,春秋时吴国铸剑名匠,亦指其所铸宝剑名。**虽尽力于巧,极盛于寿,太山不正**,太山,即泰山。**民不能齐。故曰:古之牧天下者,不使匠石极巧以败太山之体**,匠石,古代的高明石匠,名石。**不使贲、育尽威以伤万民之性。因道全法,君子乐而大奸止。澹然闲静**,澹(dàn)然,恬静、安然的样子。**因天命,持大体。故使人无离法之罪**,离,通"罹",遭受。**鱼无失水之祸。如此,故天下少不可**。可,合道。

这一章重在阐明因循道理以为治,也就是"因道全法"和"因天命,持大体",这是对君主的根本性要求。落到政治治理层面,这是"正太山"的譬喻,指向的是立法内容。大意是:如果让匠人用千年之久的使用工具,操着钩,就着规矩,使用绳墨来修正泰山的姿态;让孟贲、夏育带领干将来统一万民;纵使他们有极致的技巧,寿命极长,泰山也无法得到纠正,民众亦无法得治。所以古代治理天下者,不让工匠过分追求技巧以破坏泰山的形体,不让贲、育过分使用威势以伤害万民的本性。遵循道以成法,君子愉悦而大奸止息。

心境宁静,因循天命,持守大体。使人不遭受罪刑,鱼不失去水而遭受祸害。如此,天下就无不合道。

上不天则下不遍覆,覆,覆盖。**心不地则物不毕载**。毕,全。**太山不立好恶,故能成其高;江海不择小助,故能成其富。故大人寄形于天地而万物备**,寄,依附。**历心于山海而国家富**。历,逐一经历、遍历。**上无忿怒之毒,下无伏怨之患,上下交顺,以道为舍**。舍,居所。**故长利积**,长利,长远利益。**大功立,名成于前,德垂于后,治之至也。**

本章回应"全大体",强调君主对待天下,须与"道"之于天下相同。大意是:如果君主不能像天,就不能遍照一切存在者;心不像地则无法承载万物。泰山不分好恶,因此能成为高峻之山;江海不择小溪小河的助益,因此能成其广阔。因此,大人将自己寄托于天地之间,万物得以周备;君主之心能遍历山海,国家便可富足。君主没有私怒之毒,臣下没有潜藏怨恨之患,上下相顺遂,以道为依归。由此利益长久积累,大功得立,名声流传,恩德泽于后代,这是治理的至高境界。《淮南子·览冥训》记载女娲补天传说时说道:"往古之时,四极废,九州裂,天不兼覆,地不周载"。《管子·形势解》"海不辞水,故能成其大;山不辞土石,故能成其高"。

"大人寄形于天地而万物备,历心于山海而国家富",颇有《庄子》"天地与我并生,万物与我为一"的气象。"上下交顺"是顺人心的表现,而所谓"以道为舍",与《解老》篇第一章相照应:

> 德者,内也。得者,外也。上德不德,言其神不淫于外也。神不淫于外则身全,身全之谓德。德者,得身也。

凡德者，以无为集，以无欲成，以不思安，以不用固。为之欲之，则德无舍，德无舍，则不全。用之思之，则不固；不固，则无功；无功，则生于德。德则无德，不德则有德。故曰："上德不德，是以有德。"

内储说上七术第三十

（略）

内储说下六微第三十一

(略)

外储说左上第三十二

(略)

外储说左下第三十三

(略)

外储说右上第三十四

(略)

外储说右下第三十五

(略)

难一第三十六

(略)

难二第三十七

（略）

难三第三十八

(略)

难四第三十九

(略)

难势第四十

【导读】

《难势》篇是一篇典型的驳论,驳的是战国著名思想家慎到的"势"论。研究者普遍认为,韩非思想的特色之一是重视并融会法、术、势,其中"势"的理论在很大程度上承袭自慎到,并有所发展。本篇就是这个判断的最好印证。韩非反对的是慎到论"势"不论"材"、唯"势"是崇的偏激观点,但对"势"的功能、重要性和作用方式的论说则大体认同。在此基础上,韩非还区分出自然之势和人为之势,意在阐明用"势"以治平天下的"道理"。

在承认"势"的重要性的基础上,文中提出"材""势"都是政治治理的必要条件,且区分出"自然之势"和"人之所设"的"势"。韩非认为,关于治理的理论需以"中"等才智之人为对象,而为治的基本原则是"抱法处势",以此方能获致最稳定且常态化的治理。

【原文·评注】

慎子曰:慎子,慎到。**"飞龙乘云,腾蛇游雾,**腾蛇,即'螣蛇',传说中的神蛇。**云罢雾霁,**霁(jì),雨雪停止,天放晴。**而龙蛇与螾蚁同矣,**螾(yǐn),同'蚓',蚯蚓。**则失其所乘也。贤人而诎于不肖者,**诎(qū),屈服。**则权轻位卑也;不肖而能服于贤者,则权重位尊也。尧为匹夫,不能治三人,而桀为天子能乱天下。吾以此知势位之足恃,而贤智之不足慕也。夫弩弱而矢高者,**弩,弓。**激于风也;**激,鼓动。**身不肖而令行者,得助于众也。尧教于隶属而民不听,**隶属,奴婢皂隶之类。**至于南面而王天下,令则行,禁则止。由此观之,贤智未足以服众,而势位足以诎贤者也。"**诎,屈。

本章内容见于《慎子·威德》篇,应是韩非所引以便于后文批判的文字。慎子的核心论点,概括来说是:"势"是成事致用的关键,与乘势者本身的才、德几乎毫无关系。而"势"之重要,在于它是实现"服众"的唯一依托。

"尧为匹夫,不能治三人"中隐含了一个非常值得关注的预设,即势是君之为君的前提条件;换言之,君主不能也无须通过教化"养成",只要能得"势"即可。这与孟子等人的思路恰好相反。例如:"臣闻七十里为政于天下者,汤是也。"(《孟子·梁惠王下》)〔1〕所以人有德、有民心,自然可以有天下。其中蕴含了两个差异:一是孟子预设的是以乱世为"常",讨论在此之下如何行为。于是有了由贤而圣、由圣而王的"培养"历程。韩非的预设则是在有序状态下,如何维系秩序并寻求发展。二是儒家对君的预设是道德与才智并重的典范、表率,而韩非对君的预设是政治运作机制中类于"道"的"阴"面。

与此同时,还需要思考一个问题:慎到作为广为时人认可的著名思想家,为什么会坚持如此极端化的论势不论材的观点?毕竟在政治活动中完全不考虑参与者的才能,多少有些不合常理。有可能这是特有所指地针对当时"家天下"情境下由于受到继承规则的限制而无法选择统治者的材质,所以需要抛开材质来设计一套行之有效的统治和治理方案。与之相对,韩非更多是在使用王朝更迭的实例也就是材质可选的情况来反驳慎子之论。换句话说,韩非并非意在全盘否定慎子之论,而是指出他不能径直适用于所有情况。

应慎子曰:应,回应。**飞龙乘云,腾蛇游雾,吾不以龙蛇为不托于云雾之势也。虽然,夫释贤而专任势,足以为治乎?则吾未得见也。夫有云雾之势而能乘游之者,龙蛇之材美**

---

〔1〕 参见:"地方百里而可以王。王如施仁政于民,省刑罚,薄税敛,深耕易耨。壮者以暇日修其孝悌忠信,入以事其父兄,出以事其长上,可使制梃以挞秦、楚之坚甲利兵矣。彼夺其民时,使不得耕耨以养其父母,父母冻饿,兄弟妻子离散。彼陷溺其民,王往而征之,夫谁与王敌?故曰:'仁者无敌。'王请勿疑!"(《孟子·梁惠王上》);"以力假仁者霸,霸必有大国;以德行仁者王,王不待大。汤以七十里,文王以百里。以力服人者,非心服也,力不赡也;以德服人者,中心悦而诚服也,如七十子之服孔子也。《诗》云:'自西自东,自南自北,无思不服。'此之谓也。"(《孟子·公孙丑上》))

也。今云盛而螾弗能乘也,螾,通"蚓",蚯蚓。雾酞而蚁不能游也,酞(nóng),通"浓"。夫有盛云酞雾之势而不能乘游者,螾蚁之材薄也。今桀、纣南面而王天下,以天子之威为之云雾,而天下不免乎大乱者,桀、纣之材薄也。且其人以尧之势以治天下也,其势何以异桀之势也,乱天下者也。夫势者,非能必使贤者用之,而不肖者不用之也。贤者用之则天下治,不肖者用之则天下乱。人之情性,贤者寡而不肖者众,而以威势之利济乱世之不肖人,则是以势乱天下者多矣,以势治天下者寡矣。夫势者,便治而利乱者也,故《周书》曰:"毋为虎傅翼,傅,附着。将飞入邑,择人而食之。"夫乘不肖人于势,是为虎傅翼也。桀、纣为高台深池以尽民力,为炮烙以伤民性,桀、纣得乘四行者,四,或作"肆"。南面之威为之翼也。使桀、纣为匹夫,未始行一而身在刑戮矣。势者,养虎狼之心而成暴乱之事者也,此天下之大患也。势之于治乱,本末(未)有位也,末,当作"未"。而语专言势之足以治天下者,则其智之所至者浅矣。夫良马固车,使臧获御之则为人笑,臧获,奴婢。王良御之而日取千里。车马非异也,或至乎千里,或为人笑,则巧拙相去远矣。今以国位为车,国位,指政权。以势为马,以号令为辔,辔(pèi),缰绳。以刑罚为鞭筴,筴(cè),通"策"。使尧、舜御之则天下治,桀、纣御之则天下乱,则贤不肖相去远矣。夫欲追速致远,不知任王良;欲进利除害,不知任贤能,此则不知类之患也。夫尧、舜亦治民之王良也。

针对首章所引慎子治理得行全凭"势"之论,韩非的观点是"释贤而专任势"不足以为治。归纳起来,韩非反对慎到唯"势"论的理由主要是:"乘势"属于一种能力,需要以乘势者的"材"为依托。所以说"夫有云雾之势而能乘游之者,龙蛇之材美也。今云盛而螾弗能乘也,雾醲而蚁不能游也,夫有盛云醲雾之势而不能乘游者,螾蚁之材薄也"。大意是龙蛇之所以能乘云雾之势而游,是因为材美,这是前提性条件。反过来"材薄"的蚯蚓、蚂蚁就不行。人事也是如此,桀、纣、尧、舜俱为天子都乘了相同的"势",可是在"以天子之威为之云雾"的相同条件下,产生乱天下或是治天下之别,最主要的原因还在于"桀、纣之材薄"。这里要注意两点:一是"材"的差异是厚薄之分,而非有无之别。二是"材"并非能够乘势的必要条件,但是有效乘势以致用的基础。所以说"夫势者,非能必使贤者用之,而不肖者不用之也。贤者用之则天下治,不肖者用之则天下乱"。这两层指向的共同问题在于:"材"是什么?所谓"贤"与"不肖"是材之厚薄的表现,也就意味着它们算不得"材"本身。不过,韩非在本篇乃至全书中对这个问题始终没有给出明示。

　　韩非对"势"的基本判断是"夫势者,便治而利乱者也",既然谁都可以乘势,并且借助了势将会把"材"的属性和效果急剧放大,那么为了避免乱世必须严格限制乘势者。尤其韩非认为:"人之情性,贤者寡而不肖者众,而以威势之利济乱世之不肖人,则是以势乱天下者多矣,以势治天下者寡矣。"为了证成己说,文中引用了《周书》曰:"毋为虎傅翼,将飞入邑,择人而食之。"这句话出自周公,保留在今本《逸周书・寤儆解》中。[1] 据此,韩非以例证进一

---

[1]《逸周书・寤儆解》:"周公曰:……监戒善败,护守勿失,无虎傅翼,将飞入邑,择人而食。""入邑",旧作"入宫",今从《韩非子・难势篇》所引改。黄怀信等撰:《逸周书汇校集注》,上海古籍出版社2007年版,第306页。

步阐明为什么说"夫乘不肖人于势,是为虎傅翼也",即"桀、纣为高台深池以尽民力,为炮烙以伤民性,桀、纣得乘四行者,南面之威为之翼也。使桀、纣为匹夫,未始行一而身在刑戮矣",大意是桀、纣筑高台、挖深池耗尽了民力,设置了炮烙之刑伤害民众的性命。桀、纣能做出这四种行为,是因为天子之势给他们做了翅膀。假如桀、纣是平民,那么他们还没有开始做其中一件坏事就早被处死了。所以说"势者,养虎狼之心而成暴乱之事者也,此天下之大患也"。

作为结论,韩非指出"势之于治乱,本未有位也,而语专言势之足以治天下者,则其智之所至者浅矣",意思是势对于国家的治乱兴衰,本来就没有固定的对应关系,可慎到所言却专讲势足以治理好天下,那么他的智识所及未免太过浅薄。接下来以人驾车作比进一步阐明"材"与"势"的关系。"夫良马固车,使臧获御之则为人笑,王良御之而日取千里。车马非异也,或至乎千里,或为人笑,则巧拙相去远矣",大意是同为好马好车,不善驾驭的臧获驾驶为人所笑,善于驾驶的王良驾驭可以日行千里。决定性的因素不在车、马,而在驾驭者的才能。同理,治乱的决定性因素不在势,而在于如何乘势、用势。

复应之曰:其人以势为足恃以治官。客曰"必待贤乃治",则不然矣。夫势者,名一而变无数者也。势必于自然, 势,为自己而然的先天之"名"。**则无为言于势矣。吾所为言势者,言人之所设也。今曰尧、舜得势而治,桀、纣得势而乱,吾非以尧、桀为不然也。虽然,非一人之所得设也。夫尧、舜生而在上位,虽有十桀、纣不能乱者,则势治也;桀、纣亦生而在**

上位,虽有十尧、舜而亦不能治者,则势乱也。故曰:"势治者,则不可乱;而势乱者,则不可治也。"此自然之势也,非人之所得设也。若吾所言,谓人之所得势(设)也而已矣,势,当作"设"。贤何事焉？何事,有什么关系。何以明其然也？客曰:"人有鬻矛与楯者,鬻(yù),卖。楯(dùn),通'盾'。誉其楯之坚,物莫能陷也,俄而又誉其矛曰:'吾矛之利,物无不陷也。'人应之曰:'以子之矛陷子之楯,何如？'其人弗能应也。"以为不可陷之楯,与无不陷之矛,为名不可两立也。夫贤之为〔道也〕势不可禁,"道也"两字,据陈奇猷说补。而势之为道也无不禁,以不可〔禁之贤与无不〕禁之势,此句当作"以不可禁之贤与无不禁之势"。此矛楯之说也。夫贤、势之不相容亦明矣。且夫尧、舜、桀、纣千世而一出,是比肩随踵而生也,世之治者不绝于中。中,期间。吾所以为言势者,中也。中者,上不及尧、舜,而下亦不为桀、纣。抱法处势则治,背法去势则乱。今废势背法而待尧、舜,尧、舜至乃治,是千世乱而一治也。抱法处势而待桀、纣,桀、纣至乃乱,是千世治而一乱也。且夫治千而乱一,与治一而乱千也,是犹乘骥駬而分驰也,骥(jì)駬(ěr),通"骥骤",指良马。相去亦远矣。夫弃隐栝之法,隐栝(kuò),修整竹木的工具,揉曲为隐,正方为栝。去度量之数,使奚仲为车,奚仲,夏代车正。不能成一轮。无庆赏之劝、刑罚之威,释势委法,委,抛弃、舍弃。尧、舜户说而人辩之,户说,挨家挨户劝说。人辩,指逐人辩理。不能治三家。夫势之足用亦明矣,而曰"必待贤",则亦不然矣。且夫百日不食以待粱肉,粱肉,指精美的食物。饿者不活;今待尧、舜之贤乃治当世之民,是犹待粱肉而救饿之说也。夫曰良马固车,臧获御之则为人笑,臧获,奴婢。王良御之则日取乎千里,吾不以为然。夫待越人之善海游者以救中国之溺人,越人善游矣,而溺者不济矣。济,得到帮助。夫待古之王良以驭今之马,亦犹越人救溺之说也,不可亦明矣。夫良马固车,五十里而一置,置,驿站。使中手御之,追速致远,可以及也,而千里可日致也,何必待古之王良乎!且御,非使王良也,则必使臧获败之;治,非使尧、舜也,则必使桀、纣乱之。此味非饴蜜也,饴(yí)蜜,饴糖和蜂蜜。必苦莱、亭历也。莱,草名,又名"藜"。亭历,即葶苈,一年生草本植物。此则积辩累辞,离理失术,两末之议也,末,端。奚可以难夫道理之言乎哉!客议未及此论也。

　　本章从另外一个角度再次回应首章中慎子的观点,但这章与上章的纯粹批判不同,更像是一种建构性的思路。首先谈到"其人以势为足恃以治官。客曰'必待贤乃治',则不然矣",其中就包括了慎子和诘难慎子的两种论点,慎子认为借助"势"即可以"治官",而反对者则认为即便有"势",也需要有"贤者"用"势"方足以治官。韩非的否定则针对了这两者。紧接着抛出了三个界定:其一,"夫势者,名一而变无数者也",意思是"势"这个"名"中包含非常多样化的内涵。其二,"势必于自然,则无为言于势矣",意为如果"势"仅仅是必定、当然的,那就不需要讨论了。其三,"吾所为言势者,言人之所设也",直接表明所说的"势"的基础是人为,也就是说人的作为既是"势"成立的基础、原因,也是用"势"者,还是"势"所用的对象。这也意味着韩非所论之"势"与慎子之"势"名同而实异。

为了说明差异，韩非用了一段论说来阐明何为慎子的"自然之势"："今日尧、舜得势而治，桀、纣得势而乱，吾非以尧、舜为不然也。虽然，非一人之所得设也。夫尧、舜生而在上位，虽有十桀、纣不能乱者，则势治也；桀、纣亦生而在上位，虽有十尧、舜而亦不能治者，则势乱也。故曰：'势治者，则不可乱；而势乱者，则不可治也。'此自然之势也，非人之所得设也。"大意是现在论家说："尧、舜得势而治，桀、纣得势而乱。"韩非并不认为尧、桀时的情况不是这样。即使如此，这个势并非他们凭一己之力所能建立。如果尧、舜生来就处于君位，即便有十个桀、纣也不能扰乱天下，这时势必然致治；如果桀、纣也生来就处于君位，即便有十个尧、舜也不能致治，这时势必然致乱。在这个意义上可以说："势所致的治不可能被扰乱，而势所致之乱不可能被治理好。"这是"自然之势"而非人为创设的势。

韩非明确表达了"自然之势"非是他所讨论的"势"。此后开始相对应地阐明自己独特的"势"的内涵。首先说到"若吾所言，谓人之所得势（设）也而已矣"，由于其中"人之所得势"不易理解，所以文中自行设问："贤何事焉？何以明其然也？"接着引述了一段"客"所说的，也就是著名的自相矛盾的故事来阐明，即"人有鬻矛与楯者，誉其楯之坚：'物莫能陷也。'俄而又誉其矛曰：'吾矛之利，物无不陷也。'人应之曰：'以子之矛陷子之楯，何如？'其人弗能应也。"韩非对于这个故事的总结是"以为不可陷之楯，与无不陷之矛，为名不可两立也"。带入前文谈到的"贤"与"势"的关系，便是"贤之为势不可禁，而势之为道也无不禁，以不可禁之贤与无不禁之势"，也即"贤、势之不相容"自相矛盾故事中呈现的局面。

"且夫尧、舜、桀、纣千世而一出，是比肩随踵而生也"，意思是极好、极坏的君主一千世出一位已经算得上很多了,言下之意日常的政治治理不能寄托于可遇不可求的圣王,也不必要专门针对出现具有偶然性的极恶者设计。相反,一般人的常态化治理和生活才应是关注的重点。所以说"世之治者不绝于中,吾所以为言势者,中也。中者,上不及尧、舜,而下亦不为桀、纣"。所谓"中"就是一种中间态,既指世事,也指人。韩非欲强调者在于,"中"的治乱,关键在于"抱法处势"而不可"背法去势"。所以说"今废势背法而待尧、舜,尧、舜至乃治,是千世乱而一治也。抱法处势而待桀、纣,桀、纣至乃乱,是千世治而一乱也。"其中明确谈到两种对应情况,实则可以析出六类情况:

治理术	人(治理者)	效果	出现概率
废势背法	尧舜至	治	极少
废势背法	尧舜不至	乱	常
抱法处势	尧舜至	治	极少
抱法处势	桀纣至	乱	极少
抱法处势	桀纣不至	治	常
废势背法	桀纣至	乱	极少

既然是以尽可能常态化的"治"为目标,那么最可取的方案无疑是"抱法处势"。

接着韩非又用了一组譬喻重申了以上观点:"且夫治千而乱一,与治一而乱千也,是犹乘骥骅而分驰也,相去亦远矣。夫弃隐栝之法,去度量之数,使奚仲为车,不能成一轮。无庆赏之劝、刑罚之威,释势委法,尧、舜户说而人辩之,不能治三家。夫势之足用亦明矣,而曰'必待贤',则亦不然矣。且夫百日不食以待粱肉,饿者不活;今待尧、舜之贤乃治当世之民,是犹待粱肉而救饿之说也。"

大意是说：治世千世而乱世一世，和治世一世而乱世千世，就像是两匹好马分道扬镳，相距太远了。如果抛弃了修整木材的技法，除去度量标准，就是让良匠奚仲来造车，也不能做成一个车轮。如果没有奖赏作为激励、不以刑罚威慑，抛舍势与法度，让尧、舜挨家挨户地劝说，逐个人去做辨析事理的工作，会连三户人也无法治理。所以势乃必需也就很明确了，而论家说"必须依靠贤人"自然不对。再者，让人一百天不吃东西去等着吃米饭鲜肉，这个挨饿的人便无法存活；现在如果要等到尧、舜这样的贤人出现再去治理当世的民众，这就如同等待一百天以后的饭菜来解救饥饿。

接下来辩驳与前论相关的另外一类看法，即"良马固车，臧获御之则为人笑，王良御之则日取乎千里"，这段譬喻要表达的意思是，法、势必须依赖贤者掌控方可致治，缺少贤者则治理必不可期。韩非同样以譬喻作针对性的回应："夫待越人之善海游者以救中国之溺人，越人善游矣，而溺者不济矣。夫待古之王良以驭今之马，亦犹越人救溺之说也，不可亦明矣。"这两句表达出的要旨在于，贤人抱法处势不是不好，这即是上列表中第三类情况，问题在于常态化治理不能寄希望于这种小概率的情况。具有现实性的方案是"夫良马固车，五十里而一置，使中手御之，追速致远，可以及也，而千里可日致也，何必待古之王良乎！"这句话意在表明，有良好的制度依托，中等资质之人亦可使之稳定运行而致治，尽管可能不似圣贤那般高妙，但至少不会出现混乱不治的结果。这就足以反驳："且御，非使王良也，则必使臧获败之；治，非使尧、舜也，则必使桀、纣乱之。此味非饴蜜也，必苦莱、亭历也。"大意是一说到驾车，只要不用王良就一定要让奴婢去败坏；一说到治理国家，只要不用尧、舜，便必要让桀、纣去搞乱它。这就好比吃东西，只要不尝饴糖、蜂蜜，便一定是在吃苦莱、亭历。很明显，这种极端化的论说有诡辩的意味。所以说:"此则积辩累辞,离理失术,两末之议也,奚可以难夫道理之言乎哉！客议未及此论也。"而韩非恰是要揭示其中的诡辩色彩,并将他所欲证立的针对"中人"的"抱法处势"的治理原则凸显出来。

问辩第四十一

【导读】

　　本篇以"问辩"为题,既是取自首句中的两字,也涵盖了全篇主要内容。不过篇中虽论"辩",却以提供止辩方案为要务。中心观点是"上不明,则辩生",全篇围绕证明这个观点展开,分别阐明了"治世"和"乱世"的不同状态。

　　在"治世"中,不合于法令的言行应被严禁。君主考察言论的标准是言论所指向的"实"是否合法且有功用,而不关注言论本身精巧与否。这样一来人人都不妄言,是故无"辩"。相反"乱世"之中人们不以君主的法律为标准,反而尊崇私人的智识与学问,这造成崇尚"文学"亦即好"辩"之风。换言之,社会上充斥"辩",以及尊贤、尚文学等风气,是乱而非治的体现。

　　在韩非看来,"夫言行者,以功用为之的彀者也",换言之,实际功效是检验言行的唯一标准,而君主所立的法度又是对言行所指向的功效加以评判的唯一标准。如果君主不能坚守上述两方面,势必会失去对观念、价值标准的控制,连带造成:"夫作法术之人,立取舍之行,别辞争之论,而莫为之正。是以儒服、带剑者众,而耕战之士寡;坚白、无厚之词章,而宪令之法息。"

总的来说,这篇短文既是对当时社会风气和君主好尚的批评,也可看作从另一个角度彰明"以法为教",加强意识形态控制的重要性,并且一以贯之地将首要责任归于君主。其观点与《难言》篇可相照应。

【原文·评注】

或问曰:"辩安生乎?"安,通"焉",怎样、如何。对曰:"生于上之不明也。"问者曰:"上之不明,因生辩也,何哉?"对曰:"明主之国,令者,令,君令、政令。言最贵者也;法者,事最适者也。适,切合、恰当。言无二贵,法不两适,故言行而不轨于法令者必禁。轨,遵循、符合。若其无法令而可以接诈、接应诈伪。应变、适应时事变化。生利、获利。揣事者,揣(chuǎi)事,揣度事情变化。上必采其言而责其实。采,采纳。责,求。实,内容、实效。言当则有大利,当(dàng),正确、妥当。不当则有重罪,是以愚者畏罪而不敢言,智者无以讼,讼,争辩。此所以无辩之故也。无,消除。乱世则不然,主有令,而民以文学非之;文学,文辞之学。官府有法,民以私行矫之。矫(jiǎo),强词夺理、无理取闹。人主顾渐其法令,顾,反。渐,弃置、埋没。而尊学者之智行,此世之所以多文学也。多,崇尚。夫言行者,以功用为之的彀者也。的(dì),箭靶靶心。彀(gòu),使劲张弓。**夫砥砺杀矢**,砥砺(dǐ lì),磨炼。杀矢,田猎用的箭。**而以妄发**,妄发,随意乱射。**其端未尝不中秋毫也**,端,顶端,此指箭头。秋毫,秋季鸟兽的毫毛,此指细微之物。**然而不可谓善射者,无常仪的也**。常,固定不变。仪的(dì),靶标。**设五寸之的,引十步之远**,引,退。**非羿、逢蒙不能必中者**,羿,夏代有穷国国君,善于射箭。逢蒙,古之善射者,相传学射于后羿。**有常也**。常,法则、规则。**故有常,则羿、逢蒙以中五寸的为巧;无常,则以妄发之中秋毫为拙**。拙,拙笨。**今听言观行,不以功用为之的彀**,功用,实效。**言虽至察**,至,极其。察,详尽。**行虽至坚**,坚,坚定。**则妄发之说也。是以乱世之听言也,以难知为察,以博文为辩**;博文,富于文采。**其观行也,以离群为贤,以犯上为抗**。犯上,冒犯长辈或上级。抗,通'亢',刚正不阿、高尚。**人主者说辩察之言,尊贤抗之行,故夫作法术之人,立取舍之行,别辞争之论,而莫为之正。是以儒服、带剑者众,而耕战之士寡;坚白、无厚之词章**,坚白,名家论题。无厚,道家宇宙论论题。章,彰显。**而宪令之法息**。宪令,法令。息,停息、消失。**故曰:上不明,则辩生焉。"**

如果说上篇矛盾之喻提供了一个揭示诡辩的实例,那么本篇可以看作对"辩"的理论化追问和阐释。开篇所问"辩安生乎"即全篇所要讨论的中心问题,直接的针对性回答是"生于上之不明也",也就是君主"不明"导致有"辩"。这个结论本身既不易懂,也和一般常识不甚契合。按照当时的一般理解,之所以会产生争辩、论辩,根本原因在于"上之不明",即君主事理不清。所以接下来的一长段论说都是在解决为什么"上"之不明是产生"辩"的根本原因。

首先给出的论点是："明主之国,令者,言最贵者也;法者,事最适者也。言无二贵,法不两适,故言行而不轨于法令者必禁。"大意是明主所治的国家,君令是所有言论中最尊贵者,法律是所有行为模式中最合宜者。没有与君令同等尊贵的言论,没有与法律同等适用的行为规则,所以言行不合于法令的都必须严禁。顺着这个思路,如果所有的言说、行为都存在确定、唯一的标准,且但凡有与之不相合者都被禁止了,自然社会中不会存在争辩。

这句看起来并不难懂的表述中其实含有一种复杂且不易把握的内涵:首先,"言"即言论,但韩非之所指显然不止于言论,还指言论所包含的内容。其次,"法"即行为规则。言下之意法律提供的是最合宜的行为规则和模式。再次,"无二""不两"意味着一切概念、观念和行为模式都必须唯一,且必须由政权提供。最后,这种唯一性和权威由禁止性规则提供保障。

"若其无法令而可以接诈、应变、生利、揣事者,上必采其言而责其实",这针对的是法令没有明确规定的情况,意思是如果没有法令依据但可以用来对付欺诈、应付事变、牟利、预测事情的言谈,那么君主必须收集这些言论并考察实际情况是否与之相符。考察后的处置是"言当则有大利,不当则有重罪",即言、实相符者可得大利,不相符者有重罪。如此一来:"愚者畏罪而不敢言,智者无以讼,此所以无辩之故也。"

按照文中的思路,君令和法律应该尽可能完整地为思想观念和行为提供唯一的合法规则。但是也不排除有覆盖不到的情况。这表明韩非并不认为理想的法治化环境中预置的法律规则可以为所有社会活动提供足够充分的指引。那么对于法律没有覆盖到的方面,民间、私人的行为、言论和行为模式需要君主尽可能及时、充分地掌握,并且作出名、实相符与否的判断,并给出相应的奖惩。

这种来自君主的判断和奖惩性质上与立法相同,可以视为预制法律规则的补充。通过这种方法,既可以对既有的法律体系起到查缺补漏的作用,也可以保障君主的权威不至于受到法律漏洞被私人利用的影响。

以上是韩非对治世之所以能"无辩"的理论解释。接下来他相对应地论说了乱世的表现:"乱世则不然,主有令,而民以文学非之;官府有法,民以私行矫之。人主顾渐其法令,而尊学者之智行,此世之所以多文学也。"

韩非认为其中的重要问题之一是言(名)实对应,也就是"责其实"过程中,对"实"的把握出现了偏差。"夫言行者,以功用为之的彀者也。夫砥砺杀矢,而以妄发,其端未尝不中秋毫也,然而不可谓善射者,无常仪的也。设五寸之的,引十步之远,非羿、逢蒙不能必中者,有常也。故有常,则羿、逢蒙以中五寸的为巧;无常,则以妄发之中秋毫为拙。"大意是:言和行,要以实际功用(实效)作为衡量标准。新打磨好的利箭胡乱发射,箭头总能射中细如秋毫之物,但是算不上善于射箭,因为没有确定的箭靶作为目标。设置一个直径五寸大的箭靶,即使在十步远的地方拉弓发箭,非是羿和逢蒙这样的神射手便不能百发百中,因为这以确定的箭靶为目标。所以有确定的靶标,羿和逢蒙会因为射中直径五寸的箭靶而被认定为技术高超;没有确定的靶标,人们会将胡乱发箭射中秋毫视为拙劣。

乱世的表现是:"今听言观行,不以功用为之的彀,言虽至察,行虽至坚,则妄发之说也。是以乱世之听言也,以难知为察,以博文为辩;其观行也,以离群为贤,以犯上为抗。人主者说辩察之言,尊贤抗之行,故夫作法术之人,立取舍之行,别辞争之论,而莫为之正。是以儒服、带剑者众,而耕战之士寡;坚白、无厚之词章,而宪令之法息。"大意是：如果听取言论、观察行为时不以实效作为衡量标准，那么言论即便极其明察，行为即便非常坚决，也只能和前述胡乱放箭的情况一样。乱世中人们听取言论时，把艰涩难懂当作明察，把广博、文采视为雄辩；观察行为时，把与众不同当作贤能，将冒犯君上视为刚直。君主喜欢这类雄辩、明察的言论，尊崇这类贤能、刚直的作为，所以那些擅自设定法度者，确立了行为与否的准则，辨别了言辞争执的评判标准，但也没有人因此得到匡正。因此，穿着儒生服装的先生和佩带宝剑的侠士多了起来，导致事农耕和作战的人减少了；坚白、无厚之类的辩说盛行，而法律政令随之消亡。

作为结论，"上不明，则辩生焉"回应了篇首对答中陈述的观点，将"乱"的枢要系诸君主。

问田第四十二

【导读】

本篇以"问田"为名,取自首句"徐渠问田鸠"中的两字,与内容、主旨无关。全篇包括相对独立的两章。前章借徐渠与田鸠的对答讨论用人之术,彰显当时国君选官用人中存在的重重问题,主要表现为废法度、无标准,依声望、文辞取人,不注重官员的实际治理能力和治理功效,由此造成自下而上的升迁途径阻塞,被委以重任者缺乏能力而致失政乃至亡国。由此强调用人既需依法,亦当经过基层治理或治军实践的考察和锻炼,据绩效渐次拔擢。

后章是堂谿公与韩子(韩非)的对答。堂谿公劝韩非放弃尚法治的治术主张,以求明哲保身。韩非则很直白地表达出宁愿舍身成仁的决心,将明哲保身之术视为"贪鄙之为",执意要以"仁智之行""立法术,设度数"的治术"齐民萌之资利"。文中彰显出韩非不齿以所学苟且谋私牟利,而志在为君子儒以济世的心志。

由堂谿公与韩非的对话内容可以推知,堂谿公应读过《和氏》篇。有的学者推断这篇记录的是韩非十九岁(公元前 276 年)之事,可备一说。[1]

【原文·评注】

徐渠问田鸠曰:徐渠,人名,事迹不详。田鸠,即田俅,详见《外储说左上》篇。"**臣闻智士不袭下而遇君**,袭,重叠。袭下,指官员逐级上升。**圣人不见功而接上。**见(xiàn),通'现'。见功,表现出功绩。接,接近、交结。**今阳成义渠**,阳成义渠,或即阳城胥渠。**明将也,而措于屯伯**;措,置,此指被任命。屯,驻兵之地。屯伯,即一屯之长。**公孙亶回**,人名,事迹不详。**圣相也**,相,宰相。**而关于州部**,关,经由。州部,低级地方官。**何哉?**"田鸠曰:"**此无他故异物,主有度**、度,法度。**上有术之故也。**术,治术。**且足下独不闻楚将宋觚而失其政**,将,以……为将领。宋觚(gū),人名,事迹不详。**魏相冯离而亡其国?**相,以……为相国。冯离,人名,事迹不详。**二君者驱于声词**,驱,受驱使。声词,声音、言辞,指动听的话。**眩乎辩说**,眩,迷惑、迷乱。辩说,巧辩之说。**不试于屯伯,不关乎州部**,州部,指地方基层单位。**故有失政亡国之患。由是观之,夫无屯伯之试、州部之关,岂明主之备哉!**"

---

[1] 参见喻中:《法与术:喻中读韩非》,中国法制出版社 2018 年版,第 425 页。

这一章借徐渠与田鸠的问答，讨论了用人之术。徐渠之问，即"智士不袭下而遇君，圣人不见功而接上"，反映出当时广泛存在的状态，即通过直接获得君主青睐而被委以重任。反而从基层做起一路升迁至高位被当作非常之态。其中可以读出四个方面的问题：一是下层有治理经验和才能者缺少升迁途径。二是大量游士凭借结党、文辞等方式获得君主任用。三是国家的官僚体系，尤其是考课升降制度受到严重破坏。四是看似君主擅权用人，实则人事任命权被能够营造声望且有接近君主能力的臣下侵夺了。

田鸠所答彰明了关于用人的两个原则：一是必须依法而不能凭借君主个人喜好和所用之人的声望、文辞等。二是所用之人必须经过基层治理或治军实践的考察和锻炼，方可渐次拔擢。直接委任要职很可能造成严重的不良后果，即"不试于屯伯，不关乎州部，故有失政亡国之患"。文中举例谈到楚国以宋觚为将领，最终因为追求声名而丢失了政权；魏国以冯离为相国，最终因为纷繁的辩论而失去了国家。这两人没有经受屯伯的考验，没有关注州部之事，所以才会发生政权丢失和国家灭亡的悲剧。

田鸠简介，可参见《外储说左上》篇注释。

阳成义渠，或即《吕氏春秋·爱士》中的"阳城胥渠"，是赵国的军将，年代稍早于田鸠。

堂谿公谓韩子曰：堂谿(xī)公，人名，事迹不详。韩子，即韩非。**"臣闻服礼辞让**，服礼，行事合礼。辞，让。**全之术也**；全，安全。**修行退智**，修行，修持品行。退智，隐藏智慧。**遂之道也**。遂，成功。**今先生立法术，设度数**，度数，法律制度。**臣窃以为危于身而殆于躯**。殆，亡。**何以效之？所闻先生术曰**：术，通'述'，陈说。

'楚不用吴起而削乱,削,削弱。秦行商君而富强,商君,即商鞅。二子之言已当矣,然而吴起支解而商君车裂者,车裂,刑罚名,俗称'五马分尸'。不逢世遇主之患也。'逢,遇。世,指治世。主,指明主。逢遇不可必也,必,一定。患祸不可斥也,斥,使退去,使离开。夫舍乎全遂之道而肆乎危殆之行,肆,放纵,无所顾忌。窃为先生无取焉。"韩子曰:"臣明先生之言矣。明,明白。夫治天下之柄,齐民萌之度,民萌,即民氓,民众。甚未易处也。处,处理、办理。然所以废先王之教,而行贱臣之所取者,窃以为立法术,设度数,所以利民萌便众庶之道也。众庶,民众。故不惮乱主闇上之患祸,惮,畏惧。闇(àn),同'暗',蒙蔽、遮蔽。而必思以齐民萌之资利者,资利,利益。仁智之行也。惮乱主闇上之患祸,而避乎死亡之害,知明夫身而不见民萌之资利者,贪鄙之为也。贪鄙,贪婪卑鄙。臣不忍向贪鄙之为,向,趋向、亲近。不敢伤仁智之行。先王(生)有幸臣之意,王,'生'字之误。幸,爱。然有大伤臣之实。"

本章托堂谿公与韩子问答以明理,一说认为这可能是韩非虚拟出来的答问之辞。其中韩非以"韩子"自称而书之于文,足见他心志之高。

堂谿公之问,首先说:"服礼辞让,全之术也;修行退智,遂之道也。"此处将儒家守礼崇让之行、道家韬光养晦之术都视为自我保全的方法,而认为韩非"立法术,设度数"的主张"危于身而殆于躯"。其中透露出几重信息:一是崇尚法治被时人认为是韩非的主要主张。二是俗化、为己的儒、道学者在当时大行其道,明显有悖于孔、老原旨。如果我们把这段发问看成韩非所拟,那么上述两重义涵便可认为是韩非在有意表达,既针砭时弊,也凸显"立法术,设度数"确为自己的治术主张。

接着堂谿公引述了韩非过往之言:"楚不用吴起而削乱,秦行商君而富强,二子之言已当矣,然而吴起支解而商君车裂者,不逢世遇主之患也。"以吴起、商鞅为例,且强调"二子之言已当矣",表明韩非的治术主张与吴起、商鞅相近,且韩非认同二氏之论。而他将两人被刑而终的主因归结为近乎客观不可抗力的世道不平和君主不明。

堂谿公的态度很明确,"逢遇不可必也,患祸不可斥也,夫舍乎全遂之道而肆乎危殆之行,窃为先生无取焉"。坚持以法术之学干世,在堂谿公看来必须世势和君主两个条件配合,但显然这可遇不可求。"患祸不可斥"是说当时推行法术以治必会不可避免地身陷灾祸。这意味着乱世与昏君并存乃是对当时局势的基本判断。文中谈到吴起、商鞅的遭遇,将之归于"不逢世遇主"这种人力所不能及又"不可必"的原因。

韩非的对答,大有舍生取义、证道忘身的气象。而整段回答,更像是在自表心志。并且结合文中反复说到不避暗主乱世,所针对者更像是韩王而非秦王。针对堂谿公规劝,韩非首先说"夫治天下之柄,齐民萌之度,甚未易处也",这是一句感慨,接着说"然所以废先王之教,而行贱臣之所取者,窃以为立法术,设度数,所以利民萌便众庶之道也"。这句话给出两个信息:一是韩非以法术、度数即法治为中心的治术理论与"先王之教"相悖反。而这个"先王之教"指的究竟是哪代先王的政治不可确知。与韩非主张相反的西周、春秋、战国时代的政治制度和治理机制都有可能。有的学者以之为专门反对儒家之学中推崇的先王治道与治术,并无根据。二是韩非的治术论的旨归在于利民而非利国,换言之持民本而非国本位立场。

接着谈到"故不惮乱主闇上之患祸,而必思以齐民萌之资利者,仁智之行也",与之相对者是"惮乱主闇上之患祸,而避乎死亡之害,知明夫身而不见民萌之资利者,贪鄙之为也"。韩非的态度很明确:"不忍向贪鄙之为,不敢伤仁智之行",言下之意,他对可能发生的不利其身的后果,或曰自身的利益得失毫不介意,但以行"仁智"以救世济民为己任。据文义,韩非所谓"仁"即爱人、爱民,"智"为运用治术以成治证道的智慧。"仁智之行"是韩非对自己言行的基本判断。由此也可见得,韩非并不排斥"仁",而是反对假"仁"之名的歧见。

末尾"先生有幸臣之意,然有大伤臣之实"一句,即对前文堂谿公规劝的回应。说"先生有幸臣之意",表明韩非理解堂谿公劝慰背后的善意。但以之为"有大伤臣之实",意思是明哲保身势必妨碍韩非成仁、成圣的本心,或曰以明哲保身之术害救世济民之道。

还要注意,篇中尽管涉及儒道之学,但是韩非无论直接、间接都不曾有反对、非议之辞。这与整部《韩非子》中的基本态度一致。

定法第四十三

【导读】

本篇以"定法"为题,但此二字不见于正文。文中的主要内容涉及"术"与"法"如何兼用于政治治理。若结合文义,可将"定法"理解为确定治理方略,即篇中谈到的"术""法"并用的方针。"定法"之法较之律令之法,含义更为宽泛。

杨义认为,"《定法》篇是年代可考的韩非开始走向成熟期的著述,作于公元前266年前后。韩非是在一方面反思和超越申、商,另一方面反思和超越黄、老的精神历程中走向成熟的,尽管申、商与黄、老都曾深受他青睐,但深刻的思想家的能力,在于超越青睐,而不是长期迷恋和徘徊于青睐"。[1]

---

[1] 杨义:《韩非子还原》,中华书局2011年版,第34页。

文本以问答的形式呈现,但谁是提问者,问答究竟是实录,还是韩非虚拟出来,抑或基于实录修改所成,现已不可确知。再结合篇中侧重申说秦政之失,有理由推断这是韩非入秦以后的作品。

很明显,本篇针对政治治理立说,之所以强调法、术并用,重心乃是君臣关系,或曰政治权力运行中如何控制官吏运用治权,以求实现官吏不以权谋私和滥用职权。而不似以商鞅为代表的早期法家那样侧重解决社会治理问题。也就是说,同为论述治理,韩非侧重的政治治理和商鞅侧重的社会治理存在明显的差异。

全篇的要旨在于阐明,在政治治理中兼有"术"与"法"的重要性。为此,韩非还给二者作出了明确的界定:"术者,因任而授官,循名而责实,操杀生之柄,课群臣之能者也,此人主之所执也。法者,宪令著于官府,刑罚必于民心,赏存乎慎法,而罚加乎奸令者也,此臣之所师也。君无术则弊于上,臣无法则乱于下,此不可一无,皆帝王之具也。"

通常认为,韩非之前的战国法家中,商鞅尚"法"、慎到重"势"、申不害崇"术"。如此概括虽不无道理,但严格来说并不完全合于三人的思想主张。而这个印象之所以成型且被后世接受,与韩非在本篇论说中刻意为之标签化有很大关系,如言:"今申不害言术,而公孙鞅为法。"

韩非生于战国末年,尽管其人师承荀子,但对之前的诸子学术有着极其开放、包容的态度,因此也被后人视为战国子学思想的集大成者。这同时也意味着,包括本篇所论的商、申在内的诸子,都是韩非成一家之论的思想、理论资源。所以,批判性接受是最基本的态度。

与此同时,韩非著书立说时格外看重论说技巧,因此无论是借用历史故事还是名家论说,都不乏精心遴选、雕琢和删选加工,以此来寓理于事。本篇对于商、申二家的述、评也是如此。更多情况下,商、申的政治实践和效果乃是"不尽善"且包含着教训的历史经验。

韩非的基本态度非常清晰,即治国必须法、术并重,二者缺一不可;而且,无论商鞅还是申不害,都没能提供妥善的治理方案。不过问题在于,本篇通过评述和驳论,既明晰了商、申治理模式的缺陷,也凸显出商鞅之后秦国治理的症结所在,可是文章止于"二子之于法术,皆未尽善也",并没有针对性地给出具体的解决方案。

此外,篇中的文句应该存在一些错讹,导致有些句段有不可通读的情况。历代注家多有考证,虽勉强可解,但仍有可商榷、质疑处。

【原文·评注】

问者曰:"申不害、(前385年—前338年),郑国人,持黄老道法说,韩昭侯时为相。**公孙鞅,**(约公元前390年—公元前338年),即商鞅,卫国人,持法家论,相秦孝公变法。**此二家之言孰急于国?"**孰,谁、哪个。急,迫切。**应之曰:"是不可程也。**程,度量。**人不食,十日则死;大寒之隆,**隆,极盛。**不衣亦死。**衣(yì),穿衣。**谓之衣食孰急于人,则是不可一无也,**不可一无,即缺一不可。**皆养生之具也。**具,工具。**今申不害言术,**术,权术。**而公孙鞅为法。**法,法律制度。**术者,因任而授官,**任,才能。**循名而责实,**循,依据。名,此指官位。责,要求。实,实际表现。**操杀生之柄,**操,持。柄,权柄。**课群臣之能者也,**课,考察、考课。能,能力。**此人主之所执也。法者,宪令著于官府,**宪令,法令。著,显明。**刑罚必于**

民心,必,必行。**赏存乎慎法**,存,在。慎,慎重、看重。**而罚加乎奸令者也**,加,施加。奸令,违反法令。**此臣之所师也**。师,师从、遵守。**君无术则弊于上**,弊,通'蔽',蒙蔽。**臣无法则乱于下,此不可一无,皆帝王之具也。**"具,器具、工具。

问者曰:"**徒术而无法**,徒,单独。**徒法而无术,其不可何哉?**"对曰:"**申不害,韩昭侯之佐也**。韩昭侯(?—前333年),韩懿侯之子,战国时韩国第六位国君。**韩者,晋之别国也**。别,分别而出。**晋之故法未息**,故,旧。息,止息,此指废止。**而韩之新法又生**;生,创生、创立。**先君之令未收**,收,完成,此指收获实效。**而后君之令又下**。下,发布。**申不害不擅其法**,擅,整饬。**不一其宪令**,一,齐一。**则奸多**。奸,奸邪。**故利在故法前令,则道之**;道,此指使用。**利在新法后令,则道之;利在故新相反,前后相勃**。勃,通'悖',相反。**则申不害虽十使昭侯用术**,十,指完满。**而奸臣犹有所谲其辞矣**。犹,仍。谲(jué),欺诈。**故托万乘之劲韩**,托,依托。万乘,指一等大国。劲,强大。**七十(十七)年而不至于霸王者**,七十,据顾广圻说当作'十七'。**虽用术于上,法不勤饰于官之患也**。饰,通'饬',整饬、修整。**公孙鞅之治秦也,设告相坐而责其实**,告,告奸,相互告发。相坐,即连坐。责,考察。实,实情。**连什伍而同其罪**,什,十家。伍,五家。什伍,即编户。同其罪,即连坐。**赏厚而信**,厚,重。信,有信用。**刑重而必**,必,此指有罪必罚。**是以其民用力劳而不休**,用力,调动民力。劳,劳作。**逐敌危而不却**,逐,追逐。却,退却。**故其国富而兵强。然而无术以知奸,则以其富强也资人臣而已矣**。资,资养。**及孝公、商君死**,孝公(前381年—公元前338年),名渠梁,秦穆公十五世孙,在位24年。**惠**

王即位，惠王(前356年—前311年)，又称秦惠文王，本名嬴驷，秦孝公之子。**秦法未败也**，败，败坏。**而张仪以秦殉韩、魏。**张仪，(？—公元前309年)，魏国安邑(今山西万荣县王显乡张仪村)人，纵横家。**张仪、惠王死，武王即位，**武王(前329年—前307年)，名荡，秦惠王之子。**甘茂以秦殉周。**甘茂(生卒年不详)，姬姓，甘氏，名茂，下蔡(今安徽颍上甘罗乡)人，战国中期秦国名将。**武王死，昭襄王即位，**昭襄王(前325年—前251年)，又称秦昭王，名则，一名稷，秦惠王子。**穰侯越韩、魏而东攻齐，**穰(rǎng)侯，即魏冉(？—约前264年)，亦作魏厓、魏焻，因食邑在穰，号穰侯。越韩、魏而东攻齐，指公元前284年，秦、韩、赵、魏、燕五国，合纵破齐。**五年而秦不益尺土之地，**益，增加。**乃城其陶邑之封，**穰侯夺取陶邑(今山东定陶西南)为己封地。**应侯攻韩八年，**应侯，即范雎(生卒年不详)，字叔，魏国芮城(今山西省芮城县)人。**成其汝南之封。自是以来，诸用秦者皆应、穰之类也。**用秦，为秦所用。**故战胜则大臣尊，益地则私封立，**私封，私人封地。**主无术以知奸也。**知，察知。**商君虽十饰其法，**饰，通'饬'，修整。**人臣反用其资。故乘强秦之资，数十年而不至于帝王者，法不(虽)勤饬于官，**不，据卢文弨说当作'虽'。**主无术于上之患也。"**

问者曰："**主用申子之术，**主，君主。**而官行商君之法，**官，官员、官僚。**可乎？"对曰："申子未尽于法(术)也。**法，当作'术'。句后或阙'商君未尽于法也'。**申子言'治不逾官，**治，治理。逾，超越、超过。官，职权。**虽知弗言'。**知，知情。**治不逾官，谓之守职也可；知而弗言，是不谓(谒)过也。**谓，据吴汝纶说当作'谒'，告。过，过失、过错。**人主以一国目视，**以，凭借。**故视莫明焉；莫，读作'莫不'。以一国耳听，故听莫聪焉。今知而弗言，则人主尚安假借矣？安，通'焉'。假借，借助。**商君之法曰：'斩一首者爵一级，**首，首级。爵，赐爵。**欲为官者为五十石之官；**五十石(dàn)，指官员的俸禄，下"百石"同。**斩二首者爵二级，欲为官者为百石之官。'官爵之迁与斩首之功相称也。**迁，升迁。相称，相符。**今有法曰：'斩首者令为医、匠'，**匠，工匠。**则屋不成而病不已。**已，停止。**夫匠者，手巧也；而医者，齐药也；**齐，通'剂'，调和。**而以斩首之功为之，则不当其能。**能，才能。**今治官者，智能也；**智能，知识、才能。**今斩首者，勇力之所加也。以勇力之所加而治智能之官，是以斩首之功为医、匠也。故曰：二子之于法术，皆未尽善也。"**

　　按所问"申不害、公孙鞅，此二家之言孰急于国？"，意在辨明申不害与商鞅二家之论何者对于治国更为关键，或者说更有优先性。其中隐含了一个观念前提，即申不害和商鞅的理论与实践已经被当作卓有成效且足以值得取法的典范。不过要注意的是，问者并没有点明"术""法"之辨，也没有给申、商二子的学说贴标签，而只是希望获得一种切实有效的治理方案。

　　附带要说到，在战国晚期"本末论"盛行的思想情境中，人们总有寻求抓住类似主要矛盾的关键点，以图最高效解决问题的倾向。这个背景既适合理解本篇中提问者的想法，同样也适用于理解韩非的论述思路。

　　韩非的基本判断是所问"不可程"，但将话题收束到"法""术"不可比较、取舍。接着以衣食为喻，表达了二者乃治国之所必备，并当倚重，且具有不同功能。

以上判断,乃是基于韩非对申不害崇"术"和商鞅尚"法"的归纳,即"今申不害言术,而公孙鞅为法"。这也成为此后迄今人们理解申、商二氏学说的基点之一。不过要注意到:其一,韩非的这个判断不仅仅基于申、商的学理表达和论著,还综合考虑了二人思想观念、政治实践,以及其思想、制度遗产在身后的影响和效果。其二,韩非并不是为了切实还原、理解、解说申、商作此判断,而是意在托名人、故事以申己说。所以不能武断地把韩非所论直接当作理解申、商的前提。

"术"和"法"二者,乃是本篇关注的真正重心。为了论说清晰明了,韩非首先对概念本身作出了近似下定义式的解说。这种做法在战国以前并不常见,彼时针对某一对象通常是作描述性或列举式说解。战国中期以后开始兴起"名"学(或曰刑名学、形名学),也出现了一批被后世称为"名家"的思想家。随之形成了"概念化"的理论阐释方法。韩非受到名学的影响,在其他篇中多有表现。此处也是征显之一。下面分别来看:

"术者,因任而授官,循名而责实,操杀生之柄,课群臣之能者也,此人主之所执也。"其中"者也"之前,乃是"术"的内容,包括了四个方面:"因任而授官",涉及官员任命必须具体考察候选者的才能。"循名而责实"讲的是对官员的考课,务必做到官员的实际履职情况与官名所对应的职分相合。据文面义,"名"就是官名,"实"是实际情况。不过后来的论家对这句的义理做了深挖。因为此处的"名"意味着有所指(具体内容)的概念,而"实"指的是现实、实践,其中包含概念与现实之间的复杂关系。"循名"去"责实",与据"实"去察"名",分别代表了两种实践进路,所依托者则是两类认识论和世界观。"操生杀之柄"关乎通过赏罚处置官员的最高权柄。"课群臣之能"则涉及掌握、评判、调动激发群臣的能力的考课和评价。

以上四者表明了治理的四个不同阶段,且始终聚焦在君如何"治"臣,即君臣关系方面。也可说"术"的使用针对如何通过君权控制治权,而几乎完全不涉及治民和社会治理层次。这与《韩非子》书中其他篇章所示相一致,一则表明君权和治权两分、对立、各有所属、各有不同对象;二则说明韩非所理解、把握到的关键问题已经与之前以商鞅为代表的战国中期法家不同,不再关注社会结构、社会秩序、社会治理层面的富国强兵问题,而转向权力运行和权力控制。

要注意,"术"所关涉者,俱是纯粹依法或者法律本身不足以规制的内容。换句话说,韩非明确意识到纯粹且单一的"按法而治"不足以满足政治治理中的所有需求,作为治理术的法治不是达成治理目标的充分条件。只不过"术"是专属于政权掌握者的治理工具,主要针对者是治权掌握者,即官吏。

"法者,宪令著于官府,刑罚必于民心,赏存乎慎法,而罚加乎奸令者也,此臣之所师也。"和之前的"术"一样,这句话围绕内容和功能界定"法"。"宪令"是法的代称之一,首先要求"著于官府",意思是由官方明文发布并收藏。此即《难三》篇之"法者,编著之图籍,设之于官府,而布之于百姓者也"。其中"布之百姓"与"刑罚必于民心"相关,也可说前者是后者的必要条件。"必于民心"意味着法律规定的内容,尤其是刑罚必须在实践中严格践行,如今所言"有法必依",以此获得民众认同和信服。而基于法律的社会调整,最重要者即在赏、罚两类机制,以依法为前提,赏赐必须仅仅加诸守法("慎法")者,刑罚必须施用于违法("奸令")者。以上构成了一个完整的从立法到具体治理实践的过程,核心始终在于依法行事。很明显,这里界定的不仅仅是静态的法律,而且是动态的按法而治。韩非认为,这个意义上的"法",乃是"臣"运用公权力进行治理的基本原则,也是官员必须师从者。

表面上看,此处论"法"涉及政治治理和社会治理两个层次,但据"君无术则弊于上,臣无法则乱于下",意思是君主无"术"则会被遮蔽,而臣不按法而行势必在下作乱;可见所论的重点始终在于控制、限制臣掌控的治权。所以与之前的"术"相比,虽说主要对象有别,但是旨归并无二致。归总起来,"术"和"法"基本的定位都是"帝王之具",也就是治理工具;更具体地说,是运用政权以图治理权力(治权)和社会的治理工具。

本章主要是基于申不害、商鞅政治实践的教训,反证"术""法"二者必须兼备,偏执一端必有所弊。按照韩非的判断,申不害重术轻法的思想完全落实到辅佐韩昭侯的政治实践中。其中最主要的问题是立法反复、繁多,即"晋之故法未息,而韩之新法又生;先君之令未收,而后君之令又下"。而法令不一,或曰"不一其宪令"是"奸多"的主因。正是因为法律本身繁多且并不统一,是故申不害的政令、主张无法有效推行。官吏会以其他法令为口实"谲其辞"。如此一来,君主即便用术,也无法收到预期的效果。

"故利在故法前令,则道之;利在新法后令,则道之;利在故新相反,前后相勃",这一句无论句读还是含义历来争议颇多。相比较而言,邵增桦的解法较为可取:"自己的利益在于施行故法前令,就照故法前令办。自己的利益在于施行新法后令,就照新法后令办。"[1]这很明显是法律过于繁多造成的后果。

这里有三方面问题需要注意:一是韩国"十七年而不至于霸王"的主因是否果真在于用术不用法,其实值得商榷。二是韩非批

---

[1] 邵增桦注译:《韩非子今注今译》,台湾商务印书馆1982年版,第74页。

判之语中,隐含了法律必须统一、体系化且内容自洽融贯的判断。三是韩非认为体系化的法律是型构权力运行秩序和治理秩序的基础。换言之,制度化是秩序化的前提。此乃用术所不能及者。

本章中的商鞅所为,是重法而无术的典型例证。"公孙鞅之治秦也,设告相坐而责其实,连什伍而同其罪,赏厚而信,刑重而必,是以其民用力劳而不休,逐敌危而不却,故其国富而兵强。"这些都是商鞅变法以后实行的新举措,其中包括连坐制、编户制、厚赏重刑、信赏必罚原则等,相应的效果包括最大化地调动了民众农战的积极性,实现了预期的富国强兵。不过不良后果集中在"无术以知奸,则以其富强也资人臣而已矣"。简而言之,就是国家的富强成为掌握治权者的资产。这种情况在商君执政时似乎尚且找不到例证,却遍见于孝公以后的历代君主在位期间。而韩非之所以判定这些俱可归因于商鞅的治理方略,理由是"孝公、商君死,惠王即位,秦法未败也",也就是秦惠文王以后继承、延续了商君之法。如果细加厘分,制度层面延续商君之法,其实并不必定表明其他治理技术、方略也无变化。不过这并非源于韩非思考、分析时的疏漏,而是他论说策略的一部分。

韩非作本篇的直接目的,乃在于以切近且能极大触动秦王的秦国故事中的教训,而为己说张本。所举的实例中,惠文王、武王、昭襄王三代各有一例,对应的正是张仪、甘茂、穰侯、应侯。上述三例的共性在于,为臣者都利用了商鞅营造的秦国国力、战斗力优势为自己谋取私利,而于秦国毫无帮助。此即"战胜则大臣尊,益地则私封立,主无术以知奸也。商君虽十饰其法,人臣反用其资"。

归纳起来,韩非笔下申、商二人术、法各偏一隅而不能两全的治理,共同的不良后果是无法控制官员,导致君主无法约制臣下,也无法保证臣下不以手中掌握的治权谋私。

本章由一个新的设问引出,其实此问也是一种关于兼用术、法的方案,即"主用申子之术,而官行商君之法"。这个设问很有针对性,因为前章说到君主无术和官不依法造成的弊端。于是问者便可自然而然地得出直接推论:如果针对性地兼用申不害之术与商鞅之法,是否就可以期于至治。

顺着这个问题,韩非给出了另一个完全不同方向的论说,曰"二子之于法术,皆未尽善也",即申不害之"术"和商鞅之"法"都有缺陷。申不害的问题主要出在过分强调官员以"治不逾官"为原则"守职"行事,也就是严格意义上的按法而治。按照申不害的设计,这可以最大限度地限制官员以权谋私或滥用职权。不过商鞅认为如此一来,势必会导致君主无法超脱于官僚系统之外获得信息,反而限制了君主对官僚系统运作的把控和监督。这看似是"不尽法",实则乃是法律制度与用"术"之间存在矛盾。再深究一步,是申子对"术"本身,以及如何以法律制度保障"术"之行用理解不够充分。

商鞅的问题出在法的内容,尤其是商君本人特别看重的赏罚机制。商鞅的基本设计是将农战功绩与官爵挂钩,特别是战功。后世概括商鞅奠定的秦国二十等爵制为"军功爵",即可窥见一斑。其实韩非认为,问题并不出在爵制,而在于"官爵之迁与斩首之功相称"中的"官"。也就是说,问题出在"欲为官者为五十石之官""欲为官者为百石之官"。在韩非看来,作为治理者的"官",和医生、工匠一样都是专业技术人员,任用、评价的标准都在于技术能力。换言之,社会治理应该是一种技术而非荣誉,同样,战争也是一种具有专门性的技术。商鞅之法依军功授官,势必会造成越俎代庖、治理者不够专业的问题。

由上述两例可以推断,"法""术"兼用的难点,一在于如何保障法律的内容与治理需求相符,二在于如何平衡具有任意性地用"术"与严格按"法"。毕竟两者运作存在显著差异。可是韩非在本章中针对申、商的批评是列举式的,也就是说读者可以推断两家的问题不仅仅止于文中所论。但是篇中并没有给出"尽善"的治理方案。也可说,《定法》一篇止于批判,尚未及建构便戛然而止了。

说疑第四十四

【导读】

本篇以"说疑"为题,"说"即辩说,"疑"指似是而非者。据内容可知,所谓"说疑"是析说常被人误以为是对臣下的评价,并据此来彰明君主应当如何识人、用人。

首章一开始通过与赏罚得当作对比,以凸显君主用人的重要性。依法赏功罚罪以为治,同时排除仁义、智能等其他标准的观点,应是君主用人的总原则。君主用人的基本依托则是法与术,但仅是依托立法建制和遵行法令无法实现用人得当。所以这一篇中更关注的是如何在实践中具体落实这个原则。为此第二章至第七章,罗列了大量历史人物,意在辨明君主用人的具体原则,以及认定人才的标准。其中大致分了以下几类:一是不贤的近臣;二是不为政权所用的有高名者；三是"争强谏以胜其君"者；四是朋党营私，"上逼君，下乱治，援外以挠内，亲下以谋上"的权臣；五是贤能之臣；六是"思小利而忘法义，进则揜蔽贤良以阴暗其主，退则挠乱百官而为祸难"的佞臣。提示注意这些类型的臣下，目的在于从圣王明君、乱主这正反两个方面进一步阐明君主用人之术，要在"内举不避亲，外举不避仇。是在焉从而举之，非在焉从而罚之"。而实现的关键则系诸如何"明于臣之所言"。

【原文·评注】

凡治之大者，非谓其赏罚之当也。赏无功之人，罚不辜之民，辜，罪。非所谓明也。赏有功，罚有罪，而不失其人，方在于人者也，方，仅。非能生功止过者也。是故禁奸之法，太上禁其心，其次禁其言，其次禁其事。今世皆曰"尊主安国者，必以仁义智能"，而不知卑主危国者之必以仁义智能也。故有道之主，远仁义，去智能，服之以法。是以誉广而名威，民治而国安，知用民之法也。凡术也者，主之所以执也；法也者，官之所以师也。然使郎中日闻道于郎门之外，郎中，宫廷的侍卫。以至于境内日见法，又非其难者也。

据"凡治之大者，非谓其赏罚之当也"可知，本章意在论说"治之大者"，也就是关于治理的关键、至要问题。而且也表明"赏罚之当"这个在当时观念中，也在本书其他篇章中被反复强调的论点，其重要性尚且不够。

接着解释了为什么"赏罚之当"的重要性尚在其次。首先，如果"赏无功之人,罚不辜之民"属于"不明",自然是必须杜绝的状况。其次,虽说能做到"赏有功,罚有罪",而且赏罚的对象也明确无误,即"不失其人",也只能因既有的行为结果而作出赏罚,尚不能"生功止过",即缺乏事前的激励能力和预防作用。这提示除去治术之一的按法而治本身的存在的有限性。

除了作用于事后的"止过"之外,作用于事前的"禁奸"也有层次之分:"是故禁奸之法,太上禁其心,其次禁其言,其次禁其事",意思是禁止奸邪的方法,最上等的是防禁产生奸邪之心;次等的是防禁出现奸邪的言论,也指防止易生奸邪的谋划、谋略;最下等的是仅仅防禁奸邪之事。

接着话题一转,引述时人常见的观点"尊主安国者,必以仁义智能"并加以反驳,曰"卑主危国者之必以仁义智能也",即完全依托"仁义智能"会致乱而非治。"卑主危国者之必以仁义智能"在当时可以算是非常"反常识"的论断。毕竟在主流话语和观念中,"仁义智能"被当作诸如尧、舜、禹、汤、文、武等圣王必备的品质。韩非在各篇中都已反复表达了类似的观点,即不能将对人和事的评判标准建立在君主之外,且以非法度的形式表现出来。

"是以誉广而名威,民治而国安,知用民之法也"一句,是对用"服之以法"进行治理可预期收效的描述。能够"用民",即能调整、引导、规范民众的"法"才是"治之大者"所急需。"凡术也者,主之所以执也;法也者,官之所以师也",其中谈到"术"和"法"的关系。最后韩非给出了一个看似非常简单的方案:"然使郎中日闻道于郎门之外,以至于境内日见法,又非其难者也",大意是让郎中每天把法治的道理传达到宫殿的郎门之外,进而使国境之内每天都能了解法令,也不是困难的事情。言下之意,"服之以法"和使法成为"官之所以师也"的最主要方式,乃是让治下官、民知悉法律的内容。但是对于用人而言,"又非其难者也"是在表明仅仅做到明法和按法而治尚且不够,而且不是难点所在。

昔者有扈氏有失度,有扈氏,夏代部族名,在今陕西户县一带。失度,有扈氏相。**讙兜氏有孤男**,讙兜氏,尧时部族名称。孤男,《路史·国名纪》作"狐攻",讙兜的权臣。**三苗有成驹**,三苗,尧舜时东南方的部族。**桀有侯侈**,侯侈,《墨子·所染》作"推哆"。夏朝天子桀相。**纣有崇侯虎,晋有优施**,优施,春秋时期晋献公的宠优,名施。**此六人者,亡国之臣也。言是如非,言非如是;内险以贼其外**,贼,害。**小谨以征其善**;征,表现。**称道往古,使良事沮**;沮,失败。**善禅其主**,禅,通"擅",掌控。**以集精微**,集精微,收集细微的信息。**乱之以其所好,此夫郎中左右之类者也。往世之主,有得人而身安国存者,有得人而身危国亡者。得人之名一也,而利害相千万也**,相,相差。**故人主左右不可不慎也。为人主者诚明于臣之所言,则别贤不肖如黑白矣。**

本章以六个"亡国之臣"为例,意在阐明"郎中左右之类"的近臣名不称实的言论造成的危害。可以认为这是在回应上章的"郎中日闻道于郎门之外"。文中提到"有扈氏有失度,讙兜氏有孤男,三苗有成驹,桀有侯侈,纣有崇侯虎,晋有优施",大意是:古时候有扈氏有失度,讙兜氏有孤男,三苗有成驹,桀有侯侈,纣有崇侯虎,晋有优施,这六人都是导致国家灭亡的臣下。这六组人物中,崇侯虎见于《说林下》篇第七章,优施见于《备内》篇第一章。其他人物的信息在史传中大多阙如。

六人共同的表现是"言是如非,言非如是;内险以贼其外,小谨以征其善;称道往古,使良事沮;善禅其主,以集精微,乱之以其所好",大意是把对的说得像错的,把错的说得像对的;内心阴险以贼害外人,表面上小心谨慎以显得良善;称颂远古之事,使好事不成;善于掌控君主,以此收集君主隐蔽的念头,通过迎合君主的喜好来扰乱君主。这些都构成需明辨之"疑"。

借历史经验可知,以往的君主"有得人而身安国存者,有得人而身危国亡者",作为存亡关键的"得人"听起来都一样,可是产生的实际效果却差之甚远。这和之前提到的近臣言、实不相符本质上一样,都表明需要不为"名"所惑,辨明"名"与"实"之间的对应情况,所以说"为人主者诚明于臣之所言,则别贤不肖如黑白矣"。

若夫许由、许由,尧时的隐士。**续牙**、续牙,也作"续身",舜的七友之一。**晋伯阳**、晋伯阳,也作"柏阳",舜的七友之一。**秦颠颉**、秦颠颉,也作"秦不虚",舜的七友之一。**卫侨如**、**狐不稽**、狐不稽,也作"狐不偕",尧时的隐士。**重明**、重明,也作"灵甫",舜的七友之一。**董不识**、董不识,也作"东不訾",舜的七友之一。**卞随**、**务光**、卞随、务光,夏朝末年的隐士。**伯夷**、**叔齐**、伯夷、叔齐,商朝末年的隐士。此十二人者,皆上见利不喜,见,通"现"。下临难不恐,或与之天下而不取,有萃辱之名,萃辱,即《亡征》篇的"挫辱",挫折耻辱。则不乐食谷之利。谷,粮食、俸禄口粮。食谷之利,指当官。夫见利不喜,上虽厚赏无以劝之;临难不恐,上虽严刑无以威之,此之谓不令之民也。此十二人者,或伏死于窟穴,或槁死于草木,或饥饿于山谷,或沉溺于水泉。有民如此,先古圣王皆不能臣,当今之世,将安用之?

本章间接回应了首章"以至于境内日见法"，首先枚举了十二位通常被认为有行有高名的历史人物，并作出了与成见相反的判断。文中总结说"此十二人者，皆上见利不喜，下临难不恐，或与之天下而不取，有萃辱之名，则不乐食谷之利"，大意是这十二个人都是对君主给的利益不欣喜，在下遇到危难也不恐惧，有的是让予天子之位都不接受，有劳累屈辱的名声，不愿意当官受禄。这与一般人对他们的看法基本合辙。可是韩非认为，"夫见利不喜，上虽厚赏无以劝之；临难不恐，上虽严刑无以威之，此之谓不令之民也"，意思是面对利益不欣喜，那么君主即使设置了优厚的奖赏也不能驱使、调动他们；遇到危难不恐惧，那么君主即使设立了严厉的刑罚，也不能威慑他们，这些属于"不令之民"，无法为政权所用。

　　韩非关注的问题在于，这些人成名、行事，有着一套不受君王（政权）约束且不以功利得失为转移的标准。遵照这套标准可以让他们获得声望，但会导致君主对奉行这些标准的人缺乏调动、规范能力。而且，他们表现出的特立于政权之外的行为标准能够获得高名，对于政权所需的权威和社会治理的驱动力而言都构成负面影响。文中表达的对待不为政权所用之人的态度，与《外储说右上》收录的姜太公封于齐地而杀华士相同。

　　许由，见《说林下》第十四章，和董不识都是尧时的隐士。晋伯阳、秦颠颉、卫侨如，据说属于舜的"七友"。卞随、务光是夏朝末年的隐士。伯夷、叔齐是商朝末年的隐士，在《韩非子》中多次出现。

若夫关龙逄、王子比干、随季梁、随，西周初分封的诸侯国，姬姓，在今湖北随县。季梁，春秋时随国的贤臣。**陈泄冶**、泄冶，春秋时陈国的贤臣，因劝谏陈灵公而被杀。**楚申胥**、申胥，当作"葆申"，楚文王时的贤臣，曾经极力劝谏楚文王。**吴子胥，此六人者，皆疾争强谏以胜其君。言听事行，则如师徒之势；一言而不听，一事而不行，则陵其主以语**，陵，凌驾。**待之以其身，虽身死家破，要领不属**，要(yāo)，通"腰"。领，头。属(zhǔ)，连接。**手足异处，不难为也。如此臣者，先古圣王皆不能忍也，当今之时，将安用之？**

这一章列举了关龙逢、王子比干、随季梁、陈泄冶、楚申胥、吴子胥六位"疾争强谏以胜其君"的人物，意在说明自以为掌握较之君主、政权更高的是非、价值标准者，无法为政权和君王所用，并且会对政治造成妨害。大意是关龙逢、王子比干、随季梁、陈泄冶、楚申胥、吴子胥六人，他们都以争强谏言来劝说君主。如果君主听取他们的言论并予以采纳，那么臣下和君主之间就像师徒之间的关系一样；但君主一旦不听他们一言，不行一事，他们便会直言不讳地批评君主，甚至以自己的身体作为要挟。即使面临家破人亡、身首异处、四肢残废等情况，也毫不畏惧。这样的臣下，古代的圣王都无法容忍，在当今之时又将如何任用呢？

韩非此论，并不是要否定谏诤之臣和所有抗上强谏的行为，而是批判这类行为中"以胜其君""陵其主以语"，以及"一言而不听，一事而不行"便不为上所用的极端状况和人物。且其中隐含的预设是，君主和政权理应在政治治理中扮演行为和价值标准掌握者的角色，不能容许出现臣下在君主面前扮演类似后世儒生意欲为之的"素王"角色。

若夫齐田恒、田恒，即田常。**宋子罕、鲁季孙意如**、季孙意如,即季平子。**晋侨如**、晋,衍文,当删去。侨如,指鲁国的叔孙侨如。**卫子南劲**、子南劲,春秋时卫国将军文子(子南弥牟)的后代,投靠魏国后封为侯。**郑太宰欣**、欣,郑国的太宰。**楚白公**、事见《喻老》篇。**周单荼、燕子之,此九人者之为其臣也,皆朋党比周以事其君,隐正道而行私曲,上逼君,下乱治,援外以挠内,亲下以谋上,不难为也。如此臣者,唯圣王智主能禁之。若夫昏乱之君,能见之乎?** 见,明察。

本章列举了齐田恒等九人,共同的特征是"朋党比周以事其君,隐正道而行私曲,上逼君,下乱治,援外以挠内,亲下以谋上",这类情形在《韩非子》中多有批判,不再赘述。文中在意者在于"昏乱之君,能见之乎",也就是说,对于君主而言这类奸臣一是难以察知,二是难以杜绝。

若夫后稷、后稷,名弃,舜时农官。**皋陶**、皋陶(yáo),也作"咎繇",舜时任士官。**伊尹、周公旦、太公望、管仲、隰朋、百里奚、蹇叔、舅犯、赵衰**、赵衰(cuī),即赵成子,春秋时晋国的卿。**范蠡、大夫种**、大夫种,吴国大夫文种。**逄同**、逄(páng)同,春秋时越国大夫。**华登**,华登,宋国司马华费遂之儿,后为吴国大夫。**此十五人者为其臣也,皆夙兴夜寐,卑身贱体,竦心白意,**竦(sǒng),使……恭敬。白,使……坦白。**明刑辟**、辟,法。**治官职以事其君,进善言,通道法而不敢矜其善,**矜,自大、自夸。**有成功立事而不敢伐其劳,**伐,自夸。**不难破家以便国,杀身以安主,以其主为高天泰山之尊,而以其身为壑谷鬴洧之卑,**鬴(fǔ),通"釜",指釜水,也作"滏水",今名滏阳河,源出今河北省磁县西北滏山。洧(wěi),

洧河，发源于今河南登封市东阳城山，东流至新郑市，会溱水为双洧河，入于贾鲁河。**主有明名广誉于国，而身不难受壑谷鬴洧之卑。如此臣者，虽当昏乱之主尚可致功，况于显明之主乎？此谓霸王之佐也。**

文中列举了十五位堪为"霸王之佐"的臣下，分别是后稷、皋陶、伊尹、周公旦、太公望、管仲、隰朋、百里奚、蹇叔、舅犯、赵衰、范蠡、大夫种、逢同、华登。他们的共同点，文中归纳为"夙兴夜寐，卑身贱体，竦心白意，明刑辟、治官职以事其君，进善言，通道法而不敢矜其善，有成功立事而不敢伐其劳，不难破家以便国，杀身以安主，以其主为高天泰山之尊，而以其身为壑谷鬴洧之卑，主有明名广誉于国，而身不难受壑谷鬴洧之卑"。

这段内容可以分为以下几个方面：一是总括性描述，要在忘我尽职，即"夙兴夜寐，卑身贱体，竦心白意"，文义作早起晚睡，委屈自己，任劳任怨，内心恭敬，襟怀坦白。要注意，忘我和勤勉是需要并存的两个前提。二是"明刑辟、治官职以事其君"，这是要求尽职。三是"进善言，通道法而不敢矜其善"，以毫无自我保留地行事为善。四是"有成功立事而不敢伐其劳"，要求不居功自傲。五是"不难破家以便国，杀身以安主"，要求舍己为公。六是"以其主为高天泰山之尊，而以其身为壑谷鬴洧之卑，主有明名广誉于国，而身不难受壑谷鬴洧之卑"，即主动做到屈己尊君。

由以上的六个方面可见，最大的共同点，也是韩非最强调者在于臣下无我、去私、舍己。

若夫周滑之、滑之，战国时周威公的大臣。**郑王孙申**、王孙申，春秋时郑国的臣下。**陈公孙宁**、公孙宁,春秋时陈国大夫。**仪行父**、仪行父,春秋时陈国大夫,曾与陈灵公一起和夏姬私通。**荆芋尹**、**申亥**、芋尹,春秋时楚国官名。申亥,楚大夫申无字之子,楚灵王臣。**随少师**、少师,春秋时随国大夫,曾因战术错误而被楚军打败。**越种干**、种(chóng)干,春秋时越国大夫。**吴王孙𩒹**、王孙𩒹,或作王孙雒(luò),春秋时吴国大夫,他放弃对越国的戒备,北上伐齐,与晋争霸,使吴国为越所灭。**晋阳成泄**、阳成泄,春秋末晋国智伯的家臣。**齐竖刁**、**易牙**,竖刁、易牙,齐桓公宠臣。**此十二人者之为其臣也,皆思小利而忘法义,进则揜蔽贤良以阴闇其主**,揜(yǎn),通"掩"。阴闇(àn),蒙蔽。**退则挠乱百官而为祸难,皆辅其君,共其欲**,共,通"供"。**苟得一说于主,虽破国杀众不难为也。有臣如此,虽当圣王尚恐夺之,而况昏乱之君,其能无失乎?有臣如此者,皆身死国亡,为天下笑。故周威公身杀,国分为二;郑子阳身杀,国分为三;陈灵公身死于夏征舒氏;荆灵王死于乾𧮾之上;随亡于荆;吴并于越;智伯灭于晋阳之下;桓公身死七日不收。故曰谄谀之臣,唯圣王知之,而乱主近之,故至身死国亡。**

文中列举十二位造成君死国亡之类严重后果的奸臣:

人物	后果
滑之	周威公身杀,国分为二
王孙申	郑子阳身杀,国分为三
公孙宁、仪行父	陈灵公身死于夏征舒氏
芋尹、申亥	荆灵王死于乾𧮾之上
少师、种干	随亡于荆

续表

人物	后果
王孙頟	吴并于越
阳成泄	智伯灭于晋阳之下
竖刁、易牙	桓公身死七日不收

这些人的共同点在于"思小利而忘法义,进则揜蔽贤良以阴闇其主,退则挠乱百官而为祸难,皆辅其君,共其欲,苟得一说于主,虽破国杀众不难为也",大意是考虑到小利益便罔顾法令,进用之后压制阻碍贤良以蒙蔽君主,被贬斥就挑动百官制造灾祸。他们辅佐君主,尽量满足君主的欲望,只要能有一点取悦君主的可能,即使败坏国家、杀害民众也在所不惜。信用这些臣下的国君,韩非目之为"乱主",换言之认为根本问题出在作为用人者的君主,所以"圣王知之,而乱主近之,故至身死国亡"。

圣王明君则不然,内举不避亲,外举不避雠。雠,通"仇"。**是在焉从而举之,非在焉从而罚之。是以贤良遂进而奸邪并退**,遂,全。**故一举而能服诸侯。其在记曰:"尧有丹朱**,丹朱,尧的不肖之子。**而舜有商均**,商均,舜的不肖之子。**启有五观**,五观,亦作'武观',启的小儿子,为'武观之乱'。**商有太甲**,太甲,商汤之孙、太丁之子,早年因暴虐而被伊尹流放。**武王有管、蔡。"**管、蔡,武王之弟管叔、蔡叔,参与"三监之乱"。**五王之所诛者,皆父兄子弟之亲也,而所杀亡其身残破其家者何也?以其害国伤民败法类也。观其所举,或在山林薮泽岩穴之间**,薮(sǒu),生长着很多草的湖泽。**或在囹圄緤绁缠索之中**,囹圄(líng yǔ),监狱。緤(xiè),同"绁",木棉。缠索,绳索、捆绑。**或在割烹刍牧饭牛之事。**

然明主不羞其卑贱也，以其能为可以明法，便国利民，从而举之，身安名尊。

按照韩非的思路，圣王不能杜绝天下有奸邪之人，但是能够使奸邪不掌握权力，且不造成社会危害。本章给出"圣王明君"的用人方式，包括两个方面：一是"内举不避亲，外举不避雠"，意思是选用人才不受私人关系影响。二是"是在焉从而举之，非在焉从而罚之"，要在仅以明确的是非作为用人和赏罚的标准。

文中引《记》中关于丹朱、商均、五观、太甲、管与蔡的记载，说明君主为了国家，应当罔顾私人的亲属关系。所以说"五王之所诛者，皆父兄子弟之亲也，而所杀亡其身残破其家者何也？以其害国伤民败法类也"。这个观点很明显反对以往以宗亲、血亲伦理为基础的政治体制和相应的治理原则、模式，也可以说，是对宗周政治的根本性颠覆，与之前商鞅的判断和主张基本一致。

不过韩非所引的《记》究竟是什么书，现已不可知，其中说到的丹朱、商均、太甲、蔡叔在传世史籍中基本上看不到被杀的记载。

乱主则不然，不知其臣之意行，而任之以国。故小之名卑地削，大之国亡身死，不明于用臣也。无数以度其臣者，数，法度、标准。度，衡量。**必以其众人之口断之。众之所誉，从而说之**；说，通"悦"。**众之所非，从而憎之。故为人臣者破家残䘏**，䘏(suì)，财物。**内构党与**，构，结成。**外接巷族以为誉**，巷族，邻里乡党。接，连成一体。**从阴约结以相固也**，阴，私下。**虚相与爵禄以相劝也。曰："与我者将利之，不与我者将害之。"** 与，赞助，赞许。**众贪其利，劫其威。彼诚喜则能利己，忌怒则能害**

已。忌，憎恶。众归而民留之，以誉盈于国，发闻于主，主不能理其情，理，厘清。情，实情。因以为贤。彼又使谲诈之士，谲(jué)，欺诈。外假为诸侯之宠使，假，借助。假之以舆马，舆马，车马。信之以瑞节，瑞节，即玉节，朝聘时用作凭信的玉制符节。镇之以辞令，资之以币帛，使诸侯淫说其主，说(shuì)，劝说。微挟私而公议。微，无。所为使者，异国之主也；所为谈者，左右之人也。主说其言而辩其辞，以此人者天下之贤士也。内外之于左右，其讽一而语同，讽，指责。大者不难卑身尊位以下之，小者高爵重禄以利之。夫奸人之爵禄重而党与弥众，又有奸邪之意，则奸臣愈反而说之，曰："古之所谓圣君明王者，非长幼弱也及以次序也。以其构党与，聚巷族，偪上弑君而求其利也。"偪(bī)，通"逼"。彼曰："何知其然也？"因曰："舜偪尧，禹偪舜，汤放桀，武王伐纣，此四王者，人臣弑其君者也，而天下誉之。察四王之情，贪得人之意也；度其行，暴乱之兵也。然四王自广措也，广，大。措，施行。而天下称大焉；自显名也，而天下称明焉。则威足以临天下，利足以盖世，天下从之。"又曰："以今时之所闻，田成子取齐，司城子罕取宋，太宰欣取郑，单氏取周，易牙之取卫，当作'子南劲取卫'。韩、魏、赵三子分晋，此六(八)人，臣之弑其君者也。"奸臣闻此，蘧然举耳以为是也。蘧然，急忙的样子。故内构党与，外摅巷族，摅(shū)，舒展、布排。观时发事，一举而取国家。且夫内以党与劫弑其君，外以诸侯之权矫易其国，矫，纠正、改变。隐敦适，敦适，罪恶与过失。持私曲，上禁君，下挠治者，挠，扰乱。不可胜数也。是何也？则不明于择臣也。《记》曰："周宣王以来,亡国数十,其臣弑其君而取国者众矣。"然则难之从内起,与从外作者相半也。能一尽其民力,破国杀身者,尚皆贤主也。若夫转法易位,全众传国,最其病也。

这一章与前章相反相对,主要谈"乱主"如何因不善用人而致乱。"乱主"的最大问题在于"不知其臣之意行,而任之以国",导致的结果势必是"小之名卑地削,大之国亡身死"。而"不知其臣之意行"的问题很大程度上出在"无数以度其臣者,必以其众人之口断之",意思是不能以明确的标准衡量臣下,而仅仅依靠众人的口碑。这样必然会造成臣下一面结成朋党以互相赞誉,一面费心竭力于邀买人心。

除了以上对内的作为,这些臣下还会通过外交来谋求影响君主,即"谲诈之士,外假为诸侯之宠使,假之以舆马,信之以瑞节,镇之以辞令,资之以币帛,使诸侯淫说其主,微挟私而公议。所为使者,异国之主也;所为谈者,左右之人也",意思是派遣谲诈之士,假扮为其他诸侯的使者,赋予他们车马、礼仪,用辞令驯服他们,提供财物供给他们,使这些诸侯被迷惑,继而在暗中结成私党来参与公开议论。一旦君主听信了这些使者的言论,不免会任用小人而致其位高权重。韩非的这一段论说,将当时政治实践中臣下私下如何运用权谋,包括形成朋党、控制舆论、结交外臣以影响君主,进而侵夺权柄的一系列原本"不可告人"的实现方式,用极为直白的语言清楚地揭露出来。这些显然来自韩非对当时政治实态的经验认识,与他作为韩国公子亲身参与韩国政治权力运作的经历有直接的关系。

文中论及:

这些使者来自其他国家,但他们却心向君主的近臣。君主满意他们的言辞,为他们辩解,认为他们是天下的贤士。在君主的内外左右,都有人以同样的言辞来讽刺他们,大者不难屈尊降位,小者则通过高位和重禄来获利。对于这些奸臣而言,权位和财富的增加使他们的党派更加强大,同时他们也怀有邪恶的意图。奸臣借此更加反叛,声称:"古时所谓圣君明王,并非因为长幼或弱强的关系,而是因为他们构建了党派,集结了巷族,推翻了上面的君主,谋求个人利益。"问:"何以知道呢?"答曰:"舜夺尧位、禹夺舜位、汤推翻桀、武王伐纣这四个例子,说明人臣夺取君位,却终为天下赞誉。观察这四个例子,可以发现他们贪得了民众的支持,他们的行动带来了暴乱和战争。然而,正是因为他们从民间崛起,让天下都认为他们伟大;他们展示了自己的才华,让天下都认为他们明智。因此,他们的威信足以统治天下,他们的利益足以覆盖整个世界,天下都随从他们。""以现在所知,田成子夺取了齐国,司城子罕夺取了宋国,太宰欣夺取了郑国,单氏夺取了周国,易牙夺取了卫国,韩、魏、赵三子分割了晋国,这八个人都是臣下夺取君位的例子。"奸臣听到这些事例后会格外注意,并以之为可行。因此,他们在国内构建朋党,对外利用巷族,观察时机发动行动,一举夺取国家。此外,内部据党派劫持君位,外部通过掌握诸侯权力来篡改国家,他们隐藏自己的真实意图,私下使用手段,对上限制君主,对下干扰治理,这些都数不胜数。这是因为他们在择选臣下时没有明智的眼光。历史记载说:"从周宣王开始,灭亡的国家有几十个,其中臣下夺取君位的情况非常普遍。"因此,造成国家灭亡的原因既有内部的叛乱,也有外部的侵略,两者起到了同样的作用。即使是那些能够全力以赴、破国杀身的君主,也仍然被视为贤明的君主。但是,频繁变换法度、易位传位,全体民众都参与其中,是国家的最大弊病。

为人主者,诚明于臣之所言,则虽罼弋驰骋,罼(bì),通"毕",用长柄网捕捉。罼(bì)弋,指射猎。**撞钟舞女,国犹且存也。不明臣之所言,虽节俭勤劳,布衣恶食,国犹自亡也。赵之先君敬侯,**敬侯,赵敬侯,前386年—前375年在位。**不修德行,而好纵欲,适身体之所安,耳目之所乐,冬日罼弋,夏浮淫,**浮淫,划船游乐,亦指轻薄淫佚。**为长夜,**长夜,指彻夜饮酒。**数日不废御觞,**觞(shāng),酒杯、饮酒。**不能饮者以筩灌其口,**筩(tǒng),通"筒"。**进退不肃、应对不恭者斩于前。故居处饮食如此其不节也,制刑杀戮如此其无度也,然敬侯享国数十年,兵不顿于敌国,**顿,疲乏。**地不亏于四邻,内无君臣百官之乱,外无诸侯邻国之患,明于所以任臣也。燕君子哙,邵公奭之后也,**邵公奭,亦作"召公",名姬奭。**地方数千里,持戟数十万,不安子女之乐,不听钟石之声,内不湮污池台榭,**湮,堵塞。**外不罼弋田猎,又亲操耒耨以修畎亩,子哙之苦身以忧民如此其甚也,虽古之所谓圣王明君者,其勤身而忧世不甚于此矣。然而子哙身死国亡,夺于子之,而天下笑之,此其何故也?不明乎所以任臣也。**

本章大意:作为君主,如果能明智地听取臣下的建议,即使自己过着奢侈放纵的生活,沉迷于狩猎、音乐和舞蹈,国家仍然能够存续。但若对臣下的言论不能明辨,即使自己节俭勤劳、穿着布衣、吃着陋食,国家也不免会毁灭。以赵国先君敬侯为例,他不修德行,沉迷于纵欲,只追求个人的舒适和享乐,冬天打猎,夏天放纵淫佚,整夜畅饮,数日不停止宴乐。对于不能饮酒者,还以筒灌酒强迫其饮下。在处理政事时态度不庄重,对待上下不恭敬的人当场斩杀。他居处、饮食等都极度奢侈,而对待刑罚和杀戮又极为残忍。然而,敬侯享国数十年,内部没有发生君臣百官之乱,外部也没有遭受诸侯和邻国的困扰,这是因为他明智地任用臣下。再以燕国君主子哙为例,他是邵公奭的后代,统治地域面积数千里,有数十万战士。他不安心享受女乐,不听钟石之声,不修建池塘和台榭,不沉迷于打猎,亲自耕种田地,打理农田。子哙如此身心劳苦以关心百姓,他的辛苦程度几乎超过了古代所称的圣王明君。然而子哙最终身死国亡,国家被夺取,遭到天下人嘲笑。这是为什么呢?因为他不明智地任用臣下。

这些例子告诉我们,君主必须审慎、明智地选择和任用臣下,听取他们的建议和意见,否则即使在其他方面表现出高尚的品德和勤勉,国家也将面临毁灭。韩非以此进一步强调君主治国、用人的关键在于"诚明于臣之所言",而不在于"苦身以忧民"。文中用了两个相反的史例对证立论。其中正面典型是"赵之先君敬侯",反面典型是"燕君子哙"。

故曰:人臣有五奸,而主不知也。为人臣者,有侈用财货赂以取誉者,有务庆赏赐予以移众者, 移,拉拢。**有务朋党徇智尊士以擅逞者,** 徇(xún),顺。擅逞,满足私欲。**有务解免赦罪狱以事威者,有务奉下直曲、** 直曲,以曲为直。**怪言、伟服、瑰称以眩民耳目者。** 瑰称,哗众取宠的言论。**此五者,明君之所疑也,而圣主之所禁也。去此五者,则喿诈之人不敢北面谈立,**

噪,通"剿"(jiǎo)。噪诈,狡猾奸诈。谈立,当作"立谈"。**文言多**、文言,花言巧语。**实行寡而不当法者不敢诬情以谈说。是以群臣居则修身,动则任力,非上之令不敢擅作疾言诬事,此圣王之所以牧臣下也。**牧,治。**彼圣主明君,不适疑物以窥其臣也。**适,从。**见疑物而无反者**,反,求。**天下鲜矣。**

文中罗列了君主往往并不知晓的人臣五种奸邪之举:

类型	具体表现
侈用财货赂以取誉者	通过奢侈的财物来贿赂他人以取得声望
务庆赏赐予以移众者	通过慷慨奖赏来拉拢民众
务朋党徇智尊士以擅逞者	结党营私,追求个人的智慧和地位以满足私欲
务解免赦罪狱以事威者	利用赦免罪行和解决纠纷来巩固威信
务奉下直曲、怪言、伟服、瑰称以眩民耳目者	通过花言巧语、夸大其词、迷惑民众的耳目来获得崇拜

这五种类型的人是明君应怀疑的对象,也是圣明的君主所应禁止者。如果能排除这五类人,那些喧闹、狡诈者就不敢直言立场,文辞繁多、实际行动稀少、不符合法度者也不敢歪曲事实来谈论。因此,朝中的臣下会修身养性,行事恪守职责,不敢擅自发表快速而毫无根据的言论。这才是明君应将臣下引向的行为模式。对于那些心存疑虑的人,明君不会去怀疑他们来窥探他们的真实意图。在面对疑虑的情况下,能够保持坦诚而无反复之人,实在是少之又少。

故曰:孽有拟适之子,孽,庶子。拟,比拟、匹敌。适(dí),通

"嫡"。配有拟妻之妾,配,配偶。廷有拟相之臣,臣有拟主之宠,此四者国之所危也。故曰:内宠并后,外宠贰政,枝子配适,大臣拟主,乱之道也。故《周记》曰:"无尊妾而卑妻,无孽适子而尊小枝,无尊嬖臣而匹上卿,无尊大臣以拟其主也。"四拟者破,则上无意、意,怨恨。下无怪也。四拟不破,则陨身灭国矣。

　　文中论说了"四拟"之害。所谓"四拟",即"孽有拟适之子,配有拟妻之妾,廷有拟相之臣,臣有拟主之宠"。大意是如果庶子与嫡子相拟,妻与妾相拟,廷中有拟相之臣,臣下有拟主之宠,存在这四种情况,那么国家势必陷入危险之中。因此,内宠与后妃地位相当,外朝的宠臣干涉政务,庶子与宗子待遇相近,以及大臣威逼君主,都是导致混乱的原因。正如《周记》所说:"不要尊妾室而卑视妻子,不要轻视嫡子而尊重庶出旁枝小宗,不要尊崇宠臣使之比拟高官,不得尊崇大臣使之比拟君主。"如果能避免"四拟",则上无怨恨,下无怪诞之行,否则难免身死国灭。

诡使第四十五

【导读】

全篇所论针对的是今所谓君主的意识形态控制问题。开篇提到了君主必须掌握的三种治术：利、威、名，以之为政权实现社会治理和社会激励的关键。而之所以要发此论，原因在于当时的社会风气恰好与韩非强调的君主(政权)掌握价值标准，并以之为基础，辅之以利益和威势的社会治理理念相左。因此全篇的主要内容以针砭时弊为主，集中批评了民间一套足以对抗官方并获得广泛认同的价值标准，其甚至导致民众的好尚、赞许与官方正相悖反。

文中还谈到"私"与"法"的关系，要点有二：一是"法"和"法治"的主要功能是"废私"，即"立法令者以废私也，法令行而私道废矣"。二是"私"会对"法治"造成损害，即"私者所以乱法也"。韩非将当时立法和法治不能"废私"的根本原因归结到君主无"术"和有私心,以及随之而来的君主不能自觉遵行法律上。反过来说,君主若是能够做到有术、无私且守法,按法而治便是一套足以治臣的方案。

【原文·评注】

圣人之所以为治道者三:一曰利,二曰威,三曰名。_{名,名分。}夫利者所以得民也,威者所以行令也,名者上下之所同道也。非此三者,虽有不急矣。今利非无有也而民不化,上威非不存也而下不听从,官非无法也而治不当名。三者非不存也,而世一治一乱者,何也?夫上之所贵与其所以为治相反也。

本章所说的"治道",实为三种治理术。其中"利"即利益,功能是"得民",也就是使民遵从。有的论家解作得民心,虽不尽合,但于义亦可通。"威"是权威、威势,用以"行令",即以威作为推行法令的基础。"名"指的是名分、名位。文中说它是"上下之所同道",意思是君、臣、民须得共同安守者。"非此三者,虽有不急矣",意思是除了利、威、名三者之外,其他的治术相对而言不甚紧要了。

之所以要专门讨论这三者,并不是因为当时政治治理中有所缺,而是对这三者的运用存在偏差,表现在施利不能致民"化";君主有威势却不能致下位者听从;官僚系统有相应的法度,治理行为却与法律规定不合,即官吏不按法而治。韩非认为,出现上述情况的根本原因在于"上之所贵与其所以为治相反",即君主所推崇者与他用来治理的措施行为相违背。

夫立名号所以为尊也,今有贱名轻实者,贱名,以名号为低贱。世谓之高。设爵位所以为贱贵基也,而简上不求见者,简,轻慢。世谓之"贤"。威利所以行令也,而无利轻威者,无,无视。世谓之"重"。法令所以为治也,而不从法令、为私善者,世谓之"忠"。官爵所以劝民也,而好名义、不进仕者,世谓之"烈士"。刑罚所以擅威也,而轻法、不避刑戮死亡之罪者,世谓之"勇夫"。民之急名也甚,其求利也如此,则士之饥饿乏绝者,焉得无岩居苦身以争名于天下哉!故世之所以不治者,非下之罪,上失其道也。常贵其所以乱,而贱其所以治,是故下之所欲,常与上之所以为治相诡也。

这一章讨论的是"名"存在问题导致前文谈到的"利"与"威"无法起到应有的作用,要言之即名实不符。其中主要包括六个方面:(1)君主崇立"名"的最主要目的是设定"尊"的标准,以此形成对臣民行为的正向引导和激励。可当时却出现了轻视名号者被世人推崇的情况。(2)国家设立爵位以分别贵贱,本应起到的作用也和立名号相当。可是当时却有轻慢尊者之人被视为贤人的风气。(3)"威"和"利"是法令得以行用的基础,但有人轻利益与权威,反而为世人所"重"。(4)法令本是用来维持社会秩序的,但不遵守法令而私下行善者,却被世人称为"忠"。(5)官爵本用来引导激励民众,有人追求名声而不愿仕宦,反被世人称为"烈士"。(6)刑罚本应用以彰显权威,但时人不乏轻视法律、不畏惧刑罚甚至死亡者,其反被世人称为"勇夫"。

韩非给出了六类官方治理导向与民众认同相左的情形,他接着推论:"民之急名也甚,其求利也如此,则士之饥饿乏绝者,焉得无岩居苦身以争名于天下哉!"意思是人们对名声和利益的追求都非常迫切,这样一来,本就饥饿窘迫的士人,就倾向于以过离群索居的苦行方式来获得天下人的认同。

韩非认为以上种种证明了"世之所以不治者,非下之罪,上失其道也"。意思是社会之所以不得治理,并非在下位者的罪过,而是君主失去了正确的治术。为什么明明是"世谓之",即社会评价带来的问题,反而会归咎于"上失其道"呢?这里没有明确表达的观点在于,之所以会形成与政权所崇立的"名",以及与相关的法律规定相违背的好尚和行为,并且还得到世人的认可以至拥有高名,根本原因在于君主没有将法定之"名"和法律本身当作唯一至上的标准。由此又引出一个潜在的论题:君主理应守法。

今下而听其上,上之所急也。而惇悫纯信、惇(dūn),敦厚。悫(què),诚实、谨慎。**用心怯言,则谓之窭,**窭(jù),寒酸、窝囊。**守法固**、**听令审,**审,审慎。**则谓之愚。敬上畏罪,则谓之怯。言时节,**时,通"是",符合。**行中适,则谓之不肖。无二心私学,听吏从教者,则谓之陋。难致谓之正,**致,达到。**难予谓之廉,难禁谓之齐,有令不听从谓之勇,无利于上谓之愿,**愿,恭谨。**少欲、宽惠、行德谓之仁,重厚、自尊谓之长者,私学成群谓之师徒,闲静安居谓之有思,**有思,有思想。**损仁逐利谓之疾,险躁佻反覆谓之智。**佻,轻薄。覆,通"复"。**先为人而后自为,类名号,**类,指设定分类标准。**言泛爱天下,谓之圣。言大本,称而不可用,**称,赞许。**行而乖于世者,谓之大人。贱爵禄,不挠上**

者,挠,屈服。谓之杰。下渐行如此,入则乱民,出则不便也。上宜禁其欲、灭其迹而不止也,又从而尊之,是教下乱上以为治也。

本章阐明了本应达成的局面是下位者应该听从上位者,这是统治者的当务之急。可是当时的情况却是:忠诚正直、用心谨言者,被认为是"窭";遵守法律、听从命令者,被认为"愚";敬畏上级、害怕罪刑者被称为"怯";言行得体,符合节度者被视为"不肖";听从官员的教导而无二心者被称为"陋"。官方难以招募的人被称为"正";官方难以给予的人被称为"廉";难以受到禁止的人被称为"齐";不听从命令的人被称为"勇";对上级毫无好处的人被称为"愿";少欲且多为善行者被称为"仁";以自我的尊重为务者被称为"长者",私下聚众者被称为"师徒",闲居偷安者被认为是"有思(想)",损害仁义以追求个人利益者被称为"疾",行为急躁、浮躁、反复无常的人被称为"智";先人后己,设定标准,声言泛爱天下,被誉为"圣";谈论大道理而没有实际行动者,被称为"大人";轻贱爵禄,不屈服于上级的人被称为"杰"。

结合文中"私学成群谓之师徒"和"先为人而后自为,类名号,言泛爱天下,谓之圣",以及强烈的反对、对抗政权倾向,这段论说很可能是直接针对当时颇有号召力的墨家群体。韩非认为,如果社会逐渐形成这种状态,对内属于"乱民",也不利于国家向外扩张。政权本应对之加以禁绝,即"上宜禁其欲、灭其迹",使之踪迹不存。可是当时的政权非但不能禁绝,反而加以推崇,这相当于教下民乱上,且以之为治理。

这一章中蕴含着一个深层问题:为什么世俗评价中的标准总

是会与政治治理所应推崇、尊奉的标准"相诡"呢？如果顺着文中的情况推想，则似乎为了成就治世的局面，政权与民心、民意理应相悖而非相应，否则有什么必要反对民间认同的仁、勇、智等？这是因为：其一，民间出现的价值标准的根基在于为"私"而非致"公"，与政治治理的根本诉求相左。其二，这些标准并不是民心的体现，而是怀有私心、私欲的知识人塑造使然。换言之，并不是民间推崇的这些"名"有问题，而是这些"名"掺杂了私性而与"实"不相符。

凡所治者刑罚也，今有私行义者尊。社稷之所以立者安静也，而谏险谗谀者任。四封之内所以听从者信与德也，而陂知倾覆者使。陂(bì)，不正。知，通"智"。**令之所以行、威之所以立者恭俭听上，而岩居非世者显。仓廪之所以实者耕农之本务也，而綦组、**綦(qí)组：杂色的丝带，此作动词。**锦绣、刻划为末作者富。名之所以成、城池之所以广者战士也，今死士之孤饥饿乞于道，**孤，遗孤。**而优笑酒徒之属乘车衣丝。**优笑，俳优，以戏谑为业者。**赏禄所以尽民力易下死也，今战胜攻取之士劳而赏不霑，**霑(zhān)，通"沾"，受益。**而卜筮、视手理、**即看手相。**狐虫（蛊）为顺辞于前者日赐。**虫，当作"蛊"。蛊是《周易》中的卦名，《左传·僖公十五年》载卜徒父占筮遇蛊卦时顺情说："千乘三去，三去之余，获其雄狐。"故称之为"狐蛊"，并说其"为顺辞"。**上握度量所以擅生杀之柄也，今守度奉量之士欲以忠婴上而不得见，**婴，通"撄"。**巧言利辞行奸轨以幸偷世者数御。**轨，通"宄"，奸。御，进用。**据法直言、名刑相当、**刑，通"形"，情形。**循绳墨、诛奸人所以为上治也而愈疏远，谄施顺意从欲以危世**

者近。韜(tāo),超越本分。习悉租税、专民力所以备难充仓府也,而士卒之逃事状匿、附托有威之门以避徭赋而上不得者万数。状匿,藏匿。夫陈善田利宅所以战士卒也,战士卒,使士卒(勇于)作战。而断头裂腹播骨乎平原野者无宅容身,播,散布。身死田夺;而女妹有色、女妹,指女子。大臣左右无功者,择宅而受,择田而食。赏利一从上出,所以擅剸下也,剸(zhì),通"制"。而战介之士不得职,介,甲胄。而闲居之士尊显。上以此为教,名安得无卑,位安得无危?夫卑名位者,必下之不从法令、有二心务私学、反逆世者也,而不禁其行、不破其群以散其党,又从而尊之,用事者过矣。上之所以立廉耻者,所以属(厉)下也;属,当作"厉",严格约束。今士大夫不羞污泥丑辱而宦,女妹私义之门不待次而宦。次,次序。赏赐所以为重也,而战斗有功之士贫贱,而便辟优徒超级。名号诚信,所以通威也,而主揜障。揜(yǎn),通"掩"。近习女谒并行,百官主爵迁人,用事者过矣。大臣官人与下先谋比周,虽不法行,威利在下,则主卑而大臣重矣。

本章枚举了治理所应为与现实政治相反的十四类情况,包括:(1)治理依赖的是刑罚,但现在私自行义的人受尊重。(2)国家建立的基础是安定,然而喧闹、险恶、谄谀之人却被任用。(3)四境之内所以能听命是因信任和恩德,然而心术不正者却使于四方。(4)命令能被执行的原因是臣民恭俭地听从上级的指示,而隐居且批评时世之人却声名显赫。(5)仓廪充实的原因是农民的辛勤耕作,然而穿戴锦绣且以农耕之外的末业为生者却富裕。(6)名声能够建立、城池能够扩大归功于战士,然而现在士卒孤苦饥饿乞讨于路边,而俳优笑酒之徒却乘车、穿着华丽。(7)赏赐本是用来激励民众尽力而不顾生死,然而现在战胜攻取的士兵辛劳却得不到奖赏,而卜筮、看相、行巫蛊者却被赐予荣誉。(8)统治者掌握标准是为了保有生杀的权柄,然而忠诚正直之人渴望忠心事上却得不到机会,巧言利辞、行奸宄以迎合世俗的人反而得到宠用。(9)遵守法律、直言不讳、名正言顺、坚守规矩、惩治奸邪是治理之道,然而现在这类人却被疏远,君主越来越喜好奉承迎合、追求私欲之人。(10)掌握税收、充实仓库的方法是依靠民众辛勤劳动,然而士卒却逃避、隐瞒、假托、依附权贵以逃避重税的情况数不胜数,而君主无能为力。(11)良田好宅是战士的家,然而那些被斩首、肢解、尸体散布在平原上的战士没有自己的家宅,身死田地被夺走;而有姿色的女子和无功的大臣可以挑选宅邸享用,选择田地谋生。(12)赏赐之所以被看重,是因为可以激励人们努力以得回报,然而作战有功的士兵却贫穷,而得到优厚待遇者却是那些得宠之人。(13)名号真实可信本可以建立威信,然而现在君主却被阻碍而不能获知实情。(14)君主设立廉耻的标准本是为了严格要求属下,结果现在近亲女谒并行、百官买卖爵位,那些掌握实权者的行为完全逾越了标准。大臣与下属预谋、串通,即使行为违法,但他们能够掌握威势和利益,如此君主式微而大臣势重。

夫立法令者以废私也,法令行而私道废矣。私者所以乱法也。而士有二心私学、岩居窞处,窞(dàn),深坑。**托伏深虑**,托,指依附某人门下(为门客)而不仕宦。**大者非世,细者惑下;上不禁,又从而尊之,以名化之以实,是无功而显、无劳而富也。如此,则士之有二心私学者,焉得无深虑、勉知诈与诽谤**

法令,以求索与世相反者也?凡乱上反世者,常士有二心私学者也。故《本言》曰:"所以治者法也,所以乱者私也;法立,则莫得为私矣。"故曰:道私者乱,道,通"导",下同。道法者治。上无其道,则智者有私词,贤者有私意。上有私惠,下有私欲,圣智成群,造言作辞,以非法措于上。上不禁塞,又从而尊之,是教下不听上、不从法也。是以贤者显名而居,奸人赖赏而富。贤者显名而居,奸人赖赏而富,是以上不胜下也。

韩非认为最终能够解决"私"所带来的上述一系列问题的只能是依法,所以这一章集中讨论"私"与"法"的关系,要点有二:一是"法"和"法治"的主要功能是"废私",即"立法令者以废私也,法令行而私道废矣"。二是"私"会对"法治"造成损害,即"私者所以乱法也"。

换言之,有了废私的"立法",并且设计了一套按法而行的"法治"秩序,并不是完全克制、废止私心、私欲的充要条件。而对法治"废私"之用足以造成重大损害的,恰恰是上文反复谈到的政权对意识形态失去掌控。所以说:"士有二心私学、岩居窘处、托伏深虑,大者非世,细者惑下;上不禁,又从而尊之,以名化之以实,是无功而显、无劳而富也。"这直接针对当时广泛存在的贵族养士和聚拢门客的风气。这些为私人、私家效力的门客们对社会风气、权力运行乃至国家治理都产生了重大影响,甚至在某些情况下左右了政局发展。当然,在韩非看来这些影响绝大多数都是负面的,属于为私而非为公。

并且,一旦君主表现出对与法律规定相反的价值认同,必定进一步造成"士之有二心私学者,焉得无深虑、勉知诈与诽谤法令,以求索与世相反者也"。这样就会导致立法指向、引导的方向与民间的好尚更加割裂。而这种割裂势必会给人们悖法而谋私留下空间。

所以韩非总结说"道私者乱,道法者治",言下之意是必须以法律为唯一引导和标准。而"道私"又包括以下三种情况:一是君主无"道",即没有掌握住首章谈到的"利""威""名",所谓的智者、贤者就会有"私"的言论出现并造成影响。二是如果君主自己怀有私心而私下行恩惠,臣下势必会有私心、私欲,接着所谓圣人和智者们定会组成群体,编造说辞,以此来绕开法律并影响君主。三是对于"私",如果上级不加以禁止,反而加以尊重,实际上就是在教导臣下不听从君主,不遵循法律。这样势必会造成所谓的贤者名望显赫而居高位,奸人则依赖赏赐而富有。

由此可见,韩非将立法和法治不能"废私"的根本原因归结到君主无"术"和有私心,以及随之而来的君主不能自觉遵行法律上。反过来说,君主若是能够做到有术、无私且守法,按法而治便是一套足以治臣的方案。

六反第四十六

【导读】

全篇的中心论题是如何识人、用人。篇题中的"六反",取自首章提到的对民众评价的两类各六种名实悖反情况,即"奸伪无益之民六,而世誉之如彼;耕战有益之民六,而世毁之如此,此之谓六反"。篇中的内容和观点和之前的《诡使》篇多可相互照应。

这篇论说有一个潜在的对手,即主张将治理重心放在富民上,认为先富后教而不必动用刑罚。持此论者比较典型的就有孟子,当然也不止于孟子。韩非则强调,与富民有关的治事和与有序相关的治人、治民是两个同时存在又互补相属的治理层次。具体到治人,要在两个方面,一是君王能够做到通过言论精准地识别其人的能力;二是能够提供一套纯粹建立在人的求利心上的激励方案和奖惩机制。

要注意,这篇文章提出了一个非常重要的论述,即否定血亲伦理在政治社会和治理中的基础性作用,而将治理的根基建立在功利和理性的基础上,以利合关系为前提来理解君、臣、民之间的互动,进而设计政治治理方案。这与韩非的人性论相契合,也是理解全书各篇中韩非政治思想的枢要之一。而且,这也极为集中地体现了韩非对宗周德政传统的根本性反对。

此外,文中还有关于重刑的著名论说,可视为韩非刑罚观最严整的理论表达,核心观点可概括为轻罪重罚和有罪必知、必罚。

【原文·评注】

畏死难,降北之民也,北,败北。**而世尊之曰贵生之士;学道立方,**方,道。**离法之民也,而世尊之曰文学之士;游居厚养,牟食之民也,**牟,求取。**而世尊之曰有能之士;语曲牟知,**曲,细琐。牟,多。**伪诈之民也,而世尊之曰辩智之士;行剑攻杀,暴憿(憼)之民也,**憿,当作"憼",即"傲"。**而世尊之曰磏勇之士;**磏(lián),自励、磨炼。**活贼匿奸,**活,解救。**当死之民也,而世尊之曰任誉之士;**誉,当作"义"。任誉(义),讲义气。**此六民者,世之所誉也。赴险殉诚,**殉,为某种目的而牺牲生命。诚,信。**死节之民,而世少之曰失计之民也;**少,短,指摘缺点。计,算计。**寡闻从令,**闻,见识。**全法之民也,而世少之曰朴陋之民也;力作而食,生利之民也,而世少之曰寡能之民也;**能,才能。**嘉厚纯粹,整谷之民也,**谷,通"愨(què)",诚实、谨慎。**而世少之曰愚戆之民也;**戆(zhuàng),刚直而愚蠢、鲁莽。**重命畏事,尊上之民**

也,而世少之曰怯慑之民也;慑(shè),恐惧。**挫贼遏奸,明上之民也,而世少之曰谄谀之民也**;谄(chǎn),同"谄",谄媚。**此六民者,世之所毁也。奸伪无益之民六,而世誉之如彼;耕战有益之民六,而世毁之如此,此之谓六反。布衣循私利而誉之,世主听虚声而礼之**,礼,以礼相待。**礼之所在,利必加焉。百姓循私害而訾之**,訾(zī),诋毁。**世主壅于俗而贱之**,壅,蒙蔽。**贱之所在,害必加焉。故名赏在乎私恶当罪之民,而毁害在乎公善宜赏之士,索国之富强**,索,求。**不可得也。**

这一章分了正反两个方面,来彰显世俗评价与政治需求之间的割裂、对立:

分类	状态	韩非的评价	世俗评价
"世之所誉"而"奸伪无益之民六"	畏死远难	降北之民	世尊之曰贵生之士
	学道立方	离法之民	世尊之曰文学之士
	游居厚养	牟食之民	世尊之曰有能之士
	语曲牟知	伪诈之民	世尊之曰辩智之士
	行剑攻杀	暴憿之民	世尊之曰磏勇之士
	活贼匿奸	当死之民	世尊之曰任誉之士
"世之所毁"而"耕战有益之民六"	赴险殉诚	死节之民	世少之曰失计之民
	寡闻从令	全法之民	世少之曰朴陋之民
	力作而食	生利之民	世少之曰寡能之民
	嘉厚纯粹	整谷之民	世少之曰愚戆之民
	重命畏事	尊上之民	世少之曰怯慑之民
	挫贼遏奸	明上之民	世少之曰谄谀之民

以上这些，概括说来就是"奸伪无益之民六，而世誉之如彼；耕战有益之民六，而世毁之如此，此之谓六反"。即谄媚、虚伪、无益于社会的人受到世人的赞誉；那些耕作、战斗、对社会有益的人却受到世人的诋毁。这就是所谓的"六反"。形成这种评价体系完全悖反的原因，在韩非看来根源在"私"。故曰："布衣循私利而誉之，世主听虚声而礼之，礼之所在，利必加焉。百姓循私害而訾之，世主壅于俗而贱之，贱之所在，害必加焉。故名赏在乎私恶当罪之民，而毁害在乎公善宜赏之士，索国之富强，不可得也。"大意是庶民追求私利而受到称赞，君主听从虚假的言论而礼遇他们，这种礼遇必然增加他们的利益。而百姓却因私利而互相伤害，君主沉溺于俗套中而轻视他们，而这种轻视必然加重伤害。因此名誉和赏赐归于私恶当罪之民，而伤害施于公善宜赏之士，欲国之富强必不可得。这意味着，之所以出现"六反"，主要源于两方面：一是民众纯以私利为标准选择行为模式和评价标准。二是君主缺乏辨识能力和恰当的评价标准，受到虚名的影响。君主依从"六反"用人的结果必定是"公"利受损，是故"索国之富强，不可得也"。

要注意，韩非评价人的标准，全然系诸是否有益于政治秩序和国家强盛，或者说是否为"公"并有益于"公"利。是否遵从一般的道德原则并不被当作取或者舍的标准。有的论家以此段论说为据提出韩非反对儒家，或反对道德化，其实并不准确。

古者有谚曰："为政犹沐也，沐，沐浴，此指洗头。**虽有弃发必为之。"爱弃发之费，**爱，吝惜。**而忘长发之利，**长(zhǎng)，生长。**不知权者也。夫弹痤者痛，**弹，用玉石磨制成的石针来治病。痤(cuó)，疖子。**饮药者苦，为苦惫之故，**惫(bèi)，疲乏。**不弹痤、**

饮药,则身不活、病不已矣。

文中引述古代谚语"为政犹沐也,虽有弃发必为之",[1]大意是为政治理如同洗头,即使会掉头发,但一定要洗。基于这句谚语引出的论断是舍不得掉头发而忽略能促使头发生长的好处,属于"不知权"。这和生病就医的道理一样。用针戳疖子很痛,喝药很苦,但如果因此就不治病,则病不得治而身不得活。这段论说蕴含的道理可谓人尽皆知,而在此处出现,韩非的目的在于为之后提出严厉的"诛"奸政策张本,以此来矫正前章谈到的"六反"局面。

文中的"权"是利益权衡、比较。要注意,这和儒家特别是孟子和之后公羊家说的价值权衡意义上的"权"差异很大。韩非的"权"是两害权其轻的利益最大化方法;而儒家的"权"则包括权宜和权变两个层次,为了合"义"既可以比较权衡,也允许作出"反经""反常"甚至悖法的选择。除了方法上的差异,两者更根本性的差别在于韩非以"利"为中心,而儒家则以"义"为标准。

今上下之接,接,交往。**无子父之泽,而欲以行义禁下,则交必有郄矣。**郄(xì),通"隙"。**且父母之于子也,产男则相贺,产女则杀之。此俱出父母之怀衽,**衽(rèn),衣襟。**然男子受贺,女子杀之者,虑其后便**、后,之后。便,便宜。**计之长利也。**长利,长远利益。**故父母之于子也,犹用计算之心以相待也,而况无父子之泽乎!**

---

[1] 参见《淮南子·说山训》:"治国者若耨田,去害苗者而已。今沐者堕发,而犹为之不已,以其所去者少,所利者多也。"

本章实际上是以"利"为中心重新界定君臣关系的性质。基本判断是，君臣关系本质上不同于父子关系，不建立在血亲伦理和宗亲伦理的基础上，而是一种纯粹的利合关系。因此，君主不能依靠伦理原则控制、支配臣下。此即"今上下之接，无子父之泽，而欲以行义禁下，则交必有郄矣"。

更进一步，通常人们认为受血亲关系支配的父母与子女的关系也不纯粹，同样夹杂了功利考量，甚至在很多时候功利计算会支配家庭成员的行为，例如"产男则相贺，产女则杀之"。同样的血亲关系，男孩、女孩遭遇却如此不同，原因正在于"虑其后便、计之长利也"，即为长远利益打算。连有血缘关系的家庭成员之间都是如此，更何况是没有血缘关系的君臣之间，所以说"故父母之于子也，犹用计算之心以相待也，而况无父子之泽乎"。这样一来，韩非论证了"利"是高于伦理的第一原则。

韩非的这段论说非常重要，一是构成了他讨论君臣关系乃至整个政治关系的基础和基调。二是直接反对了宗周文化以及后来的以儒家为代表的一众论家政治理论和制度设计的基础。这放在当时的文化和观念环境中，非常具有颠覆性。因为，即便是陷入礼崩乐坏之境，宗周"德政"文化对人们观念尤其是价值判断的影响仍然强烈。下一章的讨论便可窥见一斑。而在这里格外强调"父母之于子也，犹用计算之心以相待也"，是为接下来纯粹基于利益计算的治理政策作铺垫。

今学者之说人主也，皆去求利之心，出相爱之道，出，提出。**是求人主之过父母之亲也**，求，要求。过，超过。**此不熟于论恩**，熟，善于。**诈而诬也，故明主不受也。圣人之治也，审于**

法禁,法禁明著则官法;官法,官员遵守法律。必于赏罚,赏罚不阿则民用官。阿(ē),迎合、偏袒。用,可用于。官治则国富,国富则兵强,而霸王之业成矣。霸王者,人主之大利也。人主挟大利以听治,挟,怀有。故其任官者当能,当,相称。其赏罚无私。使士民明焉,尽力致死,焉,此。则功伐可立而爵禄可致,爵禄致而富贵之业成矣。富贵者,人臣之大利也。人臣挟大利以从事,故其行危至死,其力尽而不望。此谓君不仁,臣不忠,则〔不〕可以霸王矣。不,据文义当删。

基于上章所论,便可否定当时论家以血亲、宗亲伦理为标准要求君主否弃功利心而纯以相爱为基础型构、维系君臣关系。此即"今学者之说人主也,皆去求利之心,出相爱之道,是求人主之过父母之亲也,此不熟于论恩,诈而诬也,故明主不受也"。

既然不能将治理建立在伦理基础上,而必须立足于功利,通过利益来引导、激励或者防限、禁止民众的作为。与之相配套的就是法治。"圣人之治也,审于法禁,法禁明著则官法;必于赏罚,赏罚不阿则民用官。官治则国富,国富则兵强,而霸王之业成矣",这段表述在韩非的论述中反复出现,其中包含几个要点:一是要重视立法,并有明确的立法。二是立法的内容首重治官。三是赏罚是法律转化为治理的最主要方式。四是赏罚须依法且必行。

而之所以要以成"霸王之业"为务,原因就在于"霸王者,人主之大利也"。君主为了如此的大利行事,因而能够"任官当能"和"赏罚无私"。要注意这个论说中的两层深意:一是韩非提供了一个可期待的"大利"来诱使君主采取正确的方式行使权力。二是无论"任官当能"还是"赏罚无私",都与君主基于个人喜好和私利、私欲的作为的常态不相容,甚至相违背。对君主来说,为了"大利",就必须克制私欲,依法行事,按法而治。当然有"大利",自然也应有与之相对的"小利",只是本章中将其视为众所周知者而未作专论。据文义可知,小利乃是悖法行私而获得的利益。

进一步,君主依法使用赏罚可以使得民众因立功而获赏变得可以预期,实际上提供了一条明确的可致富贵的途径,即"使士民明焉,尽力致死,则功伐可立而爵禄可致,爵禄致而富贵之业成矣"。而所指向的"富贵"乃是臣与民的"大利"。同理,对于臣而言,臣的"利",即"富贵"而非其他是他们行为的第一原则,因此君主只要能够为臣下提供"大利",则可致臣下"行危至死,其力尽而不望"。以上论为基础,可以得出看似反常但实则合理的结论:"此谓君不仁,臣不忠,则可以霸王矣。"

夫奸必知则备,知,被知晓。备,防备。**必诛则止;不知则肆,**肆,放肆。**不诛则行。夫陈轻货于幽隐,**陈,方。**虽曾,**曾,曾参。**史可疑也;**史,史鱼。**悬百金于市,虽大盗不取也。不知则曾、史可疑于幽隐,必知则大盗不取悬金于市。故明主之治国也,众其守而重其罪,使民以法禁而不以廉止。母之爱子也倍父,**倍,通"背"。**父令之行于子者十母;**十,十倍于。**吏之于民无爱,令之行于民也万父。**万,万倍于。**母积爱而令穷,吏用威严而民听从,严爱之筴亦可决矣。**筴(cè),通"策"。**且父母之所以求于子也,动作则欲其安利也,行身则欲其远罪也;君上之于民也,有难则用其死,安平则尽其力。亲以厚爱关子于安利而不听,**关,措置。**君以无爱利求民之死力而令行。明主知之,故不养恩爱之心而增威严之势。故母厚爱处,子多

败,推爱也;推,行。**父薄爱教笞,子多善,用严也。**

君臣都以"利"为行为标准,且君臣之"利"并不一致。而除了谋利之外不能寄希望于臣下的行为受其他因素支配,因为必须防限臣的为私之心和谋利之举对君之利造成侵害,所以这一章将论点转向了如何发现罪恶,以此阐明治术的重要性。

"夫奸必知则备,必诛则止;不知则肆,不诛则行",大意是作奸犯科必定会被知晓,坏人就会有所戒备;如果必定会受到惩罚,坏人就会停止作恶。若不被知晓,坏人便会放肆作恶;若不会受到惩罚,坏人会为所欲为。这对应的是上章强调的明法和必罚。这与所有人俱以谋私、求利为行为准则的预设相契。"夫陈轻货于幽隐,虽曾、史可疑也;悬百金于市,虽大盗不取也。不知则曾、史可疑于幽隐;必知则大盗不取悬金于市"。意思是如果把不值钱的货物放置在幽暗隐蔽的地方,即使是曾参、史鱼那样的廉洁正直之士也值得怀疑;把百金悬挂在市场上,即使是惯偷大贼也不会去拿。不被察觉,那么曾参、史鱼之类的廉洁正直之士在幽暗隐蔽的地方就值得怀疑;定能被发现,那么惯偷大贼不会去拿悬挂在市场上的黄金。这就表明,韩非认为人不作恶的前提条件是存在监督,随之也就否定了以《中庸》"慎独"说为代表的道德修为和自律成为政治治理基础的可能性。这样一来,制度性的监督方案和切实落实之于政治治理的重要性无疑被提升到极其重要的位置。因此便可引出,"故明主之治国也,众其守而重其罪,使民以法禁而不以廉止"。

在当时,要想完全否定道德性和伦理原则的作用并获得说服力,必须彻底否定作为道德性基础的血亲关系对于人的行为的支配性。是故文中谈到"母之爱子也倍父,父令之行于子者十母;吏之于民无爱,令之行于民也万父。母积爱而令穷,吏用威严而民听从,严爱之筴亦可决矣"。父母对子女之"爱"与支配能力不成比例,意味着驱动、支配人的力量不来自血亲伦理。而没有血缘关系的官吏对民的支配能力更胜于父母,可进一步说明在政治社会中,支配和调动行为的基础无关乎血亲伦理。换句话说,人之所以趋向某种行为方式,绝非因为相"爱"。

也可从另一方面印证上论:"且父母之所以求于子也,动作则欲其安利也,行身则欲其远罪也;君上之于民也,有难则用其死,安平则尽其力。亲以厚爱关子于安利而不听,君以无爱利求民之死力而令行。"大意是父母亲对于子女的期望,在行事方面则希望他们平安且获利,在立身方面希望他们远离罪罚。君主对于民众的要求,则遇到艰难的局面利用他们卖命,安稳太平之时让他们尽全力工作。双亲怀着深厚的爱而试图把子女置于平安有利的环境中,子女却不听从;君主不凭着仁爱、不为他们的利益着想,但求民众为自己尽死力且能唯命是从。这恰好说明人们选择行为模式,并不以亲属之间的"爱"为决定性要素。

由上论得出的结论是:"明主知之,故不养恩爱之心而增威严之势。故母厚爱处,子多败,推爱也;父薄爱教笞,子多善,用严也。"

今家人之治产也,相忍以饥寒,忍,狠心。**相强以劳苦**,强,强迫。**虽犯军旅之难**,犯,遇到。**饥馑之患,温衣美食者,必是家也**;是,这个。**相怜以衣食,相惠以佚乐,天饥岁荒,嫁妻卖子者,必是家也。故法之为道,前苦而长利;仁之为道,偷乐而后穷。圣人权其轻重,出其大利**,出,选出。**故用法之相忍,**

而弃仁人之相怜也。学者之言皆曰轻刑,此乱亡之术也。凡赏罚之必者,劝禁也。赏厚,则所欲之得也疾;罚重,则所恶之禁也急。夫欲利者必恶害,害者,利之反也,反于所欲,焉得无恶?欲治者必恶乱,乱者,治之反也。是故欲治甚者,其赏必厚矣;其恶乱甚者,其罚必重矣。今取于轻刑者,其恶乱不甚也,其欲治又不甚也,此非特无术也,又乃无行。是故决贤、不肖、愚、知之美(筴),决,判断、断定。美,当作"筴",分。在赏罚之轻重。且夫重刑者,非为罪人也。明主之法,揆也。揆(kuí),度量、准则。治贼,非治所揆也;治所揆也者,是治死人也。刑盗,非治所刑也;治所刑也者,是治胥靡也。故曰重一奸之罪而止境内之邪,此所以为治也。重罚者,盗贼也;而悼惧者,悼惧,恐惧。良民也;欲治者奚疑于重刑!若夫厚赏者,非独赏功也,又劝一国。受赏者甘利,未赏者慕业,是报一人之功而劝境内之众也,报,报答、报酬。欲治者何疑于厚赏!今不知治者,皆曰"重刑伤民,轻刑可以止奸,何必于重哉?"此不察于治者也。夫以重止者,未必以轻止也;以轻止者,必以重止矣。是以上设重刑者而奸尽止,奸尽止则此奚伤于民也?所谓重刑者,奸之所利者细,而上之所加焉者大也;民不以小利蒙大罪,故奸必止者也。所谓轻刑者,奸之所利者大,上之所加焉者小也;民慕其利而傲其罪,故奸不止也。故先圣有谚曰:"不踬于山,踬(zhì),被绊倒。而踬于垤。"垤(dié),小土丘。山者大,故人顺之;垤微小,故人易之也。今轻刑罚,民必易之。犯而不诛,是驱国而弃之也;驱,驱使、驾驭。犯而诛之,是为民设陷也。陷,陷阱。是故轻罪者,民之垤也。是以

轻罪之为民道也,非乱国也,则设民陷也,此则可谓伤民矣!

　　基于血缘关系的家庭成员内部依据血亲伦理行事,就家内事务的治理而言并不必然是最优方案。所以说"今家人之治产也,相忍以饥寒,相强以劳苦,虽犯军旅之难,饥馑之患,温衣美食者,必是家也;相怜以衣食,相惠以佚乐,天饥岁荒,嫁妻卖子者,必是家也"。与上述依据血亲之"仁"为基础的家自为治的情况相比,君主基于理性立法和法治的治理可以实现长久的"大利",即"法之为道,前苦而长利;仁之为道,偷乐而后穷。圣人权其轻重,出其大利,故用法之相忍,而弃仁人之相怜也"。

　　"学者之言皆曰轻刑,此乱亡之术也",这应该是当时知识界常见的论调,韩非在这里作出反驳,言下之意是这些轻刑之论背后的基础也是上述仁与爱。"凡赏罚之必者,劝禁也。赏厚,则所欲之得也疾;罚重,则所恶之禁也急。夫欲利者必恶害,害者,利之反也,反于所欲,焉得无恶? 欲治者必恶乱,乱者,治之反也。是故欲治甚者,其赏必厚矣;其恶乱甚者,其罚必重矣。今取于轻刑者,其恶乱不甚也,其欲治又不甚也,此非特无术也,又乃无行",这段文字专门论说厚赏重罚的功能和效用。厚赏重罚的原因之一是产生效果迅速,即"得也疾"。原因之二是好、恶及所对应的利、害相反,两者不可姑息两存。刑赏不重不足以成利绝害。

　　关于赏罚与利害关系的论说,基于看似"人之常情"的功利理性。在治理中赏罚要构成价值评价的标准,而不被一般观念中的价值标准左右,所以说"决贤、不肖、愚、知之笑,在赏罚之轻重"。"今不知治者,皆曰'重刑伤民,轻刑可以止奸,何必于重哉?'"这是韩非力主重刑论时必须应对且驳倒的常见论断。为此,韩非首先做了一个概念偷换:将"奸"与"民"区分开来,强调重刑所伤害者是奸人而非一般民众。重刑止息了奸邪,也就再无施用之地,自然也就不会伤民了。所以说:"夫以重止者,未必以轻止也;以轻止者,必以重止矣。是以上设重刑者而奸尽止,奸尽止则此奚伤于民也?"

重刑有效的逻辑建立在功利理性基础上,"所谓重刑者,奸之所利者细,而上之所加焉者大也;民不以小利蒙大罪,故奸必止者也"。重刑之所以能收到更好治理效果,在于较之轻刑更容易引起重视。"故先圣有谚曰:'不踬于山,而踬于垤。'山者大,故人顺之;垤微小,故人易之也。今轻刑罚,民必易之。犯而不诛,是驱国而弃之也;犯而诛之,是为民设陷也。"大意是先圣的谚语说"不会被山绊倒,却会被小土堆绊倒",因为山大,所以人们会保持谨慎;土堆小,人们容易忽略。同理,刑罚设置得轻缓,会导致民众因不重视刑罚的危害而容易犯罪。针对这种状况若不用刑,乃是治国者放弃治理;若是用刑,则相当于给民众设下陷阱。

今学者皆道书筴之颂语,筴(cè),通"策"。**不察当世之实事,曰:"上不爱民,赋敛常重,则用不足而下恐上**,恐,当作'怨'。**故天下大乱。"此以为足其财用以加爱焉,虽轻刑罚可以治也。此言不然矣。凡人之取重赏罚,固已足之之后也。虽财用足而厚爱之,然而轻刑犹之乱也。夫当家之爱子,财货足用,财货足用则轻用**,轻,轻率。**轻用则侈泰;亲爱之则不忍,不忍则骄恣;侈泰则家贫,骄恣则行暴,此虽财用足而爱厚、轻利之患也。凡人之生也,财用足则隳于用力**,隳,通"惰",懒惰。**上治懦则肆于为非**;懦,胆小软弱。肆,放纵。**财用足而力作者神农也,上治懦而行修者曾、史也;夫民之**

不及神农、曾、史亦已明矣。老聃有言曰:"知足不辱,知止不殆。"[1]夫以殆辱之故而不求于足之外者老聃也,今以为足民而可以治,是以民为皆如老聃也。故桀贵在天子而不足于尊,富有四海之内而不足于宝。君人者虽足民,不能足使为君,天子而桀未必为天子为足也,则虽足民,何可以为治也?故明主之治国也,适其时事以致财物,论其税赋以均贫富,厚其爵禄以尽贤能,重其刑罚以禁奸邪,使民以力得富,以事致贵,以过受罪,以功致赏,而不念慈惠之赐,此帝王之政也。

本章针对影响颇大的一种论断:"上不爱民,赋敛常重,则用不足而下恐上,故天下大乱。"且由此认为"此以为足其财用以加爱焉,虽轻刑罚可以治也"。韩非的基本判断是"此言不然矣"。类似的观点可以见诸《孟子》中先富后教的治理观。

在韩非看来,人们之所以追求重赏罚,本身就是出于财物充足之后的需求。即使财政充足并且厚加关爱,轻刑罚仍然会导致混乱。这表明,韩非认为法治、刑治与致民富足的治理是不同层次且并行不悖的问题。为了便于理解,文中提供了一个例证:家庭宠爱子女,子女财产足够使用,财产足够使用便会变得过于放纵。对子女溺爱会导致骄傲和任性,过度奢侈会使家庭贫穷,任性行为会导致行为残暴。这就是为什么即使财物充裕并且关爱深厚、轻视利益仍会有问题。

"凡人之生也,财用足则隳于用力,上治懦则肆于为非",意思

---

[1]《老子》第四十四章。

是人的生活，如果财政充裕，则会变得懒散；治理软弱则会肆意作恶。只有"财用足而力作者神农也，上治懦而行修者曾、史也"，才有可能实现"足其财用以加爱焉，虽轻刑罚可以治也"。然而事实上"夫民之不及神农、曾、史亦已明矣"。尽管老子说"知足不辱，知止不殆"，但是现在却认为只要满足民众的需求就自然为治，乃是将民众都视为老聃一般。

就现实而论，桀傲慢地居于天子之位，但并不满足；他拥有四海之富，却对宝物不满足。即使君主满足了民众的需求，也不能使他们像君主一样富足。桀成为天子也未必会满足，即使满足了民众的需求，又如何能够治理呢？

由上述驳论提出"明主之治国也，适其时事以致财物，论其税赋以均贫富，厚其爵禄以尽贤能，重其刑罚以禁奸邪，使民以力得富，以事致贵，以过受罪，以功致赏，而不念慈惠之赐，此帝王之政也"，大意是明主会根据时事积累财富，平衡税收以促进贫富均衡，慷慨赏赐以充分发挥才能，严厉惩罚以制止邪恶行为，使民众通过努力获得财富，通过工作获得尊贵地位，因为过错而受刑罚，通过取得成就来获得奖励，而不依赖于慈悲和恩惠的赐予。这种政策体现了君主的智慧和才能。

人皆寐，寐，睡着。**则盲者不知；皆嘿**，嘿，沉默。**则喑者不知**。喑，哑巴。**觉而使之视，问而使之对，则喑盲者穷矣。** 穷，揭穿。**不听其言也，则无术者不知；不任其身也，则不肖者不知；听其言而求其当，任其身而责其功，则无术不肖者穷矣。夫欲得力士而听其自言，虽庸人与乌获不可别也，授之以鼎俎则罢健效矣。** 罢（pí），通"疲"，羸弱。**故官职者，能士之鼎俎**

也,任之以事,而愚智分矣。故无术者得于不用,不肖者得于不任,言不用而自文以为辩,文,文饰。身不任而自饰以为高,世主眩其辩、滥其高而尊贵之,滥,不合实际。是不须视而定明也,须,待。不待对而定辩也,喑盲者不得矣。明主听其言必责其用,观其行必求其功,然则虚旧之学不谈,虚旧,虚妄复古。矜诬之行不饰矣。矜诬,夸耀不实。

这一章可以看作以上章所论为基础,转向讨论应当如何识别、选任进行治理之人。

首先是为什么不能期许所治之民都像曾、史、老聃一样呢？因为"人皆寐,则盲者不知;皆嘿,则喑者不知。觉而使之视,问而使之对,则喑盲者穷矣。不听其言也,则无术者不知;不任其身也,则不肖者不知;听其言而求其当,任其身而责其功,则无术不肖者穷矣"。大意是:如果人们都在沉睡,那么就不会知道谁是盲人;人们都闭口不言,便无法知道谁是聋哑者。如果让他们醒来睁开眼,通过提问使他们回答,那么盲人、聋哑者就会显露出来。如果不听取他们的言语,那么无学识之人就无法知晓;如果不给予他们机会,那么就无法知道谁是无能者。因为必须用有合适能力的人来任职,所以必须能精准地识别、评估人的能力。听取他们的言语并要求他们负责,给予他们机会并评估他们的成就,那么无学识和无能的人就会处于困境之中。

之所以要看重上述考察举措,原因是"官职者,能士之鼎俎也,任之以事,而愚智分矣"。这样无学识者、不肖者都自知不会被任用,然而他们会用文辞、辩说来掩饰自己的无能且为自己分辩。统治者若是被此迷惑而尊重和推崇他们,就不能识别出谁是盲喑之人。因此"明主听其言必责其用,观其行必求其功",这样方能致"虚旧之学不谈,矜诬之行不饰",且真正有才能为治之士被任用为官吏。

八说第四十七

【导读】

本篇以"八说"为题。所谓"八说",是八类民间怀有私欲的价值评判标准,会对"公"利和政治权力造成损害。《说疑》《诡使》《六反》等篇其实都是作针对性的讨论,尽管具体的说辞略有差异。对于韩非来说,这确实是非常有必要反复申明,并且在当时极难被真正接受的观点。同时也表明,韩非在不同的情景下对这个话题做了大同小异的论述,而《韩非子》的编者基于内容相近的考量将这些篇章前后相续地编集在了一起。

"任人以事,存亡治乱之机也"是全篇的基调。关于君主应该选用什么类型的士人,即如何"察士",韩非的基本观点是有智识、智谋的"智士"不可信,势必会欺瞒国君;人品好而无才能的"修士"又不足以成事。因此,君主用人的关键不在于用什么样的人,而在于掌握、运用什么样的"术"来掌控、约束官员的行为。而用人之"术"的关键在于"决诚以参,听无门户,故智者不得诈欺。计功而行赏,程能而授事,察端而观失,有过者罪,有能者得,故愚者不任事。智者不敢欺,愚者不得断,则事无失矣"。

【原文·评注】

为故人行私谓之不弃,以公财分施谓之仁人,轻禄重身谓之君子,枉法曲亲谓之有行,曲,保全。弃官宠交谓之有侠,离世遁上谓之高傲,交争逆令谓之刚材,行惠取众谓之得民。不弃者吏有奸也,仁人者公财损也,君子者民难使也,有行者法制毁也,有侠者官职旷也,高傲者民不事也,刚材者令不行也,得民者君上孤也。此八者,匹夫之私誉,人主之大败也。反此八者,匹夫之私毁,人主之公利也。人主不察社稷之利害,而用匹夫之私誉,索国之无危乱,不可得矣。

本章罗列了八种名高而实奸的情形,并阐明它们会造成的相应危害。

名	实	后果
不弃	为故人行私	吏有奸
仁人	以公财分施	公财损
君子	轻禄重身	民难使
有行	枉法曲亲	法制毁
有侠	弃官宠交	官职旷

续表

名	实	后果
高傲	离世遁上	民不事
刚材	交争逆令	令不行
得民	行惠取众	君上孤

韩非认为,这八种行为被民众私下称赞,却是君主的重大失败。相反,诋毁这八种行为却是君主的公共利益所在。君主如果不以国家利益为念,而只注重民众私下的赞美,则无法避免国家的危乱。这段清楚地表明,韩非认为当时民间存在这类状况的根源在于能够获得君主支持,而君主的这种态度源自对何为真正的社稷之"利"把握不准。

任人以事,存亡治乱之机也。机,关键。**无术以任人,无所任而不败。人君之所任,非辩智则修洁也。任人者,使有势也;智士者未必信也,为多其智,因惑其信也。以智士之计,处乘势之资而为其私急,则君必欺焉。为智者之不可信也,故任修士者,使断事也,修士者未必智;为洁其身,因惑其智;以愚人之所惛,**惛(hūn),通"昏",迷乱;糊涂。**处治事之官而为其所然,则事必乱矣。故无术以用人,任智则君欺,任修则君事乱,此无术之患也。明君之道,贱德义贵,**德,通"得",可以。**下必坐上,**坐,反坐。**决诚以参,**决,决断。诚,实情。参,参验。**听无门户,故智者不得诈欺。计功而行赏,程能而授事,**程,量。**察端而观失,有过者罪,有能者得,故愚者不任事。智者不敢欺,愚者不得断,则事无失矣。**

顺着上章的辨析,这一章导入"任人"的话题。首先点出关键在于"任人以事",即用什么人去执掌什么事务,这乃是"存亡治乱之机"。对于君主而言,就是用人之"术"。若未加掌握则"无所任而不败",也就是无论如何都会失败。

照韩非的观察,当时君主所用之人不出两类:一是"辩智",也就是富有思辨智谋之士。有鉴于君主用人意味着使之具有权势,而有智谋者心思深重,难以得其实,又善于运用智识谋私且欺瞒君主,所以"不可信"。二是"修洁",即修身自好之人。可是品行高洁者未必有足够的智识,让他们处断事务难免会因昏庸而造成混乱。所以说"无术以用人,任智则君欺,任修则君事乱,此无术之患也"。

所以明君应针对性地做到两方面:一是在下位者可以议论上位者,部下不告发长官则反坐其罪,通过参验(名实)掌握实情,不拘一格地获得信息,以此防止"辩智"者运用智谋欺瞒君主。二是论功行赏,依据才能授予职务,明察端倪来预见得失,并对功过分别给予赏罚,这样可以确保才智不够者不会被任用。做到以上两方面,即可保证"智者不敢欺,愚者不得断,则事无失矣"。

察士然后能知之,察士,明察之士。**不可以为令**,令,法。**夫民不尽察。贤者然后能行之,不可以为法,夫民不尽贤。杨朱、墨翟,天下之所察也,干世乱而卒不决**,干,干预。决,指导而成治。**虽察而不可以为官职之令。鲍焦、华角,天下之所贤也,鲍焦木枯,华角赴河,虽贤不可以为耕战之士。故人主之所察,智士尽其辩焉;人主之所尊,能士尽其行焉。今世主察无用之辩,尊远功之行,索国之富强,不可得也。博习辩智如孔、墨,孔、墨不耕耨,则国何得焉?修孝寡欲如曾、史,曾、史**

不战攻,则国何利焉？匹夫有私便,人主有公利。不作而养足,不仕而名显,此私便也。息文学而明法度,塞私便而一功劳,此公利也。错法以道民也而又贵文学,错,通"措",设置。道,通"导"。则民之所师法也疑；赏功以劝民也而又尊行修,则民之产利也惰。夫贵文学以疑法,尊行修以贰功,索国之富强,不可得也。

　　文中首先提出了立法的两个原则：只有明察之人才能懂得的道理,不能定立成法令,因为民众并不都有明察的能力；只有贤者才能做到的事情,也不能立作法律,因为民众不全是贤人。这里韩非的态度很明确：法律需要针对一般人的智识水平和行为能力而定,不能设定一般人力所不能及的规定。

　　为此还特意举了八人为例：杨朱和墨翟是天下所敬重的智者,然而他们在纷乱的世局中无法决断,尽管他们具有审察能力,但不能被任命为官职。鲍焦和华角是天下所看重的贤者,但鲍焦腐朽无用,华角投河自尽,尽管贤明却不能成为耕战之士。还有孔子、墨子、曾子、史鱼这些人,韩非认为他们对于耕战也就是国家的富强没有直接贡献,所以不能用之以治国。

　　由此可明确"私便"和"公利"之分,即"匹夫有私便,人主有公利。不作而养足,不仕而名显,此私便也。息文学而明法度,塞私便而一功劳,此公利也"。这里的公私之分,建立在君主与臣民之"利"存在根本性不同的基础上。

　　与此同时,韩非还认为"错法以道民""贵文学""尊行修"不能兼而有之,这个判断的基础其实也在于君、臣之间的利益诉求存在根本性差异。所以,治理国家只能有唯一的源于"公"的标准。

搢笏干戚,搢笏(jìn hù),亦作"搢忽",将笏板插在腰带上,引申指上朝论事。干,斧。戚,盾。干戚,指操斧盾的舞蹈。**不适有方铁铦;**适,通"敌"。铦(xiān),舌。**登降周旋,**指复杂的礼仪。**不逮日中奏百;**《**狸首**》**射侯,**射侯,用箭射靶。**不当强弩趋发;**趋,通"促",急速。**干城距冲,**干城,捍卫城池。距,通"拒"。冲,冲城车。**不若堙穴伏櫜。**堙(yīn),填埋。櫜(tuó),鼓风的皮囊。**古人亟于德,中世逐于智,当今争于力。古者寡事而备简,朴陋而不尽,**尽,精巧。**故有珧铫而推车者。**珧铫(yáo yáo),古代除草具。推,推让。**古者人寡而相亲,物多而轻利易让,故有揖让而传天下者。**揖让而传,即禅让制。**然则行揖让,高慈惠,而道仁厚,皆推政也。**推,推让。**处多事之时,用寡事之器,非智者之备也;当大争之世而循揖让之轨,非圣人之治也。故智者不乘推车,圣人不行推政也。**

本章首先给出了一段譬喻:上朝论事时的搢笏和干戚,敌不过方铁铦这样的武器;登降、周旋的各种礼仪,比不过日行千里的士卒训练;奏响《狸首》演习射靶的礼仪,敌不过使用强力弩箭的功夫;捍卫城池、对抗冲城车的战术,比不过挖地穴、鼓烟熏的防御工事。这意在表明手段、方式和需求要保持一致。

接着文中给出了一个历史性的判断:"古人亟于德,中世逐于智,当今争于力。"这个判断其实更多是为了支撑韩非对时势的理解,并用以反驳当时一系列复古的论说,因此不必苛求是否合于史实。按文中所示,古时事少且器物简陋,质朴粗陋而不精巧,所以要亲自除草而推让车具给他人。古代人少且相互之间关系密切,物资丰富故不看重利益而相互谦让,所以有禅让天下的风气。因此,实行揖让、推崇慈惠,追求仁厚的道德,都是适应当时政治的做法。在当下多事之时,用简单的方式来应对众多事务,并不是智者的准备;在大争之世,沿袭揖让的规范,也不是圣人的治理方式。因此,这时的智者不会推让车具,圣人也不会推行揖让政权。

法所以制事,事所以名功也。法有立而有难,权其难而事成则立之;事成而有害,权其害而功多则为之。无难之法,无害之功,天下无有也。是以拔千丈之都,败十万之众,死伤者军之乘,甲兵折挫,士卒死伤,而贺战胜得地者,出其小害计其大利也。夫沐者有弃发,除者伤血肉,为人见其难,因释其业, 释,放弃。**是无术之事也。先圣有言曰:"规有摩而水有波,** 规,圆规。摩,磨损。**我欲更之,无奈之何!"此通权之言也。是以说有必立而旷于实者,** 旷,远离。**言有辞拙而急于用者,故圣人不求无害之言,而务无易之事。人之不事衡石者,** 衡石,称量单位。**非贞廉而远利也,石不能为人多少,衡不能为人轻重,求索不能得,故人不事也。明主之国,官不敢枉法,吏不敢为私,货赂不行,是境内之事尽如衡石也。此其臣有奸者必知,知者必诛。是以有道之主,不求清洁之吏,而务必知之术也。**

这一章的核心是论如何在有"法"的前提下行"权",或者说讨论法律与权宜之间的关系。韩非对"法"的基本认识是"法所以制事,事所以名功也",即法律是为行事(行为)设置规范,意在通过规范性的行为获得功效。问题是"法有立而有难",意思是法律所规定的内容会有"难",即难行的可能,这时就需要"权其难而事成则立之；事成而有害，权其害而功多则为之"，意思是对依法行事造成的利害进行权衡，所成之事的利大于难行的害则依法而行；依法而行的害大，则选择功多的方案行为。严格依法而行和依据利害作出权衡这两个本质上可能存在冲突的原则被同时强调。这实际上意味着韩非认识到结果、实效而非程序意义上的依法更为重要。

并且，文中提到"无难之法，无害之功，天下无有也"。意思是没有困难的法律，没有带来损害的功绩，这样的事情在世上是不存在的。表面上看，这是在说所有的法律和行为都有代价，都需要权衡利弊。更深层的意旨还包括，所有的法律其实都有被权衡的余地。为此文中举了常识和古语两例来论证。常识是在攻打千丈高的城池、击败十万敌军的战斗中，军队会有伤亡，甲兵也会损毁，士兵会受伤乃至丧生，但庆贺战胜并夺取领土的胜利，这是因为权衡后发现致损害小于得利。沐浴时掉头发，刮脸时会伤及血肉，如果人们因这些困难而选择放弃，那么就是不懂得权衡利弊。古语曾说："圆规有磨损，水有波澜，想要改变但无能为力。"由此可见，所有的行为其实都需要在权衡利弊的基础上做出。

进而可知，言论会有言之凿凿却不切实用者，也会有辞藻拙劣切于所需者，所以圣人不寻求无害的言辞，而专注于应为的事务。人们不会在衡石这类标准上做文章，不是因为人们正直廉洁而疏远利益，而是在于衡石不会因为人的作为而变动，付出会没有回报。由此得出明主之国治理国家，要让官员不敢违反法律，官吏不敢为私利，贿赂不得实施，关键在于境内的事务都有衡石一般的明确标准。对于主政者来说，不是寻求清廉的官吏，而是务必让他们明白权衡之道；如果有奸邪的臣下，必然会被识破，而一旦被识破，他们就会受到惩罚。因此，有道德的主政者不是寻求洁身自好的官吏，而是务必让他们明白权衡之道。

慈母之于弱子也，爱不可为前。前，先。**然而弱子有僻行**，僻，邪。**使之随师；有恶病，使之事医。不随师则陷于刑，不事医则疑于死**。疑，拟。**慈母虽爱，无益于振刑救死**，振，拯救。**则存子者非爱也。子母之性，爱也。臣主之权，筴也**。筴，算计。**母不能以爱存家，君安能以爱持国？明主者，通于富强则可以得欲矣。故谨于听治，富强之法也。明其法禁，察其谋计。法明则内无变乱之患，计得则外无死虏之祸**。虏，被俘虏。**故存国者，非仁义也。仁者，慈惠而轻财者也；暴者，心毅而易诛者也。慈惠则不忍，轻财则好与。心毅则憎心见于下，易诛则妄杀加于人。不忍则罚多宥赦，好与则赏多无功。憎心见则下怨其上，妄诛则民将背叛。故仁人在位，下肆而轻犯禁法，偷幸而望于上；暴人在位，则法令妄而臣主乖，民怨而乱心生。故曰：仁暴者，皆亡国者也**。

本章先以母亲对孩子之爱为喻，阐明"母不能以爱存家，君安能以爱持国"的道理。大意是：慈母对待弱小的子女虽然充满了爱，但爱并不能解决问题。弱小的子女如果有不良的行为，要让他们跟随教师；如果有疾病，要让他们接受医治。如果不跟随教师，就会罹陷刑罚；不接受医治，便会有死亡的危险。慈母的爱虽然深厚，但对于避免陷于刑罚和拯救生命并没有帮助。臣下与君主的权力关系可类比于此。母亲无法通过爱来维持家庭，君主亦不可基于爱来维护国家。

"明主者，通于富强则可以得欲矣"契合了当时以"富强"作为政治治理目标的一般认识。要注意，"富强"不一定是韩非政论的最高目标，但是合于当时的一般认识，有利于助成其观点被接受，所以可以认为这是一种策略性的选择。

顺着"富强"提出"谨于听治,富强之法也。明其法禁,察其谋计",把明法和用术之于政治治理的作用凸显出来。法律明确,就能使内部避免变乱的危险;谋略得当,就能使外部避免死亡和被敌人侵害的祸害。因此,可以推知"存国者,非仁义也"。

接着韩非对"仁"和"暴"可能造成的不良后果作出推论:"仁者"指的是慈善仁爱,轻视财物且慷慨的人;慈善仁爱会不忍心处罚,对财物慷慨引起过度施舍。不忍心处罚会导致过多宽恕和赦免,喜欢施舍就会过多奖赏而无功。因此仁德之人当政时,臣下会肆意违反禁令和法律,偷安而希望上级宽容。"暴者"指的是心思坚毅、容易斩除罪恶的人。心思坚毅让人憎恶,易于剪除罪恶而滥杀人命。让人憎恶会导致下层对上层产生怨恨,滥杀人命势必引发民众背叛。暴虐之人当政时,法令任意而臣下失序,民众怨恨而心生乱念。

不能具美食而劝饿人饭,具,提供。**不为能活饿者也;不能辟草生粟而劝贷施赏赐**,辟,除。**不能为富民者也。今学者之言也,不务本作而好末事,知道虚圣以说民**,说(shuì),劝说。**此劝饭之说。劝饭之说,明主不受也。**

这一章旨在阐明学者之言无助于富强。大意是:不能准备好美食而劝饥饿的人吃饭,并不能使饥饿者得以生存;不能让草地上长出粮食而劝人贷款施予赏赐,也不能使人富裕。现今学者的言辞,不致力于务农耕之本,而喜欢劝人从事商贾游学等末业,以虚妄的圣人之名来说服民众,这就好比劝饿人吃饭。明智的统治者不应接受这类言论。

书约而弟子辩,法省而民讼简。简,轻慢。**是以圣人之书必著论,明主之法必详事。尽思虑,**尽,全。**揣得失,智者之所难也;无思无虑,挈前言而责后功,**挈(qiè),带着。**愚者之所易也。明主虑愚者之所易,以(不)责智者之所难,**以,当作"不"。**故智虑力劳不用而国治也。**

这一章旨在阐明立法须避免"书约"和"法省",否则会致法律的内容引发诉讼。韩非给出的论证思路是:圣人所著之书必须明确阐述论点,明主制定的法律必须详细涉及各种情况。全面思考,衡量得失,智者也难以做到;不加思考,仅凭前人之论责备后续的成绩,这是愚者所容易做到的。所以明主必须考虑什么是愚者容易做到之事,并不苛责连智者也难以做到的事情,因此智者的智慧和努力得不到应用,国家得以治理。

文中涉及与立法密切相关的三方面:一是法律内容需要尽可能详尽。二是法律内容不能有强人所难之事。三是法律应当作为评定行为的唯一标准。

酸甘咸淡,不以口断而决于宰尹,宰尹,掌管膳食的官。**则厨人轻君而重于宰尹矣。上下清浊,不以耳断而决于乐正,**乐正,掌乐之官。**则瞽工轻君而重于乐正矣。**瞽工,盲乐师。**治国是非,不以术断而决于宠人,则臣下轻君而重于宠人矣。人主不亲观听,而制断在下,托食于国者也。**

本章旨在阐明掌握判断标准并作出决断的只能是国君,大意是:酸、甜、咸、淡之味,如果不由口味而由掌管膳食的宰尹官决定,厨师会轻视君主而看重宰尹。上下清浊之分,如果不由耳朵听到的声音而由乐官决定,盲人乐师会轻视君主而看重乐官。如果治理国家不靠术士而由亲信宠臣决定,臣下会轻视君主而看重亲信宠臣。君主若不亲自观察倾听而将决策权交给下属,等于是将国家的权力托付给他人。

使人不衣不食而不饥不寒,又不恶死,则无事上之意。意欲不宰于君,宰,宰制、主宰。**则不可使也。**

这一章针对的是不为朝廷所用的士人,与《诡使》《六反》的态度相同,大意是:如果一个人既不穿衣也不进食,还不感到饥饿和寒冷,并且不厌恶死亡,他就会无意于事奉君主。如果他不愿意被君主支配和控制,君主就不能使唤他。

今生杀之柄在大臣,而主令得行者,未尝有也。虎豹必不用其爪牙而与鼷鼠同威,鼷(xī)鼠,一种小型老鼠。**万金之家必不用其富厚而与监门同资。** 监门,门官、守门人。**有土之君,说人不能利,恶人不能害,索人欲畏重己,不可得也。**

本章重在阐明权柄为臣下掌握的危害,大意是:当时多见大臣操生杀大权,君主之令不得行。虎豹不会轻易使用它们的锐利爪牙与老鼠并肩作战,富有之家也不会轻易与看门的人共享财富。同样,统治者依赖于大臣来执行他们的命令,而不会亲自实施。君主希望通过言论和行动来影响人们,使他们对自己产生敬畏之情,但实际上很难做到这一点。

  人臣肆意陈欲曰侠,人主肆意陈欲曰乱;人臣轻上曰骄,人主轻下曰暴。行理同实,下以受誉,上以得非。人臣大得,人主大亡。

  本章罗列了"侠""乱""骄""暴"四种情况,大意是:人臣肆意展现自己的欲望是"侠",君主任意表现自己的欲望是"乱";人臣轻视君主是"骄",君主轻视臣下是"暴"。韩非认为这四者后果相同,都会让臣下得到赞誉,而君主受到非议;人臣得利而君主大败。

  明主之国,有贵臣无重臣。贵臣者,爵尊而官大也;重臣者,言听而力多者也。明主之国,迁官袭级,官爵受功,故有贵臣。言不度行而有伪,必诛,故无重臣也。

  作为总结,本章提出了理想化的"明主之国"的治理状态,要言之,一是"有贵臣无重臣",贵臣是指地位尊、官职高者;而重臣则指言论会被听从且具有强大势力者。二是必须按照功绩逐级选官升迁,同时通过严格化的考察言实并进行赏罚来杜绝重臣出现。

八经第四十八

【导读】

所谓"八经",是八类君主运用政治权力、统御臣民的重要治术。这一篇中几乎汇集了整本《韩非子》中关于治术的所有观点,可以当作全书的一篇"总纲"或"概述"。

全篇围绕君主如何有效掌握权柄以控制臣下,分因情、主道、起乱、立道、参言、听法、类柄等八个大类阐述,分别对应人的性情、如何用人、祸乱的主要原因、如何循名责实、君主如何明察下情、如何听取言论、如何使用法律和如何掌握权柄以安下用众。总体说来,这八个方面都集中在"术"的层次,围绕君主掌控和主导的政治治理有效实现而展开。文中涉及的主要观点基本上在其他各篇中都曾出现。本篇更像是韩非治术思想成熟之后,他为自己的治理思想作的条理化总结。

【原文·评注】

一、凡治天下,必因人情。人情者,有好恶,故赏罚可用;赏罚可用则禁令可立而治道具矣。君执柄以处势,故令行禁止。柄者,杀生之制也;势者,胜众之资也。废置无度则权渎,渎,轻慢。赏罚下共则威分。是以明主不怀爱而听,怀爱,怀有私爱。不留说而计。说,通"悦"。留说,指心中存有偏好。故听言不参则权分乎奸,参,参验、校验。智力不用则君穷乎臣。穷,受困于。故明主之行制也天,行制,即行法、用法。天,喻昭然若揭。其用人也鬼。鬼,指神秘莫测、难以捉摸。天则不非,鬼则不困。势行教严〈逆〉而不违,逆,衍文,当删。毁誉一行而不议。故赏贤罚暴,举善之至者也;赏暴罚贤,举恶之至者也,是谓赏同罚异。赏莫如厚,使民利之;誉莫如美,使民荣之;诛莫如重,使民畏之;毁莫如恶,使民耻之。然后一行其法,禁诛于私家,不害功罪。赏罚必知之,知之,道尽矣。尽,完备。

因情(旧注:一曰"收智")

这一章章末题"因情"之名,与开篇"凡治天下,必因人情"相呼应,意即治理天下的关键在于顺应人情。之所以如此,缘于"人情"有好恶,故可使用"赏罚"来对人发生作用、进而治理社会。而"赏罚"又是"禁令"发挥作用、产生实效的基础。顺此,君主通过"势"掌握"柄",就可以借助赏罚作用于人并起到治理效果。所谓"柄"是生杀予夺的权柄。

进而韩非开始着重强调"柄"与"势",类似的观点在其他篇章中反复出现,尤其是《二柄》和《难势》。"废置无度则权渎,赏罚下共则威分",所侧重的是君主按法使用和独掌柄、势两个方面。反过来"听言不参则权分乎奸",对应的是"威分",强调要以参验稽合的方式按法治臣;"智力不用则君穷乎臣"对应的是"权渎"。

"明主之行制也天,其用人也鬼。天则不非,鬼则不困",意思是君主运用权力依法推行制度,要像"天"一样昭彰显明,这样才不会因失去是非准则而陷入过错;用人要像"鬼"魅一样神秘莫测,这样才不会受困于臣下的权谋和私心。这无疑对君主提出了极高的要求,概括说来要同时做到无私、处势、守法、有术。且守法和有术在很多人看来并不统一,所以不少评价韩非强调君主用术,认为他旨在营造君主集权、擅权的状态。其实不然。韩非主张的用"术",针对的乃是规范性的法律制度自身的特性带来的局限性。

"势行教严而不违,毁誉一行而不议",大意是权势施行教导严明而不违背,毁誉一致而不议论。这是要求标准统一且权威不受质疑。接下来说到的"赏同罚异",就是对认同并遵照君主权威而行者厚加赏赐,对异于权威者进行处罚。"赏莫如厚,使民利之;誉莫如美,使民荣之;诛莫如重,使民畏之;毁莫如恶,使民耻之",就是"因情"而利导臣民行为的体现。

最后提到"一行其法,禁诛于私家,不害功罪。赏罚必知之,知之,道尽矣",意思是完全依法行事,禁止臣下私家私行诛罚,不让其损害公家的赏功罚罪制度。赏罚必须让民众知晓。这里的重点放在了反"私"和"明法"。

二、力不敌众,智不尽物。与其用一人,不如用一国,故智力敌而群物胜。揣中则私劳,揣(chuǎi),推测、估计。中

(zhòng)，恰好合上。私，指君主。**不中则在过。下君尽己之能，中君尽人之力，上君尽人之智。是以事至而结智，**结，聚集、凝聚。**一听而公会。**公会，公开议论。**听不一则后悖于前，后悖于前则愚智不分；不公会则犹豫而不断，不断则事留。自取一，则毋堕壑之累。**壑(hè)，坑谷，深沟。累(léi)，负累、危险。**故使之讽，**讽，含蓄地劝告或讥刺。**讽定而怒。**怒，斥责。**是以言陈之日，必有筴籍，**筴(cè)，通"策"。筴籍，指书面记录。**结智者事发而验，**事发，指事务完成。**结能者功见而谋成败。**见，通"现"。**成败有征，**征，验证。**赏罚随之。事成则君收其功，规败则臣任其罪。**规败，指不合于法度。**君人者合符犹不亲，**合符，以竹木或金石为符，上书文字，剖而为二，各执其一，合之为证；此指校验。亲，亲自作为。**而况于力乎？事智犹不亲，**智，或当作"至"。**而况于悬乎？**悬，距离远。**故非用人也不取同，**同，指臣下意见相同。**同则君怒。使人相用则君神，**相用，相互利用、牵制。**君神则下尽。**下尽，指臣下在下尽力而为。**下尽，则臣上不因君，而主道毕矣。**

主道(旧注：一曰结智)

本章以"主道"为题，意在论说君主用人之术。文中给出的前提是"力不敌众，智不尽物"，即一个人的力量无法与众人抗衡，智慧无法穷尽万物。而与之相对的则是上章谈到的，务必要确保"柄"和"势"都集中地为君主一人掌握。为此产生的问题便是，君主如何使臣下的智、力俱为己用，同时又不致权柄旁落。

如果君主执意用一己之力驭众，结果很可能是"智力敌而群物胜。揣中则私劳，不中则在过"，意思是即便智能相当，众人之力胜过君主。而且君主揣度臣下的心思，猜中了也难免劳心费力，猜不中则会陷入过误。总之,这是风险极大且成功率很低的统治方式。所以说"下君尽己之能,中君尽人之力,上君尽人之智"。

方法之一是"事至而结智,一听而公会",讲的是"尽人之智"的方法,大意是遇到事情需要集中众人的智慧时,先一一听取意见,而后再集合起来讨论。韩非接着解释道:如果不一一听取,后说者就会参照前说而隐藏自己的真实想法。这样会造成愚、智之人难以分辨。若是一一听取后不集中起来商讨,君主很容易陷入犹豫不决,造成其他事务也被拖延。而且"公会"之后君主需要独立自主地对臣下的意见作出选择,这样才不至于陷入臣下设好的陷阱之中。这是古代中国"众议—独断"决策机制的理论基础。[1]

方法之二是君主应当让臣子尽其所言地讽谏,待事后再对言不符实者加以斥责。为此,在臣下发表言论时务必要有书面记录。集合众人智慧,待事发之后再检验谁的计谋正确;集合众人才能,待实效显现后再评定每个人的得失成败。由于有了书面记录,成功、失败都有凭据,赏罚即可按此而行。

以上两方面足以保障"事成则君收其功,规败则臣任其罪",即君主坐收事成的功劳,且在谋划失败后能够找到责任人并予以惩罚。

接下来,韩非进一步强调君主用人处事的几个原则:一是不可亲力亲为,曰:"君人者合符犹不亲,而况于力乎?事智犹不亲,而况于悬乎?"大意是君主连核对符节这种事情都不亲自去做,更何况需要费力的事务。稍微需要耗费心智的事都不亲为,更不用说去揣测悬而未决之事。二是不可用意见完全相同之人,且要对这

---

[1] "众议—独断"决策机制,参见李平:《论少数服从多数的合理性基础:中西之别及其成因》,载《中外法学》2017年第5期。

种情况加以斥责。三是君主要利用臣下相互牵制,以此来获得"神"(无所不知)的状态,以此让臣下能够尽心尽力。

这个"神"的状态在本章中没有展开,可以参见《内储说上》:"商太宰使少庶子之市,顾反而问之曰:'何见于市?'对曰:'无见也。'太宰曰:'虽然,何见也?'对曰:'市南门之外甚众牛车,仅可以行耳。'太宰因诫使者:'无敢告人吾所问于女',因召市吏而诮之曰:'市门之外何多牛矢?'市吏甚怪太宰知之疾也,乃悚惧其所也。"

三、**知臣主之异利者王,以为同者劫,与共事者杀。故明主审公私之分,审利害之地,奸乃无所乘。乱之所生六也:主母,**太后。**后姬,**后妃。**子姓,**泛指子孙、后辈。**弟兄,大臣,显贤。**显贵贤才。**任吏责臣,主母不放。**放,放肆。**礼施异等,后姬不疑。分势不贰,庶适不争。**适,同"嫡"。**权籍不失,**籍,通"阼",势位。**兄弟不侵。下不一门,**一门,一人专制。**大臣不拥。**拥,通"壅"。**禁赏必行,显贤不乱。臣有二因,**因,凭借。**谓外内也。外曰畏,内曰爱。所畏之求得,所爱之言听,此乱臣之所因也。外国之置诸吏者,结诛亲昵、重帑,**结,通"诘",责。帑(tǎng),钱财。**则外不籍矣;**籍,借重。**爵禄循功,请者俱罪,则内不因矣。外不籍,**籍,通"藉",借。**内不因,则奸宄塞矣。**宄(guǐ),奸邪。**官袭节而进,**袭节,逐级。**以至大任,智也。其位至而任大者,以三节持之,**节,关键。**曰质、曰镇、曰固。亲戚妻子,质也;爵禄厚而必,镇也。参伍贵帑,**帑,当作"怒"。**固也。贤者止于质,贪饕化于镇,**饕(tāo),贪财。**奸邪穷于固。忍不制则下上,**忍,意愿、欲望。下上,以下犯上。**小不除则大诛,而名实当则径之。径，通"刑"。生害事，死伤名，则行饮食；不然，而与其雠，雠，仇。此谓除阴奸也。医曰诡，医，当作"瞖"，蒙蔽。诡曰易。诡，欺诈。易，搬弄是非。易功而赏，见罪而罚，而诡乃止。是非不泄，说谏不通，而易乃不用。父兄贤良播出曰游祸，播，逃散。游祸，放走祸患。其患邻敌多资。僇辱之人近习曰狎贼，僇辱，戮辱，刑辱，此之刑余之人。其患发忿疑辱之心生。藏怒持罪而不发曰增乱，其患徼幸妄举之人起。大臣两重、提衡而〈不〉踦曰卷祸，提衡，拿着秤，引申为保持平衡。不，据文义当为删。踦（qī），偏重，不平衡。卷祸，卷入灾祸。其患家隆劫杀之难作。隆，通"癃"，喻病态。脱易不自神曰弹威，弹威，失去威势。其患贼夫酖毒之乱起。酖（zhèn），用鸩羽泡成的毒酒。此五患者，人主之不知，则有劫杀之事。废置之事，生于内则治，生于外则乱。是以明主以功论之内，而以利资之外，故其国治而敌乱。即乱之道，臣憎则起外若眩，起外，动用外国力量。眩，目眩。臣爱则起内若药。起内，动用国内力量。药，毒药。

起乱

本章以"起乱"为题，内容主要涉及君主如何防限、杜绝臣下奸邪作乱。这一章的行文和语言风格显得颇为佶屈，像是同一主题下关于不同侧面的格言汇总。

本意首先点出君主必须坚守的前提是君臣之间利益相异，而非相同。言下之意，君臣之间根本利益诉求不同，是相互利用的合作关系。这是全章立论的人性论基础，与宗周正统政治观念，以及儒家学说中君、臣、民一体、同心、相亲的预设完全悖反。以此为前提，提出"知臣主之异利者王，以为同者劫，与共事者杀。故明主审公私之分，审利害之地，奸乃无所乘"，其中格外强调的是"明主审公私之分，审利害之地"，即分清公、私之间的不同，弄明白各自利害所在。

接下来罗列了六类乱因：

人物	原因	具体表现
主母	任吏责臣，主母不放	依法任用、督责官吏，太后无从擅权
后姬	礼施异等，后姬不疑	明确礼制名分，后妃之间地位明确而无疑议
子姓	分势不贰，庶适不争	不把权柄分给庶子，嫡、庶之间无从争权
弟兄	权籍不失，兄弟不侵	权势不失落，君主的兄弟便无从侵夺权柄
大臣	下不一门，大臣不拥	不专信一人，臣下便不会结党蒙蔽君主
显贤	禁赏必行，显贤不乱	依据功过信赏必罚，显贵贤名者不至于祸乱治理

接下来阐明臣下作乱的内、外两种力量依托，分别是内朝近侍和外国势力。所谓："外曰畏，内曰爱。所畏之求得，所爱之言听，此乱臣之所因也。"意思是君主畏惧外国势力，故有求必应；溺爱近侍，故言听计从。这两者都会被乱臣利用。有鉴于此，对于外国荐举的官吏，要严查并惩罚（与外国）有亲密关系或行贿赂者。对内则要严格按照功劳给予爵禄，这样可以保证内部无从请托求权。由此二者可以达到的效果是，"外不籍，内不因，则奸宄塞矣"。

"官袭节而进，以至大任，智也。"意思是官吏要逐级提拔以至重大职务。而对于"位至而任大者"，即位高权重者，需要运用"质""镇""固"三种方法来制约他们。"质"即人质之质，以其父母、亲戚、妻子为抵押。"镇"是安抚，通过大量的爵禄来实现。"固"是通过参伍制度和株连制度，将之固定在特定的秩序中，即便作奸犯科也无处逃遁。这样一来可以达致"贤者止于质,贪饕化于镇,奸邪穷于固"。

具体权术方面,包括:其一,"忍不制则下上,小不除则大诛,而名实当则径之"。意思是对不法者心怀恻隐,会致以下犯上。小恶不除势必造成更大的恶果,只要罪名与行为相应即当予以惩处。其二,"生害事,死伤名,则行饮食;不然,而与其雠;此谓除阴奸也"。意思是若是臣下活着会害事,诛杀又有损君主名声,则可饮食毒杀之;或者想办法借他的仇人之手除之。其三,"医(翳)曰诡,诡曰易。易功而赏,见罪而罚,而诡乃止。是非不泄,说谏不通,而易乃不用"。意思是蒙蔽君主是为欺诈,欺诈即搬弄是非。君主论功行赏,依罪行罚,便可消除欺诈。并且做到,君主对下人泄露决断,也不把臣下的谏言透露出去,这样就不会有人搬弄是非。

接下来罗列了五类造成祸乱的情况,即"五祸":"父兄贤良播出曰游祸,其患邻敌多资。僇辱之人近习曰狎贼,其患发忿疑辱之心生。藏怒持罪而不发曰增乱,其患徼幸妄举之人起。大臣两重、提衡而踦曰卷祸,其患家隆劫杀之难作。脱易不自神曰弹威,其患贼夫酖毒之乱起。"

五祸	表现	后果
游祸	君主让叔伯、兄弟、贤良之人才逃散出奔在外	给相邻的敌国提供了资助
狎贼	君主和受过刑辱的人亲近	这些人发泄怨恨的思想,恐怕再受到侮辱的思想会萌发他们作乱的念头
增乱	君主隐藏自己的愤怒而不发作,掌握了臣下的罪行而不揭露惩处	怀着侥幸心理而轻举妄动的被恨有罪之人会起来作乱

续表

五祸	表现	后果
卷祸	有两个大臣同时被君主重用,二者势均力敌而不相上下	大臣私门势力强大而劫持杀害君主的灾难会发生
弹威	君主轻率而不让自己神秘莫测	王后杀夫、妃子用毒酒毒死君主之乱会出现

总的来说,"此五患者,人主之不知,则有劫杀之事。废置之事,生于内则治,生于外则乱"。意思是罢免、任用官吏的事务,由君主决定则国家安定;任由外国诸侯定夺则国家危乱。

韩非针对性地提出了一个具体方案:"明主以功论之内,而以利资之外,故其国治而敌乱。即乱之道,臣憎则起外若眩,臣爱则起内若药。"大意是明君在国内按照功劳授官,根据自己的利益资助敌国的奸臣,能致国家安定而敌国危乱。反之,国家走向危乱的途径包括:臣下被君主憎恶,招致外国诸侯来制造祸乱,使君主像目眩而头晕;臣下被君主宠爱,会引发内侍制造祸端,使君主像服食了毒药般危在旦夕。

四、参伍之道:行参以谋多,揆伍以责失;揆,测定。**行参必拆,**拆,分析。**揆伍必怒。**怒,愤怒地责罚过失。**不拆则渎上,**渎,轻慢。**不怒则相和。**相和,相互勾结。**拆之征足以知多寡,**征,证验,应验。**怒之前不及其众。观听之势,其征在比周而赏异也。诛毋谒而罪同。**谒,告发,此指相告。罪同,反坐。**言会众端,**会,聚集。**必揆之以地,**揆,度量、衡量。地,地利。**谋之以天,**天,天时。**验之以物,参之以人。四征者符,乃可以观矣。参言以知其诚,**诚,实情。**易视以改其泽,**易视,变换视角。改,纠正。

泽,光泽,此指表象。**执见以得非常。一用以务近习**,一用,一人专任一事,与"兼官"相反。**重言以惧远使,举往以悉其前,即迩以知其内**,即迩,接近。**疏置以知其外**,疏置,安排疏远。**握明以问所闇**,闇(àn),通"暗",不明。**诡使以绝黩泄**,黩泄,轻慢不敬。**倒言以尝所疑**,倒言,正话反说。尝,试。**论反以得阴奸**,论反,研究事情的另一面。**设谏以纲独为**,纲,约束。独为,指臣子独断。**举错以观奸动**,错,通"措"。举错,提拔安置(官员)。**明说以诱避过**,明说,明白宣示。诱,引导。**卑适以观直谄**,卑适,谦卑地迎合。直谄,正直与谄媚。**宣闻以通未见**,宣闻,广泛获取信息。**作斗以散朋党**,作斗,挑动相互间的斗争。**深一以警众心,泄异以易其虑**,泄异,故意泄露不同意见。**似类则合其参,陈过则明其固**,陈过,陈列(臣下)的过错。固,鄙陋。**知罪辟罪以止威**,辟罪,定罪。**阴使时循以省衰**,阴使,暗中派遣。时循,时常巡查。省(xǐng),察。衰,指臣下中心是否衰减。**渐更以离通比**,渐更,逐步更换(官员)。通比,串通比周。**下约以侵其上**,约,使。侵,告发。**相室约其廷臣,廷臣约其官属,兵士约其军吏,遣使约其行介,县令约其辟吏,郎中约其左右,后姬约其官媛**,官媛,宫女。**此之谓条达之道**。条达,条理通达。**言通事泄,则术不行。**

立道

本章提到的"即迩""疏置""握明""诡使""倒言""论反"等,在《内储说》中以"七术"和"六微"两大类,结合历史典故做了展开说明,不过本章中列举的项目更加丰富。

所谓"参伍",即多方面考察检验的意思。"行参以谋多,揆伍以责失;行参必拆,揆伍必怒。不拆则渎上,不怒则相和。拆之征足以知多寡,怒之前不及其众。"大意是利用多方面的情况相比照(行参)以谋求更多的效用,整合多方面因素加以检验(揆伍)来追究过失。"行参"一定要剖析原因,"揆伍"务必要严厉地斥责过失。若不剖析原因,臣下就会轻慢君主;不怒责过失,臣下就会互相勾结为奸。剖析原因所得到的征验足以了解臣下之功,怒责过失之前不要轻易惊动臣下的手下。

接下来谈到听取臣下言论的原则和方法。原则是审查结党比周的情况并奖赏不合群者,以反坐责罚不告发奸邪者,此即:"观听之势,其征在比周而赏异也。诛毋谒而罪同。"要汇总各方面信息来审查言论,归纳起来有"四征",包括"揆之以地,谋之以天,验之以物,参之以人",即考虑地利、天时、事物之理和人之常情。以此为据参证言论,方能通过言论获得实情。还要转换视角看破表面的伪装,据洞见察觉言论中的非常之处。这就是:"参言以知其诚,易视以改其泽,执见以得非常。"

再接下来列举了一系列更具体的治臣方法:

	方法		目的
一用	专职专任	务近习	使亲近宠臣卖力工作
重言	强调法度禁令	惧远使	让出使远方的使者心怀畏惧
举往	列举往事	悉其前	知晓过去
即迩	派人靠近臣下	知其内	了解内情
疏置	把臣下疏远地安置	知其外	了解他们的外在表现
握明	拿已掌握的情况来试探	问所闇	探知尚不清楚的情况
诡使	诡诈地差遣	绝黩泄	消除臣子的轻慢不敬
倒言	故意说反话	尝所疑	试探自己所怀疑的事
论反	从相反的方面探究	得阴奸	发现隐蔽的奸邪

续表

方法		目的	
设谏	设置谏言之官	纲独为	约束大臣的专断独行
举错	专门设置官吏	观奸动	观察奸邪的举动
明说	明白宣示法令制度	诱避过	引导臣下免于犯错
卑适	谦卑地迎合臣下	观直谄	观察他们是正直还是谄媚
宣闻	利用已经知晓的情况	通未见	了解未知的事情
作斗	挑动臣下间的内部争斗	散朋党	瓦解朋党
深一	深入了解一件事情	警众心	使众人心怀戒惧
泄异	故意泄露不同的意见	易其虑	改变奸臣的谋虑

尔后谈到关于如何防限、制约臣下的具体方法："似类则合其参,陈过则明其固,知罪辟罪以止威,阴使时循以省衰,渐更以离通比。"意思是类似的事情需要结合验证结果加以比较分析,列举臣下的过失时要指明他们的固陋无知。知道臣下的罪刑后要严加处罚,以便制止他们耀武扬威;时时派人暗中巡察各地官吏,考察他们是否忠诚;逐步更换官吏以瓦解朋党。基本的原则是君主要让下级官员或身边的近臣对其他臣下形成有效的制约和检举,即"下约以侵其上,相室约其廷臣,廷臣约其官属,兵士约其军吏,遣使约其行介,县令约其辟吏,郎中约其左右,后姬约其宫媛,此之谓条达之道"。同时还强调,君主必须对这些检举严加保密,否则"言通事泄,则术不行"。

五、明主,其务在周密。是以喜见则德偿,见,通"现",下同。德,恩赏。德偿,赔上赏赐。**怒见则威分。故明主之言隔塞而不通,周密而不见。故以一得十者下道也,**以一得十,指(君主)一人监察十人。**以十得一者上道也。**以十得一,指利用众人监察。**明主兼行上下,**上下,指上道、下道。**故奸无所失。伍、官、**官,当作"阎",即"里"。**连、**四里为连。**县而邻,谒过赏,**谒,举发。**失过诛。上之于下,下之于上,亦然。是故上下贵贱相畏以法,相诲以和。**诲,教。和,当作"利"。**民之性,有生之实,有生之名。为君者有贤知之名,**知,通"智"。**有赏罚之实。名实俱至,故福善必闻矣。**

参言

这一章接着前章末"言通事泄,则术不行",强调明君"其务在周密",不能对臣下表现出自己的好恶喜怒,否则势必"喜见则德偿,怒见则威分",这会威胁理应为君主独掌的"势"和"刑德"二柄。所以要求"明主之言隔塞而不通,周密而不见",意思是君主的言论需保密而不泄露。

君主最重要的任务之一是防限臣下为奸私,因此需要特别重视监察。韩非给出了下、上两种方案,上者是君主一人监察众人,即"以一得十";下者是倚靠众人监察一人,即"以十得一"。君主应当兼而有之,方能做到"奸无所失"。

按照其他篇章中的观点,君主受限于心智、能力,无法倚靠一己之力亲力亲为地掌控一切,因此无论是"以一得十"还是"以十得一",都应理解为制度性的方案。"伍、官(阎)、连、县而邻,谒过赏,失过诛",即后世的保甲制度连坐,大意是伍、阎、连、县等各级组织,实施奖赏告奸、处罚纵容奸人的办法。"上之于下,下之于上,亦然",乃是将这种相互纠举的制度延伸到官僚系统内部的上下级之间,形成"上下贵贱相畏以法,相诲以和(利)",即上下尊卑之间以法律互相监督防限,以利益促成互相监督。这即"以十得一"的落实方案。而此方案之所以能行之有效的基础,在于"民之性,有生之实,有生之名",大意是人生无非利益和名望两方面的追求。君主通过使用上述治术,既可以获得贤能智慧之名,又有赏罚的实权。名、实兼得,福善的美名定会传颂于天下。换句话说,君主能够利用人好名、好利的本性来驱动臣民互相监督、督促,可以兼得名与实,且不必亲力亲为。

本章末之"参言"应是下章之目,第七章末"类柄"当为本章之目。

六、听不参则无以责下,参,参验。**言不督乎用则邪说当上。**督,考察、督责。**言之为物也以多信,不然之物,十人云疑,百人然乎**,然,肯定。**千人不可解也。呐者言之疑**,呐,通"讷",言语迟钝。**辩者言之信。奸之食上也**,食,通"蚀",侵蚀。**取资乎众**,资,依赖。**籍信乎辩**,籍,通"藉",借。**而以类饰其私。人主不餍忿而待合参**,餍(yàn),满足。忿,怒。待,依靠。**其势资下也。有道之主听言,督其用,课其功**,课,考察、考课。**功课而赏罚生焉,故无用之辩不留朝。任事者知不足以治职,则放官收〔玺〕。说大而夸则穷端,故奸得而怒。无故而不当为诬,诬而罪,臣言必有报**,报,复,校验。**说必责用也,故朋党之言不上闻。凡听之道,人臣忠论以闻奸,博论以内一**,内,通"纳"。**人主不智则奸得资。**智,通"知"。**明主之道,己喜则求其所纳,己怒则察其所构**;构,引起、成因。**论于已变之后,以得毁誉公私之征。众谏以效智故,使君自取一以避罪。故众之谏也败,君之取也。无副言于上以设将然**,副言,指模棱两可之言。**今符言于后以知谩诚语。**今,将。符,验。**明主之道,臣不得两谏,必任其一语;不得擅行,必合其参,故奸无道进矣。

听法

本章和第四章都谈"参",提出君主只有参验名(言)与实才能掌握实情而不被臣下欺骗、蒙蔽,与《六反》篇"明主听其言必责其用"的主张相同。仅仅听取臣下的言论不可靠,因为"言之为物也以多信,不然之物,十人云疑,百人然乎,千人不可解也",此和众口铄金之义相当。在其他篇章中,韩非强调君主必须兼听,要求格外防止臣下众口一词,也是此理,尤其可以参考《内储说上》中"庞恭与太子质于邯郸"的故事。

文中描述了一类情况:"奸之食上也,取资乎众,籍信乎辩,而以类饰其私。人主不餍忿而待合参,其势资下也。"大意是说言语迟钝使人怀疑,能说会道的人容易使人相信。奸臣侵蚀君主往往借助于人多,又依靠辩说助得君主对他的信任,还用似是而非的事例来掩饰他谋私的阴谋。君主若不能对其言论加以参验,权势必会被臣下侵夺。

为此,明君应当做到三方面:第一,听言应当"督其用,课其功,功课而赏罚生焉,故无用之辩不留朝",即通过考察言论所指的实效,并且参校法定标准核定功过,然后给予赏罚,以此消除与实情不合的言论。第二,"任事者知不足以治职,则放官收"。意思是任职的官吏如果才能不足以完成职事,则予以罢免并收回官印。第三,"说大而夸则穷端,故奸得而怒。无故而不当为诬,诬而罪,臣言必有报,说必责用也",这是对于大话而浮夸者要追根究底,使奸邪之人能被发现而受到怒斥。对于毫无缘故的实效与所述不相符,就判定为欺骗;臣下有欺骗行为,要加以惩处。对臣下的言论、陈词,必须进行复核并考察实际效用。以上这些可用以确保没有朋党之忧。

接下来为君主听言提供了四则具体的方法：

"凡听之道，人臣忠论以闻奸，博论以内一，人主不智则奸得资。"意思是臣下忠诚之论，可据之了解奸邪的情况；臣下广博之论，可据之形成一种意见。君主如果在听取意见时不够有智谋，则奸邪之人有机可乘。这个听言的技术性方案，实则对君主其人的智识和判断力提出了非常高的要求，因为他必须能够辨明臣下之言"忠"与否。

"明主之道，己喜则求其所纳，己怒则察其所构；论于己变之后，以得毁誉公私之征"，大意是明君听取言论的方法是：听了感到高兴，需要仔细思考是什么使自己高兴；听了感到愤怒，也需仔细反思造成自己愤怒的原因；待到自己的情绪变化之后再细加思考，用这种方法确定这些言论究竟是在诋毁还是赞扬、为公还是为私。这同样是非常具体的听言方法，针对的正是前句谈到的君主之"智"可以用来辨识何谓"忠论"。

"众谏以效智故，使君自取一以避罪。故众之谏也败，君之取也。无副言于上以设将然，今符言于后以知谩诚语"，大意是有些臣下用多种说法规劝君主来施展他们的巧诈，让君主自己从中择取一种意见来逃避罪责，这种规劝即使败坏了事情，责任也在于君主的择取了。所以君主应该禁止臣下在事先的进说中加上辅助性的意见来假设将来可能会那样。须将臣下的言论和以后的事实进行验证，来了解它们是欺人之谈还是诚实之语。

"明主之道，臣不得两谏，必任其一语；不得擅行，必合其参，故奸无道进矣。"大意是臣下不能同时向君主提供两种谏言，必须担保其中一种说法；不得任意乱说，而必须使进说符合它的检验结果。

七、官之重也，重，权重。毋法也；法之息也，上闇也。闇(àn)，通"暗"，昏庸。上闇无度则官擅为，度，法度。官擅为故奉重无前，奉，通"俸"。无前，指最多。奉重无前则征多，征，赋税征敛。征多故富。官之富重也，乱功之所生也。明主之道，取于任，贤于官，赏于功。言程，程，法度，此指合于法度。主喜，俱必利；不当，主怒，俱必害，则人不私父兄而进其仇雠。势足以行法，奉足以给事，奉，通"俸"。而私无所生，故民劳苦而轻官。劳苦，指尽力农作。轻官，指官府的赋役轻。任事也毋重，重，指私下恩宠。使其宠必在爵；处官者毋私，使其利必在禄；故民尊爵而重禄。爵禄所以赏也，民重所以赏也则国治。刑之烦也，名之缪也，缪(miù)，通"谬"。赏誉不当则民疑。民之重名与其重赏也均。赏者有诽焉，有，通"又"。不足以劝；罚者有誉焉，不足以禁。明主之道，赏必出乎公利，名必在乎为上。赏誉同轨，非诛俱行，然则民无荣于赏之内。有重罚者必有恶名，故民畏。罚所以禁也，民畏所以禁，则国治矣。

类柄

　　本章首先从防限官员擅权入手，将君主不守法视为主因。这造成的后果是官员擅权敛财，进致国家税赋陡增。文曰："官之重也，毋法也；法之息也，上闇也。上闇无度则官擅为，官擅为故奉重无前，奉重无前则征多，征多故富。"大意是官员权势过重，是因为没有法度约束；法度式微是因为君主昏庸。君主昏庸而不守法度，官吏就可以为所欲为；官吏为所欲为，俸禄便会多到无以复加；官吏的俸禄过多，赋税就会增多；税收多，官吏自然富有。因此，官吏富裕、贵重是政事混乱之源。

文中指出的明君治国之术包括：其一："取于任，贤于官，赏于功。言程，主喜，俱必利；不当，主怒，俱必害，则人不私父兄而进其仇雠。"意思是录用有才能且忠于职守的人，奖赏有功劳者。臣下推荐人才时所说的话合于法度，君主高兴，给予推荐者和被推荐者奖赏；如果不合法度，君主就发怒，一定要对推荐者和被推荐者施用惩罚，这样人们就不会偏袒自己的父兄而会推荐自己的仇敌。

其二："势足以行法，奉足以给事，而私无所生，故民劳苦而轻官。"意思是当官员有权势，能行用法度，有足够的俸禄，以杜绝以权谋私并减少民众对官员的依赖。

其三："任事也毋重，使其宠必在爵；处官者毋私，使其利必在禄；故民尊爵而重禄。"这是要将官员的权力限制在职守范围内，把收入限定为俸禄。这样爵禄对于民众才能有吸引力。这是为了提升人才吸引力的方法，与商鞅设立的军功爵制可相配合。

赏罚之所以能够为社会治理提供驱动力和控制力，需要做到三个方面，一是让赏赐足够有说服力，所以说："爵禄所以赏也，民重所以赏也则国治。"二是让惩罚有足够的否定效果。即"有重罚者必有恶名，故民畏"。三是施行赏罚能够保证公平并获得臣民的信赖，即"刑之烦也，名之缪也，赏誉不当则民疑。民之重名与其重赏也均。赏者有诽焉，不足以劝；罚者有誉焉，不足以禁。"大意是刑罚烦乱，会造成是非观（即名）谬误；赏赐和赞誉不当，会使臣民不信任政权，因为人们对名望与赏赐都很看重。受赏的人声望有瑕疵，奖赏就会缺乏驱动力；对受罚者又加赞誉，刑罚就无法禁止人们作恶。

八、行义示则主威分，行义，此指行私义。示，表明、彰显。**慈仁听则法制毁。民以制畏上**，制，法制。**而上以势卑下，故下**

肆很触而荣于轻君之俗，肆，放肆。很，通"狠"。触，冒犯。则主威分。民以法难犯上，而上以法挠慈仁，挠，屈。故下明爱施而务赇纹之政，赇（qiú），贿赂。纹，当作"纳"，指收纳财货。是以法令隳。隳（huī），毁坏。尊私行以贰主威，行赇纹以疑法，听之则乱治，不听则谤主，故君轻乎位而法乱乎官，此之谓无常之国。明主之道，臣不得以行义成荣，不得以家利为功。功名所生，必出于官法；法之所外，虽有难行，不以显焉；故民无以私名。设法度以齐民，信赏罚以尽民能，明诽誉以劝沮，名号、赏罚、法令三隅，隅，当作"偶"，合。故大臣有行则尊君，百姓有功则利上，此之谓有道之国也。

主威

"行义示则主威分，慈仁听则法制毁"，是韩非反复表达的主张，即要求是非、价值判断完全以君主颁定的法律为标准。为此，需要同时排除一切既有的非官方的其他标准。

政权（官）与民的关系，在韩非看来，尽管也不乏各取所需的利益合作，但根本上说以控制与被控制、驱策与被驱策为基础。实现控制与驱策的关键在于"势"与"法"。所以说："民以制畏上，而上以势卑下，故下肆很触而荣于轻君之俗，则主威分。民以法难犯上，而上以法挠慈仁，故下明爱施而务赇纹之政，是以法令隳。"大意是臣民因为法律制度（建立的权威）敬畏君主，如果君主以权势去奉迎臣下，臣下就会肆意触犯法令，轻视君主的习俗为荣，君主的权威势必会被支解。臣民因为法律制度而难以侵犯君主，如果君主屈从于慈惠仁爱等说辞，臣下就会公然宣扬仁爱施舍而大行腐败之事，造成法令被毁坏。如此一来的结果势必会是"尊私行以贰主威,行赇纹以疑法,听之则乱治,不听则谤主,故君轻乎位而法乱乎官,此之谓无常之国"。

反过来,明君的治国之术当是:其一,"臣不得以行义成荣,不得以家利为功",意思是臣下不能靠私人的德行和道义来造成自己的荣誉,不能拿为私家谋取利益的事情作为自己的功劳。其二,"功名所生,必出于官法;法之所外,虽有难行,不以显焉",大意是功名的依据,只能是国家的法度。国法所摒弃的,即使是难能可贵之事,也不可颂扬。

以上两方面共同指向的是"民无以私名",也就是民间不能有任何私设的"名",即价值标准。这其实就是"一准于法",其中包括名号、赏罚、法令三个方面,要做到"设法度以齐民,信赏罚以尽民能,明诽誉以劝沮"。从君主的角度来看,这样可以保障"大臣有行则尊君,百姓有功则利上",自然国家的利益也可得到最大化的实现。

五蠹第四十九

【导读】

本篇篇题取自最后一章"此五者,邦之蠹也"。由《史记·老子韩非列传》所记:"人或传其书至秦。秦王见《孤愤》《五蠹》之书,曰:'嗟乎,寡人得见此人与之游,死不恨矣!'李斯曰:'此韩非之所著书也。'"可知本篇作成于入秦之前。面对山东叛乱,秦二世驳斥李斯劝谏是引用了韩非的《五蠹》篇文,质问李斯:天子"岂欲苦形劳神,身处逆旅之宿,口食监门之养,手持臣虏之作哉?"而李斯则引《显学》篇文对答,可见韩非著作、思想在秦王廷的影响力之甚。

而所谓"五蠹",即是有害于国家治理的五类人,按韩非的归纳包括"学者""言古者""带剑者""患御者""商工之民",他们给政治治理带来的危害分别是"称先王之道,以籍仁义,盛容服而饰辩说,以疑当世之法而贰人主之心";"为设诈称,借于外力,以成其私而遗社稷之利";"聚徒属,立节操,以显其名而犯五官之禁";"积于私门,尽货赂而用重人之谒,退汗马之劳";"修治苦窳之器,聚弗靡之财,蓄积待时而侔农夫之利"。

文中首先提供了一个从上古至周朝的政治哲学式描述,一方面以此作为必须古今不同法的理据,另一方面为他将当时界定为乱世提出相对应的治理方案张本。而整篇文章的论述重点亦在于针对"今"的治理术。

要注意,阐述治理方案时,韩非采取了类似孔子作《春秋》时用到的"反向立说"的方式。具体说来,不是正面提出和系统化阐明政治治理理论和理想蓝图,而是先揭示现实当中存在的问题,再针对这些问题提出具体的矫正方案,亦即常言说的"拨乱反正"。文中针对的现实问题包括:一是化俗,针对性方案是赏罚必且重。二是君主因私欲而受外在风气影响,针对性方案是用法。三是臣下谋私问题,针对性方案是"明其法禁,必其赏罚"。四是治理、调动民众,方案是以赏爵、重税配合重农抑末。

另外,杨义据本篇归纳出韩非"力的哲学"的三个要点:"治国恃势,施法惟峻,驱民务本",[1]其说可参。

【原文·评注】

上古之世,人民少而禽兽众,人民不胜禽兽虫蛇,有圣人作,构木为巢以避群害,构木,架木头。而民悦之,使王天下,号

---

〔1〕 杨义:《韩非子还原》,中华书局2011年版,第52页。

曰有巢氏。民食果蓏蚌蛤，蓏(luǒ)，草本植物的果实。蚌蛤(gé)，贝类。腥臊恶臭而伤害腹胃，民多疾病，有圣人作，钻燧取火以化腥臊，燧(suì)，取火的器具。而民说之，使王天下，号之曰燧人氏。中古之世，天下大水，而鲧、禹决渎。渎，沟渠。近古之世，桀、纣暴乱，而汤、武征伐。今有构木钻燧于夏后氏之世者，必为鲧、禹笑矣；有决渎于殷、周之世者，必为汤、武笑矣。然则今有美尧、舜、汤、武、禹之道于当今之世者，必为新圣笑矣。是以圣人不期修古，不法常可，论世之事，因为之备。宋人有耕田者，田中有株，兔走触株，折颈而死，因释其耒而守株，冀复得兔，冀，希望。兔不可复得，而身为宋国笑。今欲以先王之政，治当世之民，皆守株之类也。

这一章看似提供了一段基于历史演化的论说，以明不同时世之下"圣人"治道有别。但其中隐含有明显的解释性预设。例如，"上古之世，人民少而禽兽众，人民不胜禽兽虫蛇，有圣人作，构木为巢以避群害"，这可以看作一段事实性追述，引出"而民悦之"于理可通，可是为什么这就导出"使王天下"呢？这里隐含的逻辑是：有益于民生的技术的掌握者，会因其有功于民生且得取悦民心而当然地被推举为政治王。这是一个与后世对于政治权力所属非常不同的理解。

上古、中古、近古三个阶段，分别对应后世常说的三皇（燧人氏）、五帝（禹）、三王（商、周）三个世代，各以钻燧取火、决渎治水和征伐为当时的要务的代表。

"然则今有美尧、舜、汤、武、禹之道于当今之世者，必为新圣笑矣。是以圣人不期修古，不法常可，论世之事，因为之备"，王叔岷认为义同于《庄子·天运》篇之:"故礼义法度者,应时而变者也。今取猨狙而衣以周公之服,彼必龁啮挽裂,尽去而后慊。观古今之异,犹猨狙之异乎周公也。"[1]

最后说到了后世著名的宋人"守株待兔"之喻,用以进一步阐明不可"以先王之政,治当世之民"。

古者丈夫不耕,草木之实足食也;实,果实。**妇人不织,禽兽之皮足衣也。不事力而养足,**养,给养、资源。**人民少而财有余,故民不争。是以厚赏不行,重罚不用,而民自治。今人有五子不为多,子又有五子,大父未死而有二十五孙,**大父,祖父。**是以人民众而货财寡,事力劳而供养薄,故民争,虽倍赏累罚而不免于乱。**累(lěi),递增。

这一章是对"古"时生活状况的描述,以此来说明为什么当时传说中上古之治简而宽。按文中所示,最主要的原因在于当时"人民少而财有余",也就是今人所谓人均物质资源充足。因此,人们不会因为财富而发生争斗。与之相对的是韩非所处的时代,他的判断是"人民众而货财寡,事力劳而供养薄",所以会有"民争",而且"虽倍赏累罚而不免于乱",这说明单纯靠重刑解决不了"民争"而致乱的问题。

尧之王天下也,茅茨不翦,茅茨,茅草盖的屋顶。亦指茅屋。翦(jiǎn),通"剪",修剪。**采椽不斲;**采椽,栎木或柞木椽子。斲

---

[1] 王叔岷:《先秦道法思想讲稿》,中华书局2007年版,第243页。

(zhuó),雕饰、雕凿。**粝粢之食,**粝粢(lì zī),粗糙的饭食。**藜藿之羹;**藜藿(lí huò),粗劣的饭菜汤。**冬日麑裘,**麑(ní),幼鹿。**夏日葛衣;虽监门之服养,**监门,守门人。**不亏于此矣。**亏,不如,劣于。**禹之王天下也,身执耒臿以为民先,**臿(chā),锹,掘土的农具。**股无胈,**胈(bá),腿上的毛。**胫不生毛,虽臣虏之劳不苦于此矣。**臣虏,奴隶。**以是言之,夫古之让天子者,是去监门之养而离臣虏之劳也,古传天下而不足多也。**多,称赞、赞叹。**今之县令,一日身死,子孙累世絜驾,**絜(jié)驾,乘车不徒行,形容安享富贵。**故人重之;是以人之于让也,轻辞古之天子,难去今之县令者,薄厚之实异也。夫山居而谷汲者,**汲,汲水。**䣊腊而相遗以水;**䣊(lóu)腊,两种祭名,其祭多在岁终,故常并称。**泽居苦水者,**苦水,苦于水患。**买庸而决窦。**庸,通"佣"。买庸,雇工。窦(dòu),通"渎",沟渠。**故饥岁之春,幼弟不饟;**饟(xiǎng),通"饷"。**穰岁之秋,**穰(ráng),庄稼丰熟。**疏客必食;**疏,疏远。**非疏骨肉爱过客也,多少之实异也。是以古之易财,非仁也,财多也;今之争夺,非鄙也,财寡也;轻辞天子,非高也,势薄也;争土(士)橐,**土,当作"士",通"仕"。橐(tuó),通"托",依托、依附。**非下也,权重也。故圣人议多少、论薄厚为之政,故罚薄不为慈,诛严不为戾,**戾(lì),暴恶。**称俗而行也。**称(chèn),适合。**故事因于世,而备适于事。**

本章中韩非提出了一个在先秦时代罕见的观点,即尧舜时代之所以"让"天下,最主要的原因在于当时的"天子"生活俭朴、亲身劳苦而无利可图。所以说"夫古之让天子者,是去监门之养而离臣虏之劳也,古传天下而不足多也"。

言下之意,战国时的政治权力争斗,从根本上说来自政治权力与利益之间形成了关联。例如文中所举之例:"今之县令,一日身死,子孙累世絜驾,故人重之;是以人之于让也,轻辞古之天子,难去今之县令者,薄厚之实异也。"

接着通过譬喻,说明了稀缺的资源是引导行为的原因。"夫山居而谷汲者,䞞腊而相遗以水;泽居苦水者,买庸而决窦。故饥岁之春,幼弟不饟;穰岁之秋,疏客必食;非疏骨肉爱过客也,多少之实异也。"大意是说居住在山上要到山谷取水的人,逢年过节用水作为礼品互相赠送;居住在沼泽饱受水涝灾害的人,却要雇人来挖渠排水。所以在荒年青黄不接时,连自己的幼弟来了也不肯管饭;好年成的收获季节,即使是疏远的过客也总会招待吃喝。不是有意疏远自己的骨肉而偏爱过路的客人,而是因为存粮多少的实际情况不同。由此可以推论出:"古之易财,非仁也,财多也;今之争夺,非鄙也,财寡也;轻辞天子,非高也,势薄也;争士橐,非下也,权重也。"这里包含了两层意思:一是古今政治行为和治理方式的差异根源在于情势变化,尤其是人口与物质资源的关系。二是古今之异与人的性情全无关系。换句话说,并不是因为古时的君、臣、民较之当下更有德。这实际上反驳了当时以有德为由鼓吹效仿古制的各家论说。

上述论断的结论是"圣人议多少、论薄厚为之政,故罚薄不为慈,诛严不为戾,称俗而行也。故事因于世,而备适于事"。这个论说明显印证了首章中谈到的"圣人不期修古,不法常可,论世之事,因为之备"。

古者文王处丰、镐之间,地方百里,行仁义而怀西戎,怀,安抚。**遂王天下。徐偃王处汉东,地方五百里,行仁义,割地**

而朝者三十有六国,荆文王恐其害已也,举兵伐徐,遂灭之。故文王行仁义而王天下,偃王行仁义而丧其国,是仁义用于古不用于今也。故曰:世异则事异。当舜之时,有苗不服,禹将伐之,舜曰:"不可。上德不厚而行武,非道也。"乃修教三年,执干戚舞,干,盾。戚,大斧。古代武舞执干戚。有苗乃服。共工之战,铁铦矩者及乎敌,铦(xiān),利器。铠甲不坚者伤乎体,是干戚用于古不用于今也。故曰:事异则备变。上古竞于道德,中世逐于智谋,当今争于气力。齐将攻鲁,鲁使子贡说之,齐人曰:"子言非不辩也,吾所欲者土地也,非斯言所谓也。"遂举兵伐鲁,去门十里以为界。门,指都城城门。故偃王仁义而徐亡,子贡辩智而鲁削。以是言之,夫仁义辩智,非所以持国也。去偃王之仁,息子贡之智,循徐、鲁之力使敌万乘,则齐、荆之欲不得行于二国矣。

韩非针对用"术"的背景作出的基本判断是"上古竞于道德,中世逐于智谋,当今争于气力",但并没有给出一一对应的例证,不过文中数例基本可印证此说。

文中借周文王与徐偃王同术不同效,舜对有苗和共工异术而同效,说明"世异则事异""事异则备变"的原则,并提出"仁义用于古不用于今"。这事实上把"仁义"与智谋、气力等一样视为治术之一,因此仁义与否不是政治好坏的绝对标准,而需要以是否合于时宜和情势作为取舍标准。所以周文王和徐偃王都用仁义,正是由于情势不同,所以获致的效果也泾渭分明。接着作为印证,谈到舜对待有苗氏和共工之乱分别采取完全不同的处置方式,对前者以"上德不厚而行武,非道也"为原则选择了"修教三年",而对后者却使用了战争的方式。

而针对"当今争于气力",文中给出的例证是鲁哀公时子贡说齐的故事,大意是齐国将要攻打鲁国,鲁国派子贡去游说齐人。齐人说:"你的话说得不可谓不巧妙,但我们想要的是土地,而非是你所说的这些道理。"最终还是出兵攻打了鲁国,把国界推进到距鲁国都城只有十里的位置。

韩非最后总结出的"仁义辩智,非所以持国也"的判断其实有两个前提:一是"气力"是当时最重要的治理标准,二是"仁义辩智"在"术"的层次上成立。

夫古今异俗,新故异备,故,旧。**如欲以宽缓之政,治急世之民,犹无辔策而御驿马,此不知之患也。今儒、墨皆称先王兼爱天下,则视民如父母。何以明其然也?曰:"司寇行刑,君为之不举乐;闻死刑之报,君为流涕。"此所举先王也。夫以君臣为如父子则必治,推是言之,是无乱父子也。人之情性,莫先于父母,皆见爱而未必治也,虽厚爱矣,奚遽不乱?**遽(jù),就。**今先王之爱民,不过父母之爱子,子未必不乱也,则民奚遽治哉!**遽,立即。**且夫以法行刑而君为之流涕,此以效仁,非以为治也。夫垂泣不欲刑者仁也,然而不可不刑者法也,先王胜其法不听其泣,则仁之不可以为治亦明矣。且民者固服于势,寡能怀于义。仲尼,天下圣人也,修行明道以游海内,海内说其仁,美其义,而为服役者七十人,盖贵仁者寡,能义者难也。故以天下之大,而为服役者七十人,而仁义者一人。鲁哀公,下主也,南面君国,境内之民莫敢不臣。民者固服于势,诚易以服人,故仲尼反为臣,而哀公顾为君。仲尼**

非怀其义，服其势也。故以义则仲尼不服于哀公，乘势则哀公臣仲尼。今学者之说人主也，不乘必胜之势，而务行仁义则可以王，是求人主之必及仲尼，而以世之凡民皆如列徒，此必不得之数也。

本章的中心论点即首句"夫古今异俗，新故异备，如欲以宽缓之政，治急世之民，犹无辔策而御駻马，此不知之患也"。

文中批评了儒、墨的治理主张，以"今儒、墨皆称先王兼爱天下，则视民如父母"为例，旨在说明：其一，儒、墨主张的以人与人之间"亲"为基础的政治社会治理模式，至少在"急世"全不合用。其二，孔子在鲁哀公时期的治理主张事实上没有起到孔子预想的作用。换言之，孔子的治理方案理论上（逻辑上）和事实上在当时都不可行。

此外还要注意两点：一是韩非并不是也无意对儒、墨两家的学说作学理上的批判，而只是强调它们不合当时之"宜"。另外，也表达出他对儒家学说、治术无法高效解决当时政治社会的积弊、快速达成治理目标的评价。二是"仲尼，天下圣人也"的表述，说明韩非无意贬低、否定孔子其人的境界和思想。

今有不才之子，父母怒之弗为改，乡人谯之弗为动，谯(qiào)，通"诮"，责备。**师长教之弗为变。夫以父母之爱、乡人之行、师长之智，三美加焉，而终不动，其胫毛不改。州部之吏**，州部，指基层的地方行政单位。**操官兵、推公法而求索奸人，然后恐惧，变其节，易其行矣。故父母之爱不足以教子，必待州部之严刑者，民固骄于爱、听于威矣。故十仞之城，楼季弗**

能踰者,楼季,战国时善跳者。峭也;千仞之山,跛牂易牧者,跛牂(zāng),跛足的母羊。夷也。夷,平缓。故明王峭其法而严其刑也。峭,严峻。布帛寻常,庸人不释;释,舍弃。铄金百溢,铄金,融化的金属。溢,通"镒"。盗跖不掇。掇(duō),用双手拿。不必害则不释寻常,必害手则不掇百溢,故明主必其诛也。是以赏莫如厚而信,使民利之;罚莫如重而必,使民畏之;法莫如一而固,使民知之。故主施赏不迁,行诛无赦。誉辅其赏,毁随其罚,则贤、不肖俱尽其力矣。

本章通过一段说理,彰明"明王峭其法而严其刑"的必要性和合理性。

"今有不才之子,父母怒之弗为改,乡人谯之弗为动,师长教之弗为变。夫以父母之爱、乡人之行、师长之智,三美加焉,而终不动,其胫毛不改。州部之吏,操官兵、推公法而求索奸人,然后恐惧,变其节,易其行矣。故父母之爱不足以教子,必待州部之严刑者,民固骄于爱、听于威矣。"大意是假定有一个不成才的儿子,父母对他发怒,他不悔改;乡邻们加以责备,他无动于衷;师长教育他,他也不改变。父母的慈爱、乡邻的帮助、师长的智慧这三方面同时加在他的身上,而他却始终不为所动,不能改邪归正。直到基层地方的官吏拿着武器,执行法律,搜捕坏人,他才感到恐惧,改掉旧习,变易恶行。父母的慈爱不足以教育好子女,必须依靠官府使用严刑峻法;这是因为人们总是受到慈爱就骄纵,见到威势就屈服。另外,这段论说的另一个功能是为"教"奠定新的基础。基于关爱的言辞之教,显然不及以强力和权威为依托的官方教训来得有效。这正是以法为教、以吏为师的论据。

之后的一段论说，主要是为了强调刑赏之"必"的重要性。"故十仞之城，楼季弗能踰者，峭也；千仞之山，跛牂易牧者，夷也。故明王峭其法而严其刑也。布帛寻常，庸人不释；铄金百溢，盗跖不掇。不必害则不释寻常，必害手则不掇百溢，故明主必其诛也。是以赏莫如厚而信，使民利之；罚莫如重而必，使民畏之；法莫如一而固，使民知之。"大意是七丈高的城墙，就连善于攀高的楼季也不能越过，因为太陡；千丈高的大山，就是瘸腿的母羊也可以被赶上去放牧，因为坡度平缓。所以，明君总要严峻立法并严格用刑。十几尺布帛，一般人见了也舍不得放手；熔化着的百镒黄金，即使是盗跖也不会伸手去拿。不一定受害的时候，十几尺的布帛也不肯丢掉；肯定会烧伤手时，就是百镒黄金也不敢去拿。所以明君一定要严格执行刑罚。因此，施行奖赏最好丰厚而且守信，使人们有所贪图；进行刑罚最好严厉而且肯定，使人们有所畏惧；法令最好一贯而且固定，使人们都能明白。由此推论出："主施赏不迁，行诛无赦，誉辅其赏，毁随其罚，则贤、不肖俱尽其力矣。"

　　需要注意，这段论述其实有一个跳跃：按法刑赏且"必"，为什么必定导致"贤、不肖俱尽其力"？这是韩非在文中没有回答的问题，需待读者自行揣摩。

今则不然，以其有功也爵之，而卑其士官也；以其耕作也赏之，而少其家业也；以其不收也外之，不收，指不受爵禄。外，疏远。**而高其轻世也；以其犯禁也罪之，而多其有勇也。毁誉、赏罚之所加者相与悖缪也，故法禁坏而民愈乱。今兄弟被侵必攻者廉也，知友被辱随仇者贞也，廉贞之行成，而君上之法犯矣。人主尊贞廉之行，而忘犯禁之罪，故民程于勇而**

吏不能胜也。程,显示。**不事力而衣食则谓之能,不战功而尊则谓之贤,贤能之行成而兵弱而地荒矣。人主说贤能之行,而忘兵弱地荒之祸,则私行立而公利灭矣。**

  本章说到当时一个非常值得重视的问题:官方依法做出的行为与价值评判不统一。此即"以其有功也爵之,而卑其士官也;以其耕作也赏之,而少其家业也;以其不收也外之,高其轻世也;以其犯禁也罪之,而多其有勇也",大意是因其人有功而授予爵位,却看不起他做官;因为从事耕种而赏赐,却看不起他经营家业;因为不受爵禄而疏远他,又推崇他不慕世俗名利;因为违犯禁令而给他定罪,又称赞他勇敢。

  总结来说,便是"毁誉、赏罚之所加者相与悖缪也",造成的结果是"法禁坏而民愈乱"。

  和之前诸篇一样,韩非认为造成这种悖乱局面的主要原因是君主。所以说到三种致乱的情况:一是"人主尊贞廉之行,而忘犯禁之罪,故民程于勇而吏不能胜也"。要注意,这并不是说政治治理中不需要贞廉。二是有超脱于法律之外、之上,系诸个人的价值标准。"(人主)不事力而衣食则谓之能,不战功而尊则谓之贤,贤能之行成而兵弱而地荒矣。人主说贤能之行,而忘兵弱地荒之祸,则私行立而公利灭矣"。这是强调不能有与基本国策相反或者扰乱基本国策的价值好尚。三是因君主的私欲、私利而废公。

  儒以文乱法,儒,泛指文学之士。**侠以武犯禁,而人主兼礼之,此所以乱也。夫离法者罪,而诸先生以文学取;犯禁者诛,而群侠以私剑养。故法之所非,君之所取;吏之所诛,上**

之所养也。**法趣上下四相反也**，趣，取，指君之所取。**而无所定，虽有十黄帝不能治也。故行仁义者非所誉，誉之则害功；文学者非所用，用之则乱法。楚之有直躬**，直躬，以直道立身者。**其父窃羊而谒之吏，令尹曰："杀之。"以为直于君而曲于父，报而罪之。以是观之，夫君之直臣，父之暴子也。鲁人从君战，三战三北，仲尼问其故，对曰："吾有老父，身死莫之养也。"仲尼以为孝，举而上之。以是观之，夫父之孝子，君之背臣也。故令尹诛而楚奸不上闻，仲尼赏而鲁民易降北。上下之利若是其异也，而人主兼举匹夫之行，而求致社稷之福，必不几矣。古者苍颉之作书也，自环者谓之私**，环，环抱。**背私谓之公，公私之相背也，乃苍颉固以知之矣。今以为同利者，不察之患也。然则为匹夫计者，莫如修行义而习文学。行义修则见信，见信则受事；文学习则为明师，为明师则显荣，此匹夫之美也。然则无功而受事，无爵而显荣，为有政如此，则国必乱，主必危矣。故不相容之事，不两立也。斩敌者受赏，而高慈惠之行；拔城者受爵禄，而信廉爱之说；坚甲厉兵以备难，而美荐绅之饰**；荐，通"搢"（jìn），插。绅，宽大的衣带。荐绅，即"搢绅"，此指穿着宽袍、束着大带服装而不从事耕战的儒生。**富国以农，距敌恃卒**，恃，仰仗。卒，兵卒。**而贵文学之士；废敬上畏法之民，而养游侠私剑之属。举行如此，治强不可得也。国平养儒侠，难至用介士，所利非所用，所用非所利。是故服事者简其业，而游学者日众，是世之所以乱也。**

本章顺着上章所论谈到"故法之所非，君之所取；吏之所诛，上之所养也",即君主好尚、取舍与法律相违背造成的不良后果。

文中的"儒"泛指文学之士。这里涉及在当时已引发包括儒生在内的思想者关注乃至被困扰的问题:血亲、宗亲伦理之"私"与国家之"公"孰为上位?儒家的纠结在于,他们将政权、政治社会的基础建立在以亲亲、尊尊为标志的血亲、宗亲伦理之上,形成家、国、天下同质的模式。而韩非恰好从根本上反对这种模式。在他的政治思想中,国、家、个人之间并不是同质关系。同理,限于家的亲亲、尊尊是具有私性的伦理原则,与国家之"公"存在对抗。

关于"公""私"之义,文中给出了一个非常著名的基于文字的解释:"古者苍颉之作书也,自环者谓之私,背私谓之公,公私之相背也,乃苍颉固以知之矣。"尽管后世关于公私的论说多引之以为证,不过当代文字学研究已经基本判定这个说法并不可靠。在这里我们需要关注的不是在字源、词源意义上这个判断准确与否,而是所包含的韩非对公与私内涵的理解。其中最关键者在于,"公私之相背"。这意味着韩非格外看重、强调公私之间的差异和对抗性关系。

直躬证父的典故,最早见于《论语·子路》:

> 叶公语孔子曰:"吾党有直躬者,其父攘羊,而子证之。"孔子曰:"吾党之直者异于是。父为子隐,子为父隐,直在其中矣。"

韩非对此事的态度与孔子判然有别。

第二则典故和孔子直接相关:"鲁人从君战,三战三北,仲尼问其故,对曰:'吾有老父,身死莫之养也。'仲尼以为孝,举而上之。"韩非的评价是"父之孝子,君之背臣也"。

且世之所谓贤者,贞信之行也;所谓智者,微妙之言也。

微妙之言,上智之所难知也。今为众人法,而以上智之所难知,则民无从识之矣。故糟糠不饱者不务梁肉,梁,通"粱"。粱肉,泛指美食。短褐不完者不待文绣。短,通"裋"(shù)。短褐(hè),粗布衣服。文,文饰。绣,刺绣。夫治世之事,急者不得,则缓者非所务也。今所治之政,民闲之事,夫妇所明知者不用,而慕上知之论,则其于治反矣。故微妙之言,非民务也。若夫贤良贞信之行者,必将贵不欺之士。不欺之士者,亦无不欺之术也。布衣相与交,无富厚以相利,无威势以相惧也,故求不欺之士。今人主处制人之势,有一国之厚,重赏严诛,得操其柄,以修明术之所烛,烛,照亮。虽有田常、子罕之臣,不敢欺也,奚待于不欺之士?今贞信之士不盈于十,而境内之官以百数,必任贞信之士,则人不足官,人不足官则治者寡而乱者众矣。故明主之道,一法而不求智,固术而不慕信,故法不败,而群官无奸诈矣。

    本章的重心在于论证君主应当"一法而不求智,固术而不慕信"。韩非的基本立场是:政治治理应建立在用一般之人治一般之人的预设上,必须以此为前提设置行之有效的法律制度和运作机制。文中首先提出"世之所谓贤者,贞信之行也;所谓智者,微妙之言也",重心在于指出"微妙之言,上智之所难知也。今为众人法,而以上智之所难知,则民无从识之矣",这类超越于一般民众理解和关注之上者,不足以成为政治治理的依赖,因为"糟糠不饱者不务梁肉,短褐不完者不待文绣"。治理需要有轻重缓急之分,必须先致力于解决对一般民众而言最紧要的事务,所以说"夫治世之事,急者不得,则缓者非所务也"。而当时的情况却是"今所治之政,民闲之事,夫妇所明知者不用,而慕上知之论,则其于治反矣"。"微妙之言,非民务也",这恰是韩非要批判、反对当时任用所谓贤哲治国的原因。

其次,"若夫贤良贞信之行者,必将贵不欺之士。不欺之士者,亦无不欺之术也。布衣相与交,无富厚以相利,无威势以相惧也,故求不欺之士。"大意是推崇忠贞信义的品行,必将尊重那些诚实不欺的人;而诚实不欺的人,也没有什么使人不行欺诈的办法。平民之间彼此交往,没有大宗钱财可以互相利用,没有大权重势可以互相威胁。这意味着君主的统治和治理无须依赖人们的品性和品行。

如此一来,一则不可期待或仰仗超越于常人的"贞信之士"成为政治运作有效的基础。二则作为制度、机制设置者的君主不可僭越制度。三则君主要"处制人之势"且"重赏严诛,得操其柄"。

今人主之于言也,说其辩而不求其当焉;当(dàng),妥当。**其用于行也,美其声而不责其功焉。是以天下之众,其谈言者务为辩而不周于用**,周,合。**故举先王言仁义者盈廷,而政不免于乱;行身者竞于为高而不合于功**,行身,立身处世。**故智士退处岩穴,归禄不受**,归,归还。**而兵不免于弱,政不免于乱,此其故何也?民之所誉,上之所礼,乱国之术也。今境内之民皆言治,藏商、管之法者家有之**,商,商鞅。管,管仲。**而国愈贫,言耕者众,执耒者寡也;境内皆言兵,藏孙、吴之书者家有之**,孙,孙子。吴,吴起。**而兵愈弱,言战者多,被甲者少也**。被,通"披"。**故明主用其力,不听其言;赏其功,必禁无用;故民尽死力以从其上。夫耕之用力也劳,而民为之者,曰:可得**

以富也。战之为事也危,而民为之者,曰:可得以贵也。今修文学、习言谈,则无耕之劳而有富之实,无战之危而有贵之尊,则人孰不为也?是以百人事智而一人用力,事智者众则法败,用力者寡则国贫,此世之所以乱也。

本章所论的中心在于"明主用其力,不听其言;赏其功,必禁无用;故民尽死力以从其上"。换言之,治理的重心在于能使人"尽力",而不在于多有空谈者。引申一下,韩非认为文化的"发达"程度、民智的开化程度非但无益于国家治理(主要是富强)的需求,反而会带来负面影响。

篇首谈到"今人主之于言也,说其辩而不求其当焉;其用于行也,美其声而不责其功焉",亦即反复谈到的君主崇尚辩说、名望以用人的乱象,由此造成的结果是"天下之众,其谈言者务为辩而不周于用,故举先王言仁义者盈廷,而政不免于乱;行身者竞于为高而不合于功,故智士退处岩穴,归禄不受,而兵不免于弱",即人们因为君主的好尚而以辩说、高行为务,最终导致国乱。

治国的关键在于民众的行为能有益于治,而不在于是否能够迎合民众的喜好,也不在于民众的观念和认识。所以韩非批评"今境内之民皆言治,藏商、管之法者家有之,而国愈贫,言耕者众,执耒者寡也;境内皆言兵,藏孙、吴之书者家有之,而兵愈弱,言战者多,被甲者少也"。

故明主之国,无书简之文,以法为教;无先王之语,以吏为师;无私剑之捍,捍,通"悍",强悍。**以斩首为勇。是境内之民,其言谈者必轨于法**,轨,遵循。**动作者归之于功,为勇者尽**

之于军。是故无事则国富,有事则兵强,此之谓王资。既畜王资而承敌国之衅,承,利用。衅(xìn),通"衅",缝隙,此指弱点、破绽的意思。超五帝侔三王者,侔(móu),等同。必此法也。

本章顺承上章少言、多力之论,推出"明主之国,无书简之文,以法为教;无先王之语,以吏为师;无私剑之捍,以斩首为勇"。其中以法为教和禁止私斗与商鞅的主张完全一致。韩非认为,守法、按法而行和崇尚军功是国之所以治的关键。

今则不然,士民纵恣于内,恣(zì),放纵。言谈者为势于外,外内称恶以待强敌,称,举、行。不亦殆乎!故群臣之言外事者,非有分于从衡之党,分(fèn),份,一部分。从衡,即纵横。则有仇雠之忠,雠(chóu),通"仇"。仇雠,此指报私仇。而借力于国也。从者,合众弱以攻一强也;而衡者,事一强以攻众弱也,皆非所以持国也。今人臣之言衡者,皆曰:"不事大则遇敌受祸矣。"事大未必有实,则举图而委,图,地图。委,交给。效玺而请兵矣。效,交出。献图则地削,效玺则名卑,地削则国削,名卑则政乱矣。事大为衡未见其利也,而亡地乱政矣。人臣之言从者,皆曰:"不救小而伐大则失天下,失天下则国危,国危而主卑。"救小未必有实,则起兵而敌大矣。救小未必能存,而交大未必不有疏,有疏则为强国制矣。出兵则军败,退守则城拔,救小为从未见其利,而亡地败军矣。是故事强则以外权士官于内,救小则以内重求利于外,国利未立,封土厚禄至矣;主上虽卑,人臣尊矣;国地虽削,私家富矣。事成则以权长重,事败则以富退处。人主之于其听说也,于其臣,事未

成则爵禄已尊矣；事败而弗诛，则游说之士，孰不为用矰缴之说而徼幸其后？ 矰(zēng)，弋(yì)射的短箭。缴(zhuó)，系在箭上的生丝线。矰缴，带丝线的箭，射出后可以收回。此指纵横家用来猎取功名富贵的虚言浮词。矰缴之说，指有得无失的言论。徼幸其后，希望在那以后获得意外的功名利禄。**故破国亡主以听言谈者之浮说，此其故何也？是人君不明乎公私之利，不察当否之言，而诛罚不必其后也。皆曰："外事大可以王，小可以安。"夫王者，能攻人者也；而安，则不可攻也。强，则能攻人者也；治，则不可攻也。治强不可责于外，**责，求。**内政之有也。今不行法术于内，而事智于外，则不至于治强矣。鄙谚曰："长袖善舞，多钱善贾。"此言多资之易为工也。故治强易为谋，弱乱难为计。故用于秦者十变而谋希失，**希，极少，几乎没有。**用于燕者一变而计希得。非用于秦者必智，用于燕者必愚也，盖治乱之资异也。故周去秦为从，期年而举；卫离魏为衡，半岁而亡。是周灭于从，卫亡于衡也。使周、卫缓其从衡之计，而严其境内之治，明其法禁，必其赏罚，尽其地力以多其积，致其民死以坚其城守，天下得其地则其利少，攻其国则其伤大，万乘之国莫敢自顿于坚城之下，而使强敌裁其弊也，此必不亡之术也。舍必不亡之术而道必灭之事，治国者之过也。智困于内而政乱于外，则亡不可振也。**

　　本章从批判当时的治理乱象入手，主要的情况有三个方面：一是国内士民不守法而行，即"士民纵恣于内"；二是辩说之士为乱，即"言谈者为势于外"；三是合纵、连横意见两立且互相攻讦，莫衷一是，故曰"群臣之言外事者，非有分于从衡之党，则有仇雠之忠，而借力于国也。从者,合众弱以攻一强也;而衡者,事一强以攻众弱也,皆非所以持国也"。

其中连横的主张是依附大国,问题在于"事大未必有实,则举图而委,效玺而请兵矣。献图则地削,效玺则名卑,地削则国削,名卑则政乱矣。事大为衡未见其利也,而亡地乱政矣"。合纵的意见主要是"救小而伐大",韩非认为问题出在"救小未必有实,则起兵而敌大矣。救小未必能存,而交大未必不有疏,有疏则为强国制矣。出兵则军败,退守则城拔,救小为从未见其利,而亡地败军矣"。总的来说,合纵的"事强"和连横的"救小"都不可取,"事强则以外权士官于内,救小则以内重求利于外",两者对于国家的富强而言都无益。

进而文中提出的主要观点包括:不要被臣下的私欲、私利利用,不要轻信恃强凌弱或联众抗强的"从衡(纵横)"之计,不将国之安危系诸他国,立国当建立在自身富强的基础上。

国内之"治"与"强"是一切其他政治举措的基础。归纳起来即"治强不可责于外,内政之有也。今不行法术于内,而事智于外,则不至于治强矣"。治内的基本方针应是"严其境内之治,明其法禁,必其赏罚,尽其地力以多其积,致其民死以坚其城守"。韩非认为这些是治国的"必不亡之术"。这样可致"天下得其地则其利少,攻其国则其伤大"。

尽管这段论说很明显针对的是夹杂于诸大国之间且国力弱小的韩国,但是立场和思路都具有普适性。

民之政计,政,通"正"。**皆就安利如辟危穷。今为之攻战,进则死于敌,退则死于诛则危矣。弃私家之事而必汗马**

之劳,家困而上弗论则穷矣。穷危之所在也,民安得勿避。故事私门而完解舍,解舍,免除徭役。解舍完则远战,远战则安。行货赂而袭当涂者则求得,袭,因袭。当涂,当道。求得则私安,私安则利之所在,安得勿就?是以公民少而私人众矣。公民,指国家的编户之民。私人,指私家蓄养之民。夫明王治国之政,使其商工游食之民少而名卑,以寡趣本务而趋末作。趣,急于。今世近习之请行则官爵可买,官爵可买则商工不卑也矣;奸财货贾得用于市则商人不少矣。聚敛倍农而致尊过耕战之士,则耿介之士寡而高贾之民多矣。耿介,耿直。

　　这一章主要针对压制"商工之民"立论。首先提出民之"就安利如辟危穷",即趋利避害的本性是治理的基础,也是君主在制度和政策设计时需依赖者。治理面向治民和治官两个方面。治民需要解决民生问题,并能调动民力甚至使民效死命。治官需要让官员一心致公,不以权谋私。这就需要制度性地避免官民"求得则私安,私安则利之所在"。因而,政治生活中对民的要求存在与民之所欲相悖反时,势必引起民众规避。而政权所应为者:一是杜绝民众规避的途径,二是对民众参与公家事务予以足够的"利害"。

　　具体到政策方面,一是要严格限制"商工游食之民",减少"寡趣本务而趋末作",即不通过耕战而可获利的情况;二是要杜绝买卖官爵,因为"官爵可买则商工不卑也矣"。这些具体主张和《商君书》中所示基本保持了一致。

是故乱国之俗:其学者则称先王之道,以籍仁义,籍,借。**盛容服而饰辩说,以疑当世之法而贰人主之心。其言古者,**

为设诈称,借于外力,以成其私而遗社稷之利。**其带剑者,聚徒属,立节操,以显其名而犯五官之禁。其患御者,积于私门**,御,抵御、抵抗、作战。患御,逃避兵役。**尽货赂而用重人之谒,退汗马之劳。其商工之民,修治苦窳之器**,苦窳(yǔ),粗糙质劣。**聚弗靡之财**,弗,通"费"。靡,奢侈。**蓄积待时而侔农夫之利**。侔,通"牟"。**此五者,邦之蠹也。人主不除此五蠹之民,不养耿介之士,则海内虽有破亡之国,削灭之朝,亦勿怪矣**。

本章对"五蠹"之民做了总结,其实也表明所应杜绝的五类情形:

类型	具体表现
学者	称先王之道,以籍仁义,盛容服而饰辩说,以疑当世之法而贰人主之心
言古者	为设诈称,借于外力,以成其私而遗社稷之利
带剑者	聚徒属,立节操,以显其名而犯五官之禁
患御者	积于私门,尽货赂而用重人之谒,退汗马之劳
商工之民	修治苦窳之器,聚弗靡之财,蓄积待时而侔农夫之利

显学第五十

【导读】

　　本篇题名"显学"取自首句,非全篇主旨。否弃一切官方之外的是非、价值标准,排除非官方的辩说、学问等对政治统治和治理的影响,乃是全篇围绕的核心意旨。篇中韩非欲借对当时公认为"显学"的儒、墨学术相互间"杂反"的主张、取舍的剖析,以及针对掌权者对之推崇、追随造成的莫衷一是和无益于国的状况,提出政治治理中不能依赖当时炽盛的各家学理,也不能倚靠看似已然渐开的"民智",而应当以"国"为基础和出发点。

　　本篇论说思路非常清晰,给出了一套关于治理的严整说理和相应的方案。第一,强调君主要收聚、掌握价值评断的标准,不可让知识、价值权威散在政权之外;其次阐明调动而使民尽力才是有效的治理方案,而非再分配;第二,由识别貌、言之难,强调君主必须按照既定标准考实功罪以行赏罚;第三,强调富强不在于财富积累,而在于农战;第四,指明调动以使民尽力是实现富强的关键;第五,阐明实现政治调动的基础在于操赏罚之柄展现的威势,而非君、臣、民之间的"亲亲"关系;第六,进一步批判仁义之治,而强调力与功;第七,引出既往政权对"民心"的依赖,将民政的根本由民心转向民生。

文中还揭示出,西周为意识形态建构和王朝正当性要求而提出的以得"民心"作为政治基础和治理充要条件,并不是治理实态的真实反映。同理,民众对政权的认同也不应成为治理的基础和指标。此即"夫圣人之治国,不恃人之为吾善也,而用其不得为非也"。治理者所应在意者,当在于借助政治权力自上而下强势治理以促成有序、富强的状态。为此,排除干扰和厉行重农、重法的必要性昭然若揭。

此外,由于篇首论及儒、墨两家的发展,近代以后学术史、思想史论家特别关注,尤其是"儒分为八,墨离为三"。不过由于缺乏旁证,如何解释至今仍存在众多分歧。

【原文·评注】

世之显学,儒、墨也。儒之所至,至,极致。孔丘也。墨之所至,墨翟也。自孔子之死也,有子张之儒,有子思之儒,有颜氏之儒,有孟氏之儒,有漆雕氏之儒,有仲良氏之儒,有孙氏之儒,有乐正氏之儒。自墨子之死也,有相里氏之墨,有相夫氏之墨,有邓陵氏之墨。故孔、墨之后,儒分为八,墨离为三,取舍相反不同,而皆自谓真孔、墨。孔、墨不可复生,将谁使定世之学乎?孔子、墨子俱道尧、舜,而取舍不同,皆自谓真尧、舜。尧、舜不复生,将谁使定儒、墨之诚乎?〔诚,是。〕殷、周七百余岁,虞、夏二千余岁,而不能定儒、墨之真,今乃欲审尧、舜之道于三千岁之前,意者其不可必乎!〔必,必定、确证。〕无参验而必之者,愚也;弗能必而据之者,诬也。故明据先王,必定尧、舜者,非愚则诬也。愚诬之学,杂反之行,〔杂,驳杂。反,悖反。〕明主弗受也。

这一章针对儒、墨两家"杂反"的现象,讨论了当时思想界中的一大困局。概括说来可谓是无法自证其真,即"无参验之必","弗能必而据之"。由此产生了针对同一论题各是其是而互相诘责。以此为基础,韩非推定这些"杂反"之论统统不可取信。更进一步,判定这些论说对政治社会尤其是圣人的治理方式的理解都存在问题。

文中谈到连时间相对较近的孔子、墨翟的原旨究竟如何都已经充满不确定性和争议,更不用说千余年之前的尧、舜。韩非用这种方法,釜底抽薪式地否定了当时以尧、舜等古之圣王为尊崇对象或效法典范的一众学说。

所以由"杂反"引申出的判断包括:其一,当时诸家具有原教旨主义意味的论说并不可信。其二,被时人追忆、渲染的古代圣王之治不足法。

很多学者以本章和下章为韩非反对儒、墨等家特别是与儒家背道而驰的证据,实则不尽然。韩非在意的是是非、价值标准不统一且不由官方掌握的情况。这和儒、墨两家的具体主张是否值得认同其实是两个问题。

文中的"儒分为八"和"墨离为三"两段描述受到近现代思想史学界的广泛关注。相较而言，各家给出的解释对于"儒分为八"分歧较大；而"墨离为三"由于有其他旁证材料，尤其是传世本《墨子》本身的佐证，[1]论家多有共识，即墨翟身后墨者分为相里氏之墨、相夫氏之墨、邓陵氏之墨三派。

兼考各家之说，"儒分为八"更可能是一个时间维度上的追述，即在孔子身后陆续占据儒学话语权的八个节点性人物。"八"分之中，学界比较公认子张是孔子的弟子，子思是孔子的孙子，孟氏有可能是孟轲，漆雕氏之儒有可能是孔子弟子漆雕开的门下，孙氏有可能是荀况，乐正氏有可能是孟子弟子乐正子春。

墨者之葬也，冬日冬服，夏日夏服，桐棺三寸，服丧三月，世主以为俭而礼之。儒者破家而葬，破家，指耗尽家财。**服丧三年，大毁扶杖**，大毁、扶杖，都指身体虚弱。**世主以为孝而礼之。夫是墨子之俭**，是，肯定、认同。**将非孔子之侈也；是孔子之孝，将非墨子之戾也**。戾(lì)，罪过。**今孝戾、侈俭俱在儒、墨，而上兼礼之。漆雕之议，不色挠**，指不动声色。**不目逃，行曲则违于臧获**，曲，不正。违，退让。**行直则怒于诸侯，世主以为廉而礼之**。廉，刚正。**宋荣子之议**，宋荣子，即宋钘。**设不斗争**，设，立说。**取不随仇**，随仇，复仇。**不羞囹圄**，囹圄，监狱。**见侮不辱**，侮，侮辱。辱，以为受辱。**世主以为宽而礼之**。宽，宽厚。**夫是漆雕之廉，将非宋荣之恕也；是宋荣之宽，将非漆雕之暴也。今宽**

---

[1] 今本《墨子》中像《兼爱》《非攻》《尚同》等俱分上、中、下三篇，文异而实同，很多学者认为乃是三家对墨子思想不同记录的表现。

廉、恕暴俱在二子，人主兼而礼之。自愚诬之学、杂反之辞争，而人主俱听之，故海内之士，言无定术，行无常议。夫冰炭不同器而久，寒暑不兼时而至，杂反之学不两立而治，今兼听杂学缪行同异之辞，安得无乱乎？听行如此，其于治人又必然矣。

  本章接续上章的"杂反"进一步论说，韩非指摘的主要对象仍是君主。基本问题有二：一是君主缺乏统一且唯一的价值评判标准；二是君主受制于非官方的价值标准。

  同样是对待丧葬，墨家和儒家表现出完全相反的态度。"墨者之葬也，冬日冬服，夏日夏服，桐棺三寸，服丧三月，世主以为俭而礼之"，这与《墨子》中崇尚节俭的主张相契。"儒者破家而葬，服丧三年，大毁扶杖，世主以为孝而礼之"，这是描述当时俗儒的做派，其实与孔子的主张并不合辙。不过相较于墨家，儒家更加看重丧葬仪式和服丧也是事实。两家之间，尤其是墨者对儒家颇为非议，在《墨子》中也有直接表现。若是按照两家所论，则势必"夫是墨子之俭，将非孔子之侈也；是孔子之孝，将非墨子之戾也"。可是当时的君主却"兼礼之"。被以之为"廉"的漆雕氏和"宽"的宋荣子的情况也是如此。韩非本论中并不在于辨析两家孰是孰非，而意在揭示君主表现出的两可态度。此中蕴含了两重信息：一是两可态度表明君主其实并不在意各家所论孰是孰非，加以推崇显然是出于对其思想认可之外的原因。类似的情况在战国很常见，像梁惠王、齐宣王尊孟子而不用其论也是例证。二是君主并不在意，或者没有意识到两可"杂反"之论将会带来的严重危害。

  这里不妨暂时跳脱本文本身来思考，当时的君主果真是因为没有意识到两可"杂反"的严重性而如此作为的吗？韩非又真的是旨在批评君主两可"杂反"无助于治吗？为此需要进一步追问：为什么当时的国君要以这种态度对待士人？梁惠王曾经问孟子："叟，不远千里而来，将有利于吾国乎？"(《孟子·梁惠王上》)据此可知，当时的君主或许确实希望从游士那里获得实质性的治理方案，但也没有因为所论"迂远而阔于事情"而加以贬斥。

从表面上看，可以认为君主看重这些游士的声望，并且希望通过表现出尊重甚至奉养来使之有益于政权。但是更本质的问题在于，究竟是什么声望让功利氛围非常浓烈的战国时代的国君觉得不可或缺？要知道，这时早已不像之前的春秋时期那样，彼时政治行为尚且对尊周、崇礼这些宗周时代的德礼规矩多有顾忌。或许原因在于，当时的国君确实缺乏可用的政治方案。

韩非在意的是君主(政权)无法建立并掌握价值标准，这会使按法而治和民众一准于法无法预期。总结起来，即"自愚诬之学、杂反之辞争，而人主俱听之，故海内之士，言无定术，行无常议"。理解学说与理解人，也与治人有着相同的基础。换言之，要获得妥当的政治方案，关键在于具有足以知人的辨识能力和方法。统治者对"杂反"之论"兼而礼之""俱听之"皆不可取。但这似与"兼听则明"的常识相左。其实，综合韩非在其他篇章中的观点来看，事实上并不存在矛盾。他认为君主兼听的是知识、现象，而非标准。这些以"言"为载体的信息又需要经由君主的参验，且用既有的法度作为标准方可判定是非、善恶。唯一的标准是既定的法律制度，而唯一的判断者是君主。这同时也表明，在韩非的观念中，特定目标应有唯一正确、合宜的实践方案。

今世之学士语治者，多曰："与贫穷地以实无资。"与，给予。贫穷,穷人。地,土地。实,充实。**今夫与人相若也**,相若,相当。**无丰年旁入之利而独以完给者**,旁入之利,额外收入。完给,自给自足。**非力则俭也。**力,出力、尽力。**与人相若也,无饥馑疾疢祸罪之殃独以贫穷者,非侈则墯也。侈而墯者贫,而力而俭者富。今上征敛于富人以布施于贫家,是夺力俭而与侈墯也。而欲索民之疾作而节用,不可得也。**

  这一章表达了韩非对于贫富的认识,以反驳"与贫穷地以实无资",即授予贫穷者以土地的观点。韩非的思路大致是:条件相当的情况下,不是丰年,也没有额外收入,但有人能自给自足;这不是因为勤劳,就是由于节俭。条件差不多的情况下,不存在荒年、大病、横祸、犯罪等问题,却陷入贫穷;这不是由于奢侈,就是懒惰。奢侈和懒惰的人会贫穷,而勤劳和节俭的人能富足。有鉴于此,君主征收富足者的财物布施给贫穷之人,是夺勤俭节约者的财物送给奢侈懒惰者。如此一来,想要督促民众努力耕作、省吃俭用,就根本办不到了。

  文中隐含的观点是,只要人能努力工作且节俭,必定能过上富足的生活。当然,这显然需要稳定的政治环境作为保障。在韩非看来,政权有责任营造和维系的,恰是这样一种能保障民众努力农作即可富足,不农作则势必贫穷的局面。至于要采取哪些具体的治理举措,相较于《商君书》中商鞅给出的细致方案,韩非显然不以为意。或者在他看来,既有的方案已经足够实现这个目标,困难者在于如何保证相关立法有效落实。因此,他的论说重点放在如何保证官吏依法为治而不以权谋私,以及如何排除干扰因素。

今有人于此,义不入危城,不处军旅,不以天下大利易其胫一毛,易,交易、交换。胫(jìng),小腿。**世主必从而礼之,贵其智而高其行**,高,尊崇。**以为轻物重生之士也。夫上所以陈良田大宅、设爵禄,所以易民死命也。今上尊贵轻物重生之士,而索民之出死而重殉上事**,殉,为某种目的而牺牲生命。**不可得也。藏书策、习谈论、聚徒役、服文学而议说,世主必从而礼之,曰:"敬贤士,先王之道也。"夫吏之所税,耕者也;而上之所养,学士也。耕者则重税,学士则多赏,而索民之疾作而少言谈**,索,求。**不可得也。立节参民**,参,通"齐"。**执操不侵**,操,操守。**怨言过于耳必随之以剑,世主必从而礼之,以为自好之士。夫斩首之劳不赏,而家斗之勇尊显**,家斗,私家争斗。**而索民之疾战距敌而无私斗**,距,通"拒"。**不可得也。国平则养儒侠,难至则用介士**,介士,武士,亦指耿介正直的人。**所养者非所用,所用者非所养,此所以乱也。且夫人主于听学也,若是其言,宜布之官而用其身**;布,给予。**若非其言,宜去其身而息其端。今以为是也而弗布于官,以为非也而不息其端,是而不用,非而不息,乱亡之道也。**

本章重在论证如何排除社会治理中的干扰,主要集中论述君主重学士、谈说势必引起治理实效受损,尤其是对民众农、战积极性的影响更甚。

"上所以陈良田大宅、设爵禄,所以易民死命也"。政治的调动能力是有效治理的基础,而调动之所以有效建立在赏赐有吸引力、刑罚有威慑力的前提上。一旦这两者出问题,则整个政权的运作,以及对国家和社会的控制力都会受到严重影响。这是韩非强调政权必须掌握统一圆融的价值标准,同时排斥散在民间的知识、价值权威的原因所在。因此,这一章实际上回应了之前在第二章评注中提出的一系列问题。

文中对自上而下影响力和影响模式的理解,仍建立在上行下效的思路上。不过这不同于儒家"君子之德风也,小人之德草也"式的下对上的主动效仿,而是居下位者基于自己的利益得失和诉求对君主行为作出评价,尔后再决定自己的行为。可见,对于君主的行为如何落实,韩非与儒家的理解存在明显差异。君主错误的判断和行为,势必对民间的风气和行为模式造成影响。此即"今以为是也而弗布于官,以为非也而不息其端,是而不用,非而不息,乱亡之道也"。

韩非认为:国家的实力来自农战,即"夫吏之所税,耕者也"。所有的政治举措,也包括君主个人的作为,都应该指向鼓励、调动人们致力于农战。而除此之外的一切行为都应被否弃,包括不积极响应这一政策的人,如"今有人于此,义不入危城,不处军旅,不以天下大利易其胫一毛",应是指宋钘、杨朱后学;也包括造成干扰的各种言论和思想,如"藏书策、习谈论、聚徒役、服文学而议说"。这在韩非所处的时代非常常见,相应地,各国多为游士学者专设不治而议论的官职,其中最典型者莫过于齐国的稷下学宫。而韩非师从的荀子早年有在稷下"三为祭酒"的经历。韩非对这种风气和相应的制度设计并不认同,甚至认为这是"是而不用,非而不息,乱亡之道也"。其中最重要的观点是:政治中的真实状态被遮蔽了。当时政治中呈现出的种种私化、竞力、纷争、权谋、诈伪等,不一定是"变态"的"乱世"独有,可能是古已有之的政治常态。只不过西周以来的意识形态建构,加之东周之后纷起的论家一叶障目,导致这些政治实态没有被充分和正确地认识。

澹台子羽,即孔子弟子澹台灭明。**君子之容也,仲尼几而取之**,几,几乎。**与处久而行不称其貌。宰予之辞,雅而文也,仲尼几而取之,与处而智不充其辩。**充,满足。**故孔子曰:"以容取人乎,失之子羽;以言取人乎,失之宰予。"故以仲尼之智而有失实之声。今之新辩滥乎宰予**,滥,过多。**而世主之听眩乎仲尼**,眩,迷惑,迷乱。**为悦其言,因任其身,则焉得无失乎?是以魏任孟卯之辩而有华下之患**,孟卯,即昭卯,见《外储说左下》。华下,即华阳。华下之患,事在秦昭王三十四年。**赵任马服之辩而有长平之祸。**事见《用人》篇。**此二者,任辩之失也。夫视锻锡而察青黄**,锻锡,锻炼金属时掺锡。**区冶不能以必剑**;区(ōu)冶,即欧冶子。**水击鹄雁,陆断驹马,则臧获不疑钝利。发齿吻形容**,发齿吻,相马者观察马的毛发、牙齿、嘴唇。**伯乐不能以必马;授车就驾而观其末涂,则臧获不疑驽良。**驽,驽马。**观容服,听辞言,仲尼不能以必士;试之官职,课其功伐,则庸人不疑于愚智。故明主之吏,宰相必起于州部**,州部,指基层。**猛将必发于卒伍。夫有功者必赏,则爵禄厚而愈劝;迁官袭级,则官职大而愈治。夫爵禄大而官职治,王之道也。**

本章以孔子几失于辨识澹台子羽之貌与宰我之言为例,强调貌、言难辨,不可以言、貌取人。相应的方案是"观容服,听辞言,仲尼不能以必士;试之官职,课其功伐,则庸人不疑于愚智"。文中的主要观点有二:一是要求以实际的功绩作为评断人才的唯一标准。二是强调用人必须从基层开始逐步试炼。"明主之吏,宰相必起于州部,猛将必发于卒伍",类似观点并见于《问田》和《五蠹》篇。

澹台子羽事,见于《孔子家语·子路初见》:"澹台子羽有君子之容,而行不胜其貌;宰我有文雅之辞,而智不充其辩。孔子曰:"里语云:'相马以舆,相士以居,弗可废矣。'以容取人,则失之子羽;以辞取人,则失之宰予。"同书《七十二弟子解》:"澹台灭明,武城人,字子羽。少孔子四十九岁,有君子之资,孔子尝以容貌望其才,其才不充孔子之望。然其为人公正无私,以取与去就以诺为名。仕鲁为大夫。"

"魏任孟卯之辩而有华下之患",事在秦昭王三十四年,即魏安釐王四年。

另外,"以仲尼之智而有失实之声"一句表明,韩非认为孔子有超绝常人之智。这也说明,韩非认为当时政治治理之失,问题并不出在君主、臣僚以及士人的智识不足,而是存在方向性错误。

盘石千里,盘石,同"磐石",极为坚硬而致密的石头。**不可谓富;象人百万,**象人,人偶、泥人。**不可谓强。石非不大,数非不众也,而不可谓富强者,盘不生粟,象人不可使距敌也。今商官技艺之士亦不垦而食,是地不垦与盘石一贯也。儒侠毋军劳,显而荣者则民不使,与象人同事也。夫祸知盘石象人,而不知祸商官儒侠为不垦之地、不使之民,不知事类者也。**

本章界定了国之"富强"的含义,和商鞅系诸农、战和政权调动能力的观点非常相似。韩非也认为富强建立在农、战的基础上,而其他诸如"商官技艺之士",一来不能直接有助于农战,二来加以尊崇会弱化政权使民农战的驱策力,因此说"不知祸商官儒侠为不垦之地、不使之民,不知事类者也"。

故敌国之君王虽说吾义,吾弗入贡而臣;入,纳。**关内之侯虽非吾行,吾必使执禽而朝**。执禽,臣下拿着禽类作为礼物前来朝见尊长,以示顺服。**是故力多则人朝,力寡则朝于人,故明君务力。夫严家无悍虏**,虏,奴仆。**而慈母有败子,吾以此知威势之可以禁暴,而德厚之不足以止乱也。**

此章彰明"力"在成"势"上起到的关键作用,强调"力多则人朝,力寡则朝于人",进而证成"明君务力"。对内("严家无悍虏")和对外("必使执禽而朝")的政治统御力,都须建立在以"力"为基础的强势政治控制上。与此同时,韩非明确反对以"德"为基础的政治模式,代表者正是强调君、臣、民一体、相亲的周制,以及与之思路相似的儒家政治主张。而且,由"敌国之君王虽说吾义,吾弗入贡而臣;关内之侯虽非吾行,吾必使执禽而朝"的表述可知,韩非不认同封建制,甚至认为封建诸侯与天子之间算不上君臣关系。

夫圣人之治国,不恃人之为吾善也,为吾善,以我为善。**而用其不得为非也。恃人之为吾善也,境内不什数**;不什数,少于十人。**用人不得为非,一国可使齐。为治者用众而舍寡,故不务德而务法。夫必恃自直之箭,百世无矢;恃自圆之木**,圆,通"圆"。**千世无轮矣。自直之箭、自圆之木**,圆,圆。**百世无有一,然而世皆乘车射禽者何也?隐栝之道用也。**隐栝(guā),矫正邪曲的器具。**虽有不恃隐栝而有自直之箭、自圆之木,良工弗贵也,何则?乘者非一人,射者非一发也。不恃赏罚而恃自善之民,明主弗贵也,何则?国法不可失,而所治非一人也。故有术之君,不随适然之善**,适然,偶然。**而行必然之道。**

顺着上章末对以"德"维系政治统治的否定,本章首明"夫圣人之治国,不恃人之为吾善也,而用其不得为非也"。这是全书中反复申明的观点,成立的前提是治国不能基于"亲亲"的伦理原则。"为治者"的目标不是要求自己获得德善之名与认同,也不是为了提升民众的道德水准,而是以"一国可使齐"为目的,"用众而舍寡"。所以要求"不务德而务法",因为德教、德政无法做到高效、齐一地规范被治理者的行为,相反,按法而治可以实现。

　　韩非对治理的基本预设是,政权(君主)的治理目标与民众的自然欲望、私利、自发的行为模式之间必定不统一,所以必须通过强势的政治权力介入和规制方能实现。换言之,老子的"我无为而民自化"[1]和孔子的"垂衣裳而天下治"[2]都与韩非的出发点相左。是故强调"夫必恃自直之箭,百世无矢;恃自圜之木,千世无轮矣"。更进一步,若是治国建立在依赖民众自觉与政权目标相统一,势必造成政治治理中无人可用。所以说:"自直之箭、自圜之木,百世无有一,然而世皆乘车射禽者何也?"

　　另外,韩非特别强调"虽有不恃隐栝而有自直之箭、自圜之木,良工弗贵也",同理,"不恃赏罚而恃自善之民,明主弗贵也",直接原因是"国法不可失,而所治非一人",即政治治理面向的应是"众"而非一人;不过更深层次的原因,则在于韩非预设的君、臣、民之间是相互"利用"的"利合"关系。

今或谓人曰:"使子必智而寿",则世必以为狂。夫智,性也;寿,命也。性命者,非所学于人也,而以人之所不能为说

---

[1]《老子》第五十七章。
[2]《周易·系辞下》。

人,说(shuì),说服。**此世之所以谓之为狂也。谓之不能,然则是谕也。**谕,谓、说。**夫谕,性也。以仁义教人,是以智与寿说也,有度之主弗受也。故善毛嫱、西施之美,无益吾面,用脂泽粉黛则倍其初。**倍,加倍。**言先王之仁义,无益于治,明吾法度,必吾赏罚者亦国之脂泽粉黛也。故明主急其助而缓其颂,**颂,通"诵",指诵读仁义之类。**故不道仁义。**

这一章文辞比较难读,其中"谓之不能,然则是谕也。夫谕,性也"一句不能通读,疑有脱误。[1] 本章大意是如果现在对人说:"我一定使您既聪明又长寿。"人们一定会认为是骗人。因为聪明依靠天性,寿命依靠命运。天性和命运不能通过学习获得。拿人力所不能及的事去讨好人,所以会被认为是骗人。用仁义道德来教导人,也就是用"使人聪明和长寿"来劝说人,以法度为标准的君主是不会接受的。所以赞美毛嫱、西施之美,对自己的容貌无益;使用胭脂、发油、白粉、青黛,就能使自己比原先更加美貌。空谈先王的仁义,对于治理国家无益;彰明法度,坚持依法赏罚,这就相当于国家的胭脂、发油、白粉、青黛。所以,明君加紧实行对治国有实际帮助的法度和赏罚,而怠慢对古代帝王的称颂,不去空谈仁义。

要注意,文中隐含了一个很深刻的理论前提,即治国不能建立在期许调整、改变人的"天性"的基础上,而只能以顺应人的自然属性为基础建立对人行为的规制。

今巫祝之祝人曰:"使若千秋万岁。"若,你。**千秋万岁之**

---

[1] 参见陈奇猷校注:《韩非子新校注》,上海古籍出版社2000年版,第1144页。

声聒耳，聒(guō)耳，杂乱刺耳。**而一日之寿无征于人**，征，求取到。**此人所以简巫祝也。**简，慢待。**今世儒者之说人主，不善今之所以为治，而语已治之功；不审官法之事，不察奸邪之情，而皆道上古之传誉、先王之成功。儒者饰辞曰："听吾言则可以霸王。"此说者之巫祝，有度之主不受也。故明主举实事，去无用；不道仁义者故**，者，通"诸"，之。故，故事、往事。**不听学者之言。**

与上章所说的例子相同，本章谈到对待巫祝的态度，要言之，以是否具有实效即"有用"为判定的唯一标准。所以文中谈到巫祝说，"让你们长生千岁、延寿万年"这种声音虽然喧闹震耳，但连延长一天寿命的效果也没有，这是人们轻视巫师和祝告者的原因。韩非认为儒生用"先王之成功"游说君主，与巫祝给人祝词的效果相同。文中谈到儒生论说存在的两方面问题：一是"不善今之所以为治"，即看不到（或不认同）当时治理的有效方案；二是对当时政治制度和治理状况缺乏细致了解，也就是"不审官法之事，不察奸邪之情"。

今不知治者必曰："得民之心。"欲得民之心而可以为治，则是伊尹、管仲无所用也，将听民而已矣。民智之不可用，犹婴儿之心也。夫婴儿不剔首则腹痛，剔首，理发。**不揃痤则寖益**，揃(chè)，除去。痤，疮、皮肤病。寖(jìn)，渐渐。益，加剧。**剔首、揃痤必一人抱之，慈母治之，然犹啼呼不止，婴儿子不知犯其所小苦致其所大利也。今上急耕田垦草以厚民产也，而以上为酷；修刑重罚以为禁邪也，而以上为严；征赋钱粟以实仓**

库,且以救饥馑备军旅也,而以上为贪;境内必知介,介,甲胄。而无私解〔舍〕,舍,据陈奇猷说补。解舍,免除徭役。并力疾斗所以禽虏也,禽,通"擒"。而以上为暴。此四者所以治安也,而民不知悦也。夫求圣通之士者,为民知之不足师用。昔禹决江浚河而民聚瓦石,浚,疏浚。子产开亩树桑郑人谤訾。訾(zǐ),毁谤。禹利天下,子产存郑,皆以受谤,夫民智之不足用亦明矣。故举士而求贤智,为政而期适民,皆乱之端,未可与为治也。

这一章中韩非明确否定了"得民心",可以看作继前文之后再一次明确完全且彻底地否弃、颠覆宗周政治文化观念。

得民心与政治之间的相得关系,西周以来由官方作为意识形态和政权正当性根基反复申明,进而被接受成为一种常识性认识。由此带来的后果之一是,东周以后,人们习惯于认为以"德"得民心是政治治理良善的充分条件。与此同时,将功利性的治理技术,以及以权谋为代表的统治术边缘化,甚至径直予以否弃。

"民之心"和"民智"的关系需要辨正。韩非的基本判断是"民智"不能作为治理的依赖和标准,即"民智之不足用"。仅就这个观点本身来看,其和孔子"民可使由之,不可使知之"[1]并无二致。为了进一步说明,韩非给出一个譬喻,大意是民智不可以用,就像婴儿的想法不可用一样。对待婴儿,如果不用针砭刺他头部的穴位,就不能止住他的腹痛;不割治疖子就会使病情逐渐加重。但给婴儿挑刺头部、割治疖子的时候,一定要一个人抱住他,由仁慈的

---

[1]《论语·泰伯》。

母亲给他医治,但他还是哭喊不停,这是因为婴儿不懂得使他受一些小小的痛苦能使他得到很大的好处。

这里对"民"的基本判定,与传统的"民氓"观念一脉相承,都认为民是心智未开者。差异在于,以儒家为代表的思想者认为民可以通过"学"获得道德、知识、能力等方面的提升,而这种"教"同时也是政权的责任,类似《管子》中谈到的"先富后教"。但是韩非并不认为民智需要发蒙,甚至认为发蒙会给政治治理带来负面作用;随之,也就消解了政权在道德、能力层面的教的责任。仅有的"教"是"以法为教",也就是官吏向民众传授法律规定的知识性内容,以此来教授经验知识,同时保证全社会的意识形态和价值标准同一不二。

文中谈到民众心智不可依赖的关键在于民众会因小利、近利而忽略或放弃大利、长利。为此,提到治理中的四类举措:"急耕田垦草以厚民产""修刑重罚以为禁邪""征赋钱粟以实仓库,且以救饥馑备军旅""境内必知介,而无私解,并力疾斗所以禽虏"。这些举措共同指向的目标是强国,而与之相伴者却是"民"的反感和批评。

并且,之前说到韩非反复强调要以"天下"的公利、公益为政治治理的目标,而这个目标又与参与其中的民众的具体行为目标不统一。这导致政权和民众在日常实践中存在近乎互相利用的"利合"关系。照此,民智发蒙以后当然会倾向于谋求私欲、私利扩大化,而对公利造成侵扰。这是人的自然本性所致,难以改变。当然,政治治理也不能寄希望于其间存在一二有觉悟者(圣贤)自觉到公利的重要性而以天下为念。所以说"夫求圣通之士者,为民知之不足师用"。文中用了"禹决江浚河而民聚瓦石,子产开亩树桑郑人谤訾"两个例子,来进一步证明"民智之不足用亦明矣"。是故结论是"举士而求贤智,为政而期适民,皆乱之端,未可与为治也"。

文中"故举士而求贤智,为政而期适民,皆乱之端,未可与为治也",或本自《庄子·庚桑楚》"举贤则民相轧,任知(智)则民相盗"。[1]

---

[1] 参见王叔岷:《先秦道法思想讲稿》,中华书局2007年版,第244页。

忠孝第五十一

【导读】

本篇中有"臣之所闻""臣曰"等语,应是韩非进献给韩王的文章,当是《史记·老子韩非列传》所云"数以书谏韩王"之上韩王书,[1]或是"上韩王书"四篇中最晚的一篇,韩王即韩王安。且较之其他诸篇,本篇中"韩非上书姿态陡变,行文气势奇峭,峻急凌厉,一扫前期试探性斟字酌句的拘谨"[2]。

明人张鼎文在《校刻韩非子序》中说:"《忠孝》之意,诋皆孔子、尧、舜、汤、武于君臣父子兄弟之间,皆非所以教天下,狂者之言也。"这篇上书站在"人主虽不肖,臣不敢侵也"的君主本位的

---

[1] 参见陈奇猷校注:《韩非子新校注》,上海古籍出版社2000年版,第85页。
[2] 杨义:《韩非子还原》,中华书局2011年版,第46页。

立场上,申斥尧、舜、汤、武,或反君臣之义,或弑主刑尸为"逆道",直刺孔子"有道者,父固不得而子,君固不得而臣"的政治伦理为"孔子本未知孝悌忠顺之道",提倡"明君畜臣,贤臣戴君"的政治原则。只是把《爱臣》篇的"明君蓄其臣"的"蓄"字改作"畜"字,就全然取消了臣下的人格尊严,只剩下"尽力守法,专心于事主"的职责。文中不仅斥儒家为"乱术",而且贬道家为"惑术"、纵横家为"邪术",大有禁止百家之言的味道。所谓"臣以为恬淡,无用之教也;恍惚,无法之言也","人生必事君养亲","必以言论忠信法术",这就只能宣判道家为"恍惚之言,恬淡之学,天下之惑术也"。[1]

【原文·评注】

天下皆以孝悌忠顺之道为是也,而莫知察孝悌忠顺之道而审行之,审,审慎。是以天下乱。皆以尧、舜之道为是而法之,是以有弑君,有曲于父。曲于,不利于。尧、舜、汤、武,或反君臣之义,乱后世之教者也。尧为人君而君其臣,舜为人臣而臣其君,汤、武为人臣而弑其主、刑其尸,指戮尸。而天下誉之,此天下所以至今不治者也。夫所谓明君者,能畜其臣者也;畜,蓄养。所谓贤臣者,能明法辟、辟,法令。治官职以戴其君者也。戴,拥戴。今尧自以为明而不能以畜舜,舜自以为贤而不能以戴尧,汤、武自以为义而弑其君长,此明君且常与,与,给予。而贤臣且常取也。故至今为人子者有取其父之家,

---

[1] 参见杨义:《韩非子还原》,中华书局2011年版,第46页。

为人臣者有取其君之国者矣。父而让子,君而让臣,此非所以定位一教之道也。臣之所闻曰:"臣事君,子事父,妻事夫,三者顺则天下治,三者逆则天下乱,此天下之常道也。"明王贤臣而弗易也,则人主虽不肖,臣不敢侵也。今夫上贤任智无常,逆道也;而天下常以为治,常,经常、惯常。与前后文的"常"义不同。是故田氏夺吕氏于齐,吕氏,即姜姓齐君,太公之后。戴氏夺子氏于宋,此皆贤且智也,岂愚且不肖乎?是废常、上贤则乱,舍法、任智则危。故曰:"上法而不上贤。"

本章的核心在于论证君臣关系应以"定位一教"为要务。开篇谈到"天下皆以孝悌忠顺之道为是也,而莫知察孝悌忠顺之道而审行之,是以天下乱",明显是要以当时常识和社会观念共识中的"孝悌忠顺之道",而非"孝悌忠顺"本身为批判对象。

"皆以尧、舜之道为是而法之,是以有弑君,有曲于父。尧、舜、汤、武,或反君臣之义,乱后世之教者也。尧为人君而君其臣,舜为人臣而臣其君,汤、武为人臣而弑其主、刑其尸,而天下誉之,此天下所以至今不治者也",这是一段非常反常识的论说。韩非认为尧舜之道不足以取法,因为这是"弑君""曲父"之道,包含"反君臣之义"和"乱后世之教"。这个判断直接从众所周知的尧、舜、汤、武传说中即可看出。他们的共同点在于无视甚至颠覆君臣之间的上下位关系。无论当时的论家如何渲染这些圣王的品性、德性,并给以上的这些行为附着种种理据,但若是仅就结果来看,韩非所述者都无可辩驳。

还要看到,以上论说并不意味着韩非认为尧、舜、汤、武非古代圣王,而是强调他们不应成为一般人的行为典范。结合《显学》篇对时人难定真伪的尧、舜的批判可知：其一，韩非认为时人对古代圣王的理解并不准确。其二，古代圣王不应当被"扭曲"地塑造为纯粹的道德典范。其三，韩非不认同建立在典范、效法模式上的治理。对君主而言，重要的是扮演好君主的角色，履行君主的职责，而不是成为天下人效法的道德典范。

由此引出本章的核心观点："夫所谓明君者，能畜其臣者也；所谓贤臣者，能明法辟、治官职以戴其君者也。"这就意味着，君、臣身份的关键，在于履行专属于他们身份的职责。在这个意义上，能用实际效果校验的"才"而非可以虚词渲染的"德"，才是应被倚重者。为了论证这个观点，韩非用了古今两个视角。古的方面是："今尧自以为明而不能以畜舜，舜自以为贤而不能以戴尧，汤、武自以为义而弑其君长，此明君且常与，而贤臣且常取也。"大意是尧自认为明察识人，行禅让而不能以舜为臣；舜自以为贤能而接受禅让，不能尊戴尧为天子。商汤、周武自认为掌握道义制高点并以此为口实行革命之事而弑杀君长。今的方面是："为人子者有取其父之家，为人臣者有取其君之国者矣。父而让子，君而让臣，此非所以定位一教之道也。"意思是当时也有儿子袭取父亲之家，臣下袭取君主之国的情况。从中也可见得，韩非认同君臣关系与父子关系，即政治关系与宗亲关系之间的同质性，但其中政治关系和秩序应为主导，而不似宗周文化和早期儒家以宗亲伦理为凌驾性原则。

"臣之所闻曰：'臣事君，子事父，妻事夫，三者顺则天下治，三者逆则天下乱，此天下之常道也。'明王贤臣而弗易也，则人主虽不肖，臣不敢侵也。"这是对当时常识和共识的复述，意在强调这种等级秩序对于天下治乱的根本性作用；也是对"定位一教"状态的描述，核心在于上下有序。"今夫上贤任智无常，逆道也；而天下常以为治,是故田氏夺吕氏于齐,戴氏夺子氏于宋,此皆贤且智也,岂愚且不肖乎？是废常、上贤则乱,舍法、任智则危。故曰:'上法而不上贤。'"这是以现实中的君位为臣下所侵夺的教训,论证应当守"常""法"而废"上贤""任智"。

《记》曰:"舜见瞽瞍,其容造焉。造,忧愁貌。孔子曰:'当是时也,危哉！天下岌岌。岌岌,危急貌。有道者,父固不得而子,子,像儿子一样对待。君固不得而臣也。'"臣,像臣下一样对待。臣曰:孔子本未知孝悌忠顺之道也。然则有道者,进不为臣主,退不为父子耶？父之所以欲有贤子者,家贫则富之,父苦则乐之；君之所以欲有贤臣者,国乱则治之,主卑则尊之。今有贤子而不为父,则父之处家也苦；有贤臣而不为君,则君之处位也危。然则父有贤子,君有贤臣,适足以为害耳,适,恰好、刚巧。岂得利焉哉！所谓忠臣不危其君,孝子不非其亲。今舜以贤取君之国,而汤、武以义放弑其君,放,放逐。此皆以贤而危主者也,而天下贤之。古之烈士,进不臣君,臣,臣服于。退不为家,是进则非其君,退则非其亲者也。且夫进不臣君,退不为家,乱世绝嗣之道也。是故贤尧、舜、汤、武而是烈士,是,肯定。天下之乱术也。瞽瞍为舜父而舜放之,象为舜弟而杀之。放父杀弟,不可谓仁；妻帝二女而取天下,不可谓义。仁义无有,不可谓明。《诗》云:"普天之下,莫非王土,率土之滨,莫非王臣。"信若《诗》之言也,是舜出则臣其君,入则臣其父、妾其母、妻其主女也。

文中以《记》中孔子对舜与瞽瞍关系的评价为引子,引出对"孝悌忠顺之道"的重新界定。"舜见瞽瞍,其容造焉。孔子曰:'当是时也,危哉!天下岌岌。有道者,父固不得而子,君固不得而臣也。'"大意是典籍中记载舜见到其父瞽瞍,表现得忧愁不安。孔子对此的评价是,当时天下岌岌可危。有道之人,其父亲不能把他当作儿子来对待,君主不能把他当作臣下来看待。

韩非的这个话题,很可能是承孟子而来,也只有参照孟子之论才能获得相对完整的理解:

咸丘蒙问曰:"语云:'盛德之士,君不得而臣,父不得而子。'舜南面而立,尧帅诸侯北面而朝之,瞽瞍亦北面而朝之。舜见瞽瞍,其容有蹙。孔子曰:'于斯时也,天下殆哉,岌岌乎!'不识此语诚然乎哉?"

孟子曰:"否。此非君子之言,齐东野人之语也。尧老而舜摄也。《尧典》曰:'二十有八载,放勋乃徂落,百姓如丧考妣,三年,四海遏密八音。'孔子曰:'天无二日,民无二王。'舜既为天子矣,又帅天下诸侯以为尧三年丧,是二天子矣。"

咸丘蒙曰:"舜之不臣尧,则吾既得闻命矣。《诗》云:'普天之下,莫非王土;率土之滨,莫非王臣。'而舜既为天子矣,敢问瞽瞍之非臣,如何?"

曰:"是诗也,非是之谓也;劳于王事,而不得养父母也。曰:'此莫非王事,我独贤劳也。'故说《诗》者,不以文害辞,不以辞害志。以意逆志,是为得之。如以辞而已矣,《云汉》之诗曰:'周余黎民,靡有孑遗。'信斯言也,是周无遗民也。孝子之至,莫大乎尊亲;尊亲之至,莫大乎以天下养。为天子父,尊之至也;以天下养,养之至也。《诗》曰:'永言孝思,孝思维则。'此之谓也。《书》曰:'祗载见瞽瞍，夔夔齐栗，瞽瞍亦允若。'是为父不得而子也。"

（《孟子·万章上》）

韩非的态度很明确，即"孔子本未知孝悌忠顺之道也"。要注意，根据本章所引和《孟子·万章上》的相关记载，被阐发出来的孔子的"孝悌忠顺之道"，并不是当时主流观念中的共识，反而是一种非常特殊且不易把握的状态。所以韩非接下来的论述，也可以说就是针对诸如孟子等人的驳论。

"父之所以欲有贤子者，家贫则富之，父苦则乐之；君之所以欲有贤臣者，国乱则治之，主卑则尊之。今有贤子而不为父，则父之处家也苦；有贤臣而不为君，则君之处位也危。然则父有贤子，君有贤臣，适足以为害耳，岂得利焉哉！所谓忠臣不危其君，孝子不非其亲。"这段论说首先将父子关系、君臣关系都定性为"利合"关系。父亲之所以希望自己有贤能的儿子，是因为家境贫穷时可以靠他们获得富足，痛苦时可以靠他们获得快乐；君主之所以希望自己有贤能的臣下，是因为国家混乱时可以靠他们把国家治理好，君主卑微时可以靠他们使君主尊贵起来。如果按照之前孔子所论，这种利合关系就不存在，那么父子关系、君臣关系便是"害"而非"利"。

更进一步，"今舜以贤取君之国，而汤、武以义放弑其君，此皆以贤而危主者也，而天下贤之"，大意是舜靠着贤能夺取君主的政权，而商汤、周武借着道义之名放逐、弑杀了自己的君主，他们都是凭借贤能危害君主之人，而天下人却认为他们贤能。这看似否定了一般人对虞舜、商汤、周武的定性，但本质上反对以宗亲伦理作为政治社会基础，反对其他准则凌驾于政治规则和权力秩序之上。

接下来韩非阐释了这个论断："瞽瞍为舜父而舜放之，象为舜弟而杀之。放父杀弟，不可谓仁；妻帝二女而取天下，不可谓义。

仁义无有,不可谓明。《诗》云:'普天之下,莫非王土,率土之滨,莫非王臣。'信若《诗》之言也,是舜出则臣其君,入则臣其父,妾其母、妻其主女也。"大意是舜放逐了父亲瞽瞍并诛杀了弟弟象,这种行为不能算"仁";以帝尧的两个女儿为妻,进而取得尧的帝位,算不上"义"。仁义俱无,不能称"明"。按《诗经》中"普天之下,莫非王土,率土之滨,莫非王臣"的表述,则舜在外以君为臣,在内以父母为臣而以君主之女为妻。上述评价预设了一个当时并不存在的前提,即王政时代的君臣关系和相关的伦理标准。

韩非对舜的评价非但和以儒家为代表的常见论说有别,而且可以说非常不满于舜的作为。类似的非议和质疑其实在《孟子》书中也有体现。这至少反映了三重信息:一是宗周以来构建的价值评判体系和以之为据的历史叙述到了战国已经受到广泛质疑。二是非官方知识在战国后期士人群体中广泛传播。三是韩非在反对宗周政治、价值传统和建构新体系之间仍有徘徊。或者说,他的鼎新尝试尚没有形成足够圆融的价值和理论体系。尽管他本人很想和宗周传统作切割,但又受之羁绊。例如对舜的批判,仍以"仁""义""明"这些附着传统内涵的价值为标准。

故烈士内不为家,乱世绝嗣;而外矫于君,矫,拂逆、违背。**朽骨烂肉,施于土地**,施,散布。**流于川谷,不避蹈水火,使天下从而效之,是天下遍死而愿夭也**,夭,早死。**此皆释世而不治是也。**释,放下、舍弃。**世之所为烈士者,虽众独行,取异于人,为恬淡之学而理恍惚之言。**恬淡,淡薄。**臣以为恬淡,无用之教也;恍惚,无法之言也。言出于无法,教出于无用者,天下谓之察。**察,考察后予以推举,举荐。**臣以为人生必事君养亲,**

事君养亲不可以恬淡之人,必以言论忠信法术,言论忠信法术不可以恍惚。恍惚之言,恬淡之学,天下之惑术也。孝子之事父也,非竞取父之家也;竞,争。忠臣之事君也,非竞取君之国也。夫为人子而常誉他人之亲曰:"某子之亲,夜寝早起,强力生财以养子孙臣妾",是诽谤其亲者也。为人臣常誉先王之德厚而愿之,是诽谤其君者也。非其亲者知谓之不孝,而非其君者天下此贤之,此所以乱也。故人臣毋称尧、舜之贤,毋誉汤、武之伐,毋言烈士之高,尽力守法,专心于事主者为忠臣。

与舜的作为相反的是"烈士内不为家,乱世绝嗣;而外矫于君,朽骨烂肉,施于土地,流于川谷,不避蹈水火,使天下从而效之,是天下遍死而愿夭也,此皆释世而不治是也"。大意是刚烈之士内心不为家庭私利,乱世中断绝后嗣;而外在表现上,他们顺应君主的意志,甘愿牺牲个人,甚至献出生命,无惧自己的身体腐朽于土地,流淌于河谷,不惮于跋涉水火之间,只为使天下之人效法他们。这样的做法导致天下之人纷纷丧命却还愿意早死。这都是因为他们放弃世俗而不治理国家所致。韩非认为,这些"烈士"最主要的行为动机是"取异于人"以获得名声,算得上是"为恬淡之学""理恍惚之言"。文中的"恬淡""恍惚",都来自《老子》。[1] 这种学问、做派无用于天下、国家之治,所以是"无用之教""无法之言"。而从根本上说,"烈士"们所为的根本出发点为"私"而非致"公"。问题在于,当时的世人和舆论却对这类"烈士"持认同态度,即"天下谓

---

[1] 见《老子》第三十一章"恬淡为上,胜而不美"和第二十一章"道之为物,惟恍惟惚。惚兮恍兮,其中有象;恍兮惚兮,其中有物"。

之察"。韩非的态度则是"天下之惑术"。因为"人生必事君养亲",无益于此者都应被否定。

之后论说回到了忠孝问题:"臣以为人生必事君养亲,事君养亲不可以恬淡之人,必以言论忠信法术,言论忠信法术不可以恍惚。恍惚之言,恬淡之学,天下之惑术也。孝子之事父也,非竞取父之家也;忠臣之事君也,非竞取君之国也。夫为人子而常誉他人之亲曰:'某子之亲,夜寝早起,强力生财以养子孙臣妾',是诽谤其亲者也。为人臣常誉先王之德厚而愿之,是诽谤其君者也。非其亲者知谓之不孝,而非其君者天下此贤之,此所以乱也。"大意是孝子侍奉父亲,并不是为了夺取父亲的家产;忠臣事奉君主,并不是为了夺取君主的国家。如果为了自己的利益而常常赞美别人的亲人,比如说:"某某人的亲属,夜晚早起,勤劳致富,养育子孙、仆人和妾室",那他就是诽谤自己的亲人。同样,如果一个人经常赞美先王的仁德厚德,那就是诽谤自己的君主。人们知道非议亲人者不孝,却又认为非议君主者贤明,这是混乱的原因。按照这个逻辑,自然可以推导出"人臣毋称尧、舜之贤,毋誉汤、武之伐,毋言烈士之高,尽力守法,专心于事主者为忠臣",也就是作为人臣,不应该称颂尧、舜之贤,不应该赞美汤、武等的征伐行为,也不应该推崇烈士。相反,作为忠臣,应该全力遵守法律,专心为君主服务。由此同样表达出,君主定立的法律制度应当成为全社会唯一的行为模式和评价标准。

古者黔首悗密蠢愚,黔首,老百姓。悗(mèn),通"勉"。悗密,即"黾勉",勤奋努力、刻苦耐劳的样子。**故可以虚名取也。今民儇谝智慧,**儇(xuān),聪明伶俐。谝(xiòng),暗中刺探,引申为奸诈。

欲自用，不听上。上必且劝之以赏然后可进，又且畏之以罚然后不敢退。而世皆曰："许由让天下，赏不足以劝；盗跖犯刑赴难，罚不足以禁。"臣曰：未有天下而无以天下为者，许由是也，已有天下而无以天下为者，尧、舜是也。毁廉求财，犯刑趋利，忘身之死者，盗跖是也。此二者，殆物也，殆，极致。治国用民之道也，不以此二者为量。治也者，治常者也；道也者，道常者也。道，通"导"。殆物妙言，妙，精巧。治之害也。天下太平之士，不可以赏劝也；天下太平之士，不可以刑禁也。然为太上士不设赏，为太下士不设刑，则治国用民之道失矣。

  古今之民有别，所以治理方案也应该随之调整以相适配。这是韩非反复申明的观点，本章表达作："古者黔首悗密蠢愚，故可以虚名取也。今民儇诇智慧，欲自用，不听上。上必且劝之以赏然后可进，又且畏之以罚然后不敢退"，大意是古代的百姓吃苦耐劳而又蠢笨愚昧，因而可以用虚空的名声去争取他们。当今的民众聪明伶俐而有智识，希望自作主张而不听从上命。君主必须以奖赏加以激励方可劝进；又要用刑罚加以威慑才能致他们不敢退却。有了这段铺垫，靠着非事实性的渲染树立道德典范，以此来行教与治，在韩非所处的时代就难以成立了。

  接着韩非引入一种当时常见的论断，要言之即赏罚机制不足以调动、治理所有人，历史上和现实中都存在例外，即"许由让天下，赏不足以劝；盗跖犯刑赴难，罚不足以禁"。针对性的回应是"未有天下而无以天下为者，许由是也，已有天下而无以天下为者，尧、舜是也。毁廉求财，犯刑趋利，忘身之死者，盗跖是也。此二者殆物也,治国用民之道也,不以此二者为量"。据此可知,韩非认同这种情况确实存在,但是治国的方略,只能针对"常"态的人而非极善、极恶等非常、特例式的人物设置。所以说"治也者,治常者也;道也者,道常者也"。

文中进一步以"天下太平之士"为例,指出"不可以赏劝""不可以刑禁"的特殊之人,既没有必要"设赏",也没有必要"设刑",其实也就是没有必要为之立法。但是,如果因为太上士而不设赏劝,因为太下士而不设刑禁,"则治国用民之道失矣"。

故世人多不言国法而言从横。从横,即"纵横",下同。**诸侯言从者曰:"从成必霸",而言横者曰"横成必王"。山东之言从横未尝一日而止也,**山东,崤山以东,即六国。**然而功名不成,霸王不立者,虚言非所以成治也。王者独行谓之王,是以三王不务离合而正,**三王,夏禹、商汤、周文王。离合,异同。**五霸不待从横而察,治内以裁外而已矣。**裁,裁成。

韩非在这一章中指出,依法行赏罚而不得治理的问题之一,不在于这种治理机制本身,而是人们(尤其是君主)不信任按法而治,反而信用辩说纵横之术。故韩非针对性地指出,纵横术不足以获知人们预期的称霸成王之效。此即:"世人多不言国法而言从横。诸侯言从者曰:'从成必霸',而言横者曰:'横成必王'。山东之言从横未尝一日而止也,然而功名不成,霸王不立者,虚言非所以成治也。"中原各国对于纵横之论莫衷一是,结果是无一能成霸王功业者,反过来推知类似纵横说之类的"虚言"无助于治国。

"王者独行谓之王",表达了韩非一直强调的,君王当以独特的行为模式,履行专属于君王的独特职责和使命。君王所要做的不是合于当时的某种理论,或合于某位先王的治法、治术,而应着力于"治内""裁外"即内政、外交的实效。

人主第五十二

【导读】

　　本篇与《孤愤》《爱臣》《二柄》《五蠹》《和氏》《备内》等篇多有重复,但文风、用词等与上述诸篇多有不同。注家多认为本篇非韩非本人的作品,应是后学据韩非之书所作。

　　文中指明君主的最主要威胁,亦即应当防限的对象是过于尊贵和有权威的臣下。这些人会让君主丧失足以驾驭臣下的权柄,而这些"当涂之臣"又与有助于君主之治的法术之士不相容,会据朋党之势对之排挤迫害。因此,君主必须依赖按能授官、据功授赏来否禁朋党、游士,进用法术、贤能之士以辅成治理。

【原文·评注】

人主之所以身危国亡者,大臣太贵,左右太威也。所谓贵者,无法而擅行,操国柄而便私者也。柄,即赏罚二柄。便,便宜。所谓威者,擅权势而轻重者也。此二者,不可不察也。夫马之所以能任重引车致远道者,以筋力也。筋力,筋骨之力、体力。万乘之主、千乘之君所以制天下而征诸侯者,以其威势也。威势者,人主之筋力也。今大臣得威,左右擅势,是人主失力。人主失力而能有国者,千无一人。虎豹之所以能胜人执百兽者,以其爪牙也,当使虎豹失其爪牙,则人必制之矣。今势重者,人主之爪牙也,君人而失其爪牙,虎豹之类也。宋君失其爪牙于子罕,简公失其爪牙于田常,简公,即齐简公。而不蚤夺之,故身死国亡。今无术之主,皆明知宋、简之过也,而不悟其失,不察其事类者也。

这一章的基本论调是"人主之所以身危国亡者,大臣太贵,左右太威也",这是《韩非子》中反复强调的观点。还见于《爱臣》篇"爱臣太亲,人臣太贵";《亡征》篇"大臣甚贵,偏党众强,壅塞主断而重擅国者,可亡也";《二柄》篇"人主非使赏罚之威利出于己也,听其臣而行其赏罚,则一国之人皆畏其臣而易其君,归其臣而去其君矣"。总之,韩非认为君、臣、民之间是驱策与被驱策的利合关系。

文中分别界定了"贵"和"威":"所谓贵者,无法而擅行,操国柄而便私者也。"这个意义上的"贵"显然不是常识中身份、财产意义上的富贵，而是特指三重条件下的状态：一是"无法而擅行"，二是"操国柄"，三是"便私"，也就是以权谋私。"所谓威者，擅权势而轻重者也"，这指的是权衡以决策的权威。

不过接下来并没有围绕"贵"和"威"，而是针对"势"与"威"展开讨论。为了说清楚什么是"威势"，文中用了两个譬喻：一是"夫马之所以能任重引车致远道者，以筋力也。万乘之主、千乘之君所以制天下而征诸侯者，以其威势也。威势者，人主之筋力也"。这很明确地表达出君主主导政治治理时，与臣、民之间实质上是驱策关系。二是"虎豹之所以能胜人执百兽者，以其爪牙也，当使虎豹失其爪牙，则人必制之矣"。当时的状况却是"今大臣得威，左右擅势，是人主失力，人主失力而能有国者，千无一人"，所以"今势重者，人主之爪牙也，君人而失其爪牙，虎豹之类也"。相对应地，文中举了两个反例："宋君失其爪牙于子罕，简公失其爪牙于田常，而不蚤夺之，故身死国亡。今无术之主，皆明知宋、简之过也，而不悟其失，不察其事类者也。"宋君与子罕的故事，见于《外储说右下》篇。简公与田常的故事，亦见于《外储说右下》篇。

且法术之士与当途之臣不相容也。当途，得势、擅权。**何以明之？主有术士，**术士，即法术之士。**则大臣不得制断，**制断，独断。**近习不敢卖重，**近习，指亲近之人。卖，卖弄。**大臣左右权势息，则人主之道明矣。今则不然，其当途之臣得势擅事以环其私，**环，围绕。**左右近习朋党比周以制疏远，**制，制约、限制。**则法术之士奚时得进用，**奚，何。**人主奚时得论裁？**论，论断。裁，裁断、决策。**故有术不必用，而势不两立，法术之士焉得无危？故君人者非能退大臣之议，而背左右之讼，**讼，争。**独合**

乎道言也,则法术之士安能蒙死亡之危而进说乎? 此世之所以不治也。

"法术之士与当途之臣不相容也",这可以参比《孤愤》篇中"智术之士"与"当涂之人"不相容。[1] 不相容的原因,文中给出的解释是"主有术士,则大臣不得制断,近习不敢卖重,大臣左右权势息,则人主之道明矣"。这表明"术士",即任用"法术之士"是抑制"当涂之臣"的必要条件。其中最主要的作用包括:抑制治权私化和治理者官吏以权谋私;保障君主掌握权威。

文中特别强调"法术之士",表明法治方案仍然要依托特定的"人"来实现,尽管其他篇章中反复强调法律制度设计需要针对最差德行和智识的人进行规制。但是和《孤愤》篇一样,韩非并没有说明同样的人性论基础上,为什么会有人能自觉地背私为公,以守法尊君为要务。作者认为当时的情况与前述应然状态正好相反:"其当途之臣得势擅事以环其私,左右近习朋党比周以制疏远。"由此造成了多重不良后果:一是"法术之士"不得进用,甚至安全都得不到保障。"法术之士奚时得进用","有术不必用"。二是君主权威受损,即"人主奚时得论裁"。而文中谈到"君人者非能退大臣之议,而背左右之讼,独合乎道言",这是对君主在君臣关系中应发挥的作用的反面描述。言下之意,君主必须有能力力排重臣的左右而以合于"道言"的方式行事,方能致"法术之士"进说而不"蒙死

---

[1] 文曰:"智术之士,必远见而明察,不明察不能烛私;能法之士,必强毅而劲直,不劲直不能矫奸。人臣循令而从事,案法而治官,非谓重人也。重人也者,无令而擅为,亏法以利私,耗国以便家,力能得其君,此所为重人也。智术之士,明察听用,且烛重人之阴情;能法之士,劲直听用,且矫重人之奸行。故智术能法之士用,则贵重之臣必在绳之外矣。是智法之士与当涂之人,不可两存之仇也。"(《孤愤》)

亡之危"。

明主者，推功而爵禄，推，推敲。称能而官事，所举者必有贤，所用者必有能，贤能之士进，则私门之请止矣。夫有功者受重禄，有能者处大官，则私剑之士安得无离于私勇而疾距敌，私剑之士，即游侠。游宦之士焉得无挠于私门而务于清洁矣？挠，扰动。此所以聚贤能之士，而散私门之属也。今近习者不必智，不必，不一定。近习，亲近宠信者。人主之于人也或有所知而听之，入因与近习论其言，听近习而不计其智，是与愚论智也。其当途者不必贤，人主之于人或有所贤而礼之，入因与当途者论其行，听其言而不用贤，是与不肖论贤也。故智者决策于愚人，贤士程行于不肖，程行，品评德行。则贤智之士奚时得用，而人主之明塞矣。昔关龙逢说桀而伤其四肢，王子比干谏纣而剖其心，子胥忠直夫差而诛于属镂。属镂，亦称"属卢""属娄"，剑名。此三子者，为人臣非不忠，而说非不当也。然不免于死亡之患者，主不察贤智之言，而蔽于愚不肖之患也。今人主非肯用法术之士，听愚不肖之臣，则贤智之士孰敢当三子之危而进其智能者乎？此世之所以乱也。

本章论及如何保证"法术之士"能被进用，且在政治治理中充分发挥作用。基本原则是"推功而爵禄，称能而官事，所举者必有贤"。与之相对应的效果是"贤能之士进，则私门之请止矣"。韩非说的"贤"，显然与当时一般的德性意义上的贤者不同，和他所说的"法术之士"的含义应较相近。

通过以授予官爵为基本方式的政策引导，可以实现"有功者受重禄,有能者处大官,则私剑之士安得无离于私勇而疾距敌,游宦之士焉得无挠于私门而务于清洁矣?此所以聚贤能之士,而散私门之属也"。文中的思路很明确,力求通过因能授官、因功授爵来排除谋私之人对政治的影响。

接下来批评了当时用人不智、不贤的问题:"今近习者不必智,人主之于人也或有所知而听之,入因与近习论其言,听近习而不计其智,是与愚论智也。其当途者不必贤,人主之于人或有所贤而礼之,入因与当途者论其行,听其言而不用贤,是与不肖论贤也。故智者决策于愚人,贤士程行于不肖,则贤智之士奚时得用,而人主之明塞矣。"这里预设的前提是"近习者"和"当涂之人"未必是贤人,君主听言、用人之时务必要避免受到他们的影响,否则就是"与愚论智""与不肖论贤",甚至最终会变成"近习者"和"当涂之人"事实上取代君主成为决策者,并且阻塞君主的信息来源。进而通过关龙逄、比干、伍子胥三位历史人物的典故,把"法术之士"不得进用的关键原因归于"主不察贤智之言,而蔽于愚不肖之患也"。

饬令第五十三

【导读】

本篇题为"饬令",可解作整饬法令,亦可作慎待法令。就篇中内容而论,自"宜其能"至"故莫争"一段与《用人》篇重出,其余文字与《商君书·靳令》相同。因此本篇究竟是韩非袭自商君,还是《商君书》错收韩非作品,抑或后学所作分别错入《商君书》与《韩非子》,现已不可确知。考虑到《韩非子》书中多收先贤之作,韩非本人又对"商君之法"屡有称道,本篇是韩子摘录商君作品的可能性最大。

姑且认为本篇为韩非之作,但要注意,这一篇中大幅度删去了《商君书·靳令》与农战和"动态富强"观有关的论说,一方面表明韩非并不是简单地抄录商鞅的作品,而是在理解、认同的基础上作出了实质性的遴选和修改。另一方面也表明韩非对商鞅的主张并非全盘认同,更有甚者对于作为商鞅核心主张的"动态富强",即以农养战、以战养农并不认同。也可说,韩非更多是在治理术层面接受了商鞅一准于法的思想,而对他关于社会治理的具体方案持保留态度。

【原文·评注】

饬令则法不迁,饬,整饬;或通"谨",作严谨解。**法平则吏无奸。**平,公平,持平。**法已定矣,不以善言售(害)法。**善言,美言。售,当作"害"。**任功则民少言**,言,议论、非议。**任善则民多言。**善,道德准则。**行法曲(由)断**,曲,当作"由",基于。断,处断。**以五里断者王**,里,县级以下的基层地方单位。五里断,以五个里为单位断事、治理。**以九里断者强,宿治者削。**宿治,当日事务隔天处理。

这一章的重心在于论说何以为治,要旨在于按法而治。可是篇首却从一组非常尖锐但鲜有发覆的矛盾引入。这个矛盾本质上涉及君主专断之治与按法而治的关系,直观表现为"令"与"法"的关系。文中的"令"指的是君令,文中的基本态度表达为"饬(靳)令",意思是要谨慎于发布君令,言下之意是要求君主尽可能地少在既有的法律之外发布命令。反过来说,"饬令则法不迁",[1]讲的是滥发君令是引起治理事务稽留、治理效率低下的主因。后文谈到"以五里断者王,以九里断者强,宿治者削"也是此义。类似表

---

[1] "饬令则法不迁",《商君书·靳令》篇作"靳令则治不留"。

述在他篇中屡屡出现,如《商君书·垦令》之"无宿治,则邪官不及为私利于民,而百官之情不相稽。百官之情不相稽,则农有余日。邪官不及为私利于民,则农不敝。农不敝而有余日,则草必垦矣"。《商君书·去强》之"十里断者,国弱;五里断者,国强。以日治者王,以夜治者强,以宿治者削"。《商君书·说民》之"治国贵下断,故以十里断者弱,以五里断者强,家断则有余,故曰'日治者王'。官断则不足,故曰夜治者强。君断则乱,故曰宿治者削。故有道之国,治不听君,民不从官"。

与减少君令相应的是要求"法平",这是官吏不为奸邪的前提;同时官吏"无奸"又是政治治理有效施行的前提。强调"法已定矣,不以善言害法",既是要求君主不因善言而悖法出令,也是要求官吏在治理中严格依法行断。与之相应的主张是"法立而不革",即保持法律的稳定性,以此明白示人且树立权威。只有这样,才能做到"民变计,计变诛止",也就是民众能够以法定的标准分辨权衡,如此方能使民众自觉地避免犯罪。

以刑治,依靠刑罚治理。**以赏战**,依靠赏赐促战。**厚禄以用术。行都之过,则都无奸市。物多末众,农弛奸胜,则国必削。民有余食,使以粟出爵**,用粮食换取官爵。**必以其力,则农不怠。三寸之管毋当**,当,底。**不可满也。授官爵、出利禄不以功,是无当也。**

这一章应是对《商君书·靳令》的删节、摘录、改编,而非原文抄录。大意是:通过刑罚来治理社会,通过奖励来鼓励作战,给予丰厚的禄位,而且要注意策略。巡察都邑中的违法行为,都邑中就不会有违法买卖。如果物品过多,从事工商业的人众多,农业松懈,奸邪势胜,那么国家必然会衰退。民众有了多余的食物,就让他们以粮食捐取官爵;取得官爵得靠自己的力量,那么农人就不会懈怠。然而,运用权力必须谨慎,不能滥用。授予官职、分发利禄不凭功绩,就会像没有底的三寸之管。

"以刑治,以赏战"之后,较之《商君书·靳令》,略去了"求过不求善。故法立而不革,则显民变奸计,奸计止,贵齐殊使,百官之尊爵、厚禄以自伐"。"厚禄以用术"当据前引"厚禄以自伐"改。

文中提到的基本使用原则是"以刑治,以赏战"。进一步的激励举措是"使民出粟以官爵",即按纳粮之"功"授官。按军功授爵的主张,见于《商君书·错法》"行赏而兵强者,爵禄之谓也;爵禄者,兵之实也"。从这些论述中可以看出,按"功"行赏的思路在根本上没有差别。不过两篇中的表述的细节差异却需要重视:《错法》篇赏功仅用"爵禄",而本篇赏功之论则并用"授官、予爵、出禄"。与"奸市"相关者是"物多末众",即货物多且从事农耕之外的末业者人数众多。这样造成的直接后果会是"农弛奸胜",进而"国必削"。这也印证了之前反复谈到的,国家富强并不等于财货积聚,恰恰相反,积累财货会造成各种各样的不良后果,反而不利于强国。这也与前文"生力""杀力"并重的思路相契合。为了配合重农,还需要使爵位与农作成果之间形成单一化的联系,保证在日常治理中仅能通过爵位获得赏赐,此即"民有余食,使以粟出爵,必以其力,则农不怠"。

国以功授官与爵,此谓以成智谋,成,通"盛",促进、增进。**以威勇战,其国无敌。国以功授官与爵,则治见者省,言有**

塞,此谓以治去治,以言去言。以功与爵者也故国多力,而天下莫之能侵也。

前章之后,本章之前,省去了《商君书·靳令》中"国贫而务战,毒输于敌,无六虱,必强。国富而不战,偷生于内,有六虱,必弱。国以功授官予爵,此谓以盛知谋,以盛勇战。以盛勇战,以盛知谋,其国必无敌"。

本章的核心意旨在于强调国家依照"功"来授予官爵、促进谋战,可以获得"以治去治,以言去言"的效果。这种效果意味着权力运行完全依据既有的法度展开,排除其他干扰;自然对于君主和官府都不会有"非常"的治理要求。

"言有塞"明显是韩非的表达,《商君书·靳令》作"治省言寡"。"国以功授官与爵,此谓以成智谋,以威勇战"合于韩非一贯的观点,之后"其国无敌"的总结不见于《商君书·靳令》,或是韩非所加。

兵出必取,取,占领城池、土地。**取必能有之;**有,指拥有、治理所占之地。**案兵不攻必当。**当,从《商君书·靳令》篇作"富"。**朝廷之事,小者不毁,效功取官爵,廷虽有辟言,不得以相干也,是谓以数治。**数,标准。**以力攻者,出一取十;以言攻者,出十丧百。国好力,此谓以难攻;**难,难能为者。攻,治。**国好言,此谓以易攻。**易,易于获得的治术。**其能,胜其害,轻其任,而道坏余力于心,莫负乘官之责于君,内无伏怨,使明者不相干,故莫讼;使士不兼官,故技长;使人不同功,故莫争。言此谓易攻。**

"兵出必取,取必能有之;案兵不攻必当",在《商君书·靳令》

中被当作除去"六虱"的后果。由于本篇中删去了这段表述,所以文辞显得不够平顺。

"其能,胜其害,轻其任,而道坏余力于心,莫负乘宫之责于君,内无伏怨,使明者不相干,故莫讼;使士不兼官,故技长;使人不同功,故莫争。"这一段不见于《商君书·靳令》,应是韩非对商鞅"以易攻"之论的解释,大意可理解为:臣下充分发挥才能,胜任自己的职务,觉得自己的负担很轻,没有人想留余力,也没有人负有兼官之责。在国内,臣民心中没有潜藏的怨恨。明君使臣下的职事互不相干,是故没有人会争论;使臣下不兼官,各人的本职工作能力就能长进;使人不去建立同样的功绩,所以没有人竞争抢夺。

另外,张觉考虑到文中提到的观点与前段表述不甚相合,认为这是《用人》篇的错简。[1]

重刑少赏,上爱民,民死赏;多赏轻刑,上不爱民,爱,私爱、仁慈。**民不死赏。利出一空者,**空,同孔,门径。**其国无敌;利出二空者,其兵半用;利出十空者,民不守。重刑明民,**明,彰明。"民"字当删。**大制使人,**大制,根本制度。**则上利。行刑,重其轻者,轻者不至,重者不来,此谓以刑去刑。罪重而刑轻,刑轻则事生,此谓以刑致刑,其国必削。**

文中论及治术形式和治术内容两方面。一方面要求"重刑少赏",其中包括两个层次:一是立法层面要对轻罪设立重刑,二是适用法律层面要"重其轻者"。理由如文中所示:"行刑,重其轻者,轻

---

[1] 参见张觉等撰:《韩非子译注》,上海古籍出版社2012年版。

者不至,重者不来,此谓以刑去刑……此谓以刑致刑,其国必削。"这个表述与《商君书·去强》相同,需要结合商鞅的刑治观来理解。

重刑是商鞅一贯且反复强调的主张,除了《商君书·靳令》和《商君书·去强》,还见诸《商君书·垦令》"重刑而连其罪,则褊急之民不斗,很刚之民不讼,怠惰之民不游,费资之民不作,巧谀恶心之民无变也。五民者不生于境内,则草必垦矣";《商君书·赏刑》"重刑连其罪,则民不敢试";《商君书·画策》"以刑去刑,虽重刑可也";等等。其中"重刑"之"重",既有看重、倚重之义,也有从重、加重的意思。诸篇所同者在于,重刑之所以是上"爱民"的表现,是因为重刑的目的在于"以刑去刑,刑去事成",[1]乃至"天下行之,至德复立"[2]。也正是因为"刑"的主要功能和目的在于塑造而非矫正社会秩序,所以务求做到"罚行则民亲,赏行则民利"(《商君书·靳令》)。

要注意,商鞅立说面对的是"变法"状态,而非平稳的社会,因此他更侧重强调包括法、刑等在内的治术、治器重塑、再造而非维系、矫正社会关系的功能。与此相应,法、刑、赏的内容需要共同塑造"利出一空"的局面。与此相近的表述还见于《商君书·弱民》"利出一孔,则国多物;出十孔,则国少物"。"利出一空"与聚民心、抟民力相为表里。

---

[1] 相同表述还见于《商君书·开塞》。
[2] 《商君书·开塞》。

心度第五十四

【导读】

本篇篇题"心度",意为度民之心。全篇立论本于民之"性""恶劳而乐佚"的性情论,对民之"利"与民之"欲"做了分判。民众的欲望建立在好逸恶劳的性情基础上,与民利根本上相违背,但是一般的民氓通常不自知。以此为基础,政治治理的要务在于"治民",基本原则是"度于本,不从其欲,期于利民而已"。所有的治理手段,包括刑罚在内都是为了"利民"而设。这个立论与其他诸篇侧重于讨论君臣关系的关注点不同,是《韩非子》书中为数不多的对治民问题作出直接阐述的篇章。

治术层面,利民的基本保障和驱策力来自赏罚,且以刑罚为重,所以要求"明主之治国也,明赏则民劝功,严刑则民亲法"。除此之外,这种与民之性相悖反的"治"必须依托君主的强势主导和引导方能实现，因此君主的权威、作为行为标准的法律制度和作为驱动力的赏罚三者必须具备，并且君主按法而行和因时宜变法改制也须兼而有之。

【原文·评注】

圣人之治民，度于本，度，计。不从其欲，期于利民而已。故其与之刑，非所以恶民，恶(wù)，憎恨。爱之本也。刑胜而民静，胜，占优势。赏繁而奸生，繁，杂多。故治民者，刑胜，治之首也；赏繁，乱之本也。夫民之性，喜其乱而不亲其法。故明主之治国也，明赏则民劝功，劝功，努力建立功业。严刑则民亲法。劝功则公事不犯，亲法则奸无所萌。故治民者，禁奸于未萌；而用兵者，服战于民心。禁先其本者治，兵战其心者胜。圣人之治民也，先治者强，先战者胜。夫国事，务先而一民心，专举公而私不从，赏告而奸不生，告，此指相互告发。明法而治不烦。能用四者强，不能用四者弱。夫国之所以强者，政也；主之所以尊者，权也。故明君有权有政，乱君亦有权有政，积而不同，积，聚集。其所以立异也。故明君操权而上重，一政而国治。故法者，王之本也；刑者，爱之自也。自，古"鼻"字，此指核心。

这一章的中心论点在于阐明治民必须以"法""刑"为本。要通过法与刑来一民心、劝民功、禁奸萌。

"圣人之治民，度于本，不从其欲，期于利民而已"，陈奇猷认为此句本自《管子·正世》:"圣人者,明于治乱之道,习于人事之终始者也。其治人民也,期于利民而止。"[1]其中包含了三个前提:前提一,君主(政权)治理的目的在于"利民"。前提二,民之心(所欲)与民之利并不当然统一。言下之意,民众事实上并不明白什么对自己有利,因此也就往往不理解、不认同本自"利民"的政治治理。所以其一,政治治理并不要求顺应民心。其二,民心与民利之间往往存在冲突,所以说"夫民之性,喜其乱而不亲其法"。其三,民心、民行与民利相统一的状态有赖政治塑造。此中又包含两个层次:一是民行与民利统一,这可以通过"明赏则民劝功,严刑则民亲法",即刑赏的调动作用来实现,进而成就"劝功则公事不犯,亲法则奸无所萌"的局面。二是民心与民行、民利相一致,因为"治民者,禁奸于未萌;而用兵者,服战于民心。禁先其本者治,兵战其心者胜",由此引出"夫国事,务先而一民心"。前提三,使用包括刑罚在内的治术,是基于"爱民"而非"恶民",最终的指向是"利民"。所以刑罚从本质上说也是爱民的表现。

　　文中特别强调"故治民者,刑胜,治之首也;赏繁,乱之本也",其中的尚刑贬赏表面上看似乎与两用刑赏的"故明主之治国也,明赏则民劝功,严刑则民亲法"表述不太契合。实则前后并无矛盾。之前已经反复谈到,韩非尚刑贬赏和商鞅重刑轻赏一样,主要是意在反对西周以赏赐、恩德为主导的"德治"模式。这并不意味着治理中不需要赏赐,而是不能完全倚重赏赐,并且法律制度运作特别是获得驱策力应该建立在刑罚上。

　　接着谈到了治国的四方面要求:"务先而一民心,专举公而私不从,赏告而奸不生,明法而治不烦",大意是以统一民众的思想认

---

[1] 参见陈奇猷校注:《韩非子新校注》,上海古籍出版社2000年版,第1177页。

识为首要任务,专门推崇公利而不顺从私利,奖赏告发奸邪者以使奸邪不生,彰明法度以使治理不烦乱。

"夫国之所以强者,政也;主之所以尊者,权也",这句当解作:国家强大和君主被尊崇的原因在于掌握了政策和权柄。不过这还不是充分条件,因为"故明君有权有政,乱君亦有权有政,积而不同,其所以立异也。故明君操权而上重,一政而国治",同样是政、权聚拢于一身,却有明君、乱君之别,原因在于"所以立"不同。不过,文中并没有明确界定"所以立"是什么,而是接着说"明君操权而上重,一政而国治","法者,王之本也;刑者,爱之自也"。政、权两者相合,意思是君主当独掌权柄,国政皆出于君,且以法、刑为治理之本。据文义,这些整合在一起,就是"所以立"。

夫民之性,恶劳而乐佚,佚,安逸。**佚则荒**,荒,放纵、迷乱,荒废本业。**荒则不治,不治则乱,而赏刑不行于天下者必塞。故欲举大功而难致而力者**,而力,同"其力"。**大功不可几而举也**;几,通"冀",希望。**欲治其法而难变其故者**,故,故习。**民乱不可几而治也。故治民无常,唯治为法。法与时转则治**,转,变。**治与世宜则有功。故民朴而禁之以名则治,世知维之以刑则从**。知,通"智"。维,维系。**时移而治不易者乱,能治众而禁不变者削。故圣人之治民也,法与时移而禁与能变。**

前章说到,民之性与民之利往往相悖,且提出"夫民之性,喜其乱而不亲其法"。这个论断与常识并不一致,需要解释。所以这一章由"民之性"开始论说。"夫民之性,恶劳而乐佚"是常识,也是本章论说的前提。由民的此种"性"推出"佚则荒,荒则不治,不治则乱"，由此印证了"夫民之性，喜其乱而不亲其法"的论断。而这种情况的结果是造成"赏刑不行于天下者必塞"，意即作为政治治理最重要工具的刑赏不能行用于天下。由于刑赏不行，君主便失去了调动民力和维系、矫正秩序这两方面的能力，所以说"欲举大功而难致而力者，大功不可几而举也；欲治其法而难变其故者，民乱不可几而治也"。

接下来韩非提出"治民无常，唯治为法"，"法与时转则治，治与世宜则有功"。这很明显是在强调法律的内容必须以治理效果为标准，因时制宜。之所以要提出这个论断，是为下文"民朴而禁之以名则治，世知维之以刑则从"张本，此即古已有之的刑罚世轻世重之论。所以说"时移而治不易者乱，能治众而禁不变者削"。

要注意，文中提到一组非常重要且极难把握的命题：君主守法与改制。在实践中极难把握合宜之"度"。为此，韩非也提到了两个必要条件：一是君主要以"利民"为念，言下之意就是在守法和变法的选择时不能夹杂私欲。二是要以治理的实效作为守成或改制的标准。

能越力于地者富，越，疾。**能起力于敌者强**，起力，致力。**强不塞者王**。塞，闭塞。**故王道在所闻，在所塞。塞其奸者必王，故王术不恃外之不乱也，恃其不可乱也。恃外不乱而治立者削**，治立，当作"立治"。**恃其不可乱而行法者兴。故贤君之治国也，适于不乱之术**。适(dí)，主。**贵爵则上重，故赏功爵任而邪无所关**。任，能力。关，措置。**好力者其爵贵，爵贵则上尊，上尊则必王。国不事力而恃私学者，其爵贱，爵贱则上卑，上卑者必削。故立国用民之道也，能闭外塞私而上自恃**

者,王可致也。

这一章的论说似乎背离了前两章"利民"的主题,一转而至"用民"以"利国"的话题,讨论如何能致国家强盛,进而如何由"霸"而成"王"。不过联系韩非在他处的论述,应把握到两部分内理上的统一性。简而言之,利国就是利民。韩非的"利民"不能仅仅以民的具体得失为标准,这些实乃"民之性"。相反,民利之"本"理应是"国"之强盛。对王而言,纯粹以治国强国为念,也就等于"圣人之治民,度于本,不从其欲"。这个思路尽管也能言之成理,但终归不免诡辩的意味。

"能越力于地者富"和"能起力于敌者强"实际上都是强调充分调动民力,将民力用于农耕可致富,用于作战可致强。

"强不塞者王"一句,很多注家都认为不可通读,提出了改作"奸不塞者王"等方案。[1] 不过,改后于文义而言也算不得通畅,因为与后文"王道在所闻,在所塞,塞其奸者必王"相反。

"故王术不恃外之不乱也,恃其不可乱也。恃外不乱而治立者削,恃其不可乱而行法者兴",意思是王者治理之术不以外人不加扰乱为前提,而是要仰仗其自身不可被扰乱。如果要以外部不干涉、不扰乱为条件方可治理,势必削弱。而仰仗自身不可被扰乱,再加上严格遵行法律,即可大兴,"故贤君之治国也,适于不乱之术"。

爵位是调动民"力"的关键,所以"贵爵则上重,故赏功爵任而邪无所关",民众看重爵位,君主就会被尊重,所以赏赐有功者、封爵给有能力的人,这样奸邪之人便无处安身。"好力者其爵贵,爵

---

[1] 参见陈奇猷校注:《韩非子新校注》,上海古籍出版社2000年版,第1181页。

贵则上尊,上尊则必王",大意是崇尚力能的政权,它的爵位会被人看重;爵位被人看重,君主就会受到尊敬;君主受到尊敬,定能称王天下。反过来说,"国不事力而恃私学者,其爵贱,爵贱则上卑,上卑者必削",意思是国家不致力于使用民力进行耕战而依靠那些私学之人,它的爵位就被人看轻;爵位被人看轻,则君主势必卑贱;君主卑贱的国家定会削弱。

作为总结,最后说道"故立国用民之道也,能闭外塞私而上自恃者,王可致也",是强调治理国家和调动民众的关键方法有三,即"闭外"、"塞私"和"上自恃";并且进一步认为这就是王天下之道。

制分第五十五

【导读】

题名"制分",是对全篇主旨的概括。"制"乃掌控之义;而所谓"分",也就是是非、善恶、赏罚的标准。全篇论述的旨归乃在于"治",其中包括两个方面:一是有序,二是治理者能够有效调动民力民能。篇中首先谈到治理中面对的两个问题:一方面要止奸,即防限民众因私欲私情而为非;另一方面又要调动民力以为上所用。而这两方面共同的基础是民之性以及"好利禄而恶刑罚"的表现,政权用以解决问题的方案是赏刑。于是问题被归结为如何以人性为基础,运用赏罚来止奸和御民力。为此韩非给出的核心观点是强调君主必须垄断性地掌握住"分"。这些"分"的唯一载体应该是法律,并且实践中必须做到严格依据法律行事,即"任数不任人"。只有这样,才能够保证"上掌好恶以御民力",进而借助刑赏起到预期中的治理实效。

本篇与之前的《人主》篇一样,常被认为不是韩非所作。理据概括而言包括:其一,文风与他篇有别;其二,若干概念使用与他篇不同,如"数"兼有"法"义,与其他各篇"法""数"明确有别不同。但考虑到《韩非子》全书文风多样,且本篇中的主张与他篇并无实质性冲突,反而可相印证者居多,因此这类质疑很难成立。

【原文·评注】

夫凡国博君尊者,博,大。未尝非法重而可以至乎令行禁止于天下者也。是以君人者分爵制禄,则法必严以重之。夫国治则民安,事乱则邦危。法重者得人情,禁轻者失事实。且夫死力者,民之所有者也,情莫不出其死力以致其所欲。而好恶者,上之所制也,民者好利禄而恶刑罚。上掌好恶以御民力,事实不宜失矣,然而禁轻事失者,轻,被轻视。刑赏失也。其治民不秉法,为善也如是,则是无法也。

本章开篇即点出"法重"是"国博君尊"的必要条件,其中的逻辑是"法重"→"令行禁止于天下"→"国博君尊"。

"君人者分爵制禄,则法必严以重之",讲的是通过爵禄实现社会治理、调动、激励的必要条件,在于严格依照法律而行,如此方可致爵禄被推重。"夫国治则民安,事乱则邦危",这是治理需要实现的目标和注意的方面。

"法重者得人情,禁轻者失事实",是对"法重"和"禁轻"两种相反治术实效的描述。所谓"法重者得人情"的"人情",即"夫死力者,民之所有者也,情莫不出其死力以致其所欲",大意是民众所拥有的,无非是生命和气力。民之常情是,他们都愿意付出生命和气力来满足自身的欲求。

"而好恶者,上之所制也,民者好利禄而恶刑罚",其中包含两层意思,一是君主要掌控民之"好恶"。换句话说,民众喜欢什么、厌恶什么,理应由君主主导、设定并控制。《说疑》篇第三章中谈到十二位"见利不喜,上虽厚赏无以劝之;临难不恐,上虽严刑无以威之"的"不令之民",他们就是君主不掌控民之"好恶"的反面典型。二是君主通过"利禄"与"刑罚"来掌控并予夺民之好恶。

接下来谈到君主能掌握好恶却收不到治理实效的两种情况:一是刑赏力度不足。"上掌好恶以御民力,事实不宜失矣,然而禁轻事失者,刑赏失也",大意是君主掌握好恶来驾驭民力,政事理应没有过误。可是如果君主掌控了民之好恶,但是缺少"法重"为实施提供保障,而依托于"禁轻",则势必"事失",此乃"刑赏"使用出了问题。二是不按法而治,即"其治民不秉法,为善也如是,则是无法也",即治理民众不秉持、依据法律行赏赐,事实上就与没有法律相同。

故治乱之理,宜务分刑赏为急。 分,分辨、厘清。**治国者莫不有法,然而有存有亡,亡者其制刑赏不分也,治国者其刑赏莫不有分。有持以异为分,** 异,此指多样化的标准。**不可谓分。至于察君之分,** 察君,明察之君,即明君。**独分也。是以其民重法而畏禁,愿毋抵罪而不敢胥赏。** 胥,通"须",等待。**故曰:不待刑赏而民从事矣。**

承接上章所论，本章仍在讨论治乱与法的关系，不过将重点转向了"分"，即"治乱之理，宜务分刑赏为急"。"治国者莫不有法，然而有存有亡"是人所共知的常识，"亡者其制刑赏不分也，治国者其刑赏莫不有分"则是韩非所要凸显的观点。"有持以异为分，不可谓分"，意思是国家持有多个不同的标准，不能算作有"分"。相反，"分"必须唯一且由君主独掌，即"察君之分，独分也"。这意味着韩非要求君主必须单独垄断性地掌握"分"的标准。只有以君主之"独分"为前提，才能造就"民重法而畏禁，愿毋抵罪而不敢冀赏"，即民众尊重法令而畏惧禁令，希望不要犯罪同时也不敢期望非分的奖赏的局面。由此可见，本章为前章的"法重"→"令行禁止于天下"→"国博君尊"逻辑提供了必要的前提。

是故夫至治之国，善以止奸为务。是何也？其法通乎人情，关乎治理也。然则去微奸之道奈何？微，微小。**其务令之相规其情者也。**规，通"窥"，伺察。**则使相窥奈何？曰：盖里相坐而已。**里，地方行政组织，五十家一里。相坐，连坐。**禁尚有连于已者，**尚，通"倘"。连，连坐。**理不得〔不〕相窥，**不得，据文义当作"不得不"。**惟恐不得免。有奸心者不令得忘(志)，**忘，当为"志"字之误。**窥者多也。如此，则慎己而窥彼。发奸之密，告过者免罪受赏，失奸者必诛连刑。如此，则奸类发矣。奸不容细，私告任坐使然也。**任，保。

本章为"止奸"提供制度性方案，简单地说，就是在乡里实施与连坐制相配套的告奸制。开头提出"至治之国，善以止奸为务"，意在凸显"止奸"的重要性，给出的理由是"其法通乎人情，关乎治理也",其中表达出的要旨在于基于"人情"设置治理方案。

既然止奸如此重要,那么如何因人情而止奸呢?文中着眼最难处,即"去微奸之道",针对性的方案是"相坐",也就是连坐。之所以"相坐"即足以止微奸,成立的理由在于"理不得不",这里的"理"就是基于人情的情理。文中的逻辑是,因为有连坐之法,同里之人犯罪会致自己遭受刑罚,按人之常情必会因自保之需而互相监督伺察。如此一来,即便不能使欲作奸犯科者自觉向善,也能保证他们在众多监督伺察之下不敢违法犯罪,即"有奸心者不令得忘(志),窥者多也"。进而可以造成"慎己而窥彼"的局面。

基于以上理由,官方理应"发奸之密,告过者免罪受赏,失奸者必诛连刑",这是连坐告奸制度配合赏罚落实的基本要求。由此可见,赏罚二柄、按法而治这些法治的基本要求明显被置于治术的层次,而实际的治理内容则由立法者决定。

夫治法之至明者,任数不任人。数,标准、度数、法度。**是以有术之国,不用誉则毋适,**誉,私誉。毋,通"无"。适,通"敌"。**境内必治,任数也;亡国使兵公行乎其地而弗能围禁者,**公行,公然行动。围,防御。**任人而无数也。自攻者人也,攻人者数也。故有术之国,去言而任法。**

承接上章末关于"相坐"法治化实现的论说,本章着重申明"治法之至明者,任数不任人"。所谓"任数"之"数",就是《商君书》中反复谈到的"度数"之"数",确切的含义是标准。当然这个标准的载体是法律,但有的注家把"数"径直解作法律却嫌不妥。

与"任数"相对的是"任人",二者最大的差异在于是否能规避偶然性、不确定性。不过,本章对于所描述的治理效果与不同治术之间的关联,并没有给出相应的理由和解释。

治术	治理实效	治理状态
任数	境内必治	攻人
任人	亡国使兵公行乎其地而弗能圉禁	自攻

凡畸功之循约者难知,畸,偏差。畸功,指不合法度的功业。循,顺从。循约,因循约定。**过刑之于言者难见也**,刑,通"形"。过刑,此指与事实不合的情况。**是以刑赏惑乎贰。**贰,不一。**所谓循约难知者,奸功也;臣过之难见者,失根也。循理不见虚功**,理,常理。循理,因循常理。**度情诡乎奸根**,度(duó)情,以常情揣度。诡,欺骗。**则二者安得无两失也?是以虚士立名于内,而谈者为略于外**,略,谋略、谋划。**故愚怯勇慧相连而以虚道属俗而容乎世**,慧,智慧、智谋。虚道,虚空不实的作为。属俗,结成风尚。**故其法不用,而刑罚不加乎僇人**。僇(lù),通"戮"。僇人,指罪人。**如此,则刑赏安得不容其二? 实故有所至**,故,通"固"。**而理失其量。量之失,非法使然也,法定而任慧也**。慧,智识。**释法而任慧者,则受事者安得其务? 务不与事相得,则法安得无失而刑安得无烦? 是以赏罚扰乱,邦道差误,刑赏之不分白也**。白,明确。

本章顺承上章,讨论"任数"可能存在的问题和解决方案。"凡畸功之循约者难知",意思是符合立功标准却事实上不当的立功行为难以辨识。由此带来的后果是"奸功",即貌似有功而实则无功。"过刑之于言者难见也",指的是言论隐含的过误难以察知。这造成"臣过之难见"以至于"失根",即失败的根苗。这两种情形会导致的结果是"刑赏惑乎贰",换句话说,就是刑赏未必能明确地对应罪过和功劳。"贰"指的是"不一"。如赏功为一,赏功又赏无功便是二。

由于不当、过错会被形式遮蔽,刑赏不能起到应有的效果,反而会让奸邪者得利,由此造成"虚士立名于内,而谈者为略于外,故愚怯勇慧相连而以虚道属俗而容乎世,故其法不用,而刑罚不加乎僇人",也就是有虚假功劳的人在国内获得名声,而游说者在国外谋划,是故愚笨、怯懦、好勇斗狠、聪明善谋之人互相勾结而凭借虚空不实的作为形成风尚而容身,法律不得实效,刑罚也不能施加到罪人身上。

上述失察而致刑赏误用,造成法律失去实效的情况,作者归因于"法定而任慧""释法而任慧",也就是在有明确法律规定的基础上依赖人的智识作出判断。这是一个非常值得讨论的推断。根据之前的描述,问题源于"实"被形式、言等包裹而难以辨识。正是因为难以辨识,所以按照"形"而非"实"来适用法律,作出赏罚,自然会造成不能加罚甚至行赏于过错的局面。这便是文中提到的"理失其量"。

可是,这是不"任数"造成的吗?或问:"任数"可以解决上述问题吗?细想起来应非如此,因为没有办法在缺少智识的情况下做到仅仅依照法律规定便可察知、辨识形与实之间的不匹配。相反,只能寄希望于执法者具有辨识能力,进而再针对辨识结果严格按照法律规定进行赏罚。按此,问题便可转化成:为什么作者会一反常识地归因于"释法而任慧"?按文中所论,"释法而任慧者,则受事者安得其务?务不与事相得,则法安得无失而刑安得无烦",大意是舍弃法律而只依靠智识,接受职务者如何能知晓应当做些什么？所做与所应针对的事务不相匹配，法律便会失去作用，刑罚亦会随之混乱。这一句中确实示明了"释法而任慧"可能造成的不良后果，可见作者在此有意识地转换了论题，并没有直接针对"理失其量"为何源于"释法而任慧"的问题作出解释。

附录1 《史记·韩非列传》

韩非者,韩之诸公子也。喜刑名法术之学,而其归本于黄老。非为人口吃,不能道说,而善著书。与李斯俱事荀卿,斯自以为不如非。

非见韩之削弱,数以书谏韩王,韩王不能用。于是韩非疾治国不务修明其法制,执势以御其臣下,富国强兵而以求人任贤,反举浮淫之蠹而加之于功实之上。以为儒者用文乱法,而侠者以武犯禁;宽则宠名誉之人,急则用介胄之士。今者所养非所用,所用非所养。悲廉直不容于邪枉之臣,观往者得失之变,故作《孤愤》《五蠹》《内外储》《说林》《说难》十余万言。

然韩非知说之难,为《说难》书甚具,终死于秦,不能自脱。《说难》曰:

凡说之难,非吾知之有以说之难也;又非吾辩之难能明吾意之难也;又非吾敢横失能尽之难也。凡说之难,在知所说之心,可以吾说当之。

所说出于为名高者也,而说之以厚利,则见下节而遇卑贱,必弃远矣。所说出于厚利者也,而说之以名高,则见无心而远事情,必不收矣。所说实为厚利而显为名高者也,而说之以名高,则阳收其身而实疏之;若说之以厚利,则阴用其言而显弃其身。此之不可不知也。

夫事以密成,语以泄败。未必其身泄之也,而语及其所匿之事,如是者身危。贵人有过端,而说者明言善议以推其恶者,则身危。周泽未渥也而语极知,说行而有功则德亡,说不行而有败则见疑,如是者身危。夫贵人得计而欲自以为功,说者与知焉,则身危。彼显有所出事,乃自以为也故,说者与知焉,则身危。强之以其所必不为,止之以其所不能已者,身危。故曰:与之论大人,则以为间己;与之论细人,则以为粥权。论其所爱,则以为借资;论其所憎,则以为尝己。径省其辞,则不知而屈之;泛滥博文,则多而久之。顺事陈意,则曰怯懦而不尽;虑事广肆,则曰草野而倨侮。此说之难,不可不知也。

凡说之务,在知饰所说之所敬,而灭其所丑。彼自知其计,则毋以其失穷之;自勇其断,则毋以其敌怒之;自多其力,则毋以其难概之。规异事与同计,誉异人与同行者,则以饰之无伤也。有与同失者,则明饰其无失也。大忠无所拂悟,辞言无所击排,乃后申其辩知焉。此所以亲近不疑,知尽之难也。得旷日弥久,而周泽既渥,深计而不疑,交争而不罪,乃明计利害以致其功,直指是非以饰其身,以此相持,此说之成也。

伊尹为庖,百里奚为虏,皆所由干其上也。故此二子者,皆圣人也,犹不能无役身而涉世如此其污也,则非能仕之所设也。

宋有富人,天雨墙坏。其子曰"不筑且有盗",其邻人之父亦云,暮而果大亡其财,其家甚知其子而疑邻人之父。昔者郑武公欲伐胡,乃以其子妻之。因问群臣曰:"吾欲用兵,谁可伐者?"关其思曰:"胡可伐。"乃戮关其思,曰:"胡,兄弟之国也,子言伐之,何也?"胡君闻之,以郑为亲己而不备郑。郑人袭胡,取之。此二说者,其知皆当矣,然而甚者为戮,薄者见疑。非知之难也,处知则难矣。

昔者弥子瑕见爱于卫君。卫国之法,窃驾君车者罪至刖。既而弥子之母病,人闻,往夜告之,弥子矫驾君车而出。君闻之而贤之曰:"孝哉,为母之故而犯刖罪!"与君游果园,弥子食桃而甘,不尽而奉君。君曰:"爱我哉,忘其口而念我!"及弥子色衰而爱弛,得罪于君。君曰:"是尝矫驾吾车,又尝食我以其余桃。"故弥子之行未变于初也,前见贤而后获罪者,爱憎之至变也。故有爱于主,则知当而加亲;见憎于主,则罪当而加疏。故谏说之士不可不察爱憎之主而后说之矣。夫龙之为虫也,可扰狎而骑也。然其喉下有逆鳞径尺,人有婴之,则必杀人。人主亦有逆鳞,说之者能无婴人主之逆鳞,则几矣。

人或传其书至秦。秦王见《孤愤》《五蠹》之书,曰:"嗟乎,寡人得见此人与之游,死不恨矣!"李斯曰:"此韩非之所著书也。"秦因急攻韩。韩王始不用非,及急,乃遣非使秦。秦王悦之,未信用。李斯、姚贾害之,毁之曰:"韩非,韩之诸公子也。今王欲并诸侯,非终为韩不为秦,此人之情也。今王不用,久留而归之,此自遗患也,不如以过法诛之。"秦王以为然,下吏治非。李斯使人遗非药,使自杀。韩非欲自陈,不得见。秦王后悔之,使人赦之,非已死矣。

申子、韩子皆著书,传于后世,学者多有。余独悲韩子为《说难》而不能自脱耳。

太史公曰:老子所贵道,虚无,因应变化于无为,故著书辞称微妙难识。庄子散道德,放论,要亦归之自然。申子卑卑,施之于名实。韩子引绳墨,切事情,明是非,其极惨礉少恩。皆原于道德之意,而老子深远矣。

附录2　先秦两汉有关韩非的评论

四国为一,将以攻秦。秦王召群臣宾客六十人而问焉,曰:"四国为一,将以图秦,寡人屈于内,而百姓靡于外,为之奈何?"群臣莫对。姚贾对曰:"贾愿出使四国,必绝其谋,而安其兵。"乃资车百乘,金千斤,衣以其衣冠,舞以其剑。姚贾辞行,绝其谋,止其兵,与之为交以报秦。秦王大悦。贾封千户,以为上卿。

韩非知之,曰:"贾以珍珠重宝,南使荆、吴,北使燕、代之间三年,四国之交未必合也,而珍珠重宝尽于内。是贾以王之权、国之宝,外自交于诸侯,愿王察之。且梁监门子,尝盗于梁,臣于赵而逐。取世监门子,梁之大盗,赵之逐臣,与同知社稷之计,非所以厉群臣也。"

王召姚贾而问曰:"吾闻子以寡人财交于诸侯,有诸?"对曰:"有。"王曰:"有何面目复见寡人?"对曰:"曾参孝其亲,天下愿以为子;子胥忠其君,天下愿以为臣;贞女工巧,天下愿以为妃。今贾忠王而王不知也。贾不归四国,尚焉为之?使贾不忠于君,四国之王尚焉用贾之身?桀听谗而诛其良将,纣闻谗而杀其忠臣,至身死国亡。今王听谗,则无忠臣矣。"

王曰:"子监门子、梁之大盗、赵之逐臣。"姚贾曰:"太公望,齐之逐夫、朝歌之废屠、子良之逐臣、棘津之雠不庸,文王用之王。管仲,其鄙人之贾人也,南阳之弊幽、鲁之免囚,桓公用之而伯。百里奚,虞之乞人,传卖以五羊之皮,穆公相之而朝西戎。文公用中山盗,而胜于城濮。此四士者,皆有诟丑,大诽天下,明主用之,知其可与立功。使若卞随、务光、申屠狄,人主岂得其用哉!故明主不取其汙,不听其非,察其为己用。故可以存社稷者,虽有外诽者不听,虽有高世之名,无咫尺之功者不赏。是以群臣莫敢以虚愿望于上。"秦王曰:"然。"乃可。复使姚贾而诛韩非。(《战国策·秦策五》)

韩非非先王而不遵,舍正令而不从,卒蹈陷阱,身幽囚,客死于秦。夫不通大道而小辩,斯足以害其身而已。(《盐铁论·刑德》)

韩非明治于韩,李斯自秦作思,致而杀之。(《潜夫论·贤难》)

李斯妒同才,幽杀韩非于秦,后被车裂之罪;商鞅欺旧交,擒魏公子卬,后受诛死之祸。彼欲言其贼贤欺交,故受患祸之报也。(《论衡·祸虚》)

夫韩非何过而为李斯所幽?公子卬何罪而为商鞅所擒?车裂诛死,贼贤欺交,幽死见擒,何以致之?如韩非、公子卬有恶,天使李斯、商鞅报之,则李斯、商鞅为天奉诛,宜蒙其赏,不当受其祸;如韩非、公子卬无恶,非天所罚,李斯、商鞅不得幽、擒。(《论衡·祸虚》)

论者说曰:"韩非、公子卬有阴恶伏罪,人不闻见,天独知之,故受戮殃。"夫诸有罪之人,非贼贤则逆道。如贼贤,则被所贼者何负?如逆道,则被所逆之道何非?(《论衡·祸虚》)

韩非著书,李斯采以言事;扬子云作《太玄》,侯铺子随而宣之。非、斯同门,云、铺共朝,睹奇见益,不为古今变心易意;实事贪善,不远为术并肩以迹相轻,好奇无已,故奇名无穷。(《论衡·案书》)

韩非之书,一条无异,篇以十第,文以万数。夫形大,衣不得褊;事众,文不得褊。事众文饶,水大鱼多。(《论衡·自纪》)

陈人有武臣谓子(孔)鲋曰:"夫圣人者,诚高材美称也。吾谓圣人之智必见未形之前,功垂于身殁之后,立教而戾夫弗犯,吐言而辩事不破也。子之先君,可谓当之矣。然韩子立法,其所以异夫子之论者、纷如也。予每探其意而校其事。持久历远,遏奸勤善,韩氏未必非,孔氏未必得也。吾今而后乃知圣人无世不有尔。前圣后圣,法制固不一也。若韩非者,亦当世之圣人也。子以为奚若?"子鲋曰:"子信之为然,是故未免凡俗也。今世人有言高者,必以极天为称,言下者,必以深渊为名。是资世之谈而无其实者也。好事而穿凿者、必言经以自辅,援圣以自贤,欲以取信于群愚而度其说也。若诸子之书,其义皆然。吾先君之所自志也。请略说一隅,而吾子审其信否焉。"武臣曰:"诺。"子鲋曰:"乃者,赵、韩、魏共并知氏。赵襄子之行赏,先加具臣,而后有功。韩非书云:'夫子善之。'引以张本,然难之。岂有不似哉!然实非也。何以明其然?昔我先君以春秋哀公十六年四月巳丑卒,至二十七年荀瑶与韩、赵、魏伐郑遇陈坦而还。是时夫子卒已十一年矣,而晋四卿皆在也。后悼公十四年知氏乃亡。此先后甚远,而韩非公称之,曾无怍意,则世多好事之徒,皆非之罪也。故吾以是然口于小道、塞耳于诸子久矣。而子立尺表以度天,直寸指以测渊,豫大道而不悟,信诬说以疑圣,殆非所望也。"武臣叉手跪谢,施施而退。遂告人曰:"吾自以为学之博矣,而屈于孔氏,方知学不在多,要在精之也。"(《孔丛子·答问》)

参考文献

国家图书馆出版社"国学基本典籍丛刊"收《影钞宋本韩非子》("乾道本")。

浙江大学出版社《四部要籍选刊·子部》影印上海图书馆藏清吴鼒刻本("吴鼒本")。

日本宽政七年(1795年)大阪书林柏原屋与左衞门刊《韩非子全书》(底本为元"何犿本")。

中国国家图书馆藏钱曾述古堂影宋钞本《韩非子》("述古堂本")。

(清)王先慎:《韩非子集解》,上海书店1986年版,影印世界书局"诸子集成本"。

梁启雄:《韩非子浅说》,中华书局1960年版。

陈启天:《增订韩非子校释》,台湾商务印书馆1969年版。

邵增桦注译:《韩非子今注今译》,台湾商务印书馆1982年版。

陈奇猷校注:《韩非子新校注》,上海古籍出版社 2000 年版。

张觉等撰:《韩非子译注》,上海古籍出版社 2012 年版。

张觉撰:《韩非子校疏析论》,知识产权出版社 2011 年版。

高亨:《诸子新笺》,山东人民出版社 1961 年版。

高柏园:《韩非哲学研究》,台北,文津出版社 1994 年版。

林纬毅:《法儒兼容:韩非子的历史考察》,台北,文津出版社 2004 年版。

陈鼓应注译:《管子四篇诠释——稷下道家代表作解析》,商务印书馆 2006 年版。

王叔岷:《先秦道法思想讲稿》,中华书局 2007 年版。

(汉)许慎撰、(清)段玉裁注:《说文解字注》,上海古籍出版社 2010 年版。

杨义:《韩非子还原》,中华书局 2011 年版。

金开诚主编:《韩非与法家思想》,吉林文史出版社 2012 年版。

刘慧:《韩非法思想研究》,法律出版社 2015 年版。

陈柱:《老学八篇》,知识产权出版社 2015 年版。

喻中:《法与术:喻中读韩非》,中国法制出版社 2018 年版。

任继愈:《任继愈谈孔子·孟子·韩非》,石油工业出版社 2018 年版。

吴保平:《韩非刑名逻辑思想的渊源及社会功能研究》,学习出版社 2019 年版。

谢无量:《韩非子研究》,北京理工大学出版社 2020 年版。

熊十力:《韩非子评论 与友人论张江陵》,上海古籍出版社 2020 年版。

夏海:《韩非与法治》,中华书局 2021 年版。

任剑涛:《政治:韩非四十讲》,广西师范大学出版社 2021

年版。

龚敏等:《韩非子文献考述》,上海古籍出版社 2022 年版。

郑良树:《韩非子解老篇及喻老篇初探》,载《汉学研究》1988 年第 2 期。

张觉:《〈韩非子〉所记战国人物考释》,载《传统中国研究集刊》2008 年第 5 期。

孙颖:《韩非子政治哲学思想研究》,华东师范大学 2009 年博士学位论文。

宋志明:《先秦百家争鸣的终结者——韩非哲学新探》,载《江汉论坛》2009 年第 6 期。

梁承碧:《韩非政治共同体思想初探》,载《赤峰学院学报(汉文哲学社会科学版)》2009 年第 5 期。

蒋重跃:《历史的变革与思想的矛盾——对韩非思想中的矛盾的再思考》,载《福州大学学报(哲学社会科学版)》2010 年第 3 期。

林光华:《由"道"而"理":从〈解老〉看韩非子与老子之异同》,载《人文杂志》2014 年第 4 期。

李玉诚:《韩非"道理论"的哲学含义》,载《信阳师范学院学报(哲学社会科学版)》2016 年第 1 期。